Vistas Hispánicas

Vistas Hispánicas

Introducción a la lengua y la cultura

SECOND EDITION

Clay Ben Christensen
SAN DIEGO STATE UNIVERSITY

David E. Wolfe
TEMPLE UNIVERSITY

Luis S. Ponce De León
UNIVERSITY OF CALIFORNIA AT HAYWARD

Houghton Mifflin Company
BOSTON

DALLAS   GENEVA, ILLINOIS
HOPEWELL, NEW JERSEY   PALO ALTO
LONDON

Cover Design: Chris Arvetis; Photograph: Robert Frerck

Illustrations Harold Walter 60, 61, 63, 445; all other illustrations by Gwen Connelly

Black & white photographs Aller-Atucha/Freelance Photographers Guild 94; Bernadine Bailey/Freelance Photographers Guild 52; © Fredrik D. Bodin 114; Hester & John Bonnell/Freelance Photographers Guild 274; Lawrence Cherney/Freelance Photographers Guild 36; Jerry Frank xxxiv, 132, 140, 156, 173, 257 (left), 334, 352, 367, 452; Owen Franken/Stock, Boston 25; Charles Marden Fitch/Taurus Photos 212, 327, 363, 400, 410, 440; Ginies 183; © 1980 Beryl Goldberg 47, 72, 350, 394, 426; © Eugene Gordon 307; © Joel Gordon 393; Peter L. Gould/Photoworld Div. of Freelance Photographers Guild 78; © Peter L. Gould 455; Peter Gridley/Freelance Photographers Guild 33; Arthur Hartzfield 236, 243; Historical Pictures Services, Inc., Chicago 224, 381, 384; © Rudi Herzog 318; © Barry Kirk 417; Ira Kirschenbaum/Stock, Boston 406; J. H. A. Kleijn/Taurus Photos 254; Jean Lattès/Gamma 343 (right); François Lochon/Gamma 176, 191; Peter Menzel/Stock, Boston 87, 91, 295, 331, 432, 442; © Peter Menzel 56, 67, 99, 112, 147, 169, 194, 205, 228, 252, 257 (right), 270, 280, 290, 292; Luis S. Ponce de León 129; Vincente S. Ponce de León 210; Nicholas Sapieha/Stock, Boston 409; Spanish National Tourist Office 370; Ursula Toomey/Freelance Photographers Guild 16; Fina Torres/Gamma 343 (left); Richard Wilkie/Freelance Photographers Guild 422

Color photographs (in order of appearance and, where appropriate, clockwise from top left) *Arte y Arquitectura* Robert Frerck

Ocupaciones Ministerio de información y turismo; Robert Frerck; Arthur Hartzfield; Robert Frerck; Robert Frerck; Larry Reynolds; David E. Wolfe; Larry Reynolds; Robert Frerck

La Gente Robert Frerck; Robert Frerck; Larry Reynolds; Ramón Vila; Robert Frerck; Larry Reynolds; Robert Frerck; Robert Frerck; John Henebry

Diversiones Robert Frerck; Panama Government Tourist Bureau; Panama Government Tourist Bureau; David E. Wolfe; Robert Frerck; collage courtesy of Peter Ferry, Anna Maria Labrador, Francisco Lomeli, Don Law, Ben Christensen, and David E. Wolfe

CONTENTS

PREFACE

TO THE TEACHER

Vistas hispánicas, Second Edition, is a beginning college-level Spanish text. It has a *Vista preliminar,* twenty-three chapters *(vistas),* and six review chapters *(repasos).* As the title implies, the book presents a series of vistas, or views, of Hispanic culture and civilization. These range from the more traditional forms of greetings to essays on the Sephardic Jews of Spain, economic development, and public education. *Vistas hispánicas* endeavors to strike the proper balance between presenting way-of-life cultural behavior and the more traditional, institutional aspects of Hispanic history and civilization.

North Americans tend to stereotype Spanish-speaking people. The themes or topics treated in the dialogues and cultural readings reveal the diversity in the Hispanic world and show that generalizations are always subject to revision. We want students to recognize that while Chileans, Mexicans, Puerto Ricans, and Spaniards all share a common language (and perhaps some common values), they are nonetheless different people with different lifestyles. These differences are influenced by geography, climate, ethnic make-up of the population, educational opportunities, and many other factors.

In addition to the extensive treatment of Hispanic culture and civilization, there is considerable emphasis in *Vistas hispánicas* on using Spanish for communication, as opposed to simply learning grammar rules and applying them mechanically in exercises or just memorizing dialogues and manipulating structures in pattern drills.

Each chapter has a section of personalized activities *(Actividades personales)* that involve students and promote communicative competence. Many books stop short of providing exercises that explicitly encourage *using* Spanish for communication and self-expression. *Vistas hispánicas* provides such practice with each major grammar concept and at the end of each chapter in a special section. *Vistas hispánicas* also emphasizes the acquisition of all four language skills. Various exercises and activities are provided in the textbook and workbook/ laboratory manual for practice in the skills of listening, speaking, reading, and writing.

The First Edition of *Vistas hispánicas* has been revised in response to an extensive survey of Spanish professors at small and large institutions across the country. In the Second Edition, the dialogues are shorter and more teachable; many grammar points that were judged more appropriate to a second-year text have been eliminated; the exercises are more varied; and the amount of vocabulary has been reduced. In addition, the revised chapter format can more easily be adapted to a variety of teaching schedules and approaches.

Other changes in the Second Edition: there are now two dialogues per chapter instead of one; the dialogues are followed by comprehension and personalized questions rather than by *Observaciones* and *Ejercicios gramaticales;* information in *Una vista del idioma español* has been removed or transferred to the *Vista preliminar;* the chapter vocabulary lists contain active words only; and the cultural readings reflect the culture of daily life and the culture of historic and artistic civilization in more balanced proportions.

CHAPTER ORGANIZATION AND STRUCTURE

AL PRINCIPIO

This section previews the country or topic featured in the chapter, the vocabulary theme and the major grammar points treated, and tells the students what they should know and be able to do when they have completed the chapter. Students may review the *Al principio* to check their mastery of the objectives after the chapter has been completed.

DIÁLOGO

Each *vista* contains two short dialogues that divide the chapter into two parts. These dialogues, presented together with appropriate grammatical explanations and exercises, will increase the variety of classroom activities and enhance student interest. The dialogues introduce the new grammatical structures of the chapter in a natural, communicative exchange and are short enough for students to memorize or role-play in class.

Special care has been taken to provide interesting, authentic, natural language in the dialogues, while adhering to the constraints of structure and vocabulary control. The new structures are printed in boldface type to signal the important new material to be learned.

Taken together, the dialogues in the text form a continuing saga. The characters in the dialogues travel to many countries in the Spanish-speaking world. The ongoing story line provides the opportunity for character and plot development and builds interest while providing a natural context for conversational exchanges.

A complete English language version of each dialogue is included so that students will have access to the meaning of the dialogue sentences without having to spend excessive amounts of time looking up words and translating sentences. Placing the English version of the dialogue *after* the Spanish version (rather than placing it side-by-side) nonetheless requires students to make an initial effort to understand the Spanish.

Each dialogue is followed by *Conversación sobre el diálogo,* a series of questions designed to check comprehension of the content of the dialogue. Personalized questions are also included to enable students to use new vocabulary in situations that involve them personally.

NOTAS CULTURALES

Following each dialogue there are cultural notes in English that describe different cultural aspects of the Spanish-speaking world. These notes present differences and contrasts between the Hispanic and Anglo-American cultures, or provide additional information about the country or topic presented in the *Sección cultural.*

CONCEPTOS GRAMATICALES

Four to six grammar concepts, presented and explained in English, are included in each chapter with appropriate examples. Grammar concepts are built up on a systematic, step-by-step basis. Rather than grouping all the exercises at the end of the chapter after all the grammar has been presented, each grammar concept in *Vistas hispánicas* is followed *immediately* by exercises that practice that concept. Furthermore, the exercises are varied, progressing from manipulative to meaningful to communicative.

ACTIVIDADES PERSONALES

The *Actividades personales* section is intended to give the student and the teacher an opportunity to interact in a more personal and therefore more meaningful way, using the grammar concepts of each *vista* and his or her own beliefs, attitudes, imagination, and experiences. This section encourages students to use language for real and personalized communication.

Each *Actividades personales* begins with an interview activity. The interview is followed by a variety of activities such as unfinished sentences, forced-choice options, rank ordering, and fantasy situations. The *Actividades personales* are designed to maximize student interaction in a nonevaluative situation. They allow the student to take linguistic risks while communicating personal information. The *Actividades personales* section is placed near the end of each *vista* after the grammar concepts have been explained and practiced. The goal of the *Actividades personales* section is also the ultimate goal of *Vistas hispánicas* and indeed the goal of most introductory Spanish courses: to provide students with the skill and opportunities to communicate in Spanish.

SECCIÓN CULTURAL

The *Sección cultural* is a cultural reading that presents information about various Spanish-speaking countries or aspects of the Hispanic world. In the early chapters, the *Sección cultural* is a short essay, while toward the end of the book it reflects the increased reading maturity of the students. The new grammar of the *vista* is integrated into the essay. *Preguntas,* or comprehension/discussion questions, follow each selection. In *Vistas* 1–5 the comprehension questions are of the true/false variety; in *Vistas* 6–23 they require complete written answers.

New vocabulary is glossed in the margin. Since this vocabulary is passive, students are not expected to learn it unless it becomes active in a later chapter.

VOCABULARIO

A list of active vocabulary used in each *vista* is presented and organized by grammatical categories: nouns, verbs, adjectives, adverbs, prepositions. There is a separate list of cognate vocabulary. The definite article is provided for each noun. The list of active vocabulary is useful to the instructor who needs to know specific vocabulary for test or quiz preparation and as a check for students of the vocabulary they have covered in a specific chapter.

Only active vocabulary is presented in this list. A word is active if it appears in the dialogue and/or the grammar examples and has been used in questions or exercises. The maximum number of new vocabulary words is 75 per chapter.

There is a vocabulary load of approximately 1,500 words in the text. Of these words, about 33 percent are cognates or near cognates. Vocabulary is re-entered frequently in subsequent chapters, in the tape program, and in the student workbook. There are several *Vocabulario especial* sections in the text, where related words are listed together and are sometimes illustrated.

REPASOS

Review chapters appear after lessons 3, 7, 11, 15, 19, and 23. The exercises in the review chapters cover all major grammatical points in the *vistas* the students have just completed.

SUPPLEMENTARY MATERIALS

STUDENT WORKBOOK/LABORATORY MANUAL AND TAPE PROGRAM

Each chapter of the workbook/laboratory manual corresponds to a chapter in the text, and consists of two parts: a written section and a taped section. The written section contains material designed to strengthen the students' reading and writing skills. It includes a set of programmed statements about a grammatical concept introduced in the corresponding *vista* of the textbook; grammar exercises to be completed in writing; and a reading-comprehension exercise and a cloze test based on the *sección cultural* of each chapter in the textbook. The taped section contains material designed to strengthen the students' listening and speaking skills. It includes a listening comprehension activity based on each dialogue in the textbook; a short dictation; and grammar exercises to be done orally.

INSTRUCTOR'S MANUAL

Each chapter of the manual corresponds to a text chapter. Suggested teaching plans are given, as well as notes on how to use some of the material in the *Actividades personales.* The manual provides sample tests and answers to many of the exercises in the text.

TO THE STUDENT

Second-language learning is skills-oriented, not fact-oriented. Language skills are developed through practice. Language practice in the classroom may be more efficient and helpful to the learner when the class period is devoted primarily to listening and speaking. You will benefit more if you study the grammar explanations outside of class, analyzing the grammar explanations and checking them with the examples and information in the charts.

Learning to express oneself in Spanish is different from studying facts in history, chemistry, or accounting; it is more like learning to play a musical instrument. To play a piano well, for example, one must practice frequently, not once a week for half an hour, but every day. Acquiring a skill requires frequent, steady practice.

Each lesson *(vista)* in this book has two short dialogues, each followed by a set of questions, two or three grammar concepts *(conceptos gramaticales),* and exercises. The exercises and questions may be viewed as equivalents to the basic scales in music, which must be practiced for mastery to occur. The exercises are designed to help you become familiar with certain structures presented in each dialogue. Each lesson also contains several personalized activities to aid you in strengthening your communication skills in Spanish. An awareness of the grammar and practice of its application in exercises will help you to communicate in a meaningful way.

Each *vista* ends with a cultural reading selection. We suggest that you practice reading these selections aloud in private to help improve your fluency in Spanish You should also drill exercises aloud. Second-language learning involves moving your lips, tongue, jaw, and all facial muscles to articulate sequences of new sounds. Talking with others in Spanish is the most natural way to improve communication skills. But when you are alone, reading aloud may be one of the most significant activities you can do to improve fluency. We suggest that you read aloud for about twenty minutes in the morning and twenty minutes in the afternoon or evening. It is more useful to read a short passage aloud several times than to read a long passage aloud only once. Each time you read the passage, pay particular attention to different aspects of the text: the sounds, the linking of words, specific combinations of words, the overall meaning, and new words.

Awareness of the grammatical structures will be a significant aid in the development of your fluency in Spanish. The early dialogues contain simple structures and useful vocabulary. Learn the structures and vocabulary of the preliminary lesson *(Vista preliminar)* and lesson 1 *(Primera vista)* before proceeding to lesson 2. Language learning is somewhat akin to learning mathematics; it is a sequential task. You must learn A before B, A and B before C, and so on.

Some people find learning a second language a relatively easy task; others have a more difficult time. This ease or difficulty depends greatly on how the individual learner is "wired" to hear and imitate sequences of foreign sounds. The person who experiences greater difficulty in hearing, storing, and imitating sequences of foreign sounds will have to spend more time practicing than someone who is better "wired" for the task. It should be understood, however, that practically anyone can learn Spanish; the difference is in how rapidly. We suggest that you pace your practice of the language according to your own abilities.

When you study the dialogues in each *vista,* we suggest that you look first at the questions that follow each dialogue as a cue to what to look for; then read the entire dialogue once or twice. Next, try to understand its meaning and how the sentences are constructed. You should become very familiar with the content and meaning of the dialogues because the chapter grammar points and exercises are derived from them.

We encourage you to frequent the language laboratory and to use your workbook/laboratory manual as a learning tool. The language lab is a beneficial adjunct to the classroom. It will enable you to listen to native voices and to hear the dialogues and recorded exercises as often as you want. The workbook is a writing manual used to supplement the textbook and classroom practice, and it will help you to understand the structure of the language.

In this course you will build a solid foundation upon which you can continue to strengthen and refine your proficiency in Spanish. For many of you, Spanish will become a professional tool to be used in connection with your chosen career. For others it will be a means of survival in foreign travels. For still others the learning will be used for pleasurable ends exclusively such as conversing with Spanish-speaking acquaintances, reading Spanish literature, or enjoying movies in the Spanish language. Whatever your goal, we hope you have a satisfying experience in this course.

C. B. C.
D. E. W.
L. P. de L.

ACKNOWLEDGMENTS

A work of this nature reflects the influence of many people. Perhaps the most important of these are the students from whom we have gained insights into the teaching and learning process. We are indebted also to many practitioners who have apprised us of the kinds of activities and exercises that are productive with students. We pay tribute, too, to our own teachers and the various theoreticians on whom we have drawn for guidance.

Special thanks go to Charles H. Heinle, the editor of the first edition, who has been responsible for coordinating the efforts of this second edition. Charles' long interest in foreign language education as a teacher and his awareness of the needs of the profession have helped us prepare a better second edition.

To Carlyle Carter, our developmental editor, we extend our appreciation for her comments and very constructive criticism from the very first chapter to the final version, and for her assistance in designing the format for the workbook and lab manual.

We are grateful to Jane Wall-Meinike for her copyediting, for making sure we controlled vocabulary, and for keeping each chapter to a reasonable length. In addition, she kept us on schedule and brought the manuscript to fruition.

No publishing effort can ignore the valuable contributions of the production staff. Here, as in the first edition, we appreciate the efforts of Kevin Thornton, who managed the various production stages with his usual aplomb.

Our appreciation to you all!

The authors are grateful to the many professionals who contributed to the second edition of *Vistas hispánicas:*

Milton Azevedo, University of California-Berkeley
Rilda Baker, University of Texas-San Antonio
Nancy Brooks, George Mason University
Greg Brown, University of Utah
Kenneth Bryant, Eastern Nazarene College
Rosa Busi, Bethune Cookman College
Harold Cannon, California State University-Long Beach
Donald Clumer, Hesston College
Sister Yolanda De Mola, Fordham University
Milagros Ortega Emmart, Salem State College
James Lantolf, University of Texas-San Antonio
John Lett, University of Illinois-Urbana
Alberto MacLean, Bowdoin College
José Mas, California State University-Chico

Ingeborg McCoy, Southwest Texas State University
Jerry Merz, University of Houston
Michael Moody, University of Idaho
Frank Nuessel, University of Louisville
Margaret Parker, Louisiana State University-Baton Rouge
Armando Payes, Florida Tech
Alberto Rabago, University of Washington
Katherine Richards, Texas A & M University
Emily Spinelli, University of Michigan-Dearborn
James Stais, Adelphi University
Edith Stevens, Moorhead State University
Gerald Weiner, Kent State University
Barbara Wing, University of New Hampshire

To the many reviewers who participated in the telephone survey adding depth and breadth
to the above reviewers' comments, our gratitude for contributing your valuable time and
the professional opinions that have made this second edition an even better textbook.

A special note of thanks goes to William Calvano, profession of Linguistics in the Spanish
Department, Temple University, for his help in preparing the Sounds of Spanish section in
the *Vista Preliminar.*

LAS REGIONES HISPÁNICAS

Puerto Rico

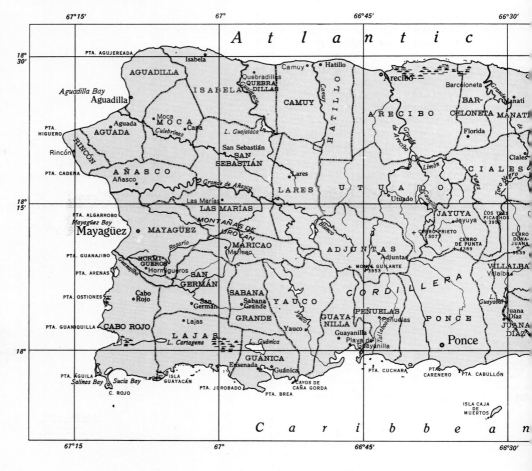

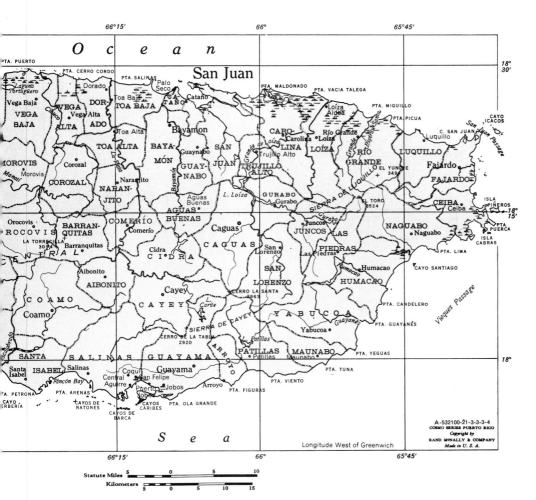

O   c   e   a   n

San Juan

PTA. PUERTO
PTA. CERRO CORDO
PTA. SALINAS
PTA. MALDONADO
PTA. VACIA TALEGA
PTA. MIQUILLO
CAYO ICACOS

Laguna Tortuguero
Dorado
Palo Seco
Loíza Aldea
PTA. PICUA
Luquillo
C. SAN JUAN

Vega Baja
DOR-
CA-
Loíza
San Juan Passage

VEGA
VEGA ALTA
Vega Alta
ADO
TAÑO
Cataño
Carolina
Río Grande
LUQUILLO

BAJA
Toa Baja
TOA BAJA
Bayamón
CARO-
Fajardo

Toa Alta
LINA
LOÍZA
RÍO
FAJARDO

MOROVIS
TOA ALTA
BAYA-
Guaynabo
SAN
Trujillo Alto
GRANDE
O EL YUNQUE 349

MÓN
GUAY-
JUAN
TRUJILLO ALTO
Ceiba
ISLA PIÑEROS

Corozal
Naranjito
NABO
CEIBA
18° 15'

MOROVIS
COROZAL
Aguas Buenas
L. Loíza
GURABO
EL TORO 3524
PTA. PUERCA

NARAN-
Gurabo
Junco
NAGUABO
ISLA CABRAS

Orocovis
BARRAN-
COMERÍO
AGUAS
Caguas
JUNCOS
LAS
Naguabo

ROCOVIS
QUITAS
Comerío
BUENAS
San Lorenzo
PIEDRAS
CAYO SANTIAGO

LA TORRECILLA 3094
Barranquitas
CAGUAS
Las Piedras
PTA. LIMA

RAL
Cidra
SAN
Humacao

Aibonito
CIDRA
LORENZO
HUMACAO

AIBONITO
Cayey
CERRO LA SANTA 2963
YABUCOA
PTA. CANDELERO

COAMO
CAYEY
Yabucoa
Vieques Passage

Coamo
SIERRA DE CAYEY
PTA. GUAYANÉS

CERRO DE LA TABLA 2920
Patillas

SANTA
SALINAS
GUAYAMA
PATILLAS
MAUNABO
PTA. YEGUAS

ISABEL
Salinas
Guayama
Patillas
Maunabo

Santa Isabel
Coqui
San Felipe
Arroyo
PTA. TUNA

Central Aguirre
Jobos
PTA. VIENTO

PTA. PETRONA
Rincón Bay
Puerto Jobos
PTA. FIGURAS

CAYO CERBERÍA
PTA. ARENAS
CAYOS DE RATONES
CAYOS CARIBES
PTA. OLA GRANDE

CAYOS DE BARCA

S   e   a

Longitude West of Greenwich

A-532100-21-3-3-3-4
COSMO SERIES PUERTO RICO
Copyright by
RAND MCNALLY & COMPANY
Made in U. S. A.

Statute Miles 5 0 5 10
Kilometers 5 0 5 10 15

Spain and Portugal

Mexico

Central America

Bay of Campeche

CAMPECHE

QUINTANA ROO

Sabancuy
Pedro Antonio Santos

Puerto Alvaro Obregón
Ciudad del Carmen
Frontera
Laguna de Términos
Mamantel
Bacalar
Bahía Chetumal
Ciudad Chetumal

TABASCO

Paraíso
Cárdenas
Jonuta
Corozal
Orange Walk
Xkalak

Villahermosa
Huimanguillo
Macuspana
Shipyard

Teapa
Balancán
Emiliano Zapata
San Jose
Belize
BELIZE

Simojovel
PALENQUE
Tenosique
Pto.
Belize
TURNEFFE IS.

Copainalá
Piedras Negras
Benque Viejo
Belmopan
Middlesex
Stann Creek

Tuxtla Gutiérrez
La Libertad
Flores
VICTORIA PK. 3681
Alf Pines

Chiapa de Corzo
San Cristóbal las Casas
TIKAL
Cayo
MAYA
(BR. HONDURAS)

CHIAPAS

Venustiano Carranza
Comitán
Dolores
Monkey River
Gulf of Honduras

San Luis
Chinajá
Livingston
Puerto Cortés
La Ceiba
Punta Gorda
ISLAS DE LA BAHÍA
Roatán

Pijijiapan
Concepción
Barillas
Chahal
Sarstún
C. DE HONDURAS
Santa Rosa
CABO CAMARÓ

Mapastepec
Cobán
Morales
La Ceiba
Tela
Balfate
Limón
Trujillo de Aguan

Huixtla
Cuilco
Huehuetenango
Panzós
Pto.
Barrios
San Pedro Sula
El Progreso
Olanchito
Sava
Toco

Tapachula
VOLCÁN TAJUMULCO 4346
Momostenango
Santa Cruz del Quiché
Los Amates
Motagua
Potrerillos
Yoro
Guata
Catacamas

Quezaltenango
San Marcos
Salamá
Gualán
Santa Bárbara
Sula
Salamá
Juticalpa

Coatepeque
Totonicapán
Comalapa
Zacapa
de Yojoa
Santa Rosa de Copán
Cedros

Ayutla
Mazatenango
Chimaltenango
Chiquimula
Ocotepeque
Siguatepeque
Bocay

Ocós
Patzicía
GUATEMALA
Jalapa
San Luis
Jocotenepeque
Comayagua
La Paz

Champerico
Antigua
Cuilapa
Asunción Mita
La Esperanza
Marcala
Talanga

Tiquisate
Escuintla
Jutiapa
Metapán
Chalatenango
Tegucigalpa
Danlí

Atiquipaque
Chiquimulilla
Moyuta
Santa Ana
Suchitoto
Sabanagrande
Guascarán
El Paraíso

San José
Ahuachapán
Chalchuapa
San Salvador
Cojutepeque
San Francisco Gotera
Ocotal

Sonsonate
Acajutla
San Vicente
Nacaome
Somoto
San Rafael del Norte

Quezaltepeque
San Salvador
La Libertad
Jucuapa
San Miguel
Lorenzo
San Matcos
Yaoscal
Tuma

Nueva San Salvador
Zacatecoluca
Usulután
La Unión
Choluteca de Colón
Estelí
Jinotega

EL SALVADOR
Jiquilisco
El Sauce
El Triunfo
Sebaco
Matagalpa

El Viejo
Puerto Morazán
VOLCÁN SAN CRISTOBAL 5725
NICARAGUA

Chinandega
Corinto
Poneloya
León
L. de Managua
Boaco
Santo Domingo

Managua
Masatepe
Nagarote
Tipitapa
Santo Tomás

Diriamba
Jinotepe
Granada
Acoyapa

Lago de Nicaragua
ISLA DE OMETEPE
Morrito

Rivas
San Juan del Sur
La Cruz
San Carlos

CABO STA. ELENA
VOLCÁN MIRAVALLES 6627

Golfo del Papagayo
Liberia
Bagaces
Tilarán

CABO VELAS
Santa Cruz
PENÍN.
Nicoya
DE Puntarenas
NICOYA

CABO BLANCO
Golfo de Nicoya

Caribbean Sea

PTA. MANZANILLO
Cacique
Garrote
Portobelo
Cascajal
Nombre de Dios

CERRO BRUJA 3212
Boquerón

Maria Chiquita
Chagres
Coco Solo
Puerto Pilón
PANAMA

Colón
Cristóbal
Catival
Madden Lake
Chagres

Limon Bay
Rainbow City
Piedras

Mindi
GATUN LOCKS
Nuevo Providencia
Indio

Piña
Gatun
Gatun Lake
Nuevo San Juan

CORDILLERA DE SAN BLAS

CANAL

Escobal
Buenos Aires
Emilibre

ZONE (U.S.A.)
Gamboa
Alcaldediaz
Pedregal

Cuipo
Trinidad Bay
Canal
Panam
Pacora
Tocúmen

Sajud
Juan Díaz
Pueblo Nuevo

Paraíso
Pedro Miguel

Nuevo Emperador
MIRAFLORES LOCKS

PANAMA
Diablo Heights
Curundu

Arraiján
Balboa Heights
Panamá
La Boca

Statute Miles 0 5 10 15

© RMN & Co.
La Chorrera
Bay of Panama

Caimito

Pacific Ocean

A-539200-21-3-4-4-9
COSMO SERIES CEN. AMERICA
Copyright by
RAND McNALLY & COMPANY
Made in U.S.A.

84° 82° 80° 78° 76°

Georgetown · GRAND CAYMAN I.
(BR.)

Montego Bay   St. Ann's
Lucea   Bay   Port Maria
S. NEGRIL PT.   Falmouth   Annotto Bay
Savanna-la-Mar   J A M A I C A   Port Antonio
                        Black   Kingston   18°
                        River   MORANT
                  May Pen   Spanish   POINT
                            Town   Morant
                                    Bay

SWAN IS.
(HOND.)

C a r i b b e a n

16°

PUNTA PATUCA
·Brus Laguna
    Laguna de   SERRANILLA BANK
    Caratasca   (COLOMBIA)

CABO
FALSO   S e a

Cabo Gracias
a Dios

Coco
Waspán   QUITA SUENO
              BANK   ·SERRANA BANK   14°
·Dacura ·CAYOS MISKITOS (COLOMBIA)   (COLOMBIA)
Huahua
Yablis·
·Bonanza   ·Puerto Cabezas
·Siuna
Tungla·   ·Huaunta   ISLA DE
Prinzapolca   PROVIDENCIA   ·RONCADOR BANK
La Cruz   Prinzapolca   ô (COLOMBIA)   (COLOMBIA)
Grande   ·Río Grande

Laguna   ISLA DE
de   SAN ANDRÉS   12°
Perlas   ★ (COLOMBIA)
·Rama   CORN IS.   San Andrés
Escondido (NIC.)
·Bluefields ·El Bluff

·PTA. MICO
    Bahía de
    San Juan
    del Norte
San Juan del Norte
·Colorado   10°

STA   Guápiles
·Zapote CORDILLER Siguirres
laluela
Heredia· San José· ·Limón PTA. CAHUITA
San   VOLCÁN IRAZÚ 11260
Sebastián· Cartago Vesta· ·Puerto Viejo
R I C A CHIRRIPO Suretka   PTA. MONA
GRANDE   12533 ·Guabito ·Bocas del Toro PTA. MANZANILLO
Quepos   ·San Almirante   Portobelo PTA. SAN BLAS
         Isidro·Buenos ·Chiriquí PTA. CHIRIQUÍ Colón (SAN.)   CORDILLERA DE SAN BLAS
Bahía de Aires   Grande Golfo de CANAL ZONE Alcalde Chepo
Coronado Chiriquí Boquete los Mosquitos (U.S.A.) ·Tocumen
PTA. LLORONA PENÍ CHIRIQUÍ· ·Dolega Serranía Santa El La Chorrera Panamá
DE OSA   Puerto Concepción·David DE TABASARÁ Fe Valle Bejuco Bay of Panama
·Palmar Sur Jiménez· Padregal Horconcitos Cañazas Penonomé   San
          Puerto · Remedios Las Palmas Antón Río Hato Golfo de San Miguel
PTA. BURICA Armuelles· Lajas Soná Santiago Chitré ARCH. San
          Golfo de Río de Jesús Sta. María·Aguadulce DE LAS Miguel
          Chiriquí   PENÍNSULA Las PERLAS ·Palma
                            DE Tablas Gulf of Panama El Real
                          AZUERO Pocrí PTA. GARACHINÉ Garachiné
                          Tonosí Pedasí
                          ·i. COIBA PTA. MALA Jaqué·
                          PTA. NARANJAS   Ríosucio
                                          C O L O M B I A

84° 82° 80° 78°

South America

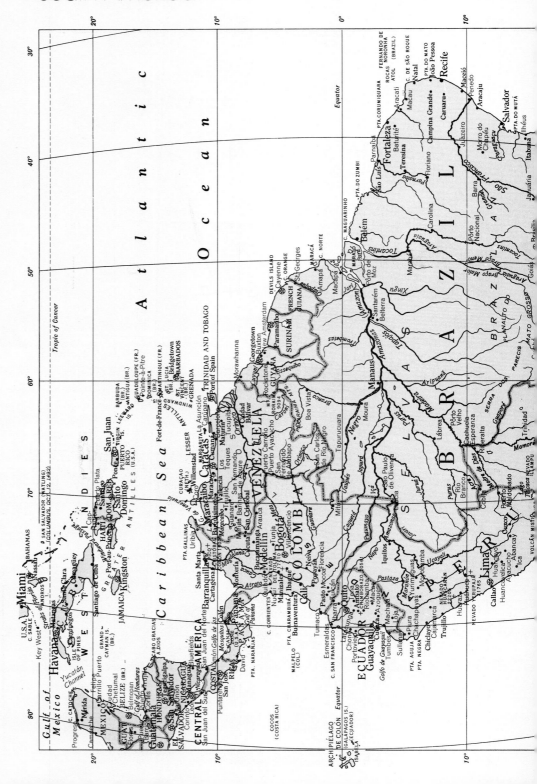

Map Labels

Bodies of Water
Pacific Ocean
Atlantic Ocean

Countries / Regions
BOLIVIA
PARAGUAY
URUGUAY
ARGENTINA
CHILE
BRAZIL
CHACO

Tropic of Capricorn

Cities and Places

Mollendo
Moquegua
Arequipa
Tacna
Arica
Pisagua
Iquique
Tocopilla
Mejillones
Antofagasta
Taltal
Chañaral
Caldera
Copiapó
Vallenar
La Serena
Coquimbo
Ovalle
Illapel
San Felipe
Valparaíso
Viña del Mar
Santiago
Rancagua
Curicó
Talca
Cauquenes
Chillán
Concepción
Talcahuano
Lota
Lebu
Angol
Temuco
Valdivia
Osorno
Puerto Montt
Ancud
Castro

Cochabamba
Oruro
Sucre
Potosí
Tarija
Salta
San Salvador de Jujuy
San Miguel de Tucumán
Catamarca
La Rioja
Deán Fúnes
Córdoba
Río Cuarto
San Juan
Mendoza
San Luis
Mercedes
Villa Mercedes
Santa Rosa
Azul
Tandil
Bahía Blanca
San Carlos de Bariloche

Santa Cruz
La Paz
Cerro Potosí

Asunción
Concepción
Formosa
Resistencia
Corrientes
Goya
Santa Fe
Paraná
Rosario
Santiago del Estero
Buenos Aires
La Plata

Montevideo
Salto
Paysandú
Mercedes
Rivera
Rocha
Santa María
Melo
Treinta y Tres

Campo Grande
Corumbá
Uberaba
São Paulo
Santos
Curitiba
Ponta Grossa
Bauru
Maracaju
Florianópolis
Porto Alegre
Rio Grande
Pelotas
Belo Horonte
Rio de Janeiro
Niterói
Vitória
Juiz de Fora
Ouro Prêto
Goiânia
Diamantina

Comodoro Rivadavia
Trelew
Rawson
Puerto Madryn
Río Gallegos
Punta Arenas
Ushuaia
Puerto Deseado
Puerto San Julián

GRANDE DE TIERRA DEL FUEGO
CAPE HORN
Strait of Magellan
NAVARINO

FALKLAND ISLANDS
(ISLAS MALVINAS) (BR.)
Stanley

SOUTH GEORGIA
(FALKLAND IS.)

SHAG ROCKS

ISLAS JUAN FERNÁNDEZ
(CHILE)
ROBINSON CRUSOE
ALEJANDRO
SELKIRK
SAN FÉLIX
SAN AMBROSIO
(CHILE)

ISLA DE CHILOÉ
LOS CHONOS
ARCHIPIÉLAGO DE MAGDALENA
PENÍNSULA DE TAITAO
MT. SAN VALENTÍN 13314
WELLINGTON
MONTE SARMIENTO 7546

ATACAMA DESERT
PENÍNSULA VALDÉS
Golfo San Matías
Golfo San Jorge

Longitude West of Greenwich

A-540000-21-3-3-5-18
COSMO SERIES SO. AMERICA
Copyright by
RAND McNALLY & COMPANY
Made in U.S.A.

Statute Miles
100   0   100   300   500   700
Kilometers
100   0   100   300   500   700   900   1100

West Indies

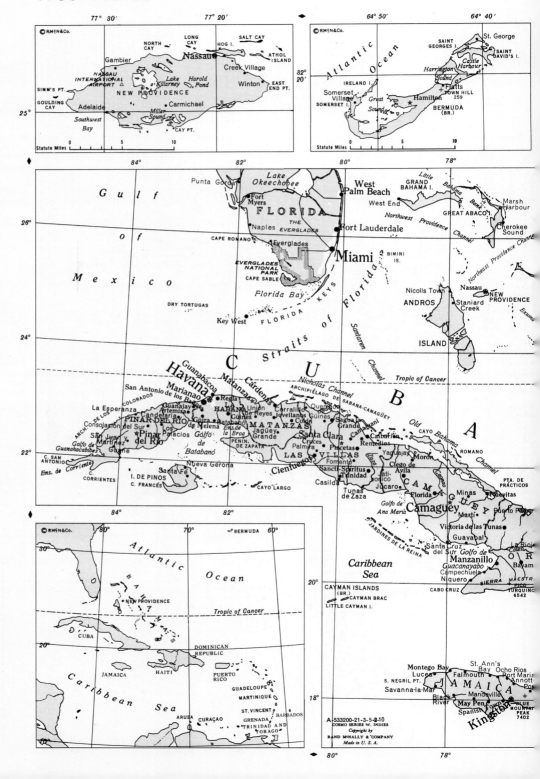

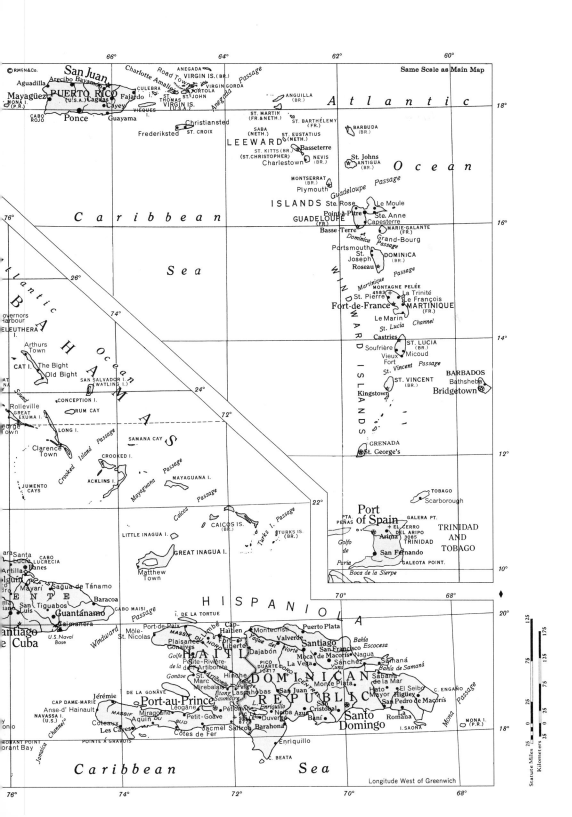

© RM?N & Co.

San Juan

Aguadilla · Arecibo Bayamón · Charlotte Amalie · Road Town · ANEGADA · VIRGIN IS. (BR.)
Mayagüez · PUERTO RICO · CULEBRA I. · VIRGIN GORDA
MONA I. · Caguas · Fajardo · ST. THOMAS · ST. JOHN · PORTOLA · ANGUILLA (BR.)
(P. R.) · Cayey · VIEQUES · VIRGIN IS. (U.S.A.) · Anegada Passage
CABO ROJO · Ponce · Guayama · ST. MARTIN (FR. & NETH.) · ST. BARTHÉLEMY (FR.)
Christiansted · SABA (NETH.) · ST. EUSTATIUS (NETH.)
Frederiksted · ST. CROIX · LEEWARD · ST. KITTS (BR.) · Basseterre
(ST. CHRISTOPHER) · NEVIS (BR.)
Charlestown · ISLANDS · St. Johns · ANTIGUA (BR.)
BARBUDA (BR.)

A t l a n t i c

O c e a n

MONTSERRAT (BR.)
Plymouth · Guadeloupe Passage
ISLANDS · Ste. Rose · Le Moule
Point-à-Pitre · Ste. Anne
GUADELOUPE (FR.) · Capesterre
Basse Terre · MARIE-GALANTE (FR.)
Dominica Passage · Grand-Bourg
Portsmouth · St. Joseph · DOMINICA (BR.)
Roseau · Passage
Martinique · MONTAGNE PELÉE 4583
St. Pierre · La Trinité
Fort-de-France · Le François · MARTINIQUE (FR.)
Le Marin · St. Lucia Channel
Castries
Soufrière · ST. LUCIA (BR.)
Vieux · Micoud
Fort · St. Vincent Passage
St. Lucia · BARBADOS
ST. VINCENT (BR.) · Bathsheba
Kingstown · Bridgetown

C a r i b b e a n

S e a

W I N D W A R D   I S L A N D S

GRENADA
St. George's

Same Scale as Main Map

Inset map (Trinidad & Tobago)

TOBAGO
Scarborough

Port of Spain
PTA. PENAS · GALERA PT.
EL CERRO DEL ARIPO 3085
Arima · TRINIDAD
TRINIDAD AND TOBAGO
Golfo de Paria · San Fernando
GALEOTA POINT.
Boca de la Sierpe

Bahamas / Atlantic

Atlantic Ocean

Governors Harbour
ELEUTHERA I.

B A H A M A
Arthurs Town
CAT I. · The Bight · Old Bight
SAN SALVADOR I. (WATLING I.)

Rolleville · CONCEPTION I.
GREAT EXUMA I. · RUM CAY
George Town · LONG I.
SAMANA CAY
Clarence Town · CROOKED I.
Crooked Island Passage
JUMENTO CAYS · ACKLINS I.
MAYAGUANA I.
Mayaguana Passage
Caicos Passage
CAICOS IS. (BR.)
LITTLE INAGUA I. · TURKS I.
Turks I. Passage · TURKS IS. (BR.)
GREAT INAGUA I.
Matthew Town

Hispaniola

Santa · CABO LUCRECIA
LUCIA · Banes
Antilla · Sagua de Tánamo · H I S P A N I O L A
Mayarí · Baracoa
San Tiguabos · CABO MAISI
Santiago · Luis · GUANTÁNAMO · Windward Passage
de Cuba · Caimanera · U.S. Naval Base
I. DE LA TORTUE
Port-de-Paix · Cap-Haïtien · Montecristi · Puerto Plata
Môle St. Nicolas · MASSIF DU NORD · Liberté · Bahía Escocesa
Plaisance · Valverde · Santiago · San Francisco de Macorís · Nagua
Golfe · Dajabón · Moca · La Vega · Sánchez
de la · Gonaïves · PICO DUARTE 10417 · Samaná
Gonâve · H A I T I · Bahía de Samaná
Marc · Petite-Rivière-de l'Artibonite · Sabana de la Mar
GONÂVE · Mirebalais · Hato · C. ENGAÑO
Port-au-Prince · Hinche · DOMINICAN · Monte Plata · Mayor · Higüey
Léogâne · Las Cahobas · San Juan · El Seibo
Jérémie · Pétionville · REPUBLIC · San Pedro de Macorís
CAP DAME-MARIE · Miragoâne · Azua · La Romana
Anse-d'Hainault · MASSIF · Petit-Goâve · Etang Saumâtre · Baní · Mona Passage
NAVASSA I. (U.S.) · DE LA · Cristóbal · I. SAONA · MONA I. (P. R.)
Coteaux · Aquin · SUD · Neiba · Santo Domingo
Les Cayes · Duvergé · Barahona
Jacmel · Saltrou · Côtes de Fer
POINTE À GRAVOIS · Enriquillo
Jamaica Channel · C. BEATA

C a r i b b e a n   S e a

Longitude West of Greenwich

Statute Miles · 25 · 0 · 25 · 75 · 125
Kilometers · 25 · 0 · 25 · 75 · 135 · 175

Introducción
Vista Preliminar

AL PRINCIPIO

In this preliminary chapter, or *Vista Preliminar,* you will have a chance to practice some useful Spanish expressions. As you work on these, your instructor will help you practice the vowel and consonant sounds of Spanish. In addition, you will learn the Spanish alphabet, and you'll have a chance to spell some words. As you progress through this *Vista* you'll learn:

1. some common greetings and farewells:

Buenos días.	Good morning.
¿Cómo está Ud. hoy?	How are you today?
Así, así.	So-so.

2. the subject pronouns in Spanish:

Yo estoy un poco nervioso.	I'm a little nervous.
Él está bien.	He is fine.
Ustedes estudian español.	You are studying Spanish.

3. some classroom expressions:

Vengan a la pizarra.	Come to the board.
Abran Uds. los libros.	Open your books.
Pasen las tareas.	Pass in your assignments.

SALUDOS Y DESPEDIDAS

En clase

PROF.: Buenos días, señorita Carter.

SRTA.: Buenos días, señor profesor.

PROF.: ¿Cómo está Ud. hoy?

SRTA.: Estoy muy bien, gracias. ¿Y usted?

PROF.: Bien, gracias.

GREETINGS AND FAREWELLS

In Class

Good morning, Miss Carter.

Good morning, professor.

How are you today?

I'm very fine, thanks. And you?

Fine, thank you.

1

En el salón de clase

PROF.: Muy buenas tardes, señor Davis.

SR.: Buenas tardes, señor profesor.

PROF.: ¿Qué tal está hoy?

SR.: Bastante bien. ¿Y usted?

PROF.: Así, así, gracias. Pues, hasta mañana.

SR.: Sí, señor. Adiós, hasta luego.

In the Classroom

Good afternoon, Mr. Davis.

Good afternoon, professor.

How's everything today?

Rather well. And you?

So-so, thank you. Well, see you tomorrow.

Yes, sir. Good-bye, see you later.

Dos estudiantes delante de la puerta

JORGE: ¡Hola, Josefina! ¿Cómo estás?

JOSEFINA: Estoy bien. ¿Y tú?

JORGE: Muy bien, gracias.

PROF.: Buenos días, Jorge y Josefina. ¿Cómo están ustedes?

JORGE Y JOSEFINA: Estamos bien, señor. ¿Y usted?

PROF.: Estoy así, así hoy, gracias. Pues, ¿entramos?

JOSEFINA: Sí, entremos.

Two Students in Front of the Door

Hi, Josefina! How are you?

I'm fine. And you?

Pretty good, thanks.

Good morning, Jorge and Josefina. How are you?

We're fine. And you?

I'm so-so today, thanks. Well, shall we go in?

Yes, let's go in.

SUBJECT PRONOUNS

El primer día de clase

PROFESORA: ¿Cómo se llama **usted,** señorita?

SRTA.: **Yo** me llamo Julia.

PROFESORA: ¿Cómo está **Ud.** hoy?

SRTA.: Estoy bien, gracias. ¿Y **usted?**

PROFESORA: Bien, gracias, ¿y cómo están su padres?

SRTA.: **Ellos** están bien, gracias. Pero **yo** estoy un poco nerviosa hoy.

PROFESORA: Está bien. **Yo** estoy un poco nerviosa también. ¿Qué materias estudiamos este semestre?

SRTA.: **Nosotros** estudiamos español, arqueología, biología, ciencias políticas y educación fisica.

The First Day of Class

What's your name, miss?

My name is Julia.

How are you today?

I'm fine, thanks. And you?

Fine thanks, and how are your parents?

They're fine, thanks. But I'm a little nervous today.

It's OK. I'm a little nervous too. What subjects are we studying this semester?

We're studying Spanish, archaeology, biology, political science, and physical education.

Subject Pronouns

Person	Singular		Plural	
1st	yo	I	nosotros, nosotras	we (masc., fem.)
2nd (informal)	tú	you	vosotros, vosotras	you (masc., fem.)
2nd (formal)	usted	you	ustedes	you (masc., fem.)
3rd	él, ella	he, she	ellos, ellas	they (masc., fem.)

Él está bien.	He is fine.
Ella estudia química.	She studies chemistry.
Nosotros estamos así, así.	We're so-so.
Yo estoy un poco nervioso.	I'm a little nervous.
Ustedes estudian español este semestre.	You are studying Spanish this semester.
Ellos están delante de la puerta.	They're in front of the door.
Tú estás nerviosa también.	You're nervous too.

1. In Spanish there are more subject pronouns than in English. There are two pronouns for the first and third person plural (**nosotros, nosotras; ellos, ellas**), and in Spanish there are several ways of saying *you:* **tú, usted, vosotros, vosotras, ustedes.**

2. In Spanish the informal and formal social levels are indicated in language by different ways of expressing *you*—informal: **tú** (singular), **vosotros(as)** (plural); formal: **usted** (singular), **ustedes** (plural). **Vosotros(as)** is used in most parts of Spain to refer to two or more people on an informal level. In some parts of Spain and in all of Latin America, **ustedes** is used as the plural form in both formal and informal situations. In this text, we will generally use **ustedes** as the plural of both **usted** and **tú.**

Age, sex, and social class are important factors in determining usage. Because there is so much variation in the Hispanic world in the use of **tú** and **usted,** a good rule of thumb is to use **usted** until the native speaker suggests a change to **tú.** Young people, however, almost always use **tú** among themselves.

3. **Usted** has two abbreviations: **Ud.** and **Vd.** The plural **ustedes** also has two abbreviations: **Uds.** and **Vds.**

4. In Spanish, **yo** is never capitalized unless it begins a sentence.

EJERCICIO

Change the subject of each sentence to a subject pronoun.

Modelo: *José* está así, así.
     Él está así, así.

1. *María y Josefina* están en la clase de español.

2. *José y usted* estudian educación física.
3. *Elena y yo* estamos muy bien.
4. *La señorita* está nerviosa hoy.
5. *Los profesores* están delante de la puerta de la clase.
6. ¿Cómo se llama *el señor?*
7. *El profesor y yo* entramos en el salón de clase.

COMMON CLASSROOM EXPRESSIONS

Abran los libros.	Open your books.
Abra la ventana.	Open the window.
Cierren los libros.	Close your books.
Cierre la puerta.	Close the door.
Vengan a la pizarra.	Come to the board.
Tomen la tiza.	Take (pick up) the chalk.
Escriba su nombre.	Write your name.
Escriban estas palabras.	Write these words.
Lean en voz alta.	Read out loud.
Repitan el diálogo.	Repeat the dialogue.
Pronuncien bien.	Pronounce carefully.
Escuchen bien.	Listen carefully.
Tomen papel y un lápiz.	Take out paper and pencil.
Pasen las tareas.	Pass in your assignments.
Voy a pasar lista.	I'm going to call roll.
Presente.	Present (here).
Está ausente.	He (she) is absent.
¿Qué significa _____ en español?	What does _____ mean in Spanish?
¿Cómo se dice *water* en español?	How do you say *water* in Spanish?

THE SOUNDS OF SPANISH

The sounds of Spanish, while somewhat different from the sounds of English, are easy to master, and you should have very little difficulty with them. The spelling of a Spanish word almost always tells you exactly how it is pronounced. This will be a valuable aid in both pronunciation and spelling.

BASIC VOWEL SOUNDS

There are five basic vowel sound classes in Spanish: /a/, /e/, /i/, /o/, and /u/. The symbol between the marks / / represents a sound class. Do not confuse these symbols with the letters of the alphabet. In the following description of sounds, we have used the term *similar* when referring to Spanish and English sounds. No two sounds are ever exactly alike between two languages, but they may be close.

Spanish vowel sounds tend to be shorter than English vowel sounds. English speakers tend to make Spanish vowels longer and to add "glides" to them. Keep the vowel sounds short, clear, and concise. This is what gives Spanish its staccato-like quality.

T /**a**/ The Spanish /a/ is similar to the *a* sound in *father.* Listen and repeat.

la   da   papa   casa   Caracas   banana

/**e**/ The Spanish /e/ is similar to the *eh* sound in *egg.* Listen and repeat.

le   en   se   es   Pepe   tele

/**i**/ The Spanish /i/ is similar to the *i* sound in *machine* and is represented in writing by *i* or *y.* Listen and repeat.

sí   mi   y   cine   Pisa   Misisipí

/**o**/ The Spanish /o/ is similar to the *o* sound in *oboe.* Listen and repeat.

lo   dos   poco   toco   concepto   modelo

/**u**/ The Spanish /u/ is similar to the *u* sound in *glue.* Listen and repeat.

tú   uno   mucho   gusta   luna   Cuba   Yucatán

DIPHTHONGS AND TRIPHTHONGS

Diphthongs

In Spanish, vowels are classified as strong (/**a**/, /**e**/, /**o**/) and weak (/**i**/ and /**u**/). When two weak vowels or one weak and one strong vowel come together they form a diphthong and are pronounced as one syllable. They also combine to form a glide and, therefore, are different from single vowels. Listen and repeat.

T /**ia**/   novia   gracias   historia   estudiante
/**ua**/   Juan   cuatro   Chihuahua   Guatemala
/**ie**/   diez   cien   pierna   empieza
/**ue**/   Manuel   puedo   puerta   escuela
/**io**/   Julio   Mario   estudio   curioso
/**uo**/   cuota   antiguo
/**iu**/   viuda   ciudad   ciudadano
/**ui**/, /**uy**/   muy   Luis   ruido   ruina
/**ai**/, /**ay**/   hay   baila   Aires   gaita
/**au**/   causa   aula   Aurora
/**ei**/, /**ey**/   rey   seis   peina   treinta
/**eu**/   deuda   Europa
/**oi**/, /**oy**/   hoy   soy   estoy   oigo

Triphthongs

Occasionally, three vowels come together (the stressed, or strong, vowel is between two weak vowels) to form a syllable. Listen and repeat.

T estudi**ái**s   continu**ái**s   Parag**uay**

CONSONANT SOUNDS

The consonant sounds of Spanish are described below by manner and points of articulation. As with vowel sounds, these are not to be viewed as letters of the alphabet; / / is a symbol for a particular sound category. The symbols between brackets, [ ], are an attempt to represent how the sound is to be pronounced.

/b/ Sound Class

[b] To pronounce the [b] sound, the lips are closed and there is a sudden release of air. The sound is similar to the English [b] sound in *boy* and *baby,* but is less explosive. It occurs after a pause or after [m] or [n]. The [b] sound is represented by the letters *b* and *v.*[1] Listen and repeat.

vista   bueno   vamos   Denver   también   Bogotá   Barcelona

[ƀ] To pronounce the [ƀ] sound, the lips barely touch and air is released through a narrow opening during articulation. The alphabet letters *b* and *v* are always pronounced as [ƀ] except as noted above. Listen and repeat.

la vista   sábado   novio   octubre   el vocabulario

/t/ Sound Class

[t] The Spanish [t] is pronounced with the tip of the tongue against the back of the upper teeth. There is no aspiration, or puff of air, as in English when an aspirated [t] begins a word *(teacher, today).* Listen and repeat.

tú   taco   Tampa   total   pasta   Antonio

/d/ Sound Class

[d] Like [t], the Spanish [d] is pronounced with the tip of the tongue against the back of the upper teeth. The [d] sound, which is similar to English [d], occurs when this sound is preceded by a pause, [l], or [n]. Listen and repeat.

dice   el dos   dentista   Don David   bandera   diálogo

[d] This variant of /d/ is pronounced by placing the tip of the tongue between the teeth. The sound is similar to English *th,* as in *then.* Listen and repeat.

verdad   usted   todo   no dicen   Florida   los días

/p/ Sound Class

[p] To pronounce [p], the lips are closed, but there is no puff of air released as in English when a word begins with an aspirated [p] *(paper, pantry).* Listen and repeat.

por   Pepe   tipo   mapa   español   personal

---

1. The sound /v/, as in the English word *love,* does not exist in most dialects of Spanish.

/k/ Sound Class

[k]   The Spanish [k] is very similar to the English [k], but with less aspiration. The [k] sound is represented in writing by the letter *c* (occurring before *a, o,* or *u*), the letters *qu (*before *i* or *e),* and by *k.* Listen and repeat.

que   con   Cuba   kilo   queda   casa   Quito

/g/ Sound Class

[g]   The Spanish [g] is similar to the English [g] sound in the words *gum, go,* and *wiggle.* The sound [g] is represented in writing by the letter *g* before *a, o,* or *u.* Listen and repeat.

Gómez   gusto   inglés   gafas   gramatical

Note: When the letter *g* precedes *ui* or *ue,* the *u* is not pronounced. Listen and repeat.

guiar   merengue   Guillermo

[g]   This variant of /g/ appears between vowels. Listen and repeat.

agua   lago   luego   la gota   diálogo

/m/ Sound Class

[m]   This sound is similar to the English [m]. The lips are closed and there is a release of air through the nasal passage. Listen and repeat.

me   mesa   madre   manera   María   Mérida

/n/ Sound Class

[n]   To pronounce the [n] sound, air is released through the nasal passage. Listen and repeat.

no   pon   nada   toman   tonto   también

Note: The letter *n* is pronounced like [m] when it comes before *b, f, m,* or *p.* Listen and repeat.

en Miami   son buenos   comen pasta   énfasis

[ŋ]   This variant of /n/ occurs before the /g/ and /k/ sounds. The sound is similar to the English sound in *sing* or *sunk.* Listen and repeat.

tengo   cinco   pongo   concurso   son cuatro   son góndolas

[ñ]   To pronounce the [ñ] sound, the broad part of the tongue touches the hard palate just behind the gum ridge. It is similar to the English [ny] sound in *onion* and *canyon.* Listen and repeat.

año   niño   baño   ñame   mañana   pequeño

/l/   Sound Class

[l]   To pronounce [l], the tip of the tongue is placed at the alveolar ridge, and air is forced around the sides of the tongue. It is similar to the [l] in the English words *lip* and *light.* Listen and repeat.

la   Lima   julio   Manuel   Alaska   gramatical

/y/   Sound Class

[y]   To pronounce the Spanish [y], the middle part of the tongue barely touches the hard palate. The sound is similar to the English sound [y] in the words *yet, yes,* and *you.* The letters *ll* and *y* represent this sound. Listen and repeat.

yo   ayer   llega   bello   Sevilla   Guillermo

/č/   Sound Class

[č]   The forward part of the tongue (not the tip) is placed at the alveolar ridge to produce a stop, and then a sudden release of air causes a friction sound. The sound is similar to the English sound [č] in the words *church* and *chair* and is represented in Spanish by the letter *ch.* Listen and repeat.

China   mucho   chica   muchacha   chocolate   cha-cha-cha

/f/   Sound Class

[f]   The Spanish [f] is very similar to the English [f], as in *effort* and *fate.* Listen and repeat.

feo   fácil   Felipe   famoso   fascina   elefante

/s/   Sound Class

[s]   To pronounce [s], place the tongue blade at the alveolar ridge and produce a hissing sound. This sound is similar to the English [s] in *sing.* The letters *s, z,* and *c* (occurring before *e* or *i*) represent this sound. Listen and repeat.

su   luz   peso   once   cerveza   silencio   civilización

Note: In many parts of Spain, the letters *z* and *c* (before *e* or *i*) represent a sound similar to *th,* as in *thin.* This is called the **ceceo.**

[z]   The [z] sound is pronounced as [s] above except there is a "buzzing" sound. The vocal chords vibrate. The sound [z], represented by the letter *s,* only occurs before a voiced consonant.[2] Listen and repeat.

desde   mismo   los‿muchachos   dos‿libros

2.   A consonant is said to be voiced when the vocal chords vibrate.

/r/ **Sound Class**

[r] To pronounce the Spanish [r] sound, the tongue tip flaps once against the alveolar ridge. This sound is similar to the American English sound represented by the *dd* or *tt* in *ladder* or *butter* in normal pronunciation. Listen and repeat.

pero   para   pregunta   personal   ser   estar

/rr/ **Sound Class**

[rr] To pronounce [rr], the tongue tip trills or flutters rapidly against the alveolar ridge. The sound is represented by *rr* or by *r* at the beginning of a word. Listen and repeat.

ropa   Raúl   rico   torre   borra   pizarra

/h/ **Sound Class**

[h] To pronounce [h], the back of the tongue is raised to touch slightly the velar area far back in the throat. A slight rasping sound results, but there is no complete blockage of air. [h] is represented in writing by *g* (before *e* or *i*) and by *j*. Listen and repeat.

José   jefe   gente   página   general   Argentina

The letter *x* deserves special attention since it represents three different sounds or sound combinations.

X usually represents [s] (sometimes [ks]) when it comes before [t], [p], and [k]. Listen and repeat.

extra   experto   Taxco   explica   exquisito

X usually represents [ks] (sometimes [s]) when it comes between vowels. Listen and repeat.

examen   existe   éxito   exótico   exacto

X represents [h] in a few words of American origin. Listen and repeat.

Texas   Oaxaca   México   mexicano

THE ALPHABET

The Spanish alphabet contains four letters not found in the English alphabet: **ch, ll, ñ,** and **rr.**[3] Listen and repeat the pronunciation of the letters of the Spanish alphabet.

---

3. Although *rr* is a letter of the Spanish alphabet, no Spanish word begins with *rr*.

Letter	Name of Letter	Letter	Name of Letter	Letter	Name of Letter
A	a	J	jota	R	ere
B	be	K	ka	RR	erre
C	ce	L	ele	S	ese
CH	che (ce hache)	LL	elle	T	te
D	de	M	eme	U	u
E	e	N	ene	V	uve (ve)
F	efe	Ñ	eñe	W	doble uve (doble ve)
G	ge	O	o	X	equis
H	hache[4]	P	pe	Y	i griega (ye)
I	i	Q	cu	Z	zeta

EJERCICIO

Spell the following words out loud in Spanish.

amiga Elena bueno año mayas zapatos gente kilo dinero amigo

hoy Taxco pizarra llamo chico feo julio roja que extra voz estoy

SYLLABLE STRESS

1. A Spanish word ending in a vowel or in *n* or *s* is stressed on the next-to-the-last syllable. Listen and repeat.

hablo	**ha**-blo	toman	**to**-man
carta	**car**-ta	buenos	**bue**-nos
pizarra	pi-**za**-rra	somos	**so**-mos
ejercicio	e-jer-**ci**-cio	escriben	es-**cri**-ben

2. A Spanish word ending in a consonant other than *n* or *s* is stressed on the last syllable. Listen and repeat.

hablar	ha-**blar**	profesor	pro-fe-**sor**
usted	us-**ted**	español	es-pa-**ñol**
verdad	ver-**dad**	señor	se-**ñor**
gramatical	gra-ma-ti-**cal**	bailar	bai-**lar**

3. A written accent in Spanish indicates an exception to the above rules. The accent mark indicates that the stress falls on the accented syllable regardless of its position in the word. Listen and repeat.

sábado	me**lón**	**ár**bol	**pá**gina	o**lím**pico
ha**bló**	**rá**pido	lec**ción**	auto**bús**	te**lé**fono

4. The letter *h* in Spanish is always silent. Repeat these words: *hoy, hijo, hola, hasta, hospital, Alhambra.*

4. A written accent is used in Spanish to distinguish between words otherwise having the same spelling.

si   *if*   sí   *yes*   mi   *my*   mí   *me*   tu   *your*   tú   *you*

5. Stress is extremely important in Spanish because it can make a difference in meaning as well as pronunciation. Listen and repeat.

estas	*these*	estás	*you are*
papa	*potato*	papá	*father*
llamo	*I call*	llamó	*he (she, you) called*

6. The Spanish *i* and *u,* when stressed and next to *a, e,* or *o,* carry a written accent mark. For example: *días, continúo*

7. Exclamatory and interrogative words always have a written accent.

¡Qué tontería!⁵	What a foolish thing!
¿Cómo te llamas?	What's your name?
¿Cómo se dice _____ en español?	How do you say _____ in Spanish?
¿Qué quiere decir _____ en español?	What does _____ mean in Spanish?

EJERCICIOS

A. Write the following words on a sheet of paper and circle the syllable that is stressed.

pa-pa	bo-le-to	Gua-te-ma-la
lla-mo	es-ta-mos	es-cu-chan-do
gru-po	fá-bu-la	fe-nó-me-no
chi-co	her-ma-no	cho-co-la-te
es-tás	co-mi-das	ex-pli-can-do
di-ces	de-ca-no	es-tu-dian-tes

B. Tell whether the stress falls on the first or second syllable of the following words.

hola   señor   estás   todo   usted   carro   piso   oye   vida   verdad

C. Tell whether the stress falls on the first, second, or third syllable of the following words.

muchacho   caminar   español   Colombia   víbora   tratando   protestar

---

5. Exclamations and questions in Spanish have the signs ¡ and ¿ at the beginning of the sentence. These marks forewarn the readers that an exclamation or question is forthcoming and prepare them for the proper intonation.

12

VOWEL FUSION

In English we often run words together in normal speech; for example, "Jeet jet?" is short for "Did you eat yet?" In Spanish there is also word fusion. The fusion of vowels is called **sinalefa**. To the unaccustomed ear, it seems that the Spanish speaker is talking very rapidly.

1. When the same vowel sound occurs at the end of one word and at the beginning of the next word, the two vowels are pronounced as one. Listen and repeat.

T   de_español ¿Qué_es?   Va_al parque.
     como_Olga   lee_eso   ¿Qué va_a_hacer?

2. In conversation, when two different vowels come together, one at the end of a word and one at the beginning of the next word, the vowels combine to form a glide. The vowel of the last word is pronounced as though it were the first letter of the following word and can be represented as follows:
¿cómo está? → *¿cómo_está?*
Listen and repeat.

T   está_enfermo   habla_inglés   eso_es   ¿cómo_está?   otro_amigo
     esa_hora

3. The final consonant of a word is usually pronounced with the vowel at the beginning of the next word and can be illustrated by this example:
Juan_es
Listen and repeat.

T   el_hombre   los_alumnos   los_ojos   Buenos_Aires

SYLLABIFICATION

1. Most Spanish syllables consist of a consonant followed by a vowel.

pa-pa co-mi-da co-che ca-rro lla-ma

Note: Ch, ll, and *rr* are considered as one consonant.

2. Consonant clusters consisting of *b, c, d, f, g, p,* or *t* with *l* or *r* combine with a vowel to form a single syllable.

gru-po Pe-dro bro-ma cla-ro ha-blar en-tra-mos

3. When two consonants occur between two vowels, they are usually separated into two syllables.

cam-po la-var-se al-fom-bra Ar-tu-ro es-cue-la én-fa-sis

4. When three consonants occur between two vowels, the final consonant combines with the following vowel to form a syllable.

trans-por-te   cons-truir   cons-truc-ción   ins-pec-ción

Note: When a consonant cluster (see note 2 above) occurs, it is indivisible and goes with the following vowel to form a syllable.

CAPITALIZATION

In Spanish, as in English, the first word in a sentence and all proper nouns are capitalized. However, there are a few ways in which capitalization in Spanish is different from English. There tend to be fewer words capitalized in Spanish.

1. Adjectives and nouns of nationality and names of languages are not capitalized.

el señor mexicano   la señorita inglesa   el español   los franceses

2. Days of the week and months of the year are not capitalized.

el jueves   los domingos   septiembre   octubre   mayo

3. Titles, such as *señor, señora, señorita, don,* or *doña* are not capitalized when spelled out (except at the beginning of a sentence) but their abbreviations are.

señor, Sr.   señora, Sra.   señorita, Srta.   don, D. or Dn.   doña, Da. or Dña.

4. The subject pronoun *yo* (''I'') is not capitalized unless it begins a sentence.

Isabel y yo   Yo entro en el salón de clase.

VOCABULARIO ACTIVO

Nombres (Nouns)
el español: *Spanish*
el lápiz: *pencil*
el libro: *book*
las materias: *subjects*
el nombre: *name*
los padres: *parents*
la palabra: *word*
el papel: *paper*
la pizarra: *chalkboard*
la puerta: *door*
la química: *chemistry*
el salón de clase: *classroom*
el señor: *man*
la señorita: *young lady*
la tarea: *assignment*
la tiza: *chalk*
la ventana: *window*
la voz: *voice*

Adverbios (Adverbs)
bien: *well*
¿cómo?: *how?*
hoy: *today*
mañana: *tomorrow*
muy: *very*
poco: *little*
también: *too, also*

Preposiciones (Prepositions)
en: *in*

Conjunciones (Conjunctions)
pero: *but*
y: *and*

Expresiones (Expressions)
adiós: *good-bye*
así, así: *so-so*
bastante bien: *rather well*
buenas tardes: *good afternoon*
buenos días: *good morning (day)*
¿Cómo está(n) usted(es)?: *How are you?*
¿Cómo estás?: *How are you?*
estamos bien: *we're fine*
estoy bien: *I'm fine*
gracias: *thank you*
hasta luego: *until later (see you later)*
hasta mañana: *until tomorrow*
hola: *hello*
¿qué tal está?: *How's everything?*
señor: *Mr.*
señorita: *Miss*
sí: *yes*

COGNADOS (COGNATES)
Nombres
la arqueología
la biología
las ciencias políticas
la clase
el diálogo
la educación física
el (la) estudiante
el profesor, la profesora
el semestre

Adjetivos (Adjectives)
nervioso(a)

LA UNIVERSIDAD AUTÓNOMA DE MÉXICO (LA UNAM)

Primera Vista

AL PRINCIPIO

In this first lesson, or *Primera Vista,* you will meet Víctor, a young Colombian photographer, and his friend Elena, a Mexican student of archaeology. As you progress through the *Primera Vista* you will learn:

1. that all Spanish nouns are either masculine or feminine and that Spanish definite and indefinite articles each have four forms; you'll also learn how to change nouns from the singular to the plural (1):[1]

el coche, **los** coch**es**	the car, the cars
la casa, **las** casas	the house, the houses
un hotel, **unos** hotel**es**	a hotel, some hotels
una mujer, **unas** mujer**es**	a woman, some women

2. how to form and use the present tense of regular **A**-type verbs and how to form simple negative sentences (2):

Necesito unas fotos.	I need some pictures.
No visitamos las pirámides.	We're not visiting the pyramids.

3. how to ask yes/no questions (3):

¿Eres tú norteamericano?	Are you American?

4. some uses of the verbs **ser** and **estar,** both meaning "to be" (4):

Es un hombre liberado.	He's a liberated man.
Estamos bien.	We're fine.

5. the numbers 0-30 (5)

In this *Vista* you'll also learn some basic vocabulary that will permit you to express some common activities and human qualities. You'll also read about the University of Mexico.

---

1. The number in parentheses indicates the *Concepto gramatical* that discusses the grammar point.

Un templo maya

DIÁLOGO

Víctor es **un** fotógrafo colombiano y **habla** con **una** amiga, Elena, en **un** hotel de Mérida, Yucatán. Elena es **una** estudiante mexicana.

ELENA: ¿Qué **necesitas?**

VÍCTOR: **Necesito unas** fotos de **las** pirámides mayas.

ELENA: Es fácil. Hoy **tomamos un** coche y **llegamos** a Uxmal en **una** hora.

VÍCTOR: ¿Eres estudiante de arqueología?

ELENA: Sí, **estudio** arqueología.

VÍCTOR: ¿Es posible **explicar el** final de **las** ciudades mayas, o no es fácil?

ELENA: Sí y no. **La** explicación es difícil. No soy **una** buena estudiante de arqueología y . . . **necesito estudiar** más.[2]

CONVERSACIÓN SOBRE EL DIÁLOGO

1. ¿Qué es Víctor? 2. ¿Qué es Elena? 3. ¿Habla Víctor con una amiga?
4. ¿Es mexicana Elena? 5. ¿Es Mérida una ciudad de Yucatán? 6. ¿Necesitas (tú) un coche?

NOTAS CULTURALES

1. The Yucatán is a peninsula in southeastern Mexico. The peninsula is surrounded on the north and west by the Gulf of Mexico **(el Golfo de México)** and on the east by the Caribbean Sea **(el Mar Caribe).** A map of this region is located in the front of this text.

2. The Yucatán peninsula is the area where the Mayan culture reached its last and most advanced stage of development. Archaeologists have discovered Mayan cities in the dense jungle of the area. Uxmal and Chichén-Itzá are two of the best-known sites. Mayan pyramids have a distinct design, with stairs on the sides and a temple on top. Archaeologists and other scientists are still searching for the reason why the Mayan culture fell long before the arrival of the Spanish *conquistadores* in 1519.

2. The dialogue in each *Vista* is divided into two parts. This dialogue is continued on page 27.

DIALOGUE

Víctor is a Colombian photographer and he is talking with a friend, Elena, in a hotel in Mérida, Yucatán. Elena is a Mexican student.

ELENA: What do you need?

VÍCTOR: I need some pictures of the Mayan pyramids.

ELENA: It's easy. We take a car today and we arrive in Uxmal in one hour.

VÍCTOR: Are you a student of archaeology?

ELENA: Yes, I'm studying archaeology.

VÍCTOR: Is it possible to explain the end of the Mayan cities, or isn't it easy?

ELENA: Yes and no. The explanation is difficult. I'm not a good student of archaeology and . . . I need to study more.

CONCEPTOS GRAMATICALES

1. NOUNS AND ARTICLES

1. All Spanish nouns are either masculine or feminine.

2. In English there is only one definite article, *the.* In Spanish the definite article has four forms; their use depends on whether the noun is masculine or feminine, and whether it is singular or plural.

	Singular	**Plural**
Masculine	**el**	**los**
Feminine	**la**	**las**

el libro   the book   **los** libros   the books

la palabra   the word   **las** palabras   the words

3. Many masculine nouns end in **-o**; many feminine nouns end in **-a.**

Masculine Nouns	**Feminine Nouns**
el amigo (male) friend	**la amiga** (female) friend
el perro dog	**la casa** house
el año year	**la hora** hour
el americano (male) American	**la americana** (female) American
el norteamericano (male) American	**la norteamericana** (female) American
el novio boyfriend	**la novia** girl friend
el fotógrafo (male) photographer	**la fotógrafa** (female) photographer
el número number	**la lengua** language, tongue

There are a few common exceptions to the preceding guidelines.

Masculine Nouns	Feminine Nouns
el día day	**la mano** hand
el mapa map	**la foto**[3] photo
el problema problem	
el sistema system	

4. All nouns ending in **-dad, -tad, -ción, -sión, -tión,** and **-umbre** are feminine.

la ciudad city	**la lección** lesson
la universidad university	**la cuestión** issue
la facultad school (of law, etc.)	**la televisión** television
la costumbre custom	

5. For nouns that do not follow these guidelines, simply learn the gender with the noun.

Masculine Nouns	Feminine Nouns
el hotel hotel	**la mujer** woman
el hombre man	**la clase** class
el restaurante restaurant	**la voz** voice
el café coffee, café	**la pirámide** pyramid
el inglés English man (or language)	**la flor** flower
el español Spanish man (or language)	
el coche car	

A few words have the same form for both masculine and feminine.

el estudiante   (male) student   **la estudiante**   (female) student

6. To form the plural of a noun that ends in a vowel, add **-s.**

Singular	Plural	
el número	**los** números	the number, the numbers
la clase	**las** clases	the class, the classes

---

3. *Foto* is a shortened form of *fotografía,* "photograph."

To form the plural of a noun that ends in a consonant, add **-es.**

Singular	Plural	
el hotel	**los** hotel**es**	the hotel, the hotels
el español	**los** español**es**	the Spaniard, the Spaniards
la mujer	**las** mujer**es**	the woman, the women
la ciudad	**las** ciudad**es**	the city, the cities

A noun with a written accent on the last syllable loses the written accent in the plural.

Singular	Plural
el inglés	los ingleses
la lección	las lecciones

To form the plural of a noun that ends in **-z,** change the **z** to **c** before adding **-es.**

Singular	Plural
la vo**z**	las vo**ces**
el lápi**z**	los lápi**ces**

7. There are a few ways in which use of the definite article differs between Spanish and English. In English no definite article is used when making a general statement; in Spanish the article must be used.

La arqueología es difícil.   Archaeology is difficult.
El español es fácil.   Spanish is easy.

8. The English indefinite articles are *a, an,* and *some.* In Spanish the indefinite article, like the definite article, has four forms and must agree in gender and number with the noun.

	Singular	Plural
Masculine	**un**	**unos**
Feminine	**una**	**unas**

un amigo	a (male) friend	**unos amigos**	some (male) friends
una amiga	a (female) friend	**unas amigas**	some (female) friends

If a group contains both masculine and feminine members, the masculine plural form is used.

un amigo y **una** amiga → **unos** amigos

el estudiante y **la** estudiante → **los** estudiantes

9. There are a few ways in which the use of the indefinite article differs between Spanish and English. Certain nouns that express nationality, political affiliation, religion, or profession are used without the indefinite article in Spanish after a form of the verb **ser.**

un colombiano[4]	Víctor es **colombiano.**	Víctor is a Colombian.
un católico	Él es **católico.**	He is a Catholic.
una liberal	Ella es **liberal.**	She is a liberal.
una profesora	Julia es **profesora.**	Julia is a teacher.

The indefinite article is always used in Spanish when the description includes both a noun and an adjective. Note that the adjective usually follows the noun in Spanish.

Víctor es **un colombiano inteligente.**   Víctor is an intelligent Colombian.
Julia es **una profesora americana.**   Julia is an American teacher.

EJERCICIOS

A. Give the definite article for each noun; then give the plural form.

Modelo: fotógrafo
> *el fotógrafo, los fotógrafos*

1. palabra 2. año 3. casa 4. coche 5. lección 6. libro 7. lengua
8. día 9. universidad 10. mujer

B. Give the indefinite article for each noun; then give the plural form.

Modelo: coche
> *un coche, unos coches*

1. perro 2. hora 3. ciudad 4. hotel 5. clase 6. casa 7. americana
8. problema 9. foto 10. lápiz

C. Be an interpreter. Give the Spanish equivalent for each sentence.
1. The problem is difficult. 2. The professor is an American. 3. Spanish is easy. 4. Mérida is a city. 5. She is an intelligent woman. 6. Julio is a photographer. 7. She is a Mexican student. 8. I need some photos.

---

4. Nouns of nationality such as *colombiano, español,* and *inglés* also function as adjectives in Spanish. Their use will be discussed when adjectives are discussed.

2. PRESENT TENSE OF REGULAR *A*-TYPE VERBS

1. Regular Spanish verbs are classified as **A-, E-,** or **I**-type, according to the vowel in the infinitive ending **(-ar, -er, ir)**. The infinitive is the unconjugated form of a verb.

   habl**ar**   to speak, talk   com**er**   to eat   viv**ir**   to live

2. In the *Vista Preliminar,* you learned the Spanish subject pronouns. The Spanish verb forms change with the subject pronoun. Look at one regular **A**-type verb, **hablar.**

Hablar, to speak

Person	Singular		Plural	
1st	yo	habl**o**	nosotros, nosotras	habl**amos**
2nd (informal)	tú	habl**as**	vosotros, vosotras	habl**áis**
2nd (formal)	usted	habl**a**	ustedes	habl**an**
3rd	él, ella		ellos, ellas	

As shown in the chart, the present tense of an **A**-type verb is formed by combining the stem of the verb (the infinitive minus the *-ar* ending: **habl-**) with endings that correspond to the subject pronouns: **-o, -as, -a, -amos, -áis, -an.** The Spanish indicative present tense expresses an idea that has three equivalents in English. **Yo hablo.** I speak. I do speak. I'm speaking. **Él habla español.** He speaks Spanish. He does speak Spanish. He is speaking Spanish.

3. Some common **A**-type verbs have already appeared in the *diálogo:* **hablar, necesitar, tomar, llegar,** and **estudiar.** (*Tomar* means both "to take": *Tomamos un coche;* and "to drink": *Tomamos un café.*) Other common **A**-type verbs include:

cenar   to dine   **Cenamos** en el restaurante. We're dining in the restaurant.

entrar (en)   to enter   **Los estudiantes entran** en clase. The students enter the class.

practicar   to practice   **Practicas** el español en clase. You practice Spanish in class.

preguntar   to ask (questions)   **Ella pregunta.** She asks.

contestar   to answer   **Ellos contestan** las preguntas. They answer the questions.

trabajar   to work   **Trabajo** en California. I work in California.

visitar   to visit   **Uds. visitan** la ciudad. You are visiting the city.

4. As you see in the preceding examples, in Spanish the subject pronoun may often be omitted from a sentence. As the ending of the verb usually identifies the subject, it is not necessary to include the subject. **Usted** and **ustedes** are usually retained, however, and other pronouns are used for clarity or for emphasis.

Ella pregunta y **él** contesta. *She* asks and *he* answers.

5. To make a sentence negative, place **no** before the verb.

Ella **no estudia** español.   She doesn't study Spanish.

No visitamos las pirámides.   We're not visiting the pyramids.

EJERCICIOS

A. Substitution. Supply the correct verb forms for the subject pronouns.

Modelo: yo/tomar café
        (Yo) tomo café.

1. yo/ visitar la ciudad, hablar español, entrar en clase
2. tú/ tomar café, necesitar un coche, practicar el español
3. ella/ cenar en el restaurante, preguntar en clase, contestar en clase
4. nosotros/ trabajar en un hotel, cenar en casa, entrar en clase
5. ustedes/ necesitar unos lápices, practicar la lección, tomar café
6. usted/ estudiar arqueología, llegar a Uxmal, necesitar un libro

B. Questions. Answer each question with one of the two alternatives. The instructor will then ask another student to restate what was said by asking: *Estudiante 2, ¿qué dice Estudiante 1?* (The question, *¿Qué dice . . .?* means "What does he (she) say?" The answer form to use is *Estudiante 1 dice que . . .).* Include students' names in all questions and answers.

Modelo: Prof.: David, ¿en clase hablas español o *(or)* inglés?
        David: *En clase hablo español.*
        Prof.: María, ¿qué dice David?
        María: *David dice que en clase habla español.*

1. ¿Tomas café o Coca-Cola? ¿Qué dice . . . ?
2. ¿Estudias español o inglés? ¿Qué dice . . . ?
3. ¿Hoy cenas en un restaurante o en casa? ¿Qué dice . . . ?
4. ¿Necesitas estudiar más o necesitas cenar más? ¿Qué dice . . . ?
5. ¿Trabajas en un restaurante o en la universidad? ¿Qué dice . . . ?
6. ¿Los estudiantes estudian la lección de español o la lección de inglés? ¿Qué dice . . . ?

C. Completion. Complete each sentence with your own idea.
1. Los amigos _____. 2. Practico _____. 3. Una estudiante de la clase _____.
4. Los amigos y yo _____. 5. Tú necesitas _____.

D. Be an interpreter. Give the Spanish equivalent for each sentence.
1. We study the lessons.   2. We are taking the car.   3. She doesn't work.
4. They do answer questions.   5. I study English.   6. You *(tú)* need to study
more.   7. You *(ustedes)* are eating dinner in a restaurant.   8. I am visiting
Madrid.

3. YES/NO QUESTIONS

1. Questions that can be answered with *yes* or *no* are very easy to form in
Spanish. Change the word order of a statement by placing the subject after the
verb, and give a rising intonation at the end of the question. Remember that
in many cases the subject pronoun is not expressed.

Statement	Question
Tú eres norteamericano.	¿Eres (tú) norteamericano?
Ud. trabaja en California.	¿Trabaja Ud. en California?

Los estudiantes mexicanos estudian mucho. Ellos hablan con los amigos.

Questions can also be formed simply by changing the intonation of a sentence so it rises at the end.

Statement	Question
Ustedes contestan las preguntas.	¿Ustedes contestan las preguntas?

Note that English yes/no questions are more complex to form, since they take auxiliary verbs *(do, does, is, are).*

2. In Spanish, a yes/no question in the present tense sometimes corresponds to the English future form.

¿Cenamos en el restaurante?   Shall we have dinner at the restaurant?

3. When adjectives, adverbs, or direct objects are present in a question, the subject is often placed after them. If the subject is a pronoun, it is usually omitted.

Víctor es colombiano.	¿Es colombiano Víctor?
	(*colombiano* = adjective)
Elena trabaja hoy.	¿Trabaja hoy Elena?
	(*hoy* = adverb)
Ella necesita un coche.	¿Necesita un coche?
	(*coche* = direct object)

EJERCICIOS

A. Transformation. Respond to each statement by changing it into a question, as if in surprise.

Modelo: El profesor necesita un coche.
        ¿Necesita un coche el profesor?

1. Ellos toman café.   2. Los amigos cenan en casa.   3. Las estudiantes trabajan hoy.   4. Antonio es colombiano.   5. Julio y yo visitamos las pirámides.
6. Elena y tú llegan a Uxmal.   7. Nosotros practicamos el español.   8. Juana entra en clase.

B. Be an interpreter. The instructor will read each English question. One student will give the Spanish equivalent of the question, and another student will answer the question.

1. Shall we study more?   2. Do you need a book?   3. Are you speaking with Elena?   4. Shall we have dinner at the restaurant?   5. Do you work in California?   6. Do the students answer the questions?

DIÁLOGO

Pasan unas horas. Víctor y Elena **están** en un café.

VÍCTOR: ¡Bueno!, ahora no estudio más. ¿Cenamos en un restaurante?

ELENA: No **es** posible. Hoy ceno con un amigo.

VÍCTOR: ¿Un amigo o un novio?

ELENA: Novio. **Es** un hombre fascinante y extraordinario.

VÍCTOR: ¡Oh, no! **Estoy** con una mujer inteligente, interesante y guapa . . . y **es** la novia de . . .

ELENA: . . . de un profesor de inglés.

VÍCTOR: ¿Y él visita las pirámides con nosotros mañana?

ELENA: No. Él **es** celoso, pero acepta la independencia de las mujeres. Yo **soy** una mujer independiente.

VÍCTOR: ¡Ah! ¡Y él **es** un hombre liberado!

ELENA: Sí, porque **es** un hombre inteligente.

CONVERSACIÓN SOBRE EL DIÁLOGO

1. ¿Es el amigo de Elena un hombre fascinante?   2. ¿Es Elena una mujer inteligente?   3. ¿Es el profesor de español el novio de Elena?   4. ¿Es el novio de Elena un hombre liberado?   5. Y Ud., ¿es un hombre (una mujer) celoso (celosa)?   6. ¿Cena Ud. mañana con un amigo o con una amiga?   7. ¿Cena Ud. hoy en casa o en un restaurante?

NOTAS CULTURALES   1. The issue of women's independence is being discussed more and more in the Hispanic world. In 1975 a UNESCO conference on the status of women was held in Mexico City **(la Ciudad de México)**. Ironically, many Mexican women objected to this conference and its purposes.

2. Although the laws of many Hispanic countries clearly discriminate against women, progress toward equality is being made. In Spain, for example, laws against adultery (which were never enforced for men) have been removed from the books. Hispanic attitudes, however, are still *machistas* and difficult to change.

DIALOGUE

A few hours pass. Víctor and Elena are in a café.

VÍCTOR: Well! I won't study any more now. Shall we have dinner in a restaurant?

ELENA: It's not possible. Today I'm having dinner with a friend.

VÍCTOR: A friend or a boyfriend?

ELENA: Boyfriend. He's a fascinating and extraordinary man.

VÍCTOR: Oh, no! I'm with an intelligent, interesting, and pretty woman . . . and she's the girl friend of . . .

ELENA: . . . of an English professor.

VÍCTOR: And will he visit the pyramids with us tomorrow?

ELENA: No. He's a jealous man, but he accepts women's independence. I'm an independent woman.

VÍCTOR: Ah! And he's a liberated man!

ELENA: Yes, because he's an intelligent man.

CONCEPTOS GRAMATICALES

4. THE VERBS *SER* AND *ESTAR*

1. This is a first look at the verbs **ser** and **estar,** which both have the English equivalent "to be." More will be found in the *Tercera Vista.*

2. Study the present-tense forms of **ser.**

Ser

Singular			Plural		
yo	soy	I am	nosotros(as)	somos	we are
tú	eres	you are	vosotros(as)	sois	you are
usted él, ella	es	you are he, she is	ustedes ellos, ellas	son	you are they are

3. **Ser** is used to classify someone or something.

Tú **eres** estudiante.	(tú = estudiante) You are a student.
Nosotros **somos** norteamericanos.	(nosotros = norteamericanos) We are Americans.
Ellas **son** católicas.	(ellas = católicas) They are Catholics.

4. In addition, **ser** is used with adjectives to express what the speaker considers a natural or intrinsic trait or an essential characteristic of someone or something.

Pepe **es** agradable.	Pepe is pleasant.
Los coches americanos **son** buenos. (No son malos.)	American cars are good. (They are not bad).
Víctor **es** guapo.	Víctor is handsome.
María **es** simpática.	María is nice.

5. Also, **ser** + **de** is used to express

a. where someone is from (origin).

    Soy de Los Ángeles.   I'm from Los Angeles.

b. possession.

    Los libros **son de** usted.   The books are yours.

c. what something is made of.

    Los libros **son de** papel.   Books are (made) of paper.

6. Study the present-tense forms of **estar**.

Estar

Singular			Plural		
yo	**estoy**	I am	nosotros(as)	**estamos**	we are
tú	**estás**	you are	vosotros(as)	**estáis**	you are
usted él, ella	**está**	you are he, she is	ustedes ellos, ellas	**están**	you are they are

7. **Estar** is used to indicate location or position of a person or thing, a circumstance or condition subject to change, or a departure from what the speaker considers a natural or intrinsic trait of someone or something.

Los estudiantes **están** en clase.	The students are in class. (location)
Los estudiantes **están** sentados.	The students are seated. (position)
Juan **está** bien.	Juan is well. (subject to change)
Ella **está** enamorada.	She is in love. (change of state)
Él **está** muerto.	He is dead. (change of state that happens to be permanent)
Ellos **están** guapos hoy.	They are (look) handsome today. (departure from speaker's expectation)

8. In the last example above *(Ellos están guapos hoy.),* the speaker is not saying that they are handsome *(Ellos son guapos),* but simply that, in the speaker's opinion, they look handsome today, or they look more handsome than usual. Compare:

La ciudad **es** interesante.	(a fact, in the speaker's opinion)
La ciudad **está** interesante.	(something special is going on)

EJERCICIOS

A. Transformation. Supply the correct verb form for the subject.

1. yo/ ser de San Diego
2. los amigos/ ser agradables
3. Ud./ ser simpática
4. Juana y yo/ ser estudiantes
5. tú/ ser guapo
6. los papeles/ ser de Uds.

B. Substitution. Answer the questions using the appropriate verb forms.

1. ¿Está Ud. bien? ¿Y ellas? ¿Y nosotras? ¿Y él?
2. ¿Está Ud. en la universidad? ¿Y nosotros? ¿Y ella? ¿Y yo?
3. ¿Está Ud. en clase? ¿Y ellos? ¿Y nosotros? ¿Y él?

C. Completion. Complete each sentence with the correct form of *ser* or *estar,* as appropriate.

1. Los estudiantes _____ en clase. 2. Yo no _____ colombiano. 3. Nosotros _____ sentados. 4. Los libros no _____ de la profesora. 5. Ellos _____ bien ahora. 6. El coche _____ de Detroit. 7. Fernando _____ guapo hoy. 8. Napoleón _____ muerto. 9. Tú _____ agradable. 10. El libro _____ de papel.

D. Be an interpreter. The instructor will read each English question. One student will give the Spanish equivalent of the question, and another student will answer the question.

1. Are you well?   2. Is he from San Francisco?   3. Are we seated in class?
4. Is the book David's?   5. Is the question easy?   6. Is Juana in love?   7. Is
the day pleasant?   8. Are Víctor's friends in Buenos Aires?

5. THE NUMBERS 0–30

1. Los números

0	**cero**	10	**diez**	20	**veinte**
1	**uno**	11	**once**	21	**veintiuno (veinte y uno)**
2	**dos**	12	**doce**	22	**veintidós (veinte y dos)**
3	**tres**	13	**trece**	23	**veintitrés (veinte y tres)**
4	**cuatro**	14	**catorce**	24	**veinticuatro (veinte y cuatro)**
5	**cinco**	15	**quince**	25	**veinticinco (veinte y cinco)**
6	**seis**	16	**dieciséis (diez y seis)**	26	**veintiséis (veinte y seis)**
7	**siete**	17	**diecisiete (diez y siete)**	27	**veintisiete (veinte y siete)**
8	**ocho**	18	**dieciocho (diez y ocho)**	28	**veintiocho (veinte y ocho)**
9	**nueve**	19	**diecinueve (diez y nueve)**	29	**veintinueve (veinte y nueve)**
				30	**treinta**

The numbers 16–19 and 21–29 may be written as one word or as three. The
one-word forms are more common.

2. When followed by a noun, the numbers 1 and 21 must agree in gender with
that noun. The feminine forms are *una* and *veintiuna.* If the noun is masculine,
the forms *un* and *veintiún* are used.

1	libro	**un** libro		1	casa	**una** casa
21	libros	**veintiún** libros	21	casas	**veintiuna** casas

EJERCICIOS

A. Read the sentences aloud.

1. Trabajo 6 días.   2. Hablo con 5 estudiantes.   3. Hablamos 2 lenguas.
4. Ceno con 15 amigos.   5. Hablamos con 21 amigas.   6. Son 29 coches
americanos.   7. Trabajo 11 horas.   8. Yo tomo 1 café y ella toma 1.
9. Necesitan 16 lápices.

B. Read the following problems aloud, supplying the answers.

Modelos: 3 + 4 =   7   *Tres y cuatro son siete.*
　　　　　3 − 2 =   1   *Tres menos dos es uno.*
　　　　15 − 1 = 14   *Quince menos uno son catorce.*

1. 4 + 5 = _____.   4. 10 − 9 = _____.   7. 19 + 1 = _____.
2. 6 − 3 = _____.   5. 20 + 8 = _____.   8. 16 − 2 = _____.
3. 7 + 3 = _____.   6. 30 − 9 = _____.   9. 20 + 7 = _____.

ACTIVIDADES PERSONALES

A. Interview (Entrevista)
All students pair off. Each student is to interview another person in the class, asking questions and writing down the person's responses. *Estudiante 1* is the interviewer; *Estudiante 2* is the interviewee. *Estudiante 2* gives oral responses and *Estudiante 1* writes the answers on a sheet of paper.

Preguntas	Oral	Escrito (Written)
1. ¿Eres estudiante?	1. Sí, _____.	1. Ella/Él _____.
2. ¿Estás bien ahora?	2. Sí (no) _____.	2. Sí (no) _____.
3. ¿Trabajas en clase o en un restaurante?	3. Yo _____.	3. Él/Ella _____.
4. ¿Trabajas cinco días?	4. Sí (no) _____.	4. Sí (no) _____.
5. ¿En clase hablas inglés o español?	5. En clase _____.	5. En clase _____.

B. Answer the following questions.
1. ¿Necesitas estudiar hoy?   2. ¿Eres estudiante?   3. ¿Eres independiente o no?
4. Hoy, ¿cenas con un amigo (una amiga) o con un profesor (una profesora)?
5. ¿Es más interesante hablar con un hombre guapo o con un hombre inteligente?   6. ¿En México es más interesante hablar con norteamericanos o con mexicanos?

SECCIÓN CULTURAL

La Universidad Autónoma de México (la UNAM)

In this reading, you'll find many words and structures that you should already know. You do not have to memorize any new words.

La Universidad Autónoma de México (la UNAM) está en la capital federal (la Ciudad de México), y es la universidad principal de la república. La arquitectura de los edificios de la universidad es interesante y moderna. En las diferentes facultades los estudiantes estudian medicina, derecho, economía, arqueología, ciencias políticas y otras materias.

derecho: law

Los estudiantes que trabajan mucho terminan el curso con buenas notas (calificaciones). En los Estados Unidos las notas son: *A, B, C, D* y *F.* En México y en otros países hispánicos son: *Matrícula de Honor* (una nota muy buena), *Sobresaliente, Notable, Aprobado* y *Suspenso (Reprobado)* (una nota muy mala). En general, los exámenes no son orales; son escritos.

nota (calificación): grade
Estados Unidos: United States
otro: another
el país: country
sobresaliente: outstanding
aprobado(a): passing

Un problema de las universidades mexicanas es el número excesivo de estudiantes. Otro problema es que los estudiantes no participan bastante en la administración de la universidad. Cuando los estudiantes no están contentos, protestan. En general, la actividad política es muy importante en las universidades hispánicas. En las universidades norteamericanas, las actividades políticas son menos importantes.

cuando: when

menos: less

La biblioteca de la Universidad de México

¿CIERTO O FALSO?   (True or false?)

1. La UNAM está en Acapulco. ¿Cierto o falso?
2. Los edificios de la UNAM son muy modernos.
3. Los estudiantes que no trabajan terminan el curso con buenas notas.
4. Un *sobresaliente* es una nota bastante mala.
5. En general, en la UNAM los exámenes son escritos.
6. La actividad política es muy importante en las universidades hispánicas.
7. Los estudiantes protestan cuando están contentos.
8. En los Estados Unidos, una *F* es una nota buena.
9. En general, en los Estados Unidos los exámenes son orales.

VOCABULARIO ACTIVO

Nombres

el amigo, la amiga: *friend*
el año: *year*
la casa: *house, home*
la ciudad: *city*
el coche: *car*
el día: *day*
la flor: *flower*
el fotógrafo, la fotógrafa:
  photographer
el hombre: *man*
la hora: *hour*
el inglés: *English*
la lengua: *language,*
  tongue
la mujer: *woman*
el novio, la novia:
  boyfriend, girl friend
el número: *number*
la pregunta: *question*

Verbos

cenar: *to dine*
contestar: *to answer*
entrar (en): *to enter, to go*
  in
estar: *to be*
hablar: *to speak, to talk*
llegar: *to arrive*
necesitar: *to need*
preguntar: *to ask*
ser: *to be*
tomar: *to take, to drink*
trabajar: *to work*

Adjetivos

agradable: *pleasant*
bueno(a): *good*
celoso(a): *jealous*
difícil: *difficult*
enamorado(a): *in love*
fácil: *easy*
guapo(a): *handsome*
inglés/inglesa: *English*
malo(a): *bad*
muerto(a): *dead*
sentado(a): *seated*
simpático(a): *nice*

Adverbios

ahora: *now*
más: *more*
no: *no*
porque: *because*

Preposiciones y Conjunciones

a: *to, at, in*
con: *with*
de: *of, from*
o: *or*

COGNADOS

Nombres

el americano, la americana
el café
la foto
el hotel
la lección
México
el norteamericano, la
  norteamericana
la pirámide
el problema
el restaurante
la televisión
la universidad

Verbos

estudiar
practicar
visitar

Adjetivos

colombiano(a)
extraordinario(a)
fascinante
independiente
inteligente
interesante
liberado(a)
mexicano(a)

¿QUÉ ES EL ESPAÑOL?
Segunda Vista

AL PRINCIPIO

In the *Segunda Vista,* Elena and Víctor discuss their trip to the Mayan ruins. In this *Vista* you'll learn:

1. that adjectives and nouns agree in gender and number (6):

   La maleta es **pesada.**   The suitcase is heavy.
   Necesitamos un **vuelo barato.**   We need a cheap flight.

2. how to form the present tense of regular **E-** and **I**-type verbs (7):

   Crees que eres magnífico.   You think you're magnificent.
   Abren la maleta.   They open the suitcase.

3. the present tense of **saber,** ''to know,'' and **ver,** ''to see'' (8):

   Sé la verdad.   I know the truth.
   Veo la pizarra.   I see the board.

4. some important and useful question words (9):

   ¿Qué crees?   What do you think?
   ¿De dónde eres?   Where are you from?

5. the present tense of the verb **ir,** ''to go,'' how to express the future using **ir,** and the Spanish equivalent of *let's* + verb (10):

   ¿Vas a México?   Are you going to Mexico?
   ¿Vas a tomar el avión?   Are you going to take the plane?
   Vamos a comer.   Let's (go) eat.

6. the contractions **a** + **el** = **al** and **de** + **el** = **del** (11):

   El autobús va **del** hotel **al** aeropuerto.
   The bus goes from the hotel to the airport.

You'll also learn some useful vocabulary related to travel, and in the *Sección cultural* you'll read about the origins of the Spanish language.

El templo de Quetzalcóatl en Teotihuacán, México

DIÁLOGO

Elena, Víctor y Ricardo (el novio de Elena) están en un restaurante. **Beben** cerveza y **comen** unos sandwiches.

ELENA: **¿Qué crees?** ¿No son **extraordinarias las pirámides?**

VÍCTOR: Sí, **creo** que son **magníficas.**

RICARDO: ¿Sacas muchas fotografías cuando viajas?

VÍCTOR: Muchas, y después **decido** cuáles son **las fotos buenas.** Pero es difícil **decidir** porque, en general, todas **las fotografías** son **excelentes.**

ELENA: Víctor, **veo** que eres bastante **presumido. Crees** que eres **magnífico** en todo.

VÍCTOR: Y es verdad, ¿no **crees?** Pero **sabes** que soy **tímido** también, ¿verdad?

ELENA: No. **Sé** que eres presumido . . . pero eres **simpático.**

VÍCTOR: **¿Ves? Aprendes** rápidamente.

RICARDO: Y Víctor **debe aprender** que no es inteligente ser presumido con mi novia.

CONVERSACIÓN SOBRE EL DIÁLOGO

1. ¿Qué beben Elena, Víctor y Ricardo?   2. ¿Qué comen?   3. ¿Es presumido Víctor?   4. ¿Son malas las fotografías de Víctor?   5. ¿Qué decide Víctor? 6. Y Ud., ¿cree que es presumido(a) o tímido(a)?   7. ¿Cree Ud. que es magnífico(a) en todo?

NOTAS CULTURALES

1. Uxmal and Chichén-Itzá are two well-known sites of Mayan ruins, each about 70 miles from Mérida. Chichén Itzá is considered the more important of the two sites, and there is an impressive *observatorio* there where Mayan priests studied the skies. The pyramid at Uxmal is actually three pyramids combined; thus the site is named Uxmal, which in Mayan means "three times."

2. Mayan astronomers were able to calculate the exact time it took for the earth to rotate around the sun. Modern computers can only improve on it by a few seconds. Some Mayan pyramids have ninety-one steps on each side, each step representing a day of the year. The top step, or the altar, represents the 365th day.

DIALOGUE

Elena, Víctor, and Ricardo (Elena's boyfriend) are in a restaurant. They are drinking beer and eating some sandwiches.

ELENA: What do you think? Aren't the pyramids extraordinary?

VÍCTOR: Yes, I think they are magnificent.

RICARDO: Do you take many pictures when you travel?

VÍCTOR: Many, and later on I decide which ones are the good pictures. But it's difficult to decide because, in general, all the pictures are excellent.

ELENA: Víctor, I see that you are rather conceited. You think you are magnificent in everything.

VÍCTOR: And it's true, don't you think? But you know that I'm shy, too. True?

ELENA: No. I know you are conceited . . . but you're nice.

VÍCTOR: You see? You learn fast.

RICARDO: And Víctor ought to learn that it's not smart to be conceited with my girlfriend.

CONCEPTOS GRAMATICALES

6. AGREEMENT OF NOUNS AND ADJECTIVES

1. Spanish adjectives, like articles, must agree in number and in gender with the nouns they modify.

2. Adjectives that end in **-o** in the masculine singular have four forms. The feminine form is derived by changing the **-o** to **-a,** and the plural is formed by adding **-s.**

	Singular	Plural
Masculine	simpático	simpáticos
Feminine	simpática	simpáticas

Viajo con **un pasaporte americano.**	I travel with an American passport.
La maleta es **pesada.**	The suitcase is heavy.
Los billetes de ida y vuelta son **caros.**	Round-trip tickets are expensive.
Las mochilas son **ligeras.**	The backpacks are light.
Necesitamos **un vuelo barato.**	We need a cheap flight.

3. Adjectives whose masculine singular form ends in **-e** have only two forms.

	Singular	Plural
Masculine	excelente	excelentes
Feminine	excelente	excelentes

El vuelo es **interesante.**   The flight is interesting.
Son **mujeres inteligentes.**   They are intelligent women.

4. Many adjectives whose masculine singular forms end in a consonant also
have only two forms. The plural is formed by adding **-es** to the singular.

	Singular	Plural
Masculine	puntual	puntuales
Feminine	puntual	puntuales

Las llegadas son **puntuales.**   The arrivals are on time.
La lección es **fácil.**   The lesson is easy.

5. Many adjectives of nationality whose masculine singular forms end in a
consonant form the feminine by adding **-a**. The plural forms end in **-es** or **-s**.

	Singular	Plural
Masculine	español	españoles
Feminine	española	españolas

Ud. es **francés,** ¿verdad?   You are French, aren't you?
Ellos son **franceses.**   They are French.
Es un **señor inglés.**   He's an English gentleman.
Son unas **señoras inglesas.**   They're English women.

Adjectives like these with an accent on the last syllable in the singular have no
accent in the plural or feminine forms.

EJERCICIOS

A. Completion. Complete each sentence with the appropriate form of the
adjective.
1. (bueno) La mochila es_____.
2. (americano) Los amigos son_____.
3. (tímido) El profesor es_____.
4. (fácil) Los ejercicios son_____.
5. (barato) Las maletas son_____.
6. (interesante) Es una mujer_____.
7. (puntual) Las llegadas son_____.
8. (francés) Los amigos son_____.
9. (extraordinario) La foto es_____.
10. (inteligente) Julia, eres muy_____.

B. Questions. Answer the questions. The instructor will then ask another student to restate what was said.

Modelo: Prof.: David, ¿son difíciles o fáciles las lecciones?

David: *Las lecciones son fáciles.*

Prof.: María, ¿qué dice David?

María: *David dice que las lecciones son fáciles.*

1. ¿La mochila es buena o mala? ¿Qué dice . . . ?
2. ¿La clase es agradable o no?
3. ¿Eres presumido(a) o tímido(a)?
4. ¿Los estudiantes son presumidos o no?
5. ¿Eres puntual o no?
6. ¿Los estudiantes de la clase son inteligentes o no?
7. ¿Viajas con maletas ligeras o pesadas?

C. Transformation. Answer each of the following questions in the negative. Then change the answers to the affirmative plural.

Modelo: ¿Necesitas un coche barato?

No, no necesito un coche barato. Sí, necesito unos coches baratos.

1. ¿Hablas con un señor americano?
2. ¿Ellos necesitan un pasaporte inglés?
3. ¿Hablas con una mujer fascinante?
4. ¿Estudias una lección interesante?
5. ¿Están los estudiantes en un hotel mexicano?
6. ¿La llegada es puntual?
7. ¿Trabajan los amigos con un señor presumido?

D. Be an interpreter. The instructor will read each English question. One student will give the Spanish equivalent of the question, and another student will answer the question.

1. Are the students intelligent?   2. Do you answer the difficult questions?
3. Are you a fascinating woman?   4. Do the good students speak in class?
5. Are conceited professors interesting?

7. PRESENT TENSE OF REGULAR *E*-TYPE AND *I*-TYPE VERBS

1. Look at the present-tense forms of the regular verbs **creer,** "to believe, to think," and **vivir,** "to live."

Creer

Singular		Plural	
yo	cre**o**	nosotros(as)	cre**emos**
tú	cre**es**	vosotros(as)	cre**éis**
usted él, ella	cre**e**	ustedes ellos, ellas	cre**en**

Vivir

Singular		Plural	
yo	viv**o**	nosotros(as)	viv**imos**
tú	viv**es**	vosotros(as)	viv**ís**
usted él ella	viv**e**	ustedes ellos, ellas	viv**en**

The endings for **E**-type and **I**-type verbs are the same except for the *nosotros(as)* and *vosotros(as)* forms.

2. Some common **E**- and **I**-type verbs have already appeared in the *diálogo:* **aprender, deber, comer, creer, beber,** and **decidir.**

Other common **E**- and **I**-type regular verbs include:

comprender	to understand	**Comprendo** el problema. I understand the problem.
leer	to read	**Leemos** la lección. We read the lesson.
vender	to sell	**Venden** billetes de avión. They sell airplane tickets.
abrir	to open	**Abren** la maleta. They open the suitcase.
escribir	to write	**Escribes** el ejercicio. You write the exercise.

EJERCICIOS

A. Substitution. Answer the questions using the appropriate verb forms. Remember that the use of the subject pronoun is optional.
1. ¿No comprendes el problema? ¿Y nosotros? ¿Y los profesores? ¿Y él?
2. ¿Debes leer el libro? ¿Y yo? ¿Y ella? ¿Y tú y yo?
3. ¿Escribes unos ejercicios? ¿Y ella? ¿Y nosotros? ¿Y ellos?
4. ¿Bebes mucho? ¿Y nosotras? ¿Y Uds.? ¿Y los profesores?
5. ¿Tú abres la puerta? ¿Y yo? ¿Y ella? ¿Y los estudiantes?

B. Questions. Answer the questions. The instructor will then ask another student to restate what was said.
1. David, ¿qué bebes, cerveza, café o Coca-Cola? María ¿qué dice David?
2. ¿Qué aprendemos, español o inglés?
3. ¿Qué escribes en clase, libros o ejercicios?

4. ¿Qué debes estudiar, la lección o los ejercicios?
5. ¿Qué comes, un sandwich o dos?
6. ¿Qué abres en clase, un libro o una mochila?
7. ¿Qué escribes en casa, conceptos gramaticales o ejercicios?

8. THE VERBS *SABER* AND *VER*

1. A very useful verb, **saber,** "to know" (a fact or how to do something), has one irregular form: **yo sé**. The other forms are like regular **E**-type verbs: **tú sabes, él sabe, nosotros sabemos, vosotros sabéis, ellos saben.**

Yo sé la verdad.	I know the truth.
Sabemos los números de uno a treinta.	We know the numbers from one to thirty.
Sabes hablar español.	You know how to speak Spanish.

2. **Ver,** "to see," is regular except for the *yo* form, which has an extra *e,* and the *vosotros* form, which bears no written accent: **veo, ves, ve, vemos, veis, ven.**

Veo la pizarra.   I see the board.

EJERCICIO

Complete each sentence with the appropriate form of the verb.
1. (ver) Yo _____ que eres bastante presumido.
2. (ver) Ud. _____ la pizarra, ¿verdad?
3. (saber) Yo no _____ hablar francés.
4. (ver) Nosotros no _____ la puerta.
5. (saber) Uds. _____ la verdad.
6. (saber) Tú _____ los números de uno a treinta.
7. (ver) Los amigos _____ unas fotos magníficas.
8. (saber) Juan _____ que Uds. son muy inteligentes.

9. QUESTION WORDS: ¿QUÉ?, ¿CUÁL?, ¿QUIÉN?, ¿DÓNDE?

1. Many common questions begin with the interrogatives **¿qué?** ("what"), **¿cuál?** ("which, what"), **¿quién?** ("who"), and **¿dónde?** ("where"). Unlike yes/no questions, questions that begin with an interrogative pronoun are characterized by falling intonation.

2. **¿Qué?** followed by a form of **ser** is used to ask for a definition.

¿Qué es un coche?	What is a car?
¿Qué es Ud.? Soy norteamericano.	What are you? I'm an American.
¿Qué son ellos? Son estudiantes.	What are they? They're students.

¿Qué? used with another verb asks for more specific information.

¿Qué necesitas?   What do you need?
¿Qué beben?   What are they drinking?

3. **¿Cuál?** and its plural form, **¿cuáles?,** ask for a selection from among various possibilities.

¿Cuál es la capital de España?   What is the capital of Spain? (Which one of many cities is the capital?)

¿Cuáles son las maletas de Enrique?   Which ones are Enrique's suitcases?

When followed by a verb, **¿cuál?** and **¿cuáles?** function as pronouns (in place of nouns that are not expressed).

¿Cuál es el apellido de Horacio? What is Horacio's last name?
(¿Cuál apellido es el apellido de Horacio?)

¿Qué + noun may also be used to ask for a selection.

¿Qué tren es rápido?   What (which) train is fast?
¿Qué trenes son lentos?   What (which) trains are slow?

4. **¿Quién?** and **¿quiénes?** or a preposition plus **¿quién(es)?** are used instead of **¿qué?** when referring to people.

¿Quién es Alberto? Es un amigo.   Who is Alberto? He's a friend.
¿De quién es el saco de dormir?   Whose is the sleeping bag?
¿Con quién viaja Juana?   With whom is Juana traveling?
¿Quiénes son Uds.?   Who are you?

5. **¿Dónde?** asks the question "where?" **¿De dónde?** asks the question "from where?" **¿Adónde?** (the combination of *a,* "to," and *dónde*) asks "where" or "where to?" and is used with verbs that express movement.

¿Dónde están los amigos?   Where are the friends?
¿De dónde eres?   Where are you from?
¿Adónde vamos?   Where are we going?

EJERCICIOS

A. Form questions using *¿qué?*

Modelo: Manuel es fotógrafo.
　　　　¿Qué es Manuel?

1. Soy norteamericana.
2. Somos estudiantes ingleses.

3. Madrid es una ciudad española.
4. Un perro es un animal.
5. Nueva York es una ciudad norteamericana.
6. Las profesoras son francesas.

B. Form questions using *¿cuál(es)?*

Modelo: El hombre guapo es el profesor.
　　　　¿Cuál es el profesor?

1. Lima es la capital de Perú.
2. El señor Sánchez es el profesor.
3. Los alumnos norteamericanos viven con nosotros.
4. Gómez es el apellido de Federico.
5. Los dos fotógrafos son los novios de Isabel y María.
6. Las maletas de Enrique están en el coche.

C. Be an interpreter. The instructor will read each English question. One student will give the Spanish equivalent of the question, and another student will answer the question.

1. Where are you from?　2. With whom do you speak Spanish in class?　3. Who are you (pl.)?　4. What is the capital of Mexico?　5. We speak English and Spanish, and what (which) language do you study in class?　6. To whom does this book belong?　7. Which one is the round-trip ticket?　8. Where do they live?

DIÁLOGO

Elena considera que la actitud de Víctor es irritante.

VÍCTOR: **Vamos a ver** . . . ¿adónde vamos hoy? ¿Vamos al cine?

ELENA: ¿Tú y yo, o tú, mi novio y yo?

VÍCTOR: Los tres, querida Elena, los tres. Yo no soy celoso.

ELENA: ¡Ay, Víctor! ¿Cuándo **vas a aprender?** ¿No comprendes que no debes coquetear conmigo?

VÍCTOR: Perdona, Elena, pero es una costumbre irresistible.

ELENA: Mira, Víctor, tú vives en un mundo imaginario. Crees que todas las mujeres **van a ser** una aventura y, francamente, debes comprender que no **va a ser** así. Es una actitud . . . ridícula.

VÍCTOR: ¡Está bien! ¡Está bien! **¡Voy del** desastre **al** desastre! ¡Es mi destino!

ELENA: Víctor, es imposible hablar en serio contigo.

CONVERSACIÓN SOBRE EL DIÁLOGO

1. ¿Comprende Víctor que no debe coquetear con Elena?   2. ¿Cuál es una costumbre irresistible de Víctor?   3. ¿Qué cree Víctor?   4. ¿De dónde a dónde va Víctor?   5. ¿Es Ud. celoso(a)?   6. ¿Es posible hablar en serio con Ud.? 7. ¿Coquetea Ud. con los amigos (las amigas)?

NOTAS CULTURALES

1. Víctor used a melodramatic style in his speech. Although done in jest, it reflects the fact that a certain pretentious approach to public speaking is rather common in the Hispanic world, especially in political speeches or slogans. *¡Patria o muerte!* (''Fatherland or death!'') became a motto in revolutionary Cuba; and sonorous titles are common for people in important positions: *el Generalísimo, el (la) Excelentísimo(a) Señor(a), el (la) Ilustrísimo(a) Señor(a), (o Señora)* are in frequent use. University presidents in Spain are addressed as: *el(la) Excelentísimo(a) y Magnífico(a) Señor(a) Rector (o Rectora).*

2. Elena's response to Víctor's attitude is representative of the new Hispanic woman, no longer happy with the subservient role assigned to her by society. Many traditional Hispanic women, however, would not agree with her.

3. The term **hispano(a),** "Hispanic," is used in the United States to mean any person of Spanish or Latin American descent. **Hispano** is used in many Latin American countries to refer to Spaniards, although the more general term is **español(a). Hispanoamericano(a)** is used in Spain and in Latin America to refer to those born in the Spanish-speaking American countries. In this book we use the terms **hispánico** and **hispano** to refer to all aspects of the Spanish-speaking world.

Unos estudiantes hablan de las actividades académicas. Los estudiantes son de Mérida, México.

DIALOGUE

Elena considers Víctor's attitude irritating.

VÍCTOR: Let's see . . . where shall we go today? Shall we go to the movies?

ELENA: You and me, or you, my boyfriend, and me?

VÍCTOR: The three of us, my dear Elena, the three of us. I'm not jealous.

ELENA: Ah, Víctor! When are you going to learn? Don't you understand that you shouldn't flirt with me?

VÍCTOR: Excuse me, Elena, but it's an irresistible habit.

ELENA: Look, Víctor, you live in an imaginary world. You think that all women are going to be an adventure and, frankly, you must understand that it's not going to be so. It's a . . . ridiculous attitude.

VÍCTOR: OK! OK! I am going from disaster to disaster! It's my destiny!

ELENA: Víctor, it's impossible to speak with you seriously.

CONCEPTOS GRAMATICALES

10. THE VERB *IR*

1. Study the present-tense forms of the verb **ir,** "to go."

Singular		Plural	
yo	**voy**	nosotros(as)	**vamos**
tú	**vas**	vosotros(as)	**vais**
usted él ella	**va**	ustedes ellos, ellas	**van**

2. The stem of **ir** in the present tense is **v-.** Note that the *yo* form ends in **-oy,** like *soy* and *estoy.*

3. **Ir** expresses movement; it is followed by the preposition **a,** which follows all verbs of motion toward a destination.

¿**Vas a** México?	Are you going to Mexico?
Sí, **voy a** México.	Yes, I'm going to Mexico.

4. To express an action in the future you can use **ir a** + infinitive.

¿**Vas a tomar** el avión?	Are you going to take the plane?
Vamos a comprar las mochilas.	We are going to buy the backpacks.

5. **Vamos a** + infinitive is also the equivalent of *let's* + verb. It is a useful way of making a command.

Vamos a comer.	We are going to eat.
Vamos a comer.	Let's eat.
Vamos a ver las fotos de Víctor.	We are going to see Víctor's photos.
Vamos a ver.	Let's see.

EJERCICIOS

A. Substitution. Answer the questions using the appropriate verb forms.
1. ¿Vas a México? ¿Y nosotros? ¿Y ustedes? ¿Y el profesor?
2. ¿Vas a comer en un restaurante? ¿Y ella? ¿Y ustedes? ¿Y yo?
3. ¿No vas a estudiar hoy? ¿Y ellos? ¿Y él? ¿Y nosotros?

B. Substitution. Answer the questions using the *let's* command form.

Modelo: ¿Comemos?
        Sí, vamos a comer.

1. ¿Escribimos? 2. ¿Viajamos? 3. ¿Bebemos? 4. ¿Compramos una mochila cara? 5. ¿Estudiamos en clase? 6. ¿Trabajamos? 7. ¿Vendemos el coche?
8. ¿Escribimos los ejercicios?

C. Questions. Answer the questions.
1. ¿Vas a viajar con una mochila o con una maleta?
2. ¿Vas a coquetear con un(a) amigo(a) en clase?
3. ¿Vas a comprar un saco de dormir caro o barato?
4. ¿Mañana vas a sacar unas fotos excelentes o ridículas?
5. ¿Vas a viajar en avión, en tren o en autobús?

11. THE CONTRACTIONS *AL* AND *DEL*

1. Both **a** and **de** contract with the definite article **el** to form **al** and **del,** but they do not contract with the other articles **la, los, las.**

a + **el** = **al** to the

de + **el** = **del** from the

El autobús va **del** hotel **al** aeropuerto.	The bus goes from the hotel to the airport.
Vamos **al** restaurante.	We're going to the restaurant.

but: Voy **a los** restaurantes. El autobús va **de la** universidad **a la** ciudad.

2. Do not confuse the article **el** with the personal pronoun **él.**

There is no contraction between **a** and **él,** or **de** and **él.**

El coche es **de él.**   The car is his.

Also, there is often no contraction with geographical names.

Voy **a El Paso.**
Soy **de El Salvador.**

EJERCICIOS

A. Questions. Answer the questions in the negative.

Modelo: ¿Van Uds. al restaurante?
        No, no vamos al restaurante.

1. ¿Vas tú al cine mañana?
2. ¿Vas del desastre al desastre?
3. ¿Van ellos del hotel al tren?
4. ¿Van Uds. de la casa del profesor al café?
5. ¿Va Ud. a la casa de un amigo del profesor?
6. ¿Van a contestar Uds. las preguntas del libro?

B. Be an interpreter. The instructor will read each English question. One student will give the Spanish equivalent of the question, and another student will answer the question.

1. Shall we go to the movies?   2. Are they going to the airport bus (the bus of the airport)?   3. Is she going to the hotel?   4. Are we going to take María's friend's car (the car of the friend of María)?

ACTIVIDADES PERSONALES

A. Entrevista
All students pair off. Each student is to interview another person in the class, asking questions and writing down the person's responses. *Estudiante 1* is the interviewer; *Estudiante 2* is the interviewee. *Estudiante 2* gives oral responses and *Estudiante 1* writes the answers on a sheet of paper.

Preguntas	**Oral**	**Escrito**
1. ¿Quién eres?	1. Yo _____.	1. Él/Ella _____.
2. ¿Dónde vives?	2. Yo _____.	2. Él/Ella _____.
3. ¿Es ridícula o buena la actitud de usted?	3. Mi actitud _____.	3. La actitud de él/ella ____.
4. ¿Viajas mucho?	4. Sí (no) _____.	4. Él/Ella (no) _____.
5. Cuando viajas, ¿adónde vas?	5. Cuando _____.	5. Cuando _____.
6. ¿Vas en coche o en autobús?	6. Yo _____.	6. Él/Ella _____.
7. Los billetes de ida y vuelta, ¿son caros o baratos?	7. Los billetes _____.	7. Los billetes _____.

B. Write sentences.

1. Invent a simple sentence based on any imaginative idea that comes to your mind. Use *voy a* + infinitive of any verb you know.

Modelos: *Un día voy a escribir un libro interesante.*
Un día voy a viajar con una mochila y un saco de dormir.

Frase: Un día voy a _____.

2. Invent another simple sentence using the expressions *sé que* or *creo que*.

Modelos: *Creo que toman mucha cerveza en la casa de Ana.*
Sé que muchos estudiantes son excelentes en la clase de español.

Frases: Creo que _____.
Sé que _____.

3. Invent a simple negative sentence, based on any belief or value you may have, using the verb *deber.*

No debo comprar una mochila barata.

Modelos: *No debo coquetear con el (la) profesor(a).*

Frase: No debo _____.

romance: of Latin origin
aparecer: to appear
ibérico(a): Iberian
después de: after
poco a poco: little by little
cambiar: to change
otro(a): other

¿Qué es el español?

El español es una lengua romance que aparece en la Península Ibérica después de la desaparición del imperio romano. Los habitantes de la Península hablan, escriben y leen latín y, poco a poco, la lengua cambia. Otras lenguas aparecen en la Península, y ahora el español es la lengua nacional.

Pero, ¿qué es el español? ¿Es una lengua latina sin influencias de otras lenguas? No. Sabemos que en el español entran otras lenguas, y el resultado es una combinación de diferentes elementos lingüísticos. Primero está el elemento ibérico, la lengua que hablan los habitantes de la Península antes de la llegada de los romanos. ¿Cuáles son las palabras iberas en el español de hoy? Muy pocas: *perro* es una palabra ibera. Otros habitantes son celtas, y varias palabras son de origen celta: *cerveza* es una de ellas.

sin: without

antes de: before
muy pocas: very few
celta: Gaelic

Los visigodos, una tribu germánica, entran en España en la época final del imperio romano, y varias palabras germánicas entran en la lengua que hablan los hispanoromanos: *la guerra* es una palabra de origen germánico, como *war* en inglés. El origen de *guerra* y *war* es similar: *werra*.

como: as, like

Otro elemento importante en la formación del español es el árabe. Los árabes entran en España en el año 711 (setecientos once) y están en España hasta el año 1492 (mil cuatrocientos noventa y dos). Las palabras que pasan del árabe al español son numerosas: *el alcohol, el álgebra* y otras palabras que ahora son parte del español.

Después de 1492 los españoles van a América y el español es ahora la lengua de los habitantes de una parte muy grande del continente americano, desde Colorado, en los Estados Unidos, hasta la Patagonia, en Argentina. Algunas palabras de los indios americanos pasan al español: *la canoa, el tomate, la barbacoa* y otras.

¿CIERTO O FALSO?

1. El español es una lengua de origen latino.
2. En la formación del español entran otras lenguas que no son latinas.
3. *Perro* es una palabra de origen árabe.
4. *Guerra* y *war* tienen un origen similar.
5. *Cerveza* es una palabra latina.
6. Los visigodos son una tribu romana.
7. Los árabes están en España pocos años.
8. *Alcohol* y *álgebra* son palabras iberas.
9. El español es la lengua de muchos habitantes de los Estados Unidos.

VOCABULARIO ACTIVO

Nombres

la actitud: *attitude*
el apellido: *last name*
el avión: *airplane*
el billete de ida y vuelta
  round-trip ticket
la cerveza: *beer*
el cine: *movie theater*
la costumbre: *custom,
  habit*
el ejercicio: *exercise*
la España: *Spain*
el francés, la francesa
  Frenchman (woman)
la llegada: *arrival*
la maleta: *suitcase*
la mochila: *backpack*
el saco de dormir:
  sleeping bag
la señora: *lady*
el tren: *train*
la verdad: *truth*
el vuelo: *flight*

Verbos

abrir: *to open*
aprender: *to learn*
beber: *to drink*
comer: *to eat*
comprar: *to buy*
coquetear: *to flirt*
creer: *to believe*
deber: *ought, should*
escribir: *to write*
ir: *to go*
leer: *to read*
saber: *to know*
sacar: *to take (out)*
vender: *to sell*
ver: *to see*
viajar: *to travel*
vivir: *to live*

Adjetivos

barato(a): *cheap*
caro(a): *expensive*
lento(a): *slow*
ligero(a): *light*
pesado(a): *heavy*
presumido(a): *conceited*
rápido(a): *fast*
todo(a): *all*

Adverbios

así: *thus*
conmigo: *with me*
contigo: *with you*
cuando: *when*
mucho: *much*

Palabras interrogativas

¿adónde?: *where to?*
¿cuál(es)?: *what? which?*
¿cuándo?: *when?*
¿dónde?: *where?*
¿quién(es)?: *who?*
¿qué?: *what?*

Expresiones

en general: *generally*
en serio: *seriously*
en todo: *in everything*

COGNADOS

Nombres
el aeropuerto
el autobús
la capital
el desastre
el pasaporte
el sandwich

Verbos
comprender
decidir

Adjetivos
excelente
irresistible
magnífico(a)
puntual
ridículo(a)
tímido(a)

Adverbios
rápidamente

UN VISTAZO A MÉXICO
Tercera Vista

AL PRINCIPIO

Víctor is getting ready to leave for Guatemala, where some friends are expecting him. Meanwhile, Elena and Ricardo indulge in a little gossip about their friend's personality, which is a mixture of charm and naiveté. In this *Vista* you'll learn:

1. a few more question words (12):

   ¿Cuándo vas?   When are you going?
   ¿Cuánto dinero necesitas?   How much money do you need?

2. how to tell time and the days of the week (13):

   Es la una.   It's one o'clock.
   El lunes a las cinco.   Monday at five o'clock.

3. that the Spanish word **hay** has two English equivalents: "there is" and "there are" and that **hay que** + infinitive is the equivalent of "it is necessary to" + verb (14):

   Hay un vuelo barato.   There is a cheap flight.
   Hay muchos ejercicios.   There are many exercises.
   Hay que salir.   It's necessary to leave.

4. more about the differences between **ser** and **estar** (15):

   El concierto **es** esta noche.   The concert is tonight.
   ¿Dónde **están** las grabadoras?   Where are the tape recorders?

5. the numbers 31-100 (16)

You'll also learn some more words related to travel and additional vocabulary for classroom work. In the *Sección cultural* you'll read more about Mexico.

Dos muchachos visitan la Plaza de las Tres Culturas de la Ciudad de México.

DIÁLOGO

Elena y los dos muchachos están en el restaurante.

RICARDO: Mañana es **domingo.** ¿Adónde vamos? ¿A la playa?

VÍCTOR: Yo no voy.

RICARDO: **¿Por qué?**

VÍCTOR: Porque mañana **a las once de la mañana** tomo el avión. Voy a Guatemala. La maleta está lista.

ELENA: **¿A qué hora** vas al aeropuerto?

VÍCTOR: **A las diez de la mañana,** en un autobús que va del hotel al aeropuerto.

ELENA: Pero, **¿por qué** no vas **el lunes por la mañana?**

VÍCTOR: Porque unos amigos de Guatemala esperan la llegada del avión **por la tarde.**

ELENA: ¿Unos amigos o una amiga? Tú crees que eres muy tímido, pero en realidad eres un Don Juan incorregible.

VÍCTOR: Un Don Juan sin éxito.

CONVERSACIÓN SOBRE EL DIÁLOGO

1. ¿Qué día es mañana?   2. ¿Cuándo va Víctor a Guatemala?   3. ¿A qué hora va Víctor al aeropuerto?   4. ¿De dónde son unos amigos de Víctor?
5. ¿Adónde va usted hoy?   6. ¿En realidad es usted un(a) estudiante con éxito o sin éxito?   7. ¿Quién espera la llegada del (de la) profesor(a) a la clase?

NOTAS CULTURALES

1. In the dialogue Elena calls Víctor a **Don Juan.** This is a reference to a well-known character of the Spanish classical theater, **Don Juan Tenorio** (created by Tirso de Molina), a seducer of women who used them without feeling any love.

2. The titles **don** and **doña** are often used with first names (**el nombre de pila**) as a sign of formality. In written form they are not capitalized when within a sentence: *Hablo con **don** Antonio.* One exception is when they are used as part of a whole name, as in the dialogue: *Es un Don Juan.* These two titles are used to show respect, usually to one's elders.

3. The titles **señor, señora,** and **señorita** are used with last names (**los apellidos**): *¿Cómo está usted, **señor** Hernández?*

4. Although days are theoretically split in half at noon, the idea of morning **(la mañana)** and afternoon **(la tarde)** is rather elastic in many Hispanic countries. Since the midday meal is usually at two o'clock, the afternoon doesn't really start until after the meal.

DIALOGUE

Elena and the two young men are in the restaurant.

RICARDO: Tomorrow is Sunday. Where shall we go? To the beach?

VÍCTOR: I'm not going.

RICARDO: Why?

VÍCTOR: Because I'm taking a plane tomorrow at 11:00 A.M. I'm going to Guatemala. My suitcase is ready.

ELENA: What time are you going to the airport?

VÍCTOR: At 10:00 A.M. in a bus that goes from the hotel to the airport.

ELENA: But why don't you go Monday morning?

VÍCTOR: Because some friends from Guatemala are waiting for the plane's arrival tomorrow afternoon.

ELENA: Some friends or a girl friend? You think you are very shy, but in fact you are an incorrigible Don Juan.

VÍCTOR: A Don Juan without success.

CONCEPTOS GRAMATICALES

12. QUESTION WORDS: *¿CÓMO?, ¿CUÁNDO?, ¿CUÁNTO?, ¿POR QUÉ?*

1. **¿Cómo?** asks the question "how?"; **¿cuándo?** asks the question "when?"

¿Cómo es el saco de dormir? Es caro.	How is the sleeping bag? (What is it like?) It's expensive.
¿Cómo está Ud.? Muy bien.	How are you? Fine.
¿Cómo es Juan? Es inteligente.	What is Juan like? He's intelligent.
¿Cuándo es la llegada?	When is the arrival?
¿Cuándo es la salida?	When is the departure?

2. **¿Cuánto?** asks the question "how much?" Whenever **¿cuánto?** precedes a noun it must agree in number and gender with the noun.

¿Cuánto dinero necesitas?	How much money do you need?
¿Cuánta cerveza beben?	How much beer do they drink?
¿A cuántos muchachos ves?	How many boys do you see?
¿A cuántas muchachas ves en clase?	How many girls do you see in class?

When followed by a verb and used as an adverb, **¿cuánto?** is invariable.

¿Cuánto viajas? Viajo mucho.　　　　　How much do you travel? I travel a lot.

3. A question beginning with **¿por qué?,** "why?" is often answered with **porque,** "because."

4. **¿Por qué** necesitas una maleta?　Why do you need a suitcase?
　　Porque voy a viajar.　　　　　Because I'm going to travel.

EJERCICIOS

A. Questions. Form questions using *¿cómo?, ¿cuándo?,* a form of *¿cuánto?,* or *¿por qué?*

Modelo: Necesito muchas maletas.
　　　　　¿Cuántas maletas necesitas?

1. Julia es inteligente y simpática.
2. Voy al aeropuerto mañana por la tarde.
3. Saco tres fotografías.
4. Víctor vende su coche porque necesita dinero.
5. Necesito diez billetes de avión.
6. Voy al hotel a las once.
7. Estoy muy bien, gracias.
8. Viajo mucho.

B. Be an interpreter. The instructor will read each English question. One student will give the Spanish equivalent of the question, and another student will answer the question.
1. How are you today?　2. How do you speak English? Well?　3. How many hours do you read?　4. How much coffee do you drink?　5. How much do you study?　6. Why are you in class?　7. When do you speak Spanish?

13.　TELLING TIME AND THE DAYS OF THE WEEK

1. **¿Qué hora es?**　　What time is it?

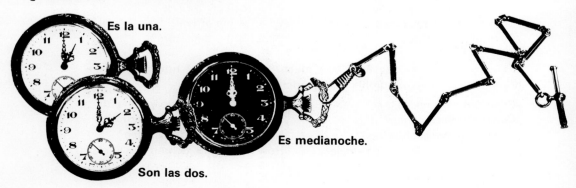

Es la una.

Es medianoche.

Son las dos.

¿A qué hora es la clase?   At what time is class?

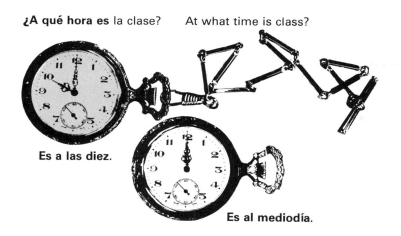

Es a las diez.

Es al mediodía.

2. To express minutes after the hour, use **y**.

Es la una **y** cinco.

Son las cuatro **y** cuarto
(y quince).

Son las tres **y** media (y treinta).[1]

Son las ocho **y** veinticinco.

To express minutes before the hour, use **menos**.

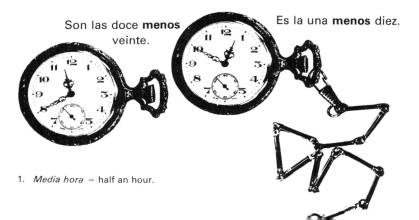

Son las doce **menos** veinte.

Es la una **menos** diez.

1. *Media hora* = half an hour.

3. Some useful time expressions include the following:

temprano	early	**al mediodía**	at noon
tarde	late	**a la medianoche**	at midnight
a tiempo	on time	**en punto**	sharp

4. The day is divided into **la mañana,** "morning," **la tarde,** "afternoon," and **la noche,** "night."

Son las ocho **de la mañana.**	It's 8:00 in the morning (A.M.).
Son las cuatro **de la tarde.**	It's 4:00 in the afternoon (P.M.)
Son las diez **de la noche.**	It's 10:00 at night (P.M.).

5. When no specific hour is mentioned, use **por.** For a general divison of day and night, use either **por el día** and **por la noche** or **de día** and **de noche.**

Trabajo **por la mañana** y estudio **por la noche.**	I work in the morning and I study at night.
De día voy a la universidad y **de noche** trabajo.	I go to the university days and I work nights.

6. The Days of the Week

los días de entresemana					**el fin de semana**	
lunes[2]	martes	miércoles	jueves	viernes	sábado	domingo

After the verb **ser** the definite article **el** is not used.

Hoy **es lunes** y mañana **es martes.**	Today is Monday and tomorrow is Tuesday.

But the article is used after other verbs, and often corresponds to the English word *on*.

Llego **el lunes** y trabajo **el martes.**	I arrive (on) Monday and I work (on) Tuesday.

7. The expression of repeated action on certain days *(on Mondays, on Sundays)* requires the definite article **los.**

Cenan en el restaurante **los sábados.**	They have dinner at the restaurant on Saturdays.

---

2. All days of the week are masculine and are not capitalized except at the beginning of a sentence.

EJERCICIOS

A. ¿Qué hora es?

B. Substitution. Answer the questions.

1. ¿Trabajas los viernes? ¿Y los jueves? ¿Y los domingos?
2. ¿Viajas los sábados? ¿Y los fines de semana? ¿Y los lunes?
3. ¿Vamos a estar en clase el martes? ¿Y el lunes? ¿Y el sábado?

C. Questions. Answer the questions.

1. ¿Qué hora es ahora?
2. ¿A qué hora cena usted?
3. ¿A qué hora llega usted a la universidad?
4. ¿A qué hora es la clase de español?
5. ¿Qué día es hoy?
6. ¿Qué día es mañana?
7. Hoy es domingo. ¿Qué día es mañana?
8. ¿Qué días trabajamos en clase?
9. ¿Llega Ud. a tiempo a clase?
10. ¿Llega temprano o tarde?
11. ¿Llega en punto?
12. ¿A qué hora lee Ud. la lección de español?

D. Be an interpreter. The instructor will read each English question. One student will give the Spanish equivalent of the question, and another student will answer the question.

1. Do you study on Sundays?   2. Is today Saturday?   3. Shall we study at nine o'clock sharp?   4. Does the train arrive at 10:00 P.M.?   5. Do you arrive on time?   6. Do the students work by day and study at night?

DIÁLOGO

Ricardo y Elena hablan de Víctor.

RICARDO: **Hay** algunos aspectos de la personalidad de Víctor que **son** . . . un poco infantiles. ¿No crees?

ELENA: ¡No, hombre! **Hay que** comprender que Víctor **es** un humorista. **Es** difícil saber cuándo habla en serio y cuándo habla en broma.

RICARDO: ¡Ah, sí! Y cuando coquetea contigo, ¿coquetea en serio o en broma?

ELENA: Pero, Ricardo . . . ¡tú **estás** celoso! ¿Cómo **es** posible?

RICARDO: Yo no **estoy** celoso. ¡**Estoy** furioso!

ELENA: Pero, ¡hombre! Tú **eres** siempre muy razonable, y hoy **estás** . . . no sé . . . **estás** raro.

RICARDO: ¿Es verdad que Víctor toma el avión mañana? ¿Cuántos días más va a **estar** Víctor en Mérida?

ELENA: ¡No sé! Una semana, más o menos.

RICARDO: ¿Hablas en serio?

ELENA: ¡No, hombre, no! Hablo en broma.

CONVERSACIÓN SOBRE EL DIÁLOGO

1. ¿Qué hay en la personalidad de Víctor?   2. ¿Qué es difícil saber de Víctor?   3. ¿Cómo está Ricardo hoy?   4. ¿Cómo habla Elena, en serio o en broma?   5. ¿Es difícil saber cuándo usted habla en serio o en broma?
6. ¿Está usted furioso(a) hoy?

NOTAS CULTURALES

1. The exclamations **¡hombre!** and **¡mujer!** are quite common, but are not the equivalents of those same two words when used in exclamations in English. They are roughly equivalent to *C'mon!* or *Oh, brother!*

2. In most of the Hispanic world the twenty-four hour system for telling time is used, especially for radio and television schedules, airplane and train arrivals and departures, movies, plays, and so forth. This system tends to eliminate confusion. *El tren llega a las quince horas* indicates 3:00 P.M.

ARTE Y
ARQUITECTURA

Aspectos de España:
un edificio de Gaudí, en Barcelona;
molinos en La Mancha;
murallas medievales

El gran patio del Museo Nacional
de Antropología en México

Los mosaicos de algunos edificios
mexicanos son famosos en todo
el mundo.

México, país de contrastes

DIALOGUE

Ricardo and Elena talk about Víctor.

RICARDO: There are some aspects of Víctor's personality that are . . . a little childish. Don't you think so?

ELENA: Oh, no! It is necessary to understand that Víctor is a humorist. It's difficult to know when he is talking seriously and when he is joking.

RICARDO: Ah, yes! And when he flirts with you, is he serious or is he joking?

ELENA: But, Ricardo . . . you are jealous! How is that possible?

RICARDO: I'm not jealous. I'm furious!

ELENA: But c'mon! You are always very reasonable, and today you are . . . I don't know . . . you are strange.

RICARDO: Is it true that Víctor is taking the plane tomorrow? How many more days is Víctor going to be in Mérida?

ELENA: I don't know! One week, more or less.

RICARDO: Are you serious?

ELENA: No, of course not! I'm joking.

14. *HAY* AND *HAY QUE*

1. **Hay** is an impersonal verb and takes no subject pronoun. It is the equivalent of the English "there is" and "there are."

Hay una profesora en la clase. There is one instructor in the class.
Hay treinta estudiantes. There are thirty students.

2. **Hay que** + infinitive is the equivalent of "one must" or "it is necessary" + infinitive.

Hay que estudiar mucho. One must study a lot. (It is necessary to study a lot.)

Another Spanish equivalent of "it is necessary" is **es necesario** + infinitive.

Es necesario estudiar mucho. It's necessary to study a lot.

EJERCICIOS

A. Questions. Answer the questions.

Modelo: ¿Hay muchos ejercicios en el libro o hay uno?
       Hay muchos ejercicios en el libro.

1. ¿En la clase hay un(a) profesor(a) o muchos(as) profesores(as)?
2. ¿Cuántos estudiantes hay en la clase?
3. ¿Cuántas preguntas hay en este ejercicio?
4. ¿Cuántos muchachos hay en el diálogo?
5. ¿Cuántas puertas hay en la clase?
6. ¿Cuántos días hay en una semana?

B. Questions. Answer the questions using *hay que* + infinitive. The instructor will then ask another student to restate what was said.

1. David, ¿en la clase hay que practicar o beber? María ¿qué dice David?
2. ¿En la clase hay que comer o hablar?
3. ¿En el hotel hay que abrir el libro o la maleta?
4. ¿En el café hay que beber o estudiar?
5. ¿En la universidad hay que estudiar o ser presumido?

C. Transformation. Answer the questions using *hay que* + infinitive.

Modelo: ¿Es necesario estudiar?
    Sí, hay que estudiar.

1. ¿Es necesario viajar en vuelos baratos?
2. ¿Es necesario esperar la llegada del avión?
3. ¿Es necesario comprar un billete de ida y vuelta?
4. ¿Es necesario llegar a tiempo?
5. ¿Es necesario llegar a la hora en punto?
6. ¿Es necesario vender el coche?

15. *SER* AND *ESTAR*

As you learned in the *Primera Vista,* both **ser** and **estar** have the English equivalent "to be." The choice of which verb to use in a given situation often depends on the way the speaker perceives that situation.

Ser is used to express what the speaker considers common or expected.

Estar expresses what the speaker sees as a departure from that expectation.

Ser is used

1. with a noun to classify the subject—to say what something or somebody is.

La unión estudiantil **es** el centro de actividades.	The student union is the activities center.
Yo **soy** oyente.	I am an auditor.
La especialidad de Julia **es** la historia.	Julia's major is history.

2. with an adjective to describe any intrinsic characteristic of the subject such as size, color, or type.

La sala de clase **es** grande.	The classroom is large.
La pizarra **es** pequeña.	The board is small.
La tiza **es** blanca.	The chalk is white.
Tú **eres** muy simpático.	You are very nice.
Las vacaciones **son** necesarias.	Vacations are necessary.

3. with time and days of the week.

Son las tres.   It's three o'clock.
Hoy **es** miércoles.   Today is Wednesday.

4. with a noun to show when or where an event or activity takes place.

El concierto **es** mañana por la noche.	The concert is tomorrow night.
La fiesta **es** en la casa de Miguel.	The party is at Miguel's house.
La conferencia **es** en la sala cinco.	The lecture is in classroom five.
¿Dónde **es** la clase?	Where is the class?

In the last example, *clase* means the act of teaching and learning.

En México hay discotecas donde los
jóvenes bailan y hablan con los amigos.

5. with the preposition **de** to indicate origin, source, material, content, or possession.

Somos de los Estados Unidos.	We are from the United States.
Las grabadoras **son de** Japón.	The tape recorders are from Japan.
Los bolígrafos **son de** plástico.	The ball-point pens are made of plastic.
El libro **es de** español.	It's a book about Spanish.
El cuaderno de ejercicios **es de** Juan.	The workbook is Juan's.

Estar is used to express

1. the location of a subject (but not an event).

Los muchachos **están** en la biblioteca.	The boys and girls are in the library.
Voy a **estar** en la cafetería.	I'm going to be in the cafeteria.
Las cintas (magnetofónicas) **están** en el laboratorio.	The (recording) tapes are in the lab.
Los trabajos de los alumnos **están** en el escritorio del profesor.	The students' papers are on the professor's desk.
¿Dónde **está** la clase?	Where is the class?

Here, *la clase* means "the classroom." Compare with number 4 of uses of *ser.*

2. the condition of the subject that may change (temporarily or permanently), or that does not conform to the speaker's view of reality or norm.

María Luisa **está** contenta.	María Luisa is glad.
Hoy el café **está** frío.	The coffee is cold today.
¡Qué cansados **están** los estudiantes!	How tired the students are!

EJERCICIOS

A. Substitution. Answer the questions using the appropriate verb forms.

1. ¿Está Ud. en la biblioteca? ¿Y nosotros? ¿Y ustedes?
2. ¿Son excelentes los trabajos de los alumnos? ¿Y las fiestas? ¿Y los bolígrafos?
3. ¿Es mañana el concierto? ¿Y la clase? ¿Y la fiesta?
4. ¿Está cansado(a) Ud.? ¿Y nosotros? ¿Y los muchachos?

B. Completion. Complete each sentence with the correct form of *ser* or *estar,* as appropriate.

1. Yo _____ americana.   2. Nosotros _____ estudiantes.   3. El cuaderno _____ en casa.   4. Nosotras no _____ contentas hoy.   5. Las vacaciones _____ necesarias. 6. ¿Dónde _____ el avión?   7. El bolígrafo _____ de plástico.   8. La clase (la actividad) _____ en la sala.   9. Abraham Lincoln _____ muerto.   10. Creo que Ramón _____ muy guapo hoy.   11. Nueva York _____ grande.   12. La conferencia _____ en la unión estudiantil.

C. Be an interpreter. The instructor will read each English question. One student will give the Spanish equivalent of the question, and another student will answer the question.

1. Are ball-point pens cheap?   2. Where is the money?   3. Are you tired? 4. What time is it? Is it five o'clock?   5. Is the concert tonight?   6. Where are the tape recorders?   7. Where is the classroom?   8. Is Dracula dead?   9. Are you an auditor?

María es bonita.

María está bonita.

D. Complete each sentence with your own idea.

1. No soy _____.   2. Hoy estamos _____.   3. Los amigos van a ser _____.
4. Hoy es _____.   5. Creo que estoy _____.   6. Yo creo que soy _____.   7. La
grabadora es de _____.   8. Las cintas magnetofónicas están en _____.

16. THE NUMBERS 31–100

Los números

31	**treinta y uno**	60	**sesenta**
32	**treinta y dos**	70	**setenta**
33	**treinta y tres**	80	**ochenta**
40	**cuarenta**	90	**noventa**
50	**cincuenta**	100	**cien**

EJERCICIOS

A. Read the sentences aloud.

1. Hay 45 estudiantes en la clase.   2. Vemos 100 números.   3. Llegan 38
profesores en el avión.   4. Veo 52 cintas magnetofónicas.   5. Hay 61 grabadoras
en el laboratorio.   6. Vamos a ver 76 ciudades en el mapa.   7. Creo que hay 89
libros en el escritorio.   8. Va a ser necesario comprar 95 bolígrafos.

B. Read the following problems aloud, supplying the answers.

Modelos: 30 + 15 = 45
    Treinta y quince son cuarenta y cinco.

    60 − 11 = 49
    Sesenta menos once son cuarenta y nueve.

1. 80 + 12 =   3. 57 − 20 =   5. 83 − 31 =   7. 51 + 49 =
2. 67 + 5 =   4. 99 − 30 =   6. 38 + 11 =   8. 37 + 52 =

**ACTIVIDADES
PERSONALES**

A. Entrevista
All students pair off. Each student is to interview another person in the class,
asking questions and writing down the person's responses. *Estudiante 1* is the
interviewer; *Estudiante 2* is the interviewee. *Estudiante 2* gives oral responses
and *Estudiante 1* writes the answers on a sheet of paper.

Preguntas	Oral	Escrito
1. ¿Qué aspecto de la personalidad de los amigos es muy bueno, el aspecto infantil o el aspecto serio?	1. El aspecto _____.	1. El aspecto _____.
2. ¿Qué aspectos del cuaderno son muy buenos, los ejercicios orales o los ejercicios escritos?	2. Los ejercicios _____.	2. Los ejercicios _____.
3. ¿Qué aspectos del laboratorio son más interesantes, las cintas o las grabadoras?	3. Las _____.	3. Las _____.
4. ¿Cuántos minutos pasas en el laboratorio con una lección?	4. Paso _____.	4. Él/Ella pasa _____.
5. En el laboratorio, ¿estás contento(a) o cansado(a)?	5. Estoy _____.	5. Está _____.
6. ¿Cuál es el centro de actividades estudiantiles, la unión estudiantil o la biblioteca?	6. Es _____.	6. Es _____.

B. *¿Cómo eres tú?* Select the adjective that best describes your personality.

Soy una persona . . .   celosa/razonable
                     agradable/desagradable
                     simpática/incorregible
                     presumida/liberada
                     difícil/razonable

C. *¿Cómo es tu mundo?* How is your world? Choose the word that best describes the world you live in.

Mi mundo es . . .   serio/una broma
                 difícil/fácil
                 bueno/malo
                 fascinante/raro
                 un éxito/un desastre

Un vistazo a México

vistazo: glimpse
montaña: mountain

En México hay regiones muy diferentes: hay desiertos, hay junglas tropicales y hay montañas.

En la capital, la Ciudad de México, hay una plaza que representa la historia de México: la Plaza de las Tres Culturas. Las tres culturas son: la cultura india, la cultura hispánica y la cultura mexicana moderna, que es una combinación de las otras dos. La población de México es como la plaza: es de origen europeo y de origen *mestizo,* una combinación de indios y europeos.

el país: country
viejo(a): old
joven: young

México es un país muy viejo y muy joven. En el país hay pirámides indias, monumentos coloniales y edificios muy modernos. Hay también inmensas reservas de petróleo que México va a exportar en grandes cantidades. La sociedad mexicana va a ser muy diferente en el futuro.

¿CIERTO O FALSO?

1. En México hay regiones muy diferentes.
2. La Plaza de las Tres Culturas representa el futuro de México.
3. La cultura mexicana moderna es europea.
4. La población de México es completamente de origen indio.
5. En México no hay monumentos.
6. México va a exportar petróleo.

Una refinería de petróleo. El petróleo es un producto muy importante en México.

VOCABULARIO ACTIVO

Nombres

el alumno, la alumna:
  pupil
la biblioteca: *library*
el bolígrafo: *ball-point pen*
la cinta (magnetofónica):
  (recording) tape
la conferencia: *lecture*
el cuaderno de ejercicios:
  workbook
el cuarto: *quarter*
el dinero: *money*
la entresemana: *weekdays
  (M–F)*
el escritorio:*desk*
Estados Unidos: *U.S.*
el éxito: *success*
la fiesta: *party*
el fin de semana: *weekend*
la grabadora: *tape recorder*
la mañana: *morning*
la muchacha: *girl*
el muchacho: *boy*
la noche: *night*
el (la) oyente: *auditor*
la playa: *beach*
la sala de clase: *classroom*
la salida: *departure*
la tarde: *afternoon*
el trabajo: *paper (essay)*
la unión estudiantil:
  student union

Verbos

esperar: *to wait (for)*
hablar en broma: *to be
  joking*
hablar en serio: *to be
  serious*
hay: *there is, are*
hay que + infinitive: *it is
  necessary to + verb*
pasar: *to spend (time),
  to pass*

Adjetivos

cansado(a): *tired*
grande: *big*
media (hora): *half (hour)*
poco(a): *little*
pequeño(a): *small*

Adverbios

a tiempo: *on time*
al mediodía: *at noon*
a la medianoche: *at
  midnight*
de día: *by day*
de noche: *by night*
en punto: *sharp (time ref.)*
en realidad: *in reality*
menos: *less*
por el día: *by day*
por la noche: *by night*
por la tarde: *in the
  afternoon*
siempre: *always*
sin: *without*
tarde: *late*
temprano: *early*

Los días de la semana

lunes, martes, miércoles,
jueves, viernes, sábado,
domingo

Palabras interrogativas

¿a qué hora . . .?: *at what
  time?*
¿cómo?: *how?*
¿cuándo?: *when?*
¿cuánto(a, os, as): *how
  much (many)?*
¿por qué?: *why?*
¿qué hora es?: *what time
  is it?*

COGNADOS

Nombres

la actividad
el aspecto
la cafetería
el centro
el concierto
la especialidad
la historia
el laboratorio
la personalidad
el plástico
las vacaciones

Adjetivos

contento(a)
furioso(a)
infantil
necesario(a)

REPASO UNO

VISTAS 1, 2, 3

1. DIALOGUE RÉSUMÉ

Select one dialogue from *Vistas* 1–3 and prepare a brief summary of its main ideas or events. You will present this summary orally in class at some time during the period devoted to Repaso 1.

2. THE PRESENT TENSE OF REGULAR *A-, E-,* AND *I-*TYPE VERBS (REVIEW *CONCEPTOS GRAMATICALES* 2 AND 7.)

Complete each sentence with the appropriate form of the verb in parentheses.

1. (escribir) Los estudiantes _____ los ejercicios.
2. (vender) ¿Tú _____ el coche?
3. (necesitar) Nosotros _____ estudiar más.
4. (leer) ¿Qué _____ usted?
5. (abrir) Yo _____ la maleta.
6. (vivir) ¿Dónde _____ ustedes?
7. (visitar) Víctor _____ las pirámides.
8. (preguntar/contestar) El profesor _____ pero los estudiantes no _____.
9. (decidir) Nosotros _____ cuando vamos.

3. THE PRESENT TENSE OF *SER, ESTAR,* AND *IR* (REVIEW *CONCEPTOS GRAMATICALES* 4 AND 10.)

Complete each sentence with the appropriate form of the verb in parentheses.

1. (ir) ¿Tú _____ ahora?
2. (ser) Creo que las vacaciones _____ necesarias.
3. (ir) Mañana nosotros _____ al aeropuerto.
4. (estar) Yo _____ en el laboratorio de lenguas.
5. (ser) El concierto _____ esta noche.
6. (ir) ¿Cuándo _____ellos conmigo?
7. (estar) José no _____ contento hoy.
8. (ser) Yo _____ un estudiante magnífico.
9. (estar) ¡Qué cansada _____yo hoy!

4. *SER* AND *ESTAR* (REVIEW *CONCEPTOS GRAMATICALES* 4 AND 15.)

Complete each sentence with the correct form of *ser* or *estar,* as appropriate.

1. María no _____ en casa ahora.
2. ¿De dónde_____ tú?
3. El señor Hernández _____ un profesor serio.
4. Los estudiantes_____ en la biblioteca.
5. Nosotros _____ muy cansados hoy.
6. A las cinco, yo voy a _____contenta.
7. La clase _____a las diez.
8. ¿Cómo _____ Ud. hoy? Yo _____ bien, gracias.
9. El concierto _____en la unión estudiantil.

5. NOUNS, ARTICLES, AND ADJECTIVES (REVIEW *CONCEPTO GRAMATICAL* 6.)

Change the following phrases from the singular to the plural.

Modelo: el pasaporte americano
   los pasaportes americanos

1. la mujer inteligente
2. la llegada puntual
3. un vuelo rápido
4. una mujer pequeña
5. el profesor serio
6. una profesora inglesa
7. una maleta pesada
8. un amigo favorito
9. la lección importante
10. un ejercicio difícil
11. un estudiante francés
12. un lápiz barato
13. un tren lento
14. un apellido español
15. una mochila cara

6. TELLING TIME (REVIEW *CONCEPTO GRAMATICAL* 13.)

A. Answer each question and change the phrase with *de* to indicate another part of the day.

Modelo: ¿Llegan los alumnos a las ocho de la mañana?
      No. Llegan a las ocho de la tarde.

1. ¿Vas al aeropuerto a las seis de la tarde?
2. ¿Vamos a tomar café a las siete de la tarde?
3. ¿Esperan la llegada del tren a las ocho y media de la mañana?
4. ¿Los muchachos van a estar en el restaurante a las nueve y cuarto de la noche?
5. ¿Vas a estar en la biblioteca a las siete de la mañana?

B. Answer each question and change the phrase with *por* to indicate another time of the day *(por la mañana, tarde, noche)*.

Modelo: ¿Trabajas en la universidad por la mañana?
      No. Trabajo en la universidad por la tarde.

1. ¿Van a visitar las pirámides mayas por la noche?
2. ¿Vamos a sacar fotos por la tarde?
3. ¿Debes aprender la lección por la mañana?
4. ¿Hay que decidir las actividades estudiantiles por la noche?
5. ¿Es necesario ir al café por la tarde?
6. ¿Crees que es bueno viajar por la noche?
7. ¿Crees que la actitud de los amigos es más seria por la tarde?
8. ¿Es interesante hablar en broma por la mañana?

7. QUESTION WORDS (REVIEW *CONCEPTOS GRAMATICALES* 9 AND 12.)

Answer the questions.

1. ¿Qué hay que hacer para sacar una buena nota?
2. ¿Dónde vas a estar hoy por la tarde?
3. ¿Cuál es un aspecto interesante de tu personalidad?
4. ¿Cuándo hablas en broma y cuándo hablas en serio?
5. ¿Hay que hablar en serio en clase?
6. ¿Vas a la biblioteca los fines de semana?
7. ¿Adónde vas los fines de semana?
8. ¿Cuál es más interesante, la unión estudiantil o la biblioteca?
9. ¿Cuántos minutos esperas a los profesores?

CENTROAMÉRICA
Cuarta Vista

AL PRINCIPIO

While waiting at the airport, Víctor starts a conversation with a young woman. He's looking for adventure, but he'll soon realize that he is going to get more than he bargained for. In this *Vista* you'll learn:

1. to use the personal **a** when the direct object of a verb is a person (17):

Ve **a** los estudiantes.	He sees the students.
Espero **a** una amiga.	I'm waiting for a friend.

2. the direct object pronouns (18):

Juan prepara la lección. **La** prepara.	Juan prepares the lesson. He prepares it.
Aventuras, **las** hay en todas partes.	Adventures, you find them everywhere.

3. the short forms of possessive adjectives (19):

Mi amiga.	My friend.
Tu cámara.	Your camera.
Comprende **nuestra** idea.	He understands our idea.

4. a group of verbs ending in **-go** in the first person singular of the present tense (20):

Tengo un plan.	I have a plan.
Oigo la música.	I hear the music.

In this *Vista* you'll also increase your vocabulary for classroom activities, and you'll learn something about Central America, that chain of countries between Mexico and Colombia.

Una vista del canal de Panamá

DIÁLOGO

En el aeropuerto unos viajeros esperan la salida del avión que va a Guatemala. Otros esperan la llegada del avión de la Ciudad de México. Víctor habla con una señorita que está en la sala de espera. La señorita es muy interesante.

VÍCTOR: ¿Va usted a Guatemala?

SRTA.: Sí. Espero **a** una amiga de México, y después las dos vamos a Guatemala.

VÍCTOR: Entonces, vamos a viajar juntos.

SRTA.: Es posible. Usted viaja con tres cámaras. ¿Es usted fotógrafo?

VÍCTOR: Sí, soy fotógrafo y, además, busco aventuras.

SRTA.: **Las** busca, pero . . . **¿las** hay aquí?

VÍCTOR: ¡Oh, sí! Aventuras, **las** hay en todas partes.

CONVERSACIÓN SOBRE EL DIÁLOGO

1. ¿Qué esperan los viajeros en el aeropuerto?   2. ¿Dónde esperan la salida y la llegada de los aviones?   3. ¿Qué busca Víctor?   4. ¿Dónde hay aventuras?
5. ¿Busca Ud. aventuras en todas partes?   6. ¿Hay aventuras en la universidad?
7. ¿Viaja Ud. mucho en avión?

NOTAS CULTURALES

1. Note that Víctor and the young woman use **usted** to address each other, since they have just met. However, since they are both young they will soon switch to the **tú** form.

2. Air transportation is very important in Central America, since many countries are very mountainous and have poor roads. In addition, air travel is important because the capitals of most Central American countries are located in the interior, high above sea level. The Spanish *conquistadores* who founded the cities were looking for a climate milder than that found in the lowlands along the tropical coast.

DIALOGUE

At the airport some travelers are waiting for the departure of the plane going to Guatemala. Others are waiting for the arrival of the plane from Mexico City. Víctor is talking to a young woman who is in the waiting area. The young woman is very interesting.

VÍCTOR: Are you going to Guatemala?

YOUNG WOMAN: Yes. I'm waiting for a friend from Mexico, and then the two of us are going to Guatemala.

VÍCTOR: Then we are going to travel together.

YOUNG WOMAN: It's possible. You're traveling with three cameras. Are you a photographer?

VÍCTOR: Yes, I am a photographer and, besides, I look for adventures.

YOUNG WOMAN: You look for them, but . . . are there any here?

VÍCTOR: Oh, yes! There are adventures everywhere.

CONCEPTOS GRAMATICALES

17. PERSONAL *A*

1. Both in English and in Spanish, certain verbs (called transitive verbs) can take a direct object. A direct object is a noun that receives the action of the verb. *Abro la puerta.* "I open the door." (*The door* receives the action of opening and is the direct object.)

2. In Spanish, when the direct object is a definite person, it is preceded by **a**. This is not true when the direct object is not a person.

El profesor ve **a** los estudiantes.	The professor sees the students.
El profesor ve los exámenes.	The professor sees the exams.
Daniel comprende **a** los compañeros.	Daniel understands the classmates.
Daniel comprende el libro.	Daniel understands the book.

3. The personal **a** contracts with **el** to form **al**.

Espero **al** maestro.   I'm waiting for the teacher.

EJERCICIOS

A. Substitution. Answer the questions using the personal *a* where necessary.

1. ¿Ve Ud. a los amigos? ¿Y la pizarra? ¿Y unos profesores?
2. ¿Espera Ud. a los profesores? ¿Y el avión? ¿Y la amiga?
3. ¿Buscas la sala de espera? ¿Y los viajeros? ¿Y la biblioteca?

B. Questions. Answer the questions choosing one of the alternatives. The instructor will then ask another student to restate what was said.

1. David, ¿comprendes bien al profesor o la cinta magnetofónica? María, ¿qué dice David?
2. ¿Necesitas a los amigos o una grabadora?
3. En clase ¿ves libros de historia o a los compañeros?
4. ¿Buscas un bolígrafo o a unos amigos?
5. ¿Visitas a los amigos o a los profesores?

C. Complete each sentence with your own idea.

1. Veo _____ . 2. Veo a _____ . 3. Espero _____ . 4. Espero a _____ . 5. Los norteamericanos comprenden (a) _____ . 6. No busco (a) _____ . 7. Necesitamos (a) _____ .

18. DIRECT OBJECTS AND DIRECT OBJECT PRONOUNS

1. The direct object of a transitive verb can be a person, as explained in *Concepto gramatical* 17, or a thing, an idea, or an activity.

Estudias **los apuntes.**	You study the notes.
Comprendemos **la historia.**	We understand history.
Necesito **trabajar.**	I need to work.

2. Direct objects often take the form of pronouns.
Here are the Spanish direct object pronouns:

Singular		Plural	
me	me	**nos**	us
te	you	**vos**	you
lo[1]	him, you *(m.)*, it *(m.)*	**los**[1]	them *(m.)*, you *(m.)*
la	her, you *(f.)*, it *(f.)*	**las**	them *(f.)*, you *(f.)*

Enrique **me** lleva al restaurante.[2]	Enrique takes me to the restaurant.
Te veo en clase.	I'll see you in class.
Ustedes **nos** saludan.	You greet us.

The direct object pronoun precedes the conjugated verb.

3. A direct object pronoun may take the place of a direct object noun and must agree in gender and number with the noun it replaces.

---

1. In some Hispanic countries, notably Spain, *le* and *les* are used instead of *lo* and *los* when referring to masculine persons: Veo *al profesor. Le* veo.
2. *Llevar* means "to take," "to wear," and "to carry."

The pronouns **lo, la, los,** and **las** often refer to things.

Escucho **la música. La** escucho.	I listen to it (the music).
Juan prepara **el ejercicio. Lo** prepara.	He prepares it (the exercise).
Necesitan **los lápices. Los** necesitan.	They need them (the pencils).
Reciben **buenas notas. Las** reciben.	They receive them (good grades).

4. **Lo, la, los,** and **las** also refer to people.

Visitan **a sus amigos. Los** visitan.	They visit them (their friends).
Ella saluda **a su profesora. La** saluda.	She greets her (her teacher).

Since the pronouns **lo, la, los,** and **las** can refer to *you* or to a third person, a clarifying phrase with **a** + personal pronoun may be used.

Lo veo hoy **a Ud.,** señor.	**Los** veo hoy **a Uds.,** señores.
Lo veo hoy **a él.**	**Los** veo hoy **a ellos.**
La visito **a Ud.,** señora.	**Las** visito **a Uds.,** señoras.
La visito **a ella.**	**Las** visito **a ellas.**

The use of this clarifying phrase is optional when it closes the sentence. When it occurs at the beginning of the sentence, both the **a** + personal pronoun phrase and the direct object pronoun must be expressed.

A Ud. lo veo hoy.

5. Sometimes the direct object (expressed as a noun) is mentioned in the sentence, along with the pronoun.

El amor, lo esperamos.	Love, we're hoping for it.
La televisión, la veo hoy.	Television, I'll see it today.
Los exámenes, los prepara el profesor.	Exams, the professor prepares them.

6. When a sentence has a conjugated verb followed by an infinitive, the direct object pronoun may precede the conjugated verb or be attached to the infinitive.

Los apuntes, **los** voy a explicar.	I'm going to explain them (the notes).
Los apuntes, voy a explicar**los.**	
Las notas, **las** voy a escribir.	I'm going to write them (the notes).[3]
Las notas, voy a escribir**las.**	

3. Note that *la nota* means both *grade* and *note* (a short message).

EJERCICIOS

A. Questions. Answer the questions. The instructor will then ask another student to restate what was said.

1. David, el amor, ¿lo necesitas o no lo necesitas? María, ¿qué dice David?
2. Las lecciones, ¿las estudias o las explicas?
3. La grabadora, ¿la compras o no la compras?
4. Los ejercicios, ¿los lees o los escribes?
5. Las preguntas, ¿las contestas o no las comprendes?
6. Las aventuras, ¿las buscas o las esperas?

B. Transformation. Answer the questions using the appropriate direct object pronoun.

Modelo: ¿Aprende Ud. las lecciones?
     Sí, las aprendo.

1. ¿Busca Ud. las aventuras?
2. ¿Va a vender Ud. el coche?
3. ¿Toma Ud. la Coca-Cola?
4. ¿Ve bien al profesor?
5. ¿Necesitamos el amor?
6. ¿Lleva Ud. a los amigos a cenar al restaurante?
7. ¿Saluda Ud. a los amigos?
8. ¿Escucha Ud. cintas en el laboratorio?
9. ¿Prepara Ud. la cena?
10. ¿Me ve bien Ud.?

C. Be an interpreter. The instructor will read each English question. One student will give the Spanish equivalent of the question, and another student will answer the question.

1. The money, do we need it?   2. The books, shall we read them?   3. The tape recorder, are you going to buy it?   4. The tapes, do you listen to them?   5. The camera, do you sell it?   6. The questions, do you answer them?

D. Complete each sentence with your own idea.

1. El libro de español, lo _____.   2. A los amigos, los _____.   3. El trabajo, yo lo _____.   4. El profesor prepara el examen y los estudiantes lo _____.   5. La lección, la _____.

El avión de la Ciudad de México llega y los pasajeros bajan.

VÍCTOR: Ahora llega **nuestro** avión, ¿verdad?

SRTA.: Sí. Perdone, tengo que buscar a **mi** amiga.

VÍCTOR: Espero verla a Ud. después. Y a **su** amiga también.

SRTA.: ¡Sí, claro! Y a Ud. lo vemos en un momento.

La señorita saluda a su amiga. Las dos mujeres hablan con mucho misterio.

SRTA.: ¿Las traes? ¿Dónde?

AMIGA: ¡Chist! Las **traigo** en los zapatos y en **mi** cámara.

SRTA.: ¿En **tu** cámara? ¡Magnífico! **Tengo** un plan.

AMIGA: ¿Cuándo vamos a terminar? Soy una mujer nerviosa, y ahora estoy muy nerviosa. ¿Qué **hago?**

SRTA.: Estoy segura que todo va a salir bien.

CONVERSACIÓN SOBRE EL DIÁLOGO

1. ¿De dónde bajan los pasajeros? 2. ¿A quién saluda la señorita?
3. ¿Cómo es la amiga de la señorita? 4. ¿Cómo va a salir todo? 5. ¿Es Ud. nervioso(a)? ¿Está nervioso(a) ahora? 6. ¿Está Ud. seguro(a) que todo va a salir bien en esta clase?

NOTAS CULTURALES   1. In Spanish there are several ways of expressing *excuse me*—**perdón, perdone, perdóneme.** Any of these, or **con permiso** may be used when interrupting or walking in front of someone. **Con permiso** may also be used when asking for permission to leave somebody.

2. **¡Chist!** is the Spanish equivalent of ''shh!'' It is the written form of how the sound is perceived by the Hispanic ear. A gesture that often accompanies this sound is to place the forefinger and the thumb along the upper and lower lips.

DIALOGUE

The plane from Mexico City arrives and the passengers descend.

VÍCTOR: Our plane is arriving now, isn't it?
YOUNG WOMAN: Yes. Excuse me, I have to look for my friend.
VÍCTOR: I hope to see you afterward. And your friend, too.
YOUNG WOMAN: Yes, of course! And we'll see you in a moment.

The young woman greets her friend. The two women talk mysteriously.

YOUNG WOMAN: Do you have them? Where?
FRIEND: Shh! I'm bringing them in my shoes and in my camera.
YOUNG WOMAN: In your camera? Excellent. I have a plan.
FRIEND: When are we going to finish? I'm a nervous woman, and I am very nervous today. What shall I do?
YOUNG WOMAN: I'm sure everything is going to turn out all right.

CONCEPTOS GRAMATICALES

19. POSSESSIVE ADJECTIVES

Possessive Adjectives

Singular	Plural		Singular	Plural	
mi	mis	my	nuestro(a)	nuestros(as)	our
tu	tus	your	vuestro(a)	vuestros(as)	your
su	sus	your his, her	su	sus	your their

1. Spanish possessive adjectives always agree in number with the nouns they modify. The first and second person plural forms also agree in gender.

Llevo **mi** cámara.	I'm carrying my camera.
Busco a **mis** amigos.	I'm looking for my friends.
Alicia vende **su** coche.	Alicia is selling her car.
Pedro saluda a **sus** compañeros.	Pedro greets his companions.
Comprende **nuestra idea.**	He understands our idea.
Comprende **nuestros defectos.**	He understands our defects.

2. Because the possessive adjectives **su** and **sus** may refer to different persons *(your, her, his, their),* a clarifying phrase with **de** can be used. In these cases, the definite article is preferred to the possessive adjective.

Escribo con **el bolígrafo de él.**	I'm writing with his ball-point pen.
LLevo **las maletas de ella.**	I carry her suitcases.

3. It is common to use the definite article, not a possessive adjective, to show possession when referring to a part of the body, a piece of clothing, or some other obvious possession.

Abro **las** manos.	I open my hands.
Lleva **los** zapatos nuevos.	He is wearing his new shoes.
Venden **el** coche.	They sell their car.

EJERCICIOS

A. Substitution. Answer the questions using the appropriate possessive adjective.

Modelo: ¿Buscas tus libros?
    Sí, busco mis libros.

    ¿Y él?
    Él busca sus libros.

1. ¿Recibes tu nota? ¿Y él? ¿Y ellos? ¿Y nosotras?
2. ¿Buscas a tus compañeros? ¿Y nosotros? ¿Y ella? ¿Y yo?
3. ¿Tus ideas son buenas? ¿Y las de él? ¿Y las de ellas? ¿Y las de Ud.?

Una vista del Convento de Santa Clara, Antigua, Guatemala

B. Transformation. Answer the questions, changing the nouns from the singular to the plural.

Modelo: ¿Estudiamos *nuestra lección?*
 Sí, estudiamos nuestras lecciones.

1. ¿Aprendemos con *nuestro profesor?*
2. ¿Los estudiantes saben *su apellido?*
3. ¿Reciben los estudiantes *su nota?*
4. ¿Habla Víctor de *tu amiga?*
5. ¿Leo yo *el ejercicio de usted?*
6. ¿Es atractiva *tu amiga?*

C. Complete each sentence with your own idea.

1. Mis amigos _____. 2. Nuestra clase de español _____. 3. Mis ideas son
_____. 4. Mi apellido es _____. 5. Mi coche _____. 6. Nuestro profesor
es _____.

D. Be an interpreter. The instructor will read each English question. One student will give the Spanish equivalent of the question, and another student will answer the question.

1. Where is your house? 2. Do you understand her questions? 3. Are you going to sell your car? 4. Are you going to buy their tape recorder? 5. Do they explain their ideas? 6. Do you understand our plans?

20. VERBS ENDING IN *-GO* IN THE FIRST PERSON SINGULAR OF THE PRESENT TENSE

Several common verbs end in **-go** in the first person singular of the present tense. The other persons are either regular or show a stem change. (Stem-changing verbs will be further studied in the next *Vista*.)

A. Verbs with no change in the stem, but ending in **-go** in the *yo* form.

 poner: pon**go**, pones, pone, ponemos, ponéis, ponen   to put
 salir: sal**go**, sales, sale, salimos, salís, salen   to go out

B. Verbs with no change in the stem, but ending in **-igo** in the *yo* form.

 traer: tra**igo**, traes, trae, traemos, traéis, traen   to bring
 caer: ca**igo**, caes, cae, caemos, caéis, caen   to fall

C. A verb that loses a consonant in the *yo* form and ends in **-go**.

 hacer: ha**go**, haces, hace, hacemos, hacéis, hacen   to do, make

D. A verb with spelling changes in some persons.

 oír: o**igo**, oyes, oye, oímos, oís, oyen   to hear

E. Three verbs with changes in the stem in some persons.

tener:[4] tengo, tienes, tiene, tenemos, tenéis, tienen   to have
venir: vengo, vienes, viene, venimos, venís, vienen   to come
decir: digo, dices, dice, decimos, decís, dicen   to say

Tengo el número de teléfono de María, pero no lo **digo.**	I have María's telephone number, but I won't say it.
Salgo de casa temprano y **vengo** a la universidad.	I leave the house early and come to the university.
Oigo la música cuando **pongo** el radio.	I listen to the music when I turn on the radio.

EJERCICIOS

A. Questions. Answer the questions. The instructor will then ask another student to restate what was said.

1. David, ¿qué tiene Ud., notas buenas o notas malas? María, ¿qué dice David?
2. ¿Cuándo sale Ud. de la universidad, por la tarde o por la mañana?
3. ¿Qué trae Ud. a clase, un libro o una grabadora?
4. ¿Dónde pone Ud. los libros, en el escritorio o en la mochila?
5. ¿Qué oye Ud., el radio, música o al profesor?
6. ¿Cuándo viene Ud. a clase, los días de semana o los fines de semana?
7. ¿Qué dice Ud., unas ideas interesantes o unas ideas que no son interesantes?
8. ¿Hace Ud. los ejercicios en clase o en casa?

B. Complete each sentence with your own idea.

1. Aquí traigo _____. 2. No tengo _____. 3. Pongo los libros _____. 4. No hago _____. 5. En la sala de clase oigo _____. 6. Salgo tarde cuando _____.

4. When *tener* is followed by a direct object that is a definite person, no personal *a* is required. *Tengo dos amigos.* ''I have two friends.''

ACTIVIDADES PERSONALES

A. Entrevista

All students pair off. Each student is to interview another person in the class, asking questions and writing down the person's responses. *Estudiante 1* is the interviewer; *Estudiante 2* is the interviewee. *Estudiante 2* gives oral responses and *Estudiante 1* writes the answers on a sheet of paper.

Preguntas	Oral	Escrito
1. ¿Eres un(a) estudiante serio(a)?	1. Yo _____.	1. Él/Ella _____.
2. ¿A qué hora vienes a tu clase de español?	2. Yo _____.	2. Él/Ella _____.
3. Las aventuras, ¿las buscas en todas partes?	3. Las aventuras, yo _____.	3. Las aventuras, él/ella _____
4. ¿Cómo estás ahora, nervioso(a) o contento(a)?	4. Ahora yo _____.	4. Ahora él/ella _____.
5. ¿Qué traes a clase?	5. Yo _____.	5. Él/Ella _____.
6. ¿A qué hora sales de clase?	6. Yo _____.	6. Él/Ella _____.
7. En esta clase, ¿haces muchos trabajos o pocos trabajos?	7. En esta clase, yo _____.	7. Él/Ella _____.

B. Finish the following sentences with your own ideas.

1. Las aventuras, las tengo ————————————————.
2. El avión, lo tomo ————————————————.
3. Mi lección de español, la estudio ————————————.
4. Mis trabajos, los escribo ————————————————.
5. Estoy contento(a) cuando tengo ——————————.
6. El amor, lo ————————————————————.

**SECCIÓN
CULTURAL**

Centroamérica

Tengo unos amigos que son de Guatemala. Cuando veo a
mis amigos y salgo con ellos, hablamos de su país y de los
otros países de Centroamérica.

el país: country

otro(a): other

En Centroamérica hay siete países que ocupan una parte
muy estrecha del continente americano: son las repúblicas
centroamericanas.

estrecho(a): narrow

Hay seis países hispánicos: Guatemala, El Salvador, Honduras, Nicaragua, Costa Rica y Panamá, y un país donde
hablan inglés: Belice. Guatemala dice que Belice es una
parte del territorio guatemalteco, pero la realidad es que,
ahora, Belice no es parte de Guatemala.

Los países centroamericanos tienen una historia muy complicada y una naturaleza exuberante. Tienen volcanes,
junglas, montañas y una población que es de origen indio,
europeo y africano. En Guatemala predomina la población
de origen maya, y muchos guatemaltecos hablan diferentes

naturaleza: nature

Una mujer guatemalteca trabaja y hace mantas.

costa: coast

bonito(a): pretty, beautiful

tratado: treaty
entre: between
así: thus

dialectos de la lengua maya. En las costas del Caribe hay mucha población de origen africano. Los países centroamericanos son muy bonitos, y es muy interesante visitarlos.

En Panamá está el famoso canal. Ahora hay un tratado entre los Estados Unidos y Panamá y el canal va a ser panameño. Así dicen, van a terminar muchos años de disputas y conflictos porque los panameños consideran que la presencia norteamericana en el canal es un insulto a su dignidad nacional.

¿CIERTO O FALSO?

1. En Centroamérica hay un país donde hablan inglés.
2. Guatemala considera que Belice es una parte del territorio guatemalteco.
3. En Centroamérica no hay volcanes.
4. En Guatemala predomina la población de origen europeo.
5. Muchos guatemaltecos hablan dialectos de la lengua maya.
6. El canal de Panamá va a ser totalmente panameño.
7. La presencia norteamericana en el canal es un problema en Panamá.
8. Dicen que con el tratado entre los Estados Unidos y Panamá van a terminar muchos conflictos.

VOCABULARIO ACTIVO

Nombres
el amor: *love*
los apuntes: *notes*
el (la) compañero(a): *classmate, friend*
el (la) maestro(a): *teacher*
la nota: *grade, note*
el (la) pasajero(a): *passenger*
la sala de espera: *waiting room*
el (la) viajero(a): *traveler*
el zapato: *shoe*

Verbos
bajar: *to get off, descend*
buscar: *to look for*
caer: *to fall*
decir: *to say, tell*
escuchar: *to listen (to)*
explicar: *to explain*
hacer: *to do, make*
llevar: *to carry, wear, bring*
oír: *to hear*
poner: *to put, place*
recibir: *to receive*
salir: *to leave*
saludar: *to greet*
tener: *to have*
traer: *to bring*
venir: *to come*

Adjetivos
nuevo(a): *new*
seguro(a): *sure*

Adverbios
aquí: *here*

Expresiones
en todas partes: *everywhere*
en un momento: *in a minute*

COGNADOS
Nombres
la aventura
la cámara
Centroamérica
el examen
la idea
la música
el plan
el radio
el teléfono

Verbos
preparar

EL FÚTBOL EN EL MUNDO HISPÁNICO
Quinta Vista

AL PRINCIPIO

Víctor is convinced that he has made a big impression on the two women he has met. While reading about Víctor's naiveté you'll learn:

1. that certain verbs change the stem vowel **-o-** to **-ue-** in some forms (21):

   ¿**Pue**do poner mi cámara en su bolsa?   May I put my camera in your bag?

   ¿Cuánto c**ue**sta un café?   How much does a cup of coffee cost?

2. that certain verbs change the stem vowel **-e-** to **-ie-** or **-i-** (22):

   No qu**ie**ro olvidar mi cámara.   I don't want to forget my camera.

   Piden el desayuno.   They ask for breakfast.

3. the verb **dar** (23):

   Dan una fiesta.   They're giving a party.

4. the indirect object pronouns (24):

   Víctor **le** manda una tarjeta postal.   Víctor sends her a postcard.

   Te escribo mi dirección.   I write my address for you.

5. the demonstrative adjectives (25):

   Este problema.   This problem.

   Esa ventana.   That window.

   Aquellos papeles.   Those papers.

6. numbers above 100, the months of the year, and dates (26)

In the *Sección cultural* you'll read about *el fútbol* ("soccer"), the most popular sport in the Hispanic world. You'll also learn some words for things that you'll find around the house.

El fútbol es muy popular en los países hispánicos.

DIÁLOGO

En el avión, Víctor está sentado con las dos amigas. Sus nombres son Mónica y Bárbara.

MÓNICA: ¿En qué hotel vas a estar?

VÍCTOR: En el Hotel Internacional, si **encuentro** habitación.

MÓNICA: No **quiero** olvidar mi cámara en el avión. **¿Puedo** ponerla en tu bolsa, con tus cámaras?

VÍCTOR: Con mucho gusto.

MÓNICA: Después, en la ciudad, voy a verte en tu hotel.

VÍCTOR: Muy bien. Con la cámara tengo un pretexto magnífico. Así **puedo** verte a ti otra vez.

MÓNICA: Y yo a ti.

CONVERSACIÓN SOBRE EL DIÁLOGO

1. ¿Dónde está sentado Víctor?   2. ¿Qué espera encontrar Víctor en el hotel?
3. ¿Dónde están las cámaras de Víctor?   4. ¿Qué no quiere olvidar Mónica?
5. Cuando usted viaja, ¿va a hoteles muy caros?   6. ¿Es caro o barato viajar en avión?   7. ¿Qué no quiere olvidar Ud.?

NOTAS CULTURALES   1. One of the problems of translation between two languages is that it is not always possible to find an exact equivalent for a word or phrase. There may also be dialectal variants in the language. Such is the case with the word *room.* In Spanish this can be translated by **habitación** (the most common), **el cuarto,** or, in Mexico, **la recámara.** A bedroom can be any one of these, but one also says **la alcoba** and **el dormitorio.** Be careful, *dormitory* is **la residencia. El cuarto de estar** (or **la sala de estar**) is "living room," and **la sala** ("parlor") is a more formal room that most apartments and houses do not have. In some countries it is now fashionable to call the living room **el living.**

Joan Miró
en su estudio
en España

OCUPACIONES

Un vendedor de frutas en Guatemala ↑
← Una mujer prepara tortillas en México

La vida es difícil para muchas familias indias de Hispanoamérica. ¿Cuánto van a ganar hoy en el mercado?

2. In the *Cuarta Vista* it was pointed out that Víctor used the **usted** form with the young woman. They soon switched to the **tú** form, because they are more or less of the same age and social status. The **usted** and **tú** forms are often used to keep social distance. The **señora** of a house may use **tú** with the maid, but the reverse is not done. Adults use the **tú** form when talking to children, and young people have a tendency to use **tú** among themselves from the first time they meet.

DIALOGUE

In the airplane, Víctor is seated with the two friends. Their names are Monica and Barbara.

MÓNICA: What hotel are you going to be at?
VÍCTOR: In the International Hotel, if I find a room.
MÓNICA: I don't want to forget my camera on the plane. May I put it in your bag, with your cameras?
VÍCTOR: Gladly.
MÓNICA: Then, in the city, I'll see you at your hotel.
VÍCTOR: Very well. With the camera I have a great excuse. That way I can see you again.
MÓNICA: And I, you (And I'll see you).

CONCEPTOS GRAMATICALES

21. STEM-CHANGING VERBS: O → UE, U → UE

1. Certain Spanish verbs have a stem change in some forms of the present tense. The verb endings are regular, but the stem vowel **-o-** of the infinitive becomes **-ue-** when it falls in a stressed syllable. This occurs in the three singular forms and in the third person plural form. There is no stem change in the *nosotros* or *vosotros* forms. Study the following verbs:

poder	to be able, can, may	**volver**	to return
puedo	podemos	vuelvo	volvemos
puedes	podéis	vuelves	volvéis
puede	pueden	vuelve	vuelven

recordar to remember		**encontrar** to find		**dormir** to sleep	
recuerdo	recordamos	encuentro	encontramos	duermo	dormimos
recuerdas	recordáis	encuentras	encontráis	duermes	dormís
recuerda	recuerdan	encuentra	encuentran	duerme	duermen

Puedo[1] hacer muchas cosas en mis sueños.	I can do many things in my dreams.
¿Cuándo **vuelven** Uds. a casa?	When do you return home?
¿No **recuerdas** el número de teléfono?	Don't you remember the phone number?
Encuentran un apartamento cómodo.	They find a comfortable apartment.
Duermo en una cama dura.	I sleep in a hard bed.

2. Other common verbs follow this pattern.

almorzar to have lunch
aprobar to approve, to pass (an exam)
costar to cost
devolver to return (something)
soñar (con) to dream (about)

Almuerzo a la una.	I have lunch at one o'clock.
Cuando estudio, **apruebo** los exámenes.	When I study, I pass exams.
¿Cuánto **cuesta** un café? **Cuesta** 25 centavos.	How much does a cup of coffee cost? It costs 25 cents.
¿Me **devuelve** Ud. las llaves y mis cosas pronto?	Will you return the keys and my things to me soon?
Sueño con una casa en la playa.	I dream about a house on the beach.

3. In **jugar** the **-u-** of the stem changes to **-ue-**.

jugar to play	
juego	jugamos
juegas	jugáis
juega	juegan

¿A qué deportes **juegas?**	What sports do you play?
Juego al tenis con otra persona.[2]	I play tennis with another person.

1. Forms of *poder* are often followed by an infinitive.
2. When *jugar* is followed by the name of a sport or game, *a* and the definite article are used. *Jugamos al fútbol* ("We play soccer"); *Juego al golf* ("I play golf").

4. Stem-changing verbs are usually indicated in vocabularies with the stem change in parentheses.

poder(ue)

jugar(ue)

EJERCICIOS

A. Substitution. Answer the questions using the appropriate verb forms.

1. ¿Puedes recordar los números de teléfono? ¿Y ella? ¿Y nosotros? ¿Y yo?
2. ¿Duermes ocho horas? ¿Y ellos? ¿Y nosotros? ¿Y él?
3. ¿Encuentras un apartamento cómodo? ¿Y yo? ¿Y Uds.? ¿Y nosotras?
4. ¿Juegas al tenis? ¿Y ella? ¿Y ellos? ¿Y yo?

B. Transformation. Answer each question affirmatively and add a phrase with the *nosotros* form as in the model.

Modelo: ¿Vuelve María ahora?
       Sí, ella vuelve ahora, pero nosotros no volvemos.

Tres hijos de una familia de la clase alta pasan el tiempo conversando.

1. ¿Pueden ellos encontrar el dinero?
2. ¿Recuerda el profesor la hora de la clase?
3. ¿Encuentran sus amigos un apartamento cómodo?
4. ¿Devuelven los profesores los libros a la biblioteca?
5. ¿Duerme su amigo ocho horas?
6. ¿Almuerzan sus amigos a las dos?
7. ¿Sueña tu amigo con una casa en la playa?
8. ¿Apruebo yo los exámenes?

C. Questions. Answer the questions.

1. ¿Cuántas horas duerme Ud.?
2. ¿A qué hora vuelve Ud. a casa?
3. ¿Cuesta mucho o poco dinero el libro de español?
4. ¿A qué juega Ud.? ¿Al fútbol?
5. ¿Cuántos centavos cuesta un café en la universidad?
6. ¿A qué hora almuerza Ud.?
7. ¿Con qué sueña Ud.?

22. STEM-CHANGING VERBS: E → IE, E → I

1. In some Spanish verbs, the stem vowel **-e-** changes to **-ie-** when it falls in a stressed syllable. Like other stem-changing verbs, this change occurs in the three singular forms and the third person plural form. Study the following verbs:

cerrar to close		**entender** to understand		**empezar** to begin	
cierro	cerramos	entiendo	entendemos	empiezo	empezamos
cierras	cerráis	entiendes	entendéis	empiezas	empezáis
cierra	cierran	entiende	entienden	empieza	empiezan

pensar to think		**preferir** to prefer		**querer** to want	
pienso	pensamos	prefiero	preferimos	quiero	queremos
piensas	pensáis	prefieres	preferís	quieres	queréis
piensa	piensan	prefiere	prefieren	quiere	quieren

Cierro la puerta del apartamento.	I close the door of the apartment.
¿Me **entiendes?**	Do you understand me?
Empiezan a cocinar.[3]	They begin to cook.
¡Siempre **piensa** en la comida![4]	You always think about food!
Prefiero alquilar un piso,	I prefer to rent an apartment,
pero no **quiero** pagar mucho.	but I don't want to pay much.

2. Other common verbs follow this pattern.

perder   to lose

sentir   to feel, to regret

¡Siempre **pierdes** la bolsa!	You always lose the bag!
Siento alegría, no frustración.	I feel joy, not frustration. But I regret
Pero **siento** no tener dinero. **Lo siento.**	not having money. I'm sorry.

3. In some other verbs, the stem vowel changes from **-e-** to **-i-**.

pedir to request, ask for		**servir** to serve		**repetir** to repeat	
pido	pedimos	sirvo	servimos	repito	repetimos
pides	pedís	sirves	servís	repites	repetís
pide	piden	sirve	sirven	repite	repiten

Piden[5] el desayuno y el almuerzo, no la cena.	They ask for breakfast and lunch, not dinner.
Sirven la comida a las doce.	They serve the meal at twelve o'clock.
Repito las palabras.	I repeat the words.

EJERCICIOS

A. Substitution. Answer the questions using the appropriate verb forms.

1. ¿Quieres jugar al tenis? ¿Y María? ¿Y nosotros? ¿Y yo?
2. ¿Prefieres alquilar un piso? ¿Y Uds.? ¿Y nosotras? ¿Y yo?
3. ¿Piensas aprobar esta clase? ¿Y ellos? ¿Y él? ¿Y Uds.?

---

3. *Empezar,* like *ir,* takes *a* when followed by an infinitive.

4. *Pensar en* means "to think about." *Pensar* + infinitive means "to plan to" + infinitive. *Pensamos ir al cine.* "We plan to go to the movies."

5. *Pedir* ("to ask for, request") does not take a preposition: *Pido café* ("I ask for coffee"). The Spanish equivalent of "to ask, to inquire" is *preguntar* or *hacer preguntas. Preguntan cuánto cuesta.* ("They ask how much it costs.")

B. Transformation. Answer each question affirmatively and add a phrase with the *nosotros* form of the verb, as in the model.

Modelo: ¿Prefiere María comer?
   Sí, ella prefiere comer, pero nosotros no preferimos comer.

1. ¿Sirven el desayuno?
2. ¿Piensan los estudiantes en la lección?
3. ¿Repite ella el modelo?
4. ¿Piden ellos más comida?
5. ¿Entiende el profesor los problemas de los estudiantes?
6. ¿Siempre cierran la puerta de la sala los estudiantes?
7. ¿Sirven la cena?

C. Questions. Answer the questions.

1. ¿En qué piensas ahora?
2. ¿Qué entiendes bien?
3. ¿Qué sientes cuando estás con tu novio(a)?
4. ¿Qué prefieres hacer en casa?
5. ¿Qué entiendes de esta lección?
6. ¿A qué deporte prefieres jugar?
7. ¿A qué hora empieza la clase de español?

DIÁLOGO

En su hotel, Víctor piensa en Elena y **le** manda una tarjeta. Querida Elena: **Te doy** las gracias por tu amabilidad en Mérida. Tengo unas amigas muy simpáticas, pero no están en mi hotel y no las encuentro en toda la ciudad. Es un problema, porque tengo la cámara de una de ellas. **Esta** aventura es otra aventura frustrada. Espero hablar**les** mañana. Saludos de tu Don Juan sin éxito.

Víctor

(En un periódico de la Ciudad de Guatemala, que Víctor no lee, sale una noticia con la fecha del día.)

"Dos señoritas contrabandistas de esmeraldas detenidas en un hotel cerca del aeropuerto. La policía encuentra el contrabando en los zapatos de una de ellas. Nuestra policía no duerme y busca a otros cómplices."

CONVERSACIÓN SOBRE EL DIÁLOGO

1. ¿En quién piensa Víctor cuando está en su hotel?   2. ¿Qué le manda a
Elena?   3. ¿Qué problema tiene Víctor?   4. ¿Cómo es la aventura de Víctor?
5. ¿Dónde encuentra el contrabando la policía?   6. ¿Escribe Ud. tarjetas
postales a sus amigos cuando viajas?

NOTAS CULTURALES   1. Spanish letter writing often appears to be formal
and eloquent to the North American, who tends to be
more direct and to the point. Friends start their letters with salutations like
Querida Elena or Estimado Raúl, and close with phrases such as **Recibe un
cordial abrazo de tu amigo** ("Receive a heartfelt embrace from your friend") or
Te abraza tu amigo(a) ("Your friend embraces you"). For business letters, more
formal beginnings include **Muy señor(a) mío(a)** ("My dear sir [madam]") or
Distinguidos(as) señores(as). Typical business letter closings include **Le saluda
atentamente** or a more simple **Atentamente.**

2. Typical of Spanish signatures is the **rúbrica,** a simple or flowery adornment
that underlines the name.

DIALOGUE

In his hotel, Víctor thinks about Elena and sends her a postcard.

Dear Elena:

Thank you for your friendliness in Mérida. I have some very nice friends, but
they aren't in my hotel, and I can't find them anywhere in the city. It's a
problem, because I have the camera of one of them. This is another frustrating
adventure. I hope to speak to them tomorrow. Greetings from your unsuccessful
Don Juan.

Víctor

(In a newspaper of Guatemala City, which Víctor doesn't read, a news article
appears with the day's date.)

"Two young women, smugglers in emeralds, detained in a hotel near the
airport. The police find the contraband in the shoes of one of them. Our police
are not sleeping and are looking for other accomplices."

CONCEPTOS GRAMATICALES

23. THE VERB *DAR*

The verb **dar,** "to give," is conjugated like the verb *ir.*

doy	damos
das	dais
da	dan

Dan una lección de español.   They give a Spanish lesson.

EJERCICIO

Substitution. Answer the questions using the appropriate verb forms.

1. ¿Dan una lección de inglés? ¿Y él? ¿Y yo? ¿Y nosotras?
2. ¿Das una fiesta mañana? ¿Y nosotros? ¿Y Uds.? ¿Y Ud.?

24. INDIRECT OBJECTS AND INDIRECT OBJECT PRONOUNS

1. The indirect object of a verb tells to whom or for whom the action of the verb is done. In Spanish the indirect object is always preceded by **a.**

Víctor escribe una tarjeta postal **a Elena**.   Víctor writes a postcard to Elena.

Enseñan el apartamento **a los muchachos**.   They show the apartment to the young men.

2. Indirect objects are often replaced by pronouns. Here are the Spanish indirect object pronouns, short forms:

Singular		Plural	
me	to (for) me	**nos**	to (for) us
te	to (for) you	**os**	to (for) you
le	to (for) him, her, you	**les**	to (for) them, you

Me mandan la llave.   They send the key to me. (They send me the key.)

Te escribo mi dirección.   I write my address for you.

Le pago el alquiler.   I pay you (him, her) the rent.

Nos dicen la dirección.   They tell us the address.

Les dan una cama dura.   They give them (you) a hard bed.

These pronouns may be attached to an infinitive.

Espero hablar**les**. *or:* **Les** espero hablar.

3. For every short form of the indirect object pronouns, there is a corresponding long form. The long forms are used to clarify or emphasize the short forms.

Singular		Plural	
me	a mí	nos	a nosotros(as)
te	a ti	os	a vosotros(as)
le	a Ud., él, ella	les	a Uds., ellos, ellas

A mí me mandan la dirección.   They send me the address.
Le doy el café **a ella.**   I give the coffee to her.
Nos escuchan **a nosotros.**   They listen to us.

4. The short forms must be used when an indirect object pronoun is indicated. The long forms may be used to clarify or emphasize the pronouns. They are often used with the third person pronouns (**le, les**) to avoid ambiguities.

El dueño **le** da mi dirección $\begin{cases} \text{a usted.} \\ \text{a él.} \\ \text{a ella.} \end{cases}$ The owner gives my address to $\begin{cases} \text{you.} \\ \text{him.} \\ \text{her.} \end{cases}$

If, however, a sentence is started with the long form, both the long and short forms will appear.

Te doy la llave.
A ti te doy la llave.   I give the key to you.

5. In Spanish a sentence may not end with a preposition.

¿A quién vas a dar la dirección?   To whom are you going to give the address?

EJERCICIOS

A. Substitution. Answer the questions.

Modelo: ¿Me pides mi dirección?
    Sí, te pido tu dirección.
    ¿Y a él?
    Sí, le pido su dirección.

1. ¿Me pides los cincuenta centavos? ¿Y a ella? ¿Y a ellos?
2. ¿Le haces preguntas a tu amigo? ¿Y a mí? ¿Y a nosotros?
3. ¿Me traes el desayuno? ¿Y a él? ¿Y a ellas?
4. ¿Les sirves la comida esta noche a tus amigos? ¿Y a mí? ¿Y a él?

B. Questions.Answer the questions. The instructor will then ask another student to restate what was said.

1. David, ¿me pides dinero? María, ¿a quién le pide dinero David?
2. ¿Me dices una cosa importante?
3. ¿Me das una cerveza?
4. ¿Me explicas el problema a mí?
5. ¿Nos haces una pregunta a nosotros?
6. ¿Nos pides la dirección?
7. ¿Siempre me saludas en la clase de español?

25. DEMONSTRATIVE ADJECTIVES

1. Demonstrative adjectives have similar functions in both English and Spanish; they help to point out or locate an object or person with regard to the speaker.

2. There are three demonstrative adjectives in Spanish: **este,** "this"; **ese,** "that"; and **aquel,** "that." Each has four forms and must agree with the noun it modifies.

	Singular		Plural	
Masculine	**este**	this	**estos**	these
Feminine	**esta**	this	**estas**	these

	Singular		Plural	
Masculine	**ese**	that	**esos**	those
Feminine	**esa**	that	**esas**	those

	Singular		Plural	
Masculine	**aquel**	that	**aquellos**	those
Feminine	**aquella**	that	**aquellas**	those

The forms of **este** are used to indicate people or objects near or associated with the speaker. The forms of **ese** are used to indicate people or objects near the person spoken to, and the forms of **aquel** are used to indicate people or objects distant from both the speaker and the person spoken to. **Ese** is used more commonly than **aquel.**

Vivo en **esta** calle. En **esa** casa que está cerca de **aquel** parque.	I live on this street. In that house near that park over there.
Esos pisos son muy caros.	Those apartments are very expensive.
Esta silla es muy cómoda.	This chair is very comfortable.

EJERCICIOS

A. Substitution. Answer the questions using the appropriate demonstrative adjectives.

1. ¿Comprendes este problema? ¿Y la noticia? ¿Y el sueño? ¿Y los ejercicios?
2. ¿Es magnífico ese parque? ¿Y la fiesta? ¿Y los pisos? ¿Y las casas?
3. ¿Es cómoda aquella silla? ¿Y las casas? ¿Y los hoteles? ¿Y el piso?
4. ¿Prefieres esta tarjeta? ¿Y las camas? ¿Y el hotel? ¿Y los parques?
5. ¿Buscas esos libros? ¿Y la cámara? ¿Y los estudiantes? ¿Y las bolsas?

B. Be an interpreter. The instructor will read each English question. One student will give the Spanish equivalent of the question, and another student will answer the question.

1. Is your house on this street? 2. Are those newspapers (over there) interesting? 3. Does this apartment cost a lot? 4. Do you want to talk to that student (over there)? 5. Do you see this student? Who is she? 6. Do you study in these books or in those books?

esa montaña

esta montaña

aquella montaña

26. NUMBERS ABOVE 100, MONTHS OF THE YEAR, AND DATES

A. Los números

1.
100	**cien**	700	**setecientos(as)**
200	**doscientos(as)**	800	**ochocientos(as)**
300	**trescientos(as)**	900	**novecientos(as)**
400	**cuatrocientos(as)**	1000	**mil**
500	**quinientos(as)**	2000	**dos mil**
600	**seiscientos(as)**	1.000.000	**un millón**

2. The number 100 (**cien**) does not vary when followed by a noun, whether masculine or feminine.

cien hombres   **cien** mujeres

From 101 to 199, **cien** changes to **ciento**.

ciento dos dólares   **ciento noventa y nueve** casas

When **ciento uno** is followed by a masculine noun, **uno** drops the final **o;** when followed by a feminine noun, **uno** becomes **una.**

ciento un dólares   **ciento una** sillas

The conjunction **y** is not used after 100s and 10s.

110 **ciento diez**   one hundred and ten   535 **quinientos treinta y cinco**   five hundred and thirty-five

3. Note that the hundreds have both masculine and feminine forms.

quinientos mexicanos   **quinientas** mexicanas
setecientos veinte hombres   **setecientas** veinte mujeres

4. **Un** is used before **millón,** but not before **cien** or **mil.** If a noun follows **millón** or **millones** the preposition **de** must precede the noun. Note that periods are used to express thousands or millions.

cien libros $1.000,50   mil dólares con cincuenta centavos
mil libros
un millón de libros

B. Los meses del año y los signos del Zodíaco. The months of the year, together with the signs of the zodiac, are presented on the following page.

Cáncer
del 21 de **junio** al 22 de **julio**

Leo
del 23 de **julio** al 22 de **agosto**

Virgo
del 23 **agosto** al 22 de **septiembre**

Libra
del 23 de **septiembre** al
22 de **octubre**

Escorpión
del 23 de **octubre** al
21 de **noviembre**

Sagitario
del 22 de **noviembre** al
21 de **diciembre**

Capricornio
del 22 de **diciembre** al
19 de **enero**

Acuario
del 20 de **enero** al 18 de **febrero**

Piscis
del 19 de **febrero** al 20 de **marzo**

Aries
del 21 de **marzo** al 19 de **abril**

Tauro
del 20 de **abril** al 20 de **mayo**

Géminis
del 21 de **mayo** al 20 de **junio**

C. Las fechas (Dates) ¿Cómo se dicen las fechas?

The first day of the month is **el primero de** + month. The other days of the
month use **el** plus a cardinal number.

El primero de agosto	August first
El cinco de mayo	May fifth
El catorce de febrero	February fourteenth
La fecha de mi cumpleaños es **el tres de junio.**	The date of my birthday is June third.
El veinticinco de diciembre es cuando celebramos la Navidad.	The 25th of December is when we celebrate Christmas.
Juegan al béisbol **de abril a octubre.**	They play baseball from April to October.

D. Los años (Years)

¿Cómo se dice el año en español?

1984 **mil novecientos ochenta y cuatro**

1879 **mil ochocientos setenta y nueve**

1776 **mil setecientos setenta y seis**

1492 **mil cuatrocientos noventa y dos**

In abbreviated form, Hispanic people use roman numerals for the months of the year.

1-III-1952 **el primero de marzo de mil novecientos cincuenta y dos**

12-X-1492 **el doce de octubre de mil cuatrocientos noventa y dos**

EJERCICIOS

A. Say a date by filling in the blanks. Say the day first, then the month and year of some important event in your life.

Modelo: El _____ de _____ de _____ *(El ocho de julio de mil novecientos ochenta y uno)*

B. ¿Cuántos son?

1. 200 y 200	3. 150 y 350	5. 610 y 235
2. 250 y 250	4. 550 y 125	6. 740 y 230
7. 500 menos 50	9. 1200 menos 300	11. 5000 y 2500
8. 950 menos 100	10. 1500 menos 250	12. 850 y 150

C. Questions. Answer the questions.

1. ¿Cuál es la fecha de su cumpleaños?
2. ¿Cuál es la fecha de la Independencia de los Estados Unidos?
3. ¿Cuál es la fecha de la Navidad?
4. ¿Cuál es la fecha del cumpleaños de Jorge Washington?
5. ¿En qué mes celebramos el Día del Trabajo?
6. ¿En qué meses juegan al béisbol?
7. ¿En qué meses juegan al fútbol norteamericano?
8. ¿En qué meses tiene usted vacaciones?

ACTIVIDADES PERSONALES

Entrevista

All students pair off. Each student is to interview another person in the class, asking questions and writing down the person's answers. *Estudiante 1* is the interviewer; *Estudiante 2* is the interviewee. *Estudiante 2* gives oral responses and *Estudiante 1* writes the answers on a piece of paper.

Preguntas	Oral	Escrito
1. ¿Dónde prefieres vivir, cerca de un parque o cerca de un aeropuerto?	1. Prefiero _____.	1. Prefiere _____.
2. ¿Dónde duermes, en tu cama o en clase?	2. Duermo _____.	2. Duerme _____.
3. ¿Cuándo duermes, a las diez de la noche o a las cuatro de la tarde?	3. Duermo a _____.	3. Duerme a _____.
4. ¿Cómo es tu cama, dura o cómoda?	4. Mi cama _____.	4. Su cama _____.
5. ¿Con qué sueñas, con una casa en la playa o con una casa en la ciudad?	5. Sueño con _____.	5. Sueña con _____.
6. ¿Cuánto cuesta tu casa?	6. Mi casa _____.	6. Su casa _____.
7. ¿A qué hora te sirven el desayuno?	7. Me sirven _____.	7. Le sirven _____.

SECCIÓN CULTURAL

El fútbol en el mundo hispánico

En el mundo hispánico hay un deporte muy popular: el fútbol. Los niños juegan al fútbol en los patios de las escuelas y en las plazas de los pueblos. Todas las ciudades sueñan con tener un buen equipo de fútbol. Y todos los países quieren tener un buen equipo nacional.

niño: child
escuela: school
pueblo: town

equipo: team

partido: game

Los partidos de fútbol pueden provocar terribles discusiones en los cafés y bares de las ciudades hispánicas. El antagonismo de unas ciudades con otras pasa al campo de fútbol, donde los dos equipos compiten. Los equipos tienen once jugadores, que no pueden tocar el balón con las manos. El único que puede tocarlo con las manos es el portero.

campo de fútbol: soccer field
el jugador: player
tocar: to touch
el balón: ball
el único: the only one
portero: goalie

Muchas palabras relativas a este deporte tienen su origen en inglés: el gol (del inglés *goal*), el fao (de *foul*), chutar (de *to shoot*) o el penalty, con el acento en la *a* (de *penalty*).

gobierno: government

El fútbol es el deporte favorito de muchos hispanos, y hay gobiernos que lo manipulan por motivos políticos; cuando todos hablan de fútbol, no hablan de política, y no le causan problemas al gobierno. Una victoria del equipo nacional es una victoria del país, o una expresión de la superioridad nacional sobre otros países. Esa victoria en el campo de fútbol es tan importante como una victoria militar; ciertamente, es más inofensiva que una guerra, y les cuesta menos a todos, muchos millones menos.

tan . . .como: as . . .as
inofensivo(a): harmless
guerra: war

¿CIERTO O FALSO?

1. Los niños no juegan al fútbol en las escuelas.
2. Los equipos de fútbol tienen diez jugadores.
3. El portero puede tocar el balón con las manos.
4. Hay gobiernos que manipulan el fútbol por motivos políticos.
5. La guerra es una actividad inofensiva.
6. En los Estados Unidos hay un equipo nacional de fútbol.
7. El fútbol empieza a ser popular en los Estados Unidos.

El campo de fútbol es largo y los jugadores corren mucho y rápido.

VOCABULARIO ACTIVO

Nombres

la alegría: *happiness, joy*
el almuerzo: *lunch*
el alquiler: *rent*
la bolsa: *bag*
la calle: *street*
la cama: *bed*
la cena: *dinner*
el centavo: *cent*
la comida: *meal, cooking*
la cosa: *thing*
el cumpleaños: *birthday*
el deporte: *sport*
el desayuno: *breakfast*
la dirección: *address*
el (la) dueño(a): *owner*
la escuela: *school*
la fecha: *date*
la llave: *key*
el mes: *month*
el mundo: *world*
la Navidad: *Christmas*
la noticia: *news*
el periódico: *newspaper*
el piso: *apartment*
la silla: *chair*
el sueño: *dream*
la tarjeta postal: *postcard*

Verbos

almorzar(ue): *to have lunch*
alquilar: *to rent*
aprobar(ue): *to approve*
cerrar(ie): *to close*
cocinar: *to cook*
costar(ue): *to cost*
dar: *to give*
devolver(ue): *to return, give back*
dormir(ue): *to sleep*
empezar(ie): *to begin*

encontrar(ue): *to find*
enseñar: *to show*
entender(ie): *to understand*
jugar(ue): *to play*
mandar: *to order, send*
olvidar: *to forget*
pagar: *to pay*
pedir(i): *to ask for*
pensar(ie): *to think*
perder(ie): *to lose*
poder(ue): *to be able, can, may*
querer(ie): *to wish, want*
recordar(ue): *to remember*
repetir(i): *to repeat*
sentir(ie): *to feel*
soñar(ue): *to dream*
volver(ue): *to return*

Adjetivos

cómodo(a): *comfortable*
duro(a): *hard*

Adverbios

después: *after*
pronto: *soon, quickly*

Expresiones

lo siento: *I'm sorry*

Los meses

enero	julio
febrero	agosto
marzo	septiembre
abril	octubre
mayo	noviembre
junio	diciembre

COGNADOS

Nombres

el apartamento
el béisbol
el dólar
la frustración
el fútbol
la persona
la policía
el tenis

Verbos

celebrar
preferir(ie)
servir(i)

Adjetivos

hispánico(a)

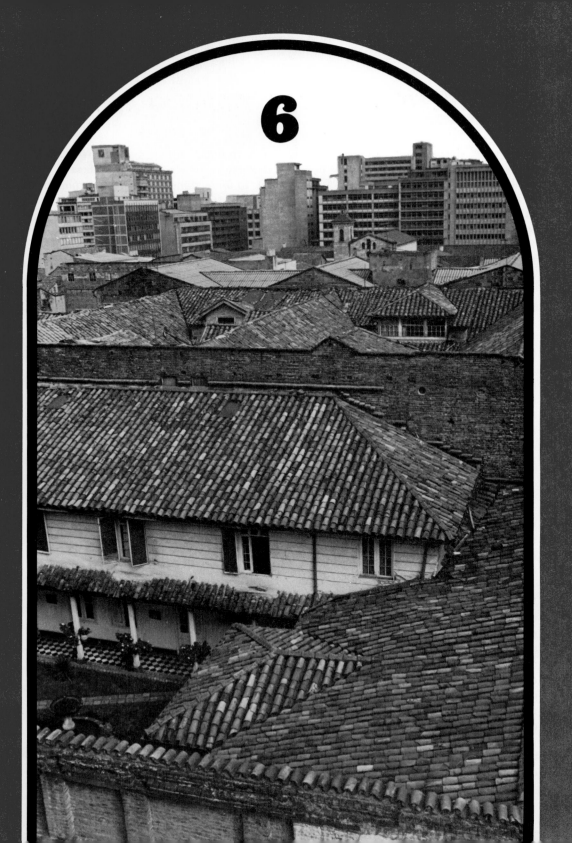

LA DIVERSIDAD DEL MUNDO HISPÁNICO
Sexta Vista

AL PRINCIPIO

The contraband hidden in the camera is going to end up in the most unlikely place. While you follow the story you'll learn:

1. that some verbs require special sentence structure (27):

   Me interesa verlas. — I'm interested in seeing them.
   Les gusta nadar. — They like to swim.
   Me parece que puedo encontrarlas. — It seems to me that I can find them.

2. some verbs that end in **-ecer, -ocer,** and **-ucir** (28):

   Conozco Madrid. — I know Madrid.
   Obedezco a mis padres. — I obey my parents.

3. the use and position of two object pronouns together (29):

   No puedo devolvér**sela.** — I can't return it to them.
   Se la das. — You give it to them.

4. the present progressive (30):

   Estoy hablando. — I'm talking.
   ¿Están Uds. **estudiando** ahora? — Are you studying now?

5. how to use two verbs together or a preposition plus an infinitive (31):

   No **puedo encontrarlas.** — I can't find them.
   Después de nadar, descansa. — After swimming, you rest.

6. the demonstrative pronouns (32):

   Voy a comprar esa mesa pero no **aquélla.** — I'm going to buy that table, but not that other one.

You'll also learn some new vocabulary related to games and sports. In the *Sección cultural* you'll discover how diverse the Hispanic world is.

DIÁLOGO

Despúes de dos días en Guatemala, Víctor todavía no tiene noticias de sus dos amigas. Entonces habla con su amigo Enrique, capitán de la policía guatemalteca.

VÍCTOR: ¡Qué problema! Tengo esta cámara de unas amigas y no puedo **devolvérsela** porque no sé en qué hotel están.

ENRIQUE: ¿Dices que sus nombres son Mónica y Bárbara? No las **conozco,** pero **me parece** que puedo encontrarlas.

VÍCTOR: ¿Cómo? **Me interesa** verlas, pero no **me gusta** molestarte con estos líos.

ENRIQUE: No es molestia. Voy a llamar los hoteles principales.

VÍCTOR: Yo voy a Tikal mañana. Te dejo la cámara. Tú las encuentras y **se la das.**

ENRIQUE: **Me gusta** la idea. Así, después, salgo con ellas a bailar.

CONVERSACIÓN SOBRE EL DIÁLOGO

1. ¿Qué problema tiene Víctor?   2. ¿Sabe Víctor en qué hotel están sus amigas? 3. ¿A quién le deja la cámara Víctor?   4. ¿Con quién piensa salir a bailar Enrique?   5. ¿Tiene Ud. una buena cámara?

NOTAS CULTURALES

1. Guatemala has the largest population of the Central American countries. While Spanish is the official language, there are some twenty Mayan dialects spoken in Guatemala.

2. Since it is large and very well preserved, Tikal in Guatemala is one of the most famous Mayan ruins. These ruins attract many visitors, and the local people are proud of the heritage they are able to share.

DIALOGUE

After two days in Guatemala, Víctor has still not heard from his two friends. He therefore speaks with his friend Enrique, who is a Guatemalan police captain.

VÍCTOR: What a problem! I have some friends' camera, and I can't return it to them because I don't know what hotel they're in.

ENRIQUE: You say their names are Mónica and Bárbara? I don't know them, but it seems to me that I can find them.

VÍCTOR: How? I'm interested in seeing them, but I don't like bothering you with this mess.

ENRIQUE: It's no bother. I'm going to call the major hotels.

VÍCTOR: I'm going to Tikal tomorrow. I'll leave the camera with you. You find them and give it to them.

ENRIQUE: I like the idea. So afterward, I'll go out with them to dance.

CONCEPTOS GRAMATICALES

27. VERBS LIKE *GUSTAR*

1. There is no Spanish verb used in the same way as the English verb *to like*. The Spanish equivalent, **gustar,** really means "to appeal." Instead of saying "I like the house," one says in Spanish "The house appeals to me." The thing liked is the subject of the sentence and the person to whom it appeals is the indirect object. Note that the subject appears after the verb.

$$
\begin{array}{cccc}
\textbf{Me} & \textbf{gusta} & \textbf{la} & \textbf{casa.} \\
\text{Indirect} & \text{Verb} & \text{Subject} \\
\text{object} \\
\text{pronoun}
\end{array}
$$
I like the house.

When the subject is singular (one thing appeals), the singular form of the verb, **gusta,** is used. When the subject is plural (two or more things appeal), the plural form, **gustan,** is used.

Te gusta la cámara.	You like the camera.
Te gustan las cámaras.	You like the cameras.

2. **Gustar** is used with the indirect object pronouns in their short forms *(me, te, le, nos, os, les),* which can be reinforced by the long forms *(a mí . . . me,* etc.*).*

A mí me
A ti te
A él le
A ella le
A Ud. le   **gusta el libro.**
A nosotros(as) nos
A vosotros(as) os
A ellos les
A ellas les
A Uds. les

A mí me gustan las películas. I like the films. (The films appeal to me.)

A ella le gusta el cine. She likes the cinema.

3. When the thing or things liked are verbs, the singular form **gusta** is always used.

Nos gusta jugar a la pelota. We like to play handball.

Les gusta nadar y bailar. They like to swim and dance.

4. Several other common verbs follow the same pattern.

interesar	to interest	**importar**	to matter
fascinar	to fascinate	**hacer falta**[1]	to need
doler(ue)	to hurt, ache	**parecer**	to seem
molestar	to bother		

Nos interesan los deportes. Sports interest us.

A Uds. les fascinan los juegos como las damas, el ajedrez y el dominó. You are fascinated by games such as checkers, chess, and dominoes.

Me duele la cabeza, pero no **me duelen** el estómago y la espalda. My head hurts, but my stomach and back do not.

¿Te molesta si fumo? Does it bother you if I smoke?

A mis padres les importan mis estudios. My parents care about my studies.

Nos hace falta una bicicleta. We need a bicycle.

A él le parece que la piscina es pequeña. The swimming pool seems small to him.

EJERCICIOS

A. Substitución. Conteste las preguntas. (Substitution. Answer the questions.)

1. ¿Te fascina el cine? ¿Y te interesa? ¿Y te gusta? ¿Y te molesta?
2. ¿Te fascina jugar al ajedrez? ¿Y te interesa? ¿Y te gusta? ¿Y te molesta?
3. ¿Nos molesta la actividad? ¿Y la idea? ¿Y los juegos? ¿Y escribir mucho?
4. ¿A ella le molesta la pelota? ¿Y le fascina? ¿Y le gusta? ¿Y le importa?
5. ¿A Uds. les parecen buenas esas ideas? ¿Y esos juegos? ¿Y esos bailes?

---

1. The idea of *hacer falta* can be expressed also by *necesitar. Me hace falta (Necesito) una raqueta de tenis.* "I need a tennis racquet."

B. Preguntas. Conteste las preguntas, escogiendo una alternativa. (Questions. Answer the questions choosing an alternative.)

1. David, ¿te gustan los deportes o los viajes? María, ¿qué dice David?
2. ¿A tus amigos les gusta fumar o nadar?
3. ¿A tus padres les importan tus estudios o tus fiestas?
4. ¿Te molesta estudiar en la biblioteca o en la cafetería?
5. ¿Te fascina viajar en avión o en coche?
6. ¿Te hace falta un amigo o dinero?
7. ¿Te parece buena o pequeña la piscina de la universidad?

C. Sea un intérprete. (Be an interpreter.)

1. Do you like the swimming pool? Does it seem small to you? 2. Does this university interest him? 3. Do we need more games? 4. Does it bother her to smoke? 5. Does your back hurt? 6. Do they need two bicycles? 7. Do those games matter to us? 8. Does it seem to them that the hotel is small?

28. VERBS ENDING IN -*ECER*, -*OCER*, AND -*UCIR*

1. Most verbs ending in **-ecer**, **-ocer**, and **-ucir** have an irregular **yo** form that ends in **-zco**. The other endings are regular.

obedecer to obey		**conocer**[2] to know, be acquainted with		**conducir** to drive	
obede**zco**	obedec**emos**	cono**zco**	conoc**emos**	condu**zco**	conduc**imos**
obedec**es**	obedec**éis**	conoc**es**	conoc**éis**	conduc**es**	conduc**ís**
obede**ce**	obedec**en**	conoc**e**	conoc**en**	conduc**e**	conduc**en**

Yo **conozco** Madrid.	I know Madrid.
Obedezco a mis padres.	I obey my parents.
En España **conducen** sus coches rápidamente.	In Spain they drive their cars fast.

2. Other verbs follow this pattern.

agradecer   to thank for   **producir**   to produce
traducir   to translate

Te **agradezco** el juego de Monopolio.	I thank you for the Monopoly game.
Traducimos las frases.	We translate the sentences.

---

2. *Conocer* and *saber* both mean ''to know.'' *Conocer* implies being acquainted with something or somebody. *Saber* implies knowing a fact or how to do something. *Conocer* and *saber* will be discussed further in *Concepto gramatical* 54.

EJERCICIOS

A. Substitución. Conteste las preguntas. (Substitution. Answer the questions.)

1. ¿Me agradeces el juego de damas? ¿Y la tarjeta postal? ¿Y el dinero?
2. ¿Traduces el libro? ¿Y el ejercicio? ¿Y la lección?
3. ¿No conoces Madrid? ¿Y Tikal? ¿Y Mérida?
4. ¿Obedeces a tus padres? ¿Y a tus profesores? ¿Y a la policía?

B. Preguntas. Conteste las preguntas. (Questions. Answer the questions.)

1. ¿Qué traduces en esta clase?
2. ¿Cuántos ejercicios traduces en esta clase?
3. ¿A qué persona interesante conoces?
4. ¿Conduces bien?
5. ¿Obedeces a la policía?
6. ¿A quién obedeces?

29. TWO OBJECT PRONOUNS TOGETHER

1. When two object pronouns appear together, the indirect object pronoun precedes the direct object pronoun. They both precede the conjugated verb.

Él **me** deja **el coche.**	He leaves me the car.
Él **me lo** deja.	He leaves it for me.
Yo **te** agradezco **la invitación.**	I thank you for the invitation.
Yo **te la** agradezco.	I thank you for it.
Ella **nos** explica **las ideas.**	She explains the ideas to us.
Ella **nos las** explica.	She explains them to us.

2. When the two object pronouns are in the third person (beginning with the letter *l*), the indirect object pronoun changes to **se.**

Le doy **un regalo** a mi amiga.	I'm giving a present to my friend.
Se lo doy.	I'm giving it to her.
Les pido **un favor** a ellos.	I'm asking a favor of them.
Se lo pido.	I'm asking it of them.

If the meaning of **se** is not clear, a clarifying phrase may be added.

Se lo doy **a ella.**   I'm giving it to her.
Se lo pido **a ellos.**   I'm asking it of them.

3. Two pronouns together may be attached to an infinitive.

El regalo, quiero dár**telo.**   *or:*   **Te lo** quiero dar.

When two object pronouns are added to the infinitive, two new syllables are added. The originally stressed syllable of the infinitive is still stressed; this stress is shown in writing by a written accent mark. Pronouns never occur immediately before the infinitive.

EJERCICIOS

A. Transformación. Convierta el objeto directo a su forma de pronombre y siga el modelo. (Transformation. Convert the direct object to its pronoun form and follow the model.)

Modelo: Me mandan las fotos.
   Me las mandan.

1. Me explican los problemas.
2. Te traigo los regalos.
3. ¿Nos dejas las llaves?
4. Ella te abre la puerta.
5. Ellos van a darme una bicicleta.

6. ¿Me puedes traducir el ejercicio?
7. Yo te mando las tarjetas postales.
8. Voy a darte la invitación.
9. Nos dan los juegos pronto.

B. Transformación. Siga el modelo, usando dos pronombres. (Transformation. Follow the model, using two pronouns.)

Modelo: Le doy el dinero a María.
   Se lo doy a María.

1. Le devolvemos el bolígrafo al profesor.
2. Les sirvo el café a mis amigos.
3. ¿Te mandamos la tarjeta a ti?
4. Nos va a explicar la historia a nosotros.
5. Te enseño el piso a ti.
6. Les piden el juego a los niños.
7. Me dan los lápices a mí.
8. Les van a pedir el favor a los amigos.

C. Preguntas. Conteste las preguntas, usando las formas cortas y largas de los pronombres de objeto indirecto. (Questions. Answer the questions using the short and long forms of the indirect object pronouns).

Modelo: ¿A quién le devuelve Ud. el libro?
   Se lo devuelvo al profesor.

1. ¿A quién le pides dinero?
2. ¿A quién le explicas tus ideas?
3. ¿A quién le haces preguntas en clase?
4. ¿A quién le das problemas?
5. ¿A quién le explicas tus sueños?
6. ¿A quiénes les dejas las llaves de tu coche?
7. ¿A quiénes les mandas invitaciones a tus fiestas?

DIÁLOGO

En su despacho oficial, el Capitán Enrique Lapuerta Rodríguez tiene sobre la mesa la cámara. Entran unos periodistas.

UN PERIODISTA: Capitán Lapuerta, **¿está buscando** al cómplice o cómplices de las dos detenidas?

CAPITÁN: Sí, pero no **va a ser** fácil, aunque **espero encontrarlos.**

UNA PERIODISTA: ¿Le gusta a usted la fotografía, Capitán?

CAPITÁN: ¿Lo dice usted porque tengo esta máquina? No, **ésta** es de un amigo.

Con la máquina en la mano, el capitán añade:

CAPITÁN: No, no me interesa la fotografía. **Me interesa descubrir** dónde están las esmeraldas. Hay casos difíciles, y **éste** es uno.

CONVERSACIÓN SOBRE EL DIÁLOGO

1. ¿Dónde está la máquina de fotos?   2. ¿Quiénes hablan con el capitán?
3. ¿De quién es la máquina que está sobre la mesa?   4. ¿Cómo es el caso de las esmeraldas?   5. ¿Le gusta la idea de ser periodista?   6. ¿Le interesa la fotografía?   7. ¿Le fascinan los casos difíciles?

NOTAS CULTURALES

1. Note that the captain has two last names: Lapuerta and Rodríguez. But he is addressed as Lapuerta. Most Hispanics have two surnames **(apellidos)**. The first is the father's surname and the second is the mother's maiden name. Both surnames are used for public documents, in the telephone book, and so forth. However, only the first surname is used in everyday conversation.

2. Upon marrying, a woman takes her husband's first surname as her second surname. For example, if María Rojas Aragón marries Enrique Lapuerta Rodríguez, her name becomes María Rojas de Lapuerta. The *de* in a woman's name usually indicates she is married. If this couple has a child his name might be José María Lapuerta Rojas.

3. Sometimes people become known by their mother's surname. *Pablo Ruiz Picasso* is a well-known example.

DIALOGUE

In his office, Captain Enrique Lapuerta Rodríguez has the camera on his table. Two journalists enter.

MALE JOURNALIST: Captain Lapuerta, are you looking for the accomplice or accomplices of the two women that have been arrested?
CAPTAIN: Yes, but it's not going to be easy, although I hope to find them.
FEMALE JOURNALIST: Do you like photography, Captain?
CAPTAIN: Are you saying that because of this camera I have? No, this belongs to a friend.

With the camera in hand, the Captain adds:

CAPTAIN: No, photography does not interest me. What interests me is to find out where the emeralds are. There are difficult cases, and this is one of them.

CONCEPTOS GRAMATICALES

30. THE PRESENT PROGRESSIVE

1. The present progressive is formed with the present tense of **estar** and the present participle.

2. The present participle is formed by adding **-ando** to the stem of an **A**-type verb and **-iendo** to the stem of an **E**-type or **I**-type verb.

Verb Type	Infinitive	Verb Stem	Ending	Present Participle	
A	escuchar	escuch-	-ando	escuchando	listening
E	comer	com-	-iendo	comiendo	eating
I	abrir	abr-	-iendo	abriendo	opening

3. In the present progressive, the verb **estar** is conjugated. The present participle does not change form.

estoy hablando	I am talking	**estamos hablando**	we are talking
estás hablando	you are talking	**estáis hablando**	you are talking
está hablando	you (he, she) are (is) talking	**están hablando**	you (they) are talking

The present progressive is used to express the idea that something is in progress, is happening, at the moment. It is not used as frequently as the present progressive in English.

4. A few verbs change the **i** of **-iendo** to **y**.

caer	**cayendo**	to fall, falling
oír	**oyendo**	to hear, hearing
traer	**trayendo**	to bring, bringing
leer	**leyendo**	to read, reading

5. A few verbs show a stem vowel change **(e → i, o → u)** in the present participle.

La sección méxico-americana de Los Ángeles. Muchos chicanos ahora viven allí.

pedir	**pidiendo**	to ask for, asking for
poder	**pudiendo**	to be able, being able
sentir	**sintiendo**	to feel, feeling
decir	**diciendo**	to say, saying
dormir	**durmiendo**	to sleep, sleeping

6. Object pronouns may be placed before **estar** or attached to the participle. When a pronoun is added to the participle, a syllable is added. In order to keep the stress in its proper place, a written accent mark is added.

Lo estoy pidiendo.   *or:*   Estoy pidiéndolo.
Me los está mandando.   *or:*   Está mandándomelos.

EJERCICIOS

A. Substitución. Conteste las preguntas. (Substitution. Answer the questions.)

1. ¿Estás hablando en este momento? ¿Y practicando? ¿Y estudiando? ¿Y leyendo?
2. ¿Estás comprando cosas? ¿Y vendiendo? ¿Y tomando? ¿Y pidiendo?
3. El dinero, ¿lo estás pidiendo? ¿Y dando? ¿Y mandando? ¿Y devolviendo?

B. Preguntas. Conteste las preguntas, escogiendo una alternativa. (Questions. Answer the questions, choosing an alternative.)

1. David, ¿estamos hablando en español o en inglés? María, ¿qué dice David?
2. ¿Está Ud. pensando en la lección o en otra persona?
3. ¿Está trabajando para sacar una nota buena o una nota mala?
4. ¿Estamos practicando español o hablando inglés?
5. ¿Ahora está leyendo español o durmiendo en clase?

31. INFINITIVES WITH ANOTHER VERB OR PREPOSITION

1. When two verbs occur together in a sentence, only the first verb is conjugated. The second verb remains in its infinitive form.

Sé esquiar.   I know how to ski.
Podemos ir al partido.   We can go to the game.

Sometimes the conjugated verb is followed by **a.**

Va a jugar a las cartas.   She is going to play cards.
Empezamos a bailar.   We start to dance.

2. In Spanish, whenever a verb follows a preposition, it must be in the infinitive form. Many common prepositions combine with infinitives.

después de	**Después de nadar** en la piscina, descansa.	After swimming in the pool, you rest.
antes de	**Antes de hacer** pesca submarina, es necesario saber nadar.	Before doing underwater fishing, you need to know how to swim.
sin	Juega al tenis **sin saber** jugar bien.	He plays tennis without knowing how to play well.
al	**Al llegar** al estadio, encuentra las puertas cerradas.	Upon arriving at the stadium, he finds the doors closed.
en vez de	**En vez de pescar,** caza.	Instead of fishing, he hunts.
hasta	Juega **hasta ganar.**	She plays until she wins.

EJERCICIOS

A. Substitución. Conteste las preguntas. (Substitution. Answer the questions.)

1. ¿Quieres explicar el lío? ¿Y debes? ¿Y puedes? ¿Y prefieres?
2. ¿Piensas enseñar la película? ¿Y quieres? ¿Y esperas? ¿Y decides?
3. ¿Lees la lección sin comprenderla? ¿Y después de comprenderla? ¿Y hasta comprenderla?
4. En vez de estudiar, ¿vas al cine? ¿Y antes de estudiar? ¿Y sin estudiar?
5. ¿No descansas hasta entender las ideas? ¿Y antes de entender? ¿Y después de entender?
6. ¿Te duele la espalda después de jugar al tenis? ¿Y antes de jugar? ¿Y sin jugar?

B. Preguntas. Conteste las preguntas según sus intereses o planes. Use dos verbos. (Questions. Answer the questions according to your interests or plans. Use two verbs.)

Modelo: ¿Qué prefiere hacer Ud. los domingos?
    Prefiero ir al cine.

1. ¿Qué piensa hacer Ud. este fin de semana?
2. ¿Qué prefiere hacer con sus amigos?
3. ¿Qué espera hacer mañana?
4. ¿Qué le gusta hacer los sábados?
5. ¿Qué prefiere hacer antes de venir a clase?
6. ¿Qué empieza a hacer?
7. ¿Qué va a hacer después de esta clase?

32. DEMONSTRATIVE PRONOUNS

A demonstrative pronoun takes the place of a noun that is understood by the context.

No veo **esa casa**. I don't see that house.
No veo **ésa**. I don't see that one.

Demonstrative pronouns have the same forms as demonstrative adjectives, but have a written accent.

Masculine	**éste**	this one	**ése**	that one	**aquél**	that one
	éstos	these	**ésos**	those	**aquéllos**	those
Feminine	**ésta**	this one	**ésa**	that one	**aquélla**	that one
	éstas	these	**ésas**	those	**aquéllas**	those

Tengo **esta mesa**. I have this table.

Voy a comprar **ésa** I'm going to buy that one (near you)
pero no **aquélla**. but not that one (remote from us).

EJERCICIOS

A. Preguntas. Conteste las preguntas, usando un pronombre demostrativo. (Questions. Answer the questions using a demonstrative pronoun.)

Modelo: ¿Quiere Ud. estudiar esta cultura o aquélla?
        Quiero estudiar aquélla.

1. ¿Escribe Ud. con este bolígrafo o con ése?
2. ¿Habla Ud. con este estudiante o con aquél?
3. ¿Quieres estar en esta silla o en ésa?
4. ¿Cuál es tu libro, éste o ése?
5. ¿Estudias en este libro o en ése?
6. ¿A Ud. le gusta esta bolsa, ésa o aquélla?

B. Sea un intérprete. (Be an interpreter.)

1. Does he like this one? (book)   2. Are these Juan's? (pictures)   3. Is that one very good? (camera, near listener)   4. Is it important to study those? (lessons)   5. Is that one a good airport?   6. Aren't those very large? (planes, near listener)   7. This is my bag. And that one?

ACTIVIDADES PERSONALES

A. Entrevista

Preguntas	**Oral**	**Escrito**
1. ¿Tu nombre, por favor?	1. Mi nombre _____ .	1. Su nombre _____ .
2. ¿Qué te interesa hacer el fin de semana?	2. El fin de semana _____ .	2. El fin de semana _____ .
3. ¿Qué haces los sábados en vez de estudiar?	3. En vez de estudiar _____ .	3. En vez de estudiar _____ .
4. ¿Qué te gusta más hacer?	4. Me gusta _____ .	4. Le gusta _____ .
5. Después de estudiar mucho, ¿qué te duele?	5. Después de estudiar _____ .	5. Después de estudiar _____ .
6. ¿Qué piensas hacer en enero?	6. En enero _____ .	6. En enero _____ .
7. ¿Qué te hace falta ahora?	7. Ahora me _____ .	7. Ahora le _____ .

B. Diez cosas que me gusta hacer. Write ten things that you like to do.
Por ejemplo: *Me gusta esquiar.   Me gusta hacer pesca submarina.*

SECCIÓN CULTURAL

el país: country
situado(a): located
varios: several

La diversidad del mundo hispánico

Cuando hablamos del mundo hispánico, estamos hablando de muchos países. Éstos están situados en varios continentes: en Europa está España, y en América hay diecinueve países que hablan español. En Asia están las Islas Filipinas, con una cultura que tiene muchos elementos de la cultura hispánica. El tagalo, la lengua filipina, tiene algunas palabras españolas. Los españoles se las dieron cuando estuvieron en las islas.

Hay, además, un país que tiene una gran población de origen hispánico: los Estados Unidos. Existe en este país una Academia de la Lengua Española, como en otros países hispánicos, y hay muchas personas que hablan español como lengua materna, más que en Nicaragua, o en Guatemala o en otros países donde el español es la lengua nacional.

como: as

lengua materna: mother tongue

¿Le gusta a usted hablar el español? ¿Le interesa aprenderlo? Hablándolo, oyéndolo y leyéndolo usted lo puede aprender muy bien sin salir de los Estados Unidos. Puede ver televisión en español, y oír programas de radio en español. La cultura hispánica de los Estados Unidos es una parte del mundo hispánico también.

también: also

En algunos países americanos podemos encontrar una cultura india que está mezclada con la cultura europea. México, Guatemala, el Ecuador, el Perú y Bolivia tienen un rico pasado prehispánico y éste da a sus culturas elementos que otros países no tienen. En Paraguay coexisten dos len-

algunos(as): some
mezclado(a): mixed

rico(a): rich

El arte mural en un barrio hispánico

guas oficiales, el español y el guaraní. A los paraguayos les gusta hablar guaraní en su casa y con sus amigos.

Los cubanos y los puertorriqueños hablan de su cultura negra, porque en ella hay muchos elementos de las culturas africanas de la población negra y mulata de las islas.

no es nada: it is not at all

cualquier: any

Es muy difícil definir qué es el mundo hispánico, porque no es nada homogéneo. Una de sus características más atractivas es, precisamente, su diversidad. Cualquier hispano se lo puede decir a usted.

PREGUNTAS

1. ¿Cuántos países hay en el mundo hispánico?
2. ¿Qué tiene la cultura filipina?
3. ¿Dónde hay más personas que hablan español, en los Estados Unidos o en Honduras?
4. ¿Por qué hay una gran diversidad en el mundo hispánico?
5. ¿Qué cultura está mezclada con la cultura europea en algunos países americanos?
6. ¿Qué cultura tiene importancia en Cuba y en Puerto Rico?
7. ¿Qué característica del mundo hispánico es atractiva?

VOCABULARIO ACTIVO

Nombres

el ajedrez: *chess*
la cabeza: *head*
las cartas: *cards*
el caso: *case*
las damas: *checkers*
la espalda: *back*
el estadio: *stadium*
el estómago: *stomach*
los estudios: *studies*
la frase: *sentence*
el juego: *game*
el lío: *mess, problem*
la mesa: *table*
el partido: *game, match*
la película: *movie*
la pelota: *ball*
el (la) periodista: *journalist*
la pesca: *fishing*
la piscina: *swimming pool*
el regalo: *gift*
el viaje: *trip*

Verbos

agradecer: *to thank for*
bailar: *to dance*
cazar: *to hunt*

conducir: *to drive*
conocer: *to know, be acquainted with*
dejar: *to let, leave behind*
descansar: *to rest*
doler(ue): *to ache*
esquiar: *to ski*
fumar: *to smoke*
ganar: *to win*
gustar: *to appeal*
hacer falta: *to need*
importar: *to be important*
molestar: *to bother*
nadar: *to swim*
obedecer: *to obey*
parecer: *to seem, appear*
pescar: *to fish*
producir: *to produce*
traducir: *to translate*

Preposiciones

al: *on, upon*
antes de: *before*
después de: *after*
en vez de: *instead of*
hasta: *until*
sin: *without*

COGNADOS

Nombres

la bicicleta
el capitán
la diversidad
el dominó
el favor
la invitación

Verbos

fascinar
interesar

Adjetivos

submarino(a)

EL MACHISMO, ¿ES GENÉTICO O APRENDIDO?

Séptima Vista

AL PRINCIPIO

In this *Vista* you will find out what happened to the emeralds and you'll learn:

1. how to express past actions using the preterite (33):

¿Cuántas fotos **sacaste?**	How many photos did you take?
Tikal siempre me **fascinó.**	Tikal has always fascinated me.

2. more about the position of adjectives (34):

Sus **antiguos edificios coloniales** son magníficos.	Its old colonial buildings are magnificent.

3. a few impersonal expressions (35):

Es necesario.	It's necessary.
Es bueno tener suéter en el invierno.	It's good to have a sweater in the winter.

4. how to use adjectives as nouns (36):

¿Las notas? **La mejor** es una *A.*	Grades? The best one is an *A.*

You'll also learn a few exclamations. You'll learn the vocabulary for various articles of clothing, and in the *Sección cultural* you'll read about an important aspect of Hispanic culture: *el machismo.*

DIÁLOGO

Víctor vuelve de Tikal y habla con su amiga guatemalteca Isabel.

ISABEL: ¿Te **gustó** Tikal? ¿Cuántas fotos **sacaste?** ¿**Escalaste** una pirámide? A un **hombre fuerte** como tú, le debe ser fácil subir a una pirámide.

VÍCTOR: ¡Cuántas preguntas en un minuto! Sí, me **gustó** mucho y **fotografié** muchas cosas.

ISABEL: ¡Hombre! Me interesa saber tu opinión de los monumentos de mi país. A mí, Tikal siempre me **fascinó,** pero también debes ir a Antigua.

VÍCTOR: Pienso ir mañana. Creo que es una **ciudad preciosa.**

ISABEL: ¡Oh, sí! La **fundaron** los españoles y sus **antiguos edificios coloniales** son magníficos. No es una **ciudad grande,** pero artísticamente es una **gran ciudad.**

CONVERSACIÓN SOBRE EL DIÁLOGO

1. ¿Qué fotografió Víctor?   2. ¿Cuándo piensa ir Víctor a Antigua?   3. ¿Cómo son los edificios coloniales de Antigua?   4. ¿Vive Ud. en una ciudad grande y preciosa?   5. ¿Hay edificios coloniales en su ciudad?   6. ¿Dónde hay edificios coloniales en los Estados Unidos?

NOTAS CULTURALES

1. Antigua, forty miles from Guatemala City, was the colonial capital of Guatemala. It was abandoned in the eighteenth century after an earthquake and flood destroyed it. The city is gradually being restored to its original splendor. The church in Antigua, La Merced, is an example of an elaborate baroque style developed in Spain.

2. Colonial style refers to the European style of architecture developed by the Spanish settlers of the sixteenth and seventeenth centuries in Latin America.

DIALOGUE

Víctor returns from Tikal and is talking with his Guatemalan friend Isabel.

ISABEL: Did you like Tikal? How many photos did you take? Did you climb a pyramid? For a strong man like you, it ought to be easy to climb a pyramid.

VÍCTOR: So many questions in a minute! Yes, I liked it a lot and I photographed many things.

ISABEL: Well! I'm interested in knowing your opinion about my country's monuments. Tikal has always fascinated me, but you ought to go to Antigua also.

VÍCTOR: I'm planning to go tomorrow. I believe that it's a fantastic city.

ISABEL: Oh, yes! The Spaniards settled it, and its old colonial buildings are magnificent. It's not a large city, but artistically it's a great city.

**CONCEPTOS
GRAMATICALES**

33. THE PRETERITE OF *A*-TYPE VERBS

1. In Spanish there are two simple past tenses: the preterite and the imperfect. The preterite is sometimes called the narrative past and is used to indicate completed actions in the past; the imperfect is often called the descriptive past and is used to describe incomplete or ongoing actions. In this *Concepto* we shall examine the preterite.

2. The preterite of regular **A**-type verbs is formed by adding the preterite endings to the stem of the verb.

A-type Verbs: tomar to take   stem: tom-

Singular		Plural	
yo	tom**é**	nosotros(as)	tom**amos**
tú	tom**aste**	vosotros(as)	tom**asteis**
usted él, ella	tom**ó**	ustedes ellos, ellas	tom**aron**

Note that the preterite ending for *nosotros* is the same as the present tense ending.

3. The preterite is used to relate past actions as completed units. It tells about actions that were completed in a definite period of time. The preterite is used to express an action or a state of being in the past at some specific point in time.

VOCABULARIO ESPECIAL

Él **tomó** el abrigo anoche.	He took the coat last night.
Esperaron comprender la lección.	They hoped to understand the lesson.
¿Te **gustó** la chaqueta?	Did you like the jacket?
Ayer **caminamos** una distancia de dos millas.	Yesterday we walked a distance of two miles.
Yo **dejé** las sandalias en casa, pero **llevé** la camisa verde.	I left the sandals at home, but I carried the green shirt.
El año pasado **compraste** un traje.	Last year you bought a suit.

EJERCICIOS

A. Substitución. Conteste las preguntas.

1. ¿Dejaste los zapatos en casa? ¿Y él? ¿Y ellos? ¿Y nosotras?
2. ¿Compraste un cinturón? ¿Y ella? ¿Y yo? ¿Y ellos?
3. ¿Llevaste una chaqueta? ¿Y ellas? ¿Y él? ¿Y Uds.?

B. Preguntas. Conteste las preguntas.

1. David, ¿esta mañana caminaste a clase temprano o tarde? María, ¿qué dice David?

la blusa

el impermeable

la camisa

el vestido

el traje de baño

el pantalón

las sandalias

los calcetines

2. El año pasado, ¿sacaste notas buenas o notas malas?
3. ¿Qué estudiaste ayer, la lección de español o los planes de una fiesta?
4. ¿Dónde estudiaste anoche, en casa o en la biblioteca?
5. ¿Qué compraste la semana pasada, una camisa barata o una camisa cara?

C. Preguntas. Conteste las preguntas.

1. ¿Con quién hablaste esta mañana antes de llegar a clase?
2. ¿A qué hora llegaste a clase hoy?
3. ¿Qué estudiaste en la Sexta Vista?
4. ¿Adónde caminaste esta mañana?
5. ¿A qué hora terminaste tus estudios ayer?
6. ¿Cuándo compraste esos zapatos?

34. POSITION OF ADJECTIVES

1. When an adjective indicates a trait that distinguishes the noun it modifies from other nouns, the adjective follows the noun. Adjectives that indicate nationality, state (condition), color, and size follow the noun.

Compró un **suéter blanco,** una **blusa azul** y un **pantalón verde** en el otoño.

She bought a white sweater, a blue blouse, and green slacks in autumn.

Compraron unos **zapatos de color marrón.**	They bought some brown shoes.
Me regalaron un **abrigo largo de color gris.** No compraron un **abrigo corto.**	They gave me a long gray coat. They didn't buy a short coat.
En el verano prefiero llevar **ropa ligera,** no **ropa de abrigo.**	In the summer I prefer to wear light clothes, not heavy clothes.
Me gusta el **traje oscuro.** No quiero el **traje claro.**	I like the dark suit. I don't want the light suit.
Para el invierno quiero comprar un **abrigo negro.**	For winter I want to buy a black coat.
En la primavera tiene una **vida difícil.**	In the spring he has a difficult life.
Le gustan las **rosas rojas.** No le gustan las **rosas blancas.**	She likes the red roses. She doesn't like the white roses.

2. When an adjective precedes the noun, it is often because the speaker wishes to denote an inherent quality in the noun. The adjective before the noun shows that the speaker believes the characteristic is logically associated with the noun.

los **altos rascacielos**	the tall skyscrapers (Skyscrapers are always tall.)
el **feroz león**	the ferocious lion (Lions are usually considered to be ferocious.)
la **larga tradición**	the long tradition (Traditions are, by nature, of relatively long duration.)
un **gran éxito**	a great success (A success is viewed as momentous.)

3. Demonstrative, possessive, interrogative, and number adjectives precede the noun.

esas blusas	those blouses
mis estudios	my studies
¿Cuántos zapatos?	How many shoes?
cinco pantalones	five pants

4. Sometimes the same adjective may precede or follow the noun, depending on which aspect the speaker wishes to convey to the listener.

la **alta montaña**	the tall mountain (Tallness is assumed to be inherent.)
la **montaña alta**	the high mountain (To distinguish it from a low mountain.)

5. Some adjectives change meaning depending on the position.

un **chico pobre**	a poor boy (has no money)
un **pobre chico**	a poor boy (to be pitied)
un **edificio antiguo**	an old building
un **antiguo maestro**	a former teacher
un **señor grande**	a large man
un **gran señor**	a great man
una **noticia cierta**	a true piece of news
una **cierta noticia**	a certain piece of news
un **coche nuevo**	a brand-new car
un **nuevo coche**	a new car (it's used, but new to me)

Note that **grande** changes to **gran** before a singular noun.

6. Some adjectives **(bueno, malo, uno, primero,** and **tercero)** drop the final **-o** before a masculine singular noun: **un buen plan,** but **un plan bueno.**

7. When two or more adjectives modify the same noun, the adjectives denoting inherent characteristics precede the noun, and the descriptive adjectives follow it.

Las **antiguas ruinas mayas.**	The old Mayan ruins.
Las **magníficas playas largas.**	The magnificent long beaches.

If both are descriptive adjectives, they follow the noun and are separated by **y.**

Él compró **un saco de sport popular y atractivo.**	He bought a popular and attractive sport coat.

8. A phrase with **de** or a clause with **que** may function as an adjectival modifier and will always follow the noun.

Es un **saco de sport.**	It is a sport coat.
¿Llevas los **calcetines que compraste** ayer?	Are you wearing the shoes (that) you bought yesterday?

EJERCICIOS

A. Substitución. Conteste las preguntas.

1. ¿Tu profesor es un buen profesor? ¿Y un gran profesor? ¿Y un antiguo profesor?
2. ¿Llevas unos zapatos buenos? ¿Y una camisa cara? ¿Y una blusa clara?
3. ¿Tu novia es una mujer interesante? ¿Y fascinante? ¿Y seria?
4. ¿El mes pasado compraste una buena chaqueta popular? ¿Y atractiva? ¿Y ligera?

B. Preguntas. Conteste las preguntas.

1. A Ud., ¿qué le gusta llevar, pantalones largos o pantalones cortos?
2. ¿Qué prefiere llevar Ud., zapatos caros o zapatos baratos?
3. A Ud., ¿dónde le gusta estar, en una clase buena o en una clase mala?
4. ¿Qué le gusta llevar, ropa de color oscuro o ropa de color claro?
5. A Ud., ¿dónde le gusta estar, en un hotel caro o barato?
6. ¿Qué prefiere llevar Ud., una camisa azul o verde?
7. ¿Qué le gusta practicar, un ejercicio difícil o fácil?

C. Transformación. Con las ideas expresadas aquí, use solamente el artículo y el nombre y ponga los adjetivos antes o después del nombre, según el sentido.

Modelo: Todos los rascacielos de Nueva York son altos.
  los altos rascacielos
  No todos los rascacielos de Nueva York son modernos.
  los rascacielos modernos

1. Las pirámides son antiguas.
2. Unas montañas son altas, otras no.
3. Todos los leones son feroces.
4. Unas rosas son blancas.
5. Todos mis amigos son interesantes.
6. No todos los estudiantes son inteligentes.
7. Mi amigo no tiene dinero. Es pobre.
8. Mi amigo tiene muchos problemas. ¡El pobre!

La Fiesta de San Fermín que se celebra en Pamplona, España, en julio

DIÁLOGO

Víctor habla con el capitán de policía.

VÍCTOR: En el hotel me informaron que quieres verme.

CAPITÁN: Sí. Hago mis investigaciones, pero **lo curioso** es que no puedo encontrar a tus dos amigas. ¿Qué vas a hacer con la cámara?

VÍCTOR: Chico, pues no sé. No me gusta. Es muy pesada. Hablando de otra cosa, ¿tienes mucho trabajo hoy?

CAPITÁN: ¡Uf! ¡La mar de trabajo! **Lo importante** por ahora es mi investigación. **Me es necesario** encontrar a los cómplices de dos contrabandistas. ¿Quieres ver sus fotos? Tengo sus fichas.

VÍCTOR: ¡Dios mío! ¡**Las** dos **guapas** del avión! Éstas son Bárbara y Mónica!

CAPITÁN: ¡Diablos! ¡Y tu pasaste su cámara por la aduana! ¡Tú eres su cómplice sin saberlo! ¡Esa cámara es muy pesada porque está llena de esmeraldas!

VÍCTOR: **Esas mentirosas** me engañaron.

CONVERSACIÓN SOBRE EL DIÁLOGO

1. ¿Quién quiere ver a Víctor?   2. ¿Cuánto trabajo tiene el capitán?   3. ¿A quién es necesario encontrar hoy?   4. ¿Quiénes son las contrabandistas?   5. ¿Por qué es pesada la cámara?   6. Por ahora, ¿qué es lo importante para Ud.?

NOTAS CULTURALES

1. Spanish speakers tend to use exclamations that are of a religious nature: ¡**Dios mío**!, ¡**Jesús, María y José**!, and ¡**Diablos**! There is no intent to be sacrilegious. These expressions are linguistic evidence of the strong influence of religion in daily life in Spanish-speaking countries.

2. ¡**La mar de trabajo**! ("a sea of work") is roughly equivalent to the English "a mountain (ton) of work."

DIALOGUE

Víctor is talking to the police captain.

VÍCTOR: At the hotel they informed me that you want to see me.
CAPTAIN: Yes. I'm making my investigation, but the curious thing is that I can't find your two friends. What are you going to do with the camera?
VÍCTOR: Well, I don't know. I don't like it. It's very heavy. Changing the subject, do you have a lot of work today?
CAPTAIN: Ugh! A ton! The important thing for now is my investigation. I need to find the accomplices of two smugglers. Do you want to see their pictures? I have their files.
VÍCTOR: My Gosh! The two pretty ones from the airplane! Bárbara and Mónica!
CAPTAIN: Darn! And you took their camera through customs! You are their accomplice without knowing it! That camera is very heavy because it's full of emeralds!
VÍCTOR: Those liars tricked me.

CONCEPTOS GRAMATICALES

35. IMPERSONAL EXPRESSIONS

1. Spanish speakers frequently use impersonal expressions, which are generally a form of **ser** + adjective.

es necesario	it is necessary
es difícil	it is difficult
es fácil	it is easy
es cierto	it is true
es falso	it is false
es importante	it is important
es posible	it is possible
es imposible	it is impossible
es bueno	it is good
es malo	it is bad
es probable	it is probable
es improbable	it is improbable

These expressions are called impersonal because no specific personal pronoun is used as the subject. There is an implied subject—the topic of conversation. **Es necesario estudiar. Estudiar** is the implied subject of the verb **es**.

Es necesario llevar traje a la fiesta.   = Llevar traje a la fiesta **es necesario.**

Es bueno tener suéter en el invierno. = Tener suéter en el invierno **es bueno.**

2. The infinitive **ser** may combine with certain auxiliary verbs to form other impersonal expressions with the adjectives: **parece ser necesario, debe ser fácil, tiene que ser bueno, puede ser posible, va a ser malo.**

3. An indirect object pronoun may be used before the form of **ser** to make the expression more personal.

Me es conveniente[1] comprar un impermeable.	It's advisable for me to buy a raincoat.
Le es necesario encontrar a las dos contrabandistas.	He needs to find the two smugglers.

EJERCICIOS

A. Substitución. Conteste las preguntas.

1. ¿Es malo comer mucho? ¿Y caro? ¿Y necesario?
2. ¿Es mejor tener un suéter en el otoño? ¿Y bueno? ¿Y conveniente?
3. ¿Es interesante celebrar la fiesta? ¿Y posible? ¿Y necesario?
4. ¿Va a ser fascinante estar en México? ¿Y bueno? ¿Y magnífico?
5. ¿Es bueno llevar un impermeable en la primavera? ¿Y mejor? ¿Y posible?

B. Preguntas. Conteste las preguntas.

1. David, ¿qué es necesario, ir al cine o estudiar más? María, ¿qué dice David?
2. ¿Qué es importante, tener muchos amigos o mucho dinero?
3. ¿Qué es más difícil, estudiar con una persona o con muchas personas?
4. ¿Qué es cómodo, dormir una noche en un parque de Nueva York o dormir en un buen hotel?
5. ¿Qué es más interesante, llevar ropa popular o escribir un libro importante?

C. Sea un intérprete.

1. Is it important to study now?   2. Is it advisable for me to pass the exam?
3. Is it going to be good for us to do a ton of work?   4. Is it good to eat and sleep well?   5. Isn't it advisable to swim after eating?   6. Is it advisable to wear a sweater in winter?

36. ADJECTIVES USED AS NOUNS

1. An adjective may be used as a noun when the noun is omitted and the adjective is accompanied by an article or qualifier.

¿Vas a comprar el traje de baño anaranjado?	Are you going to buy the orange bathing suit?

---

1. Note that *conveniente* is a false cognate and means "advisable."

¿Vas a comprar **el anaranjado?**	Are you going to buy the orange one?
¿La mejor nota es una *A.*	The best grade is an *A.*
La mejor es una *A.*	The best one is an *A.*
Los calcetines amarillos y largos están aquí.	The long yellow socks are here.
Los amarillos y largos están aquí.	The long yellow ones are here.

2. The neuter article **lo,** when combined with an adjective, expresses an abstract idea.

La cosa difícil es estudiar.	The difficult thing is to study.
Lo difícil es estudiar.	The difficult thing is to study.
La cosa natural es dormir.	The natural thing is to sleep.
Lo natural es dormir.	The natural thing is to sleep.

Note: Do not confuse the neuter article **lo** with the direct object pronoun **lo.**

EJERCICIOS

A. Preguntas. Conteste las preguntas, eliminando el nombre.

Modelo: ¿Compramos la bolsa roja?
       Sí, compramos la roja.

1. ¿No llegó el estudiante americano?
2. ¿Compraste las sandalias caras?
3. ¿No enseñó el profesor la lección preliminar?
4. ¿No contestaste las preguntas importantes?
5. ¿No encontraron ellos el cinturón marrón?
6. ¿El profesor no manda las notas malas?
7. ¿Llevaste el saco de sport largo?
8. ¿Me llamaron las señoritas simpáticas?

B. Preguntas. Conteste las preguntas usando la forma *lo* + adjetivo.

Modelo: ¿Es importante ir a México?
       Sí, lo importante es ir a México.

1. ¿Es difícil aprender a esquiar?
2. ¿Es interesante hablar con una amiga inteligente?
3. ¿Es bueno llevar traje de baño al mar?
4. ¿Es malo beber mucho?
5. ¿Es natural hablar con los amigos?
6. ¿Es necesario comprar la blusa amarilla?

C. Preguntas. Conteste las preguntas.

1. David, ¿qué es lo importante, comer poco o dormir mucho? María, ¿qué dice David?
2. ¿Qué es lo natural, hablar con sus amigos o con otras personas?
3. ¿Qué es lo bueno, tener mucha ropa o mucha comida?
4. ¿Qué es lo interesante, llevar a clase pantalones cortos o pantalones largos?
5. ¿Qué es lo mejor, llevar a clase una chaqueta o un saco de sport?
6. ¿Qué es lo malo, perder a un amigo o perder cinco dólares?

ACTIVIDADES PERSONALES

A. Entrevista

Preguntas	**Oral**	**Escrito**
1. ¿Anoche pensaste en problemas personales o en problemas nacionales?	1. Anoche _____.	1. Anoche _____.
2. ¿Qué ropa compraste el mes pasado?	2. Compré _____.	2. Compró _____.
3. ¿Qué ropa necesitas ahora?	3. Necesito _____.	3. Necesita _____.
4. ¿Adónde vas para comprar ropa?	4. Voy a _____.	4. Va a _____.
5. En tu opinión, ¿qué es lo necesario: amor, amigos, dinero, ropa o comida?	5. Lo necesario _____.	5. Lo necesario _____.
6. ¿Qué color de ropa prefieres, rojo, azul, verde, amarillo, marrón o anaranjado?	6. Prefiero _____.	6. Prefiere _____.

B. Espacios en blanco. Llene los espacios en blanco usando el pretérito. Lea dos frases a la clase.

1. Una vez yo _____.
2. Ayer _____.
3. Anoche _____.
4. No me _____.

El machismo, ¿es genético o aprendido?

mito: myth

El machismo es el mito de la superioridad del hombre sobre la mujer. La otra parte del concepto es la docilidad femenina: lo natural de la mujer es ser dependiente del hombre, ser dulce, sumisa, obediente y fiel.

dulce: sweet, soft
sumiso(a): submissive
fiel: faithful

En una investigación sociológica que publicaron en Hispanoamérica, a la pregunta: ¿Cómo es una mujer y cómo es un hombre?, contestaron con estas opiniones:

protegido(a): protected
llorón (llorona): cries a lot
seductivo(a): attractive

La mujer es: dulce, sentimental, frágil, superficial, dependiente, protegida, llorona, virgen, fiel, emotiva, masoquista, seductiva.

frío(a): cold

asunto: matter

El hombre es: duro, frío, fuerte, profundo, independiente, agresivo, estóico, experto en asuntos sexuales, infiel, intelectual, sádico, seductor.

seductor: attractive, seducer

Estos conceptos, en la opinión de muchos, son lo natural, son parte de la vida del hombre y de la mujer: son genéticos, son "lo normal." Pero los sociólogos nos dicen que son adquiridos, que son parte de la cultura que los padres pasan a los hijos.

adquirido(a): acquired

joven: young

los mismos derechos y deberes: the same rights and duties

En otra investigación sociológica, en España, un porcentaje grande de los españoles jóvenes expresó ideas muy diferentes: Los hombres y las mujeres deben tener los mismos derechos y deberes en la casa, en el trabajo y en otras actividades sociales y familiares. ¿Es posible decir que no hay machistas en España? Algunos sociólogos españoles dicen: Los jóvenes españoles creen que son muy liberales pero, en la práctica, piensan como sus padres. ¿Dónde está la verdad? ¿Es que los españoles dicen una cosa y hacen otra? Es difícil cambiar una larga tradición. En el mundo hispánico los movimientos de liberación femenina no son fuertes y, en general, la sociedad no los acepta con facilidad. El cambio en estas actitudes, ¿va a ser difícil o fácil?

cambiar: to change

cambio: change

PREGUNTAS

1. ¿Qué es el mito del machismo?
2. ¿Cuál es la otra parte del concepto del machismo?
3. ¿Cómo es la mujer, en la opinión de muchos hispanoamericanos?
4. ¿Cómo es el hombre, en la opinión de muchos hispanoamericanos?
5. ¿Qué es "lo natural" en la opinión de muchos?
6. ¿Qué dicen los sociólogos?
7. ¿Qué conceptos pasan los padres a los hijos?
8. ¿Qué opinión tienen los jóvenes españoles sobre las relaciones hombre-mujer?
9. ¿Qué dicen los sociólogos sobre los jóvenes españoles?
10. ¿Cómo son los movimientos de liberación femenina en el mundo hispánico?

Este laboratorio científico controla la calidad de un jerez español.

VOCABULARIO ACTIVO

Nombres

el abrigo: *overcoat*
la blusa: *blouse*
el calcetín: *sock*
la camisa: *shirt*
el cinturón: *belt*
la chaqueta: *jacket*
el chico, la chica: *boy, girl*
el edificio: *building*
la falda: *skirt*
el impermeable: *raincoat*
el invierno: *winter*
la mar de trabajo: *a lot of
   work*
la milla: *mile*
la montaña: *mountain*
el otoño: *autumn*
el país: *country*
el pantalón: *pants*
la primavera: *spring*
el rascacielos: *skyscraper*
la ropa: *clothes*
la ropa de abrigo: *heavy
   clothes*
el saco (de sport): *sport
   coat*
la sandalia: *sandal*
el traje (de baño): *(bathing)
   suit*
el verano: *summer*
el vestido: *dress*
la vida: *life*

Verbos

caminar: *to walk*
engañar: *to deceive*
escalar: *to climb*
regalar: *to give a gift*
subir: *to climb*

Adjetivos

alto(a): *tall, high*
amarillo(a): *yellow*
anaranjado(a): *orange*
antiguo(a): *old, former*
azul: *blue*
blanco(a): *white*
cierto(a): *certain, true*
claro(a): *light, clear*
conveniente: *advisable*
corto(a): *short*
feroz: *ferocious*
gran: *great*
gris: *gray*
largo(a): *long*
marrón: *brown*
mejor: *better*
negro(a): *black*
oscuro(a): *dark*
pasado(a): *past, last*
pobre: *poor*
precioso(a): *precious*
rojo(a): *red*
tercero(a): *third*
verde: *green*

Adverbios

anoche: *last night*
ayer: *yesterday*

Expresiones

pues: *well, then*

COGNADOS

Nombres
el color
la distancia
el león
el machismo
la opinión
la rosa
la ruina
el suéter
la tradición

Verbos
fotografiar

Adjetivos
atractivo (a)
colonial
curioso (a)
falso (a)
genético (a)
importante
imposible
improbable
natural
popular
posible
probable

REPASO DOS

VISTAS 4, 5, 6, 7

1. RESUMEN DEL DIÁLOGO

Select one dialogue from Vistas 4–7 and prepare a brief summary of its main ideas or events. You will present this summary orally in class at some time during the period devoted to **Repaso 2.**

2. POSSESSIVE ADJECTIVES (REPASE *CONCEPTO GRAMATICAL* 19.)

Combine las dos oraciones usando el adjetivo apropiado.

Modelo: Tengo un plan. Es interesante.
   Mi plan es interesante.

1. Tenemos un libro de español. Cuesta mucho.
2. Tienes una maleta. Está en el autobús.
3. Tengo mucho dinero. Está en la bolsa.
4. Tienen muchos amigos. Están en la universidad.
5. Tenemos una casa. Está en San Francisco.
6. Tiene una grabadora. Es de Japón.
7. Tenemos preguntas. Son difíciles.
8. Tienes dos trajes. Son negros.

3. DEMONSTRATIVE ADJECTIVES (REPASE *CONCEPTO GRAMATICAL* 25.)

Complete las oraciones usando el adjetivo demostrativo apropiado según la información dada entre paréntesis.

Modelo: Víctor no puede ver _____ lápiz. (Tú lo tienes.)
   Víctor no puede ver ese lápiz.

1. _____ mochila es ligera. (Tengo la mochila.)
2. ¿De qué color es _____ maleta? (Tú tienes la maleta.)

3. ¿Prefieres _____ sala de clase? (No está cerca de aquí.)
4. _____ hombre es muy agradable. (Él vive en México.)
5. ¿_____ billetes son de ida y vuelta? (Tú tienes los billetes.)
6. Hay problemas en _____ universidad. (Estamos en la universidad.)
7. _____ casas son magníficas. (Están en Colombia.)
8. _____ fotos son interesantes. (Tú tienes las fotos.)
9. _____ bolígrafos son franceses. (Tengo los bolígrafos.)
10. _____ biblioteca es grande. (Tú hablas de la biblioteca.)
11. _____ avión va a Colombia. (El avión no está aquí.)
12. _____ estudiantes no contestan al profesor. (Ellos no están cerca de nosotros.)
13. _____ periódico es inglés. (Tengo el periódico.)
14. Quiero visitar _____ ciudades. (Están en Venezuela.)

4. DIRECT OBJECT PRONOUNS (REPASE *CONCEPTO GRAMATICAL* 18.)

A. Conteste las preguntas en la forma afirmativa substituyendo el objeto directo por el pronombre correspondiente.

Modelo: ¿Practica Ud. mucho sus ejercicios?
    Sí, los practico mucho.

1. ¿Encuentra a sus amigos en la biblioteca?
2. ¿Celebra el cumpleaños de su mamá?
3. ¿Sabe la fecha del Día de la Independencia de los Estados Unidos?
4. ¿Cierra las ventanas de la clase de español?
5. ¿Sabe los verbos irregulares?
6. ¿Juega al fútbol americano?

B. Conteste las preguntas y convierta el objeto directo a su pronombre correspondiente.

Modelo: ¿Quién prepara la lección?
    La profesora la prepara.

1. ¿Quién compró el suéter?
2. ¿Quién busca aventuras?
3. ¿Quién conoce a la profesora?
4. ¿Dónde pones los libros?
5. ¿Dónde bebieron la cerveza los estudiantes?
6. ¿Cuándo produces mucho trabajo?
7. ¿Cuándo traduces las lecciones?

5. INDIRECT OBJECT PRONOUNS (REPASE *CONCEPTO GRAMATICAL* 24.)

Conteste las preguntas usando el pronombre de objeto indirecto correspondiente.

Modelo: ¿Le enseña el profesor la lección al alumno?
Sí, el profesor le enseña la lección al alumno.

1. ¿Me das el libro?
2. ¿Nos dejas la llave del coche?
3. ¿Te doy una nota buena?
4. ¿Te dicen las señoritas su número de teléfono?
5. ¿Les dices tu número de teléfono a las señoritas?
6. ¿Les devuelves el dinero a tus amigos?
7. ¿Le das dinero a tu amigo?
8. ¿Le hablas a una compañera de clase?

6. VERBS LIKE *GUSTAR* (REPASE *CONCEPTO GRAMATICAL* 27.)

A. Conteste las preguntas.

1. ¿Qué te hace falta, buena suerte o razón?
2. ¿Qué le duele a tu papá, la cabeza o la espalda?
3. ¿Qué me gusta, un estudiante bueno o un estudiante malo?
4. ¿Te molesta el calor o el frío?
5. ¿Te fascina o te molesta la vida?
6. ¿Te importa tener notas altas o aprender muchas cosas?
7. ¿Te interesa tener dinero o inteligencia?

B. Siga el modelo.

Modelo: Te gusta la comida, ¿verdad?
Sí, me gusta la comida.
¿Y los postres, también?
Sí, también me gustan (los postres).

1. Les gustan las notas buenas a los estudiantes, ¿verdad?
   ¿Y el trabajo también?
2. Les gustan a ustedes las vacaciones, ¿verdad?
   ¿Y una fiesta también?
3. Te fascinan las fiestas, ¿verdad?
   ¿Y México también?
4. Te interesa la pesca, ¿verdad?
   ¿Y los juegos también?
5. Te duele la cabeza, ¿verdad?
   ¿Y la espalda también?
6. Les molestan los exámenes a los profesores, ¿verdad?
   ¿Y la televisión también?
7. Les parece buena la universidad a ustedes, ¿verdad?
   ¿Y las clases también?

7. TWO OBJECT PRONOUNS TOGETHER (REPASE *CONCEPTO GRAMATICAL* 29.)

A. Conteste las preguntas, siguiendo los modelos.

Modelo: ¿Me das el libro?

Sí, te lo doy.

1. ¿Me dices la verdad?
2. ¿Me vas a abrir la puerta?
3. ¿Me puedes escribir los números?
4. ¿Me lees las notas?
5. ¿Me compras el bolígrafo?

Modelo: ¿Te enseñaron los conceptos gramaticales?

Sí, me los enseñaron.

6. ¿Te enseñaron los ejercicios?
7. ¿Te explican la lección?
8. ¿Te van a llevar los libros?
9. ¿Te devuelven las llaves?
10. ¿Te dan un cinturón?

Modelo: ¿Nos preparan la comida?

No, no nos la preparan.

11. ¿Nos piden las tarjetas?
12. ¿Nos cierran la puerta?
13. ¿Nos sirven el desayuno?
14. ¿Nos devuelven los juegos?
15. ¿Nos traen las maletas?

B. Llene los espacios en blanco con los pronombres apropiados según las indicaciones entre paréntesis.

Modelo: _____ _____ explicamos. (a María/la lección)

Se la explicamos.

1. ¿ _____ _____ das? (a mí/el dinero)
2. _____ _____ enseñé. (al profesor/la película)
3. _____ _____ dejaron. (a nosotros/los libros)
4. _____ _____ compramos mañana. (a mis hermanos/las bolsas)
5. ¿Ya _____ _____ devolvieron? (a ti/los zapatos)
6. ¿Cuándo _____ _____ van a mandar? (a mí/las notas)
7. _____ _____ dejamos en la mesa. (a Alfredo/la máquina)

8. THE PRESENT PROGRESSIVE (REPASE *CONCEPTO GRAMATICAL* 30.)

A. Transforme las frases al progresivo.

Modelo: Busco el libro.
> *En este momento estoy buscando el libro.*

1. Dolores me busca.
2. Me molestan los problemas.
3. Llegamos al aeropuerto.
4. El jefe piensa en su trabajo.
5. Toman mucha cerveza.
6. Los estudiantes contestan las preguntas.
7. El profesor no dice mucho.
8. Uds. escriben los ejercicios.
9. Tú traes las maletas.
10. Leo la lección cultural.

B. Conteste las preguntas usando el progresivo del presente, según el modelo.

Modelo: ¿Cuándo van a escribir el examen?
> *Están escribiéndolo ahora.*

1. ¿Cuándo van a comprar los libros?
2. ¿Cuándo vas a contestar las preguntas?
3. ¿Cuándo vas a practicar los verbos?
4. ¿Cuándo va a aprender María las direcciones?
5. ¿Cuándo van a trabajar?
6. ¿Cuándo van a dormir?
7. ¿Cuándo van a subir las maletas?
8. ¿Cuándo van a traer los libros?
9. ¿Cuándo van a leer la noticia?

9. ADJECTIVES USED AS NOUNS (REPASE *CONCEPTO GRAMATICAL* 36.)

A. Transforme las frases según el modelo.

Modelo: Ella escribió los ejercicios importantes.
> *Ella escribió los importantes.*

1. El mejor coche es de Juan.
2. Van a perder los libros de español.
3. Nos dan los trajes negros.
4. El paquete grande llegó hoy.
5. El chico guapo me pasó una nota.
6. La clase interesante es a las dos.
7. Los estudiantes inteligentes sacan buenas notas.

B. Transforme las frases según el modelo.

Modelo: Es necesario explicar el problema.
>   *Lo necesario es explicar el problema.*

1. Es importante llegar temprano.
2. Es difícil estudiar en la cafetería.
3. Es bueno recibir buenas notas.
4. Es necesario comer mucho.
5. Es mejor no llevar traje de baño.

10. THE PRETERITE (REPASE *CONCEPTO GRAMATICAL* 33.)

Llene el espacio en blanco con la forma apropiada del pretérito.

Modelo: (llamar) Ellos me _____ por teléfono muy temprano.
>   *Ellos me llamaron por teléfono muy temprano.*

1. (hablar)   Eduardo me _____ hasta las cinco.
2. (caminar)   Él _____ una distancia de cinco millas.
3. (gustar)   Me _____ las ideas del profesor.
4. (dejar)   Yo _____ el paquete en el avión.
5. (pasar)   Muchas personas _____ por aquí.
6. (engañar)   ¿Quién te _____ cuando compraste esas cosas?
7. (examinar) Me _____ la cabeza y el estómago.
8. (aceptar)   Nosotros no _____ las ideas del profesor.
9. (pensar)   La profesora _____ en la broma.
10. (saludar)   Los estudiantes no _____ al profesor.
11. (cerrar)   La estudiante _____ la ventana.

VENEZUELA
Octava Vista

AL PRINCIPIO

One of Víctor's friends indulges in some gossip about him—friendly criticism that can also be interpreted as hidden admiration for the photographer. In this *Vista* you'll learn:

1. more about the preterite (37):

    Recibieron una carta. — They received a letter.
    Salió de Guatemala el martes pasado. — It left Guatemala last Tuesday.

2. some common expressions with **tener** and **estar** (38):

    Tenemos cuidado. — We're careful.
    No **tengo frío.** — I'm not cold.
    Estoy de prisa. — I'm in a hurry.

3. some negative expressions (39):

    ¿**No** vas a aprender **nunca?** — Aren't you ever going to learn?
    ¡**No** me entiende **nadie!** — Nobody understands me!

4. the reflexive construction (40):

    Me llamo Pilar. — My name is Pilar.
    ¿**Te acuestas** pronto? — Are you going to bed soon?

5. the ordinal numbers (41):

    El **primer** mes. — The first month.
    El **tercer** dedo. — The third finger.

The special vocabulary for this *Vista* includes parts of the body. In the *Sección cultural* you'll learn about Venezuela's wealth, based on oil.

DIÁLOGO

En Caracas, la capital de Venezuela, unos amigos de Víctor **recibieron** una carta de él.

PACO: **Recibí** la carta ayer, con mucho retraso. **Salió** de Guatemala el martes pasado y no llegó hasta lunes.

PILAR: Te dice que **tiene** mucha **suerte** con las mujeres. ¿Acierto?

PACO: Sí y no. Me cuenta que le pasó una aventura, pero de otro tipo: un lío de contrabando.

PILAR: Víctor está bromeando, y todo es producto de su imaginación. Víctor es fotógrafo, pero yo creo que, en realidad, es novelista.

CONVERSACIÓN SOBRE EL DIÁLOGO

1. ¿Qué recibieron unos amigos de Víctor?   2. ¿Cuándo llegó la carta?   3. ¿Qué tiene Víctor con las mujeres?   4. ¿Qué cree Pilar de Víctor?   5. ¿Tiene Ud. suerte en la vida?   6. ¿Es Ud. novelista?   7. ¿Qué novelista prefiere Ud.?

NOTAS CULTURALES

1. Caracas is a very modern and cosmopolitan city that has been called the New York City of Latin America. Since there is an abundance of oil in Venezuela, gasoline is very inexpensive. This makes ownership of an automobile more feasible for the residents of Caracas and, in order to handle the heavy flow of traffic, an extensive network of freeways has been built.

2. Simón Bolívar was, perhaps, the best known of all Venezuelans. He was responsible for freeing his country from Spanish rule and is often referred to by Americans as the George Washington of South America. The monetary unit of Venezuela is the **bolívar.**

3. **Paco** is the nickname for **Francisco.** Other common names include: **Paquita (Francisca), Chui (Jesús), Pepe (José), Pepa (Josefina), Nacho (Ignacio),** and **Lupe (Guadalupe).**

DIALOGUE

In Caracas, the capital of Venezuela, some friends of Víctor received a letter from him.

PACO: I received the letter yesterday, quite late. It left Guatemala last Tuesday and didn't arrive until Monday.

PILAR: He tells you he's having a lot of luck with women. Am I right?

PACO: Yes and no. He tells me he had an adventure, but of another kind: a smuggling mess.

PILAR: He's kidding; it's all a product of his imagination. Víctor's a photographer, but in reality I think he's a novelist.

VOCABULARIO ESPECIAL

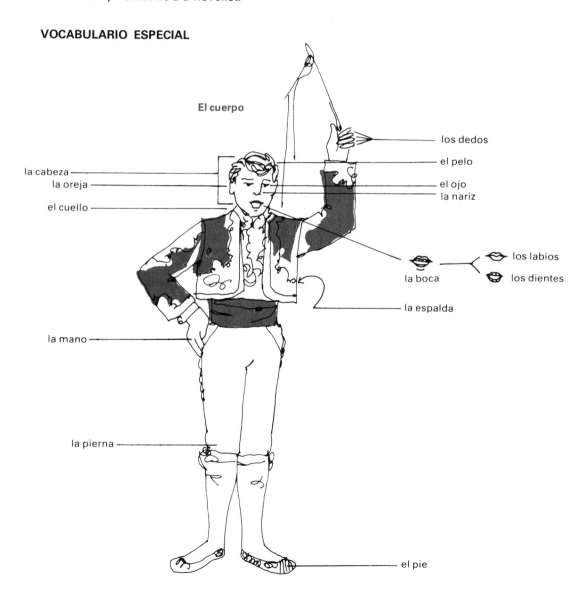

El cuerpo

los dedos

el pelo

la cabeza

la oreja

el ojo

la nariz

el cuello

los labios

la boca

los dientes

la espalda

la mano

la pierna

el pie

CONCEPTOS
GRAMATICALES

37. THE PRETERITE OF *E-* AND *I*-TYPE VERBS

1. You learned in *Concepto gramatical* 33 that the preterite is used to indicate completed actions in the past—actions completed in a definite period of time. You also learned how to form the preterite of regular **A**-type verbs.

2. The preterite of regular **E**- and **I**-type verbs is formed by adding the preterite endings to the stem of the verb.

E-type Verbs: comer to eat   stem: com-

Singular		Plural	
yo	com**í**	nosotros(as)	com**imos**
tú	com**iste**	vosotros(as)	com**isteis**
usted él, ella	com**ió**	ustedes ellos, ellas	com**ieron**

I-type Verbs: vivir to live   stem: viv-

Singular		Plural	
yo	viv**í**	nosotros(as)	viv**imos**
tú	viv**iste**	vosotros(as)	viv**isteis**
usted él, ella	viv**ió**	ustedes ellos, ellas	viv**ieron**

Note that the preterite ending for the *nosotros* form of **I**-type verbs is the same as the present tense ending.

Abrió la boca.[1]	She opened her mouth.
Nací en 1961.	I was born in 1961.
Conocí[2] al presidente.	I met the president.
Ayer **corrimos** muchos y los músculos nos **dolieron**.	Yesterday we ran a lot, and our muscles hurt us.
Él **cogió** el taxi y ellos **salieron**.	He caught the taxi and they left.
¿**Viste** su pelo?	Did you see his hair?
¿No **abriste** las manos?	Didn't you open your hands?

1. Note the use of the definite article with body parts. The definite article is used more frequently than a possessive.

2. The meaning of *conocer* ("to know, to be acquainted with") changes in the preterite to "met."

EJERCICIOS

A. Substitución. Conteste las preguntas.

1. ¿Viste al profesor? ¿Y yo? ¿Y ellos? ¿Y usted?
2. ¿Te dolió la espalda ayer? ¿Y los pies? ¿Y las piernas? ¿Y el hombro?
3. ¿Abriste las manos? ¿Y él? ¿Y ustedes? ¿Y nosotras?
4. ¿Naciste en 1963? ¿Y tus hermanos? ¿Y yo? ¿Y nosotros?

B. Transformación. Use el pretérito, según el modelo.

Modelo: Sales a las diez?
         No, pero anoche salí a las diez.

1. ¿Te duelen los pies?
2. ¿Prefieren ellos ir a la biblioteca?
3. ¿Comen ustedes a las nueve?
4. ¿Salen sus amigos?
5. ¿Corres al cine?
6. ¿Sube Ud. a una pirámide?
7. ¿Entienden ellas las lecciones?

C. Sea un intérprete.

1. Did the captain's feet hurt him?   2. Did you leave when the policeman entered?   3. Did she meet the president?   4. Did you understand the professor?
5. Did you write some letters?

38. EXPRESSIONS WITH *TENER* AND *ESTAR*

1. Many expressions that use the verb *to be* + adjective in English require the verb **tener** + noun in Spanish.

tener suerte	to be lucky
tener sueño	to be sleepy
tener éxito	to be successful
tener interés en	to be interested in
tener sed	to be thirsty
tener hambre	to be hungry
tener cuidado (con)	to be careful (with)
tener—años	to be—years old
tener prisa	to be in a hurry
tener frío	to be cold
tener calor	to be hot
tener que + inf.	to have to + inf.
tener ganas de + inf.	to feel like + verb
tener miedo (de)	to be afraid (of)
tener razón	to be right

Hoy **tengo ganas de** hacer ejercicio.	Today I feel like exercising.
Generalmente **tenemos cuidado con** los coches.	Usually we're careful with our cars.
No **tengo frío** porque llevo un suéter.	I'm not cold because I'm wearing a sweater.
Tiene veinte **años.**	She's twenty years old.
Tiene calor y quiere llevar un traje de baño.	He's hot and wants to wear a bathing suit.
Cuando no bebes mucho, el resultado es que **tienes sed.**	When you don't drink much, the result is that you're thirsty.
Tienen ganas de ganar mucho dinero.	They want to earn a lot of money.

2. **Tener** is frequently used when referring to parts of the body.

Tengo las manos sucias.	My hands are dirty.
Tenemos las orejas[3] limpias.	Our ears are clean.
Vas a **tener** el corazón en buenas condiciones.	Your heart is going to be in good condition.

3. Many common expressions in Spanish use the verb **estar** followed by a preposition. Expressions with **estar** + **de** + noun usually indicate the temporary performance of an action.

Están de pie.	They are standing.
Estoy de prisa.	I'm in a hurry.
Estamos de vacaciones.	We're on vacation.
Estás de buen humor.	You're in a good mood.
No están bromeando.	They're not joking.
No están de viaje.	They're not on a trip.
¿Estás de acuerdo?	Are you in agreement?

4. **Estar** + **a** is used to refer to the date, day of the week, and month.

Estamos a quince de mayo. (or **Hoy es el quince de mayo.**)	It's May 15th.
¿A cuántos estamos? (or **¿Cuál es la fecha de hoy? ¿Qué día es hoy?**)	What's the date?

5. **Estar** + **para** means to be about to do something or to be ready for something. (See also *Concepto gramatical* 50 in *Décima vista.*)

No **están para bromas.**	They're not in the mood for jokes.
Estoy para salir.	I'm about to leave.
No **estoy para líos.**	I don't want to be bothered.

3. *Las orejas* are the outer, visible parts of the ear. *El oído* is the inner ear or sense of hearing.

6. **Estar** + **por** means to be for, in favor of, or to have a mind to do something.

Estoy por el plan.	I'm in favor of the plan.
Están por comprar un vestido.	They're toying with the idea of buying a dress.

EJERCICIOS

A. Substitución. Conteste las preguntas.

1. ¿Tiene usted sueño hoy? ¿Y frío? ¿Y éxito? ¿Y razón? ¿Y suerte?
2. ¿Pilar tiene mucho calor? ¿Y prisa? ¿Y sed? ¿Y hambre?
3. ¿Su amigo tiene miedo? ¿Y ganas de salir? ¿Y cuidado con su coche?
4. ¿Está usted de prisa? ¿Y de vacaciones? ¿Y de buen humor? ¿Y bromeando? ¿Y de pie?
5. ¿Estamos a diez de noviembre? ¿O a diez de diciembre? ¿O a quince de diciembre? ¿A cuántos estamos?
6. ¿Están ustedes para líos? ¿Y fiestas? ¿Y bromas?
7. ¿Están sus amigos por el plan de hacer una fiesta? ¿Y la verdad? ¿Y el trabajo?

B. Preguntas. Conteste las preguntas.

1. David, en este momento, ¿qué tiene, hambre o sed?
   María, ¿qué dice David?
2. Generalmente, ¿tiene usted buena suerte o mala suerte?
3. ¿Tiene usted miedo de Frankenstein o de su profesor?
4. ¿Ahora tiene frío o calor?
5. En esta clase, ¿tienen éxito los estudiantes?
6. ¿Tiene usted el corazón en buenas condiciones, porque hace ejercicio?
7. ¿En qué tiene interés usted, en los deportes o en el amor?

C. Espacios en blanco. Llene los espacios en blanco con sus propias ideas.

1. Cuando Ud. no duerme por mucho tiempo, el resultado es que tiene _____.
2. Cuando Ud. ve a Drácula, Ud. tiene _____.
3. Cuando Ud. quiere trabajar, la razón es que tiene _____.
4. Cuando Ud. quiere beber, la razón es que tiene _____.
5. Cuando Ud. gana dinero en Las Vegas, es que tiene _____.
6. Cuando Ud. corre para no llegar tarde, la razón es que tiene _____.
7. Cuando Ud. contesta las preguntas bien en español, Ud. tiene _____.

DIÁLOGO

En Guatemala, antes de ir a Caracas, Víctor habla por teléfono con Elena.

VÍCTOR: ¿**Te das cuenta** en qué lío **me metí?** Por suerte, salí bien de él.

ELENA: A ti siempre te pasan cosas muy raras. **Te crees** un hombre de mundo, y eres un tipo muy inocente. ¿**No** vas a aprender **nunca?**

VÍCTOR: No. **Me imagino** que **nunca** voy a aprender **nada.**

ELENA: Pues, ¡hijo!, ya tienes veintidós años. No eres un niño.

VÍCTOR: ¡Ay, Elena! ¡**Nadie** me comprende! ¡**No** me entiende **nadie!**

CONVERSACIÓN SOBRE EL DIÁLOGO

1. ¿Cuándo habla Víctor por teléfono con Elena?   2. ¿Cómo salió Víctor del lío?
3. ¿Cuántos años tiene Víctor?   4. ¿Quién entiende a Víctor?   5. ¿Quién te entiende bien a ti?   6. ¿Cuántos años tiene Ud.?

NOTAS CULTURALES

1. In most Spanish-speaking countries **tipo** means "guy." In Chile one uses **gallo** ("rooster") to make the same comment. In Mexico **tipo** or **cuate** is used. **Tío** is often heard in Spain.

2. The use of **hijo,** as spoken by Elena in the dialogue, is not maternalistic. Rather, it is an exclamation of sympathy or affection.

DIALOGUE

In Guatemala, before going to Caracas, Víctor talks on the phone with Elena.

VÍCTOR: Do you realize what a mess I got myself into? Luckily, I got out of it OK.
ELENA: Strange things are always happening to you. You think you're a man of the world, and you're a very innocent guy. Aren't you ever going to learn?

VÍCTOR: No. I imagine that I'm never going to learn anything.
ELENA: Well, fellow, you're already twenty-two years old. You're not a child.
VÍCTOR: Oh, Elena! Nobody understands me! Nobody understands me!

CONCEPTOS GRAMATICALES

39. NEGATIVE EXPRESSIONS

1. A simple negative sentence is formed in Spanish by inserting a negative word before the verb. If there is an object pronoun, nothing may come between it and the verb.

No voy al cine.	I'm not going to the movies.
No los vi.	I didn't see them.
Nadie me comprende.	No one understands me.
Nunca voy al cine.	I never go to the movies.

2. In Spanish a double negative is often used. **No** is placed before the verb and the second negative after the verb. Note the two options in Spanish: **No** + verb + negative word or negative word + verb.

No lo sabe **nadie**. *or:* **Nadie** lo sabe.	No one knows it.
Ese tipo **no** estudia **nunca**. *or:* Ese tipo **nunca** estudia.	That guy never studies.

3. As in English, each negative word has its positive counterpart.

nada	nothing	**algo**	something
nadie	no one	**alguien**	someone
nunca, jamás	never	**siempre**	always
tampoco	neither	**también**	too, also
ningún (ninguna)	none	**algún (alguna)**	some
ni . . . ni . . .	neither . . . nor . . .	**o . . . o . . .**	either . . . or . . .

Usually the negative counterpart of **algunos(as)** is used in the singular: **ningún (ninguna)**.

Tenemos **algunos cinturones**.
No tenemos **nungún cinturón**.

EJERCICIOS

A. Transformación. Cambie las siguientes frases a la forma negativa.

Modelo: Alguien me buscó.
Nadie me buscó.

1. Siempre hago ejercicio.
2. Tengo que decirle algo bueno.
3. Alguien tiene las manos sucias.
4. También necesito calcetines.
5. También tenemos algunos vestidos.
6. Le voy a dar algo.
7. O lo leemos o lo escribimos.

B. Preguntas. Conteste las preguntas con una respuesta negativa.

1. ¿Pasó algo importante?   2. ¿Alguien empezó a estar de broma?   3. ¿Viste algo interesante en la televisión ayer?   4. ¿Siempre vienes en coche a la universidad?   5. ¿Te interesan algunas de las fotografías?   6. ¿Tu amigo es o Casanova o Einstein?

C. Sea un intérprete.

1. Doesn't anything important ever happen to him?   2. Didn't anyone talk about the good news?   3. Did he say it's neither five o'clock nor six o'clock?
4. Didn't they write any letters?

40. THE REFLEXIVE CONSTRUCTION

1. In both Spanish and English, when the object pronoun and subject refer to the same person or thing, as in **Me lavo,** "I wash myself," the verb and object pronoun form a reflexive construction.

2. Study the reflexive pronouns.

Singular		Plural	
me	myself	**nos**	ourselves
te	yourself	**os**	yourselves
se	himself, herself, yourself, itself, oneself	**se**	themselves, yourselves

3. Certain Spanish verbs are called reflexive verbs and require use of reflexive pronouns. When conjugating a reflexive verb, the reflexive pronoun precedes the conjugated verb form. The reflexive construction is used to show that the subject is doing something to itself.

levantarse   to get up

Singular		Plural	
yo **me levanté**	I got up	nosotros(as) **nos levantamos**	we got up
tú **te levantaste**	you got up	vosotros(as) **os levantasteis**	you got up
usted él, ella **se levantó**	you, he, she got up	ustedes ellos, ellas **se levantaron**	you, they got up

4. Some common reflexive verbs:

afeitarse	to shave (oneself)	**despertarse(ie)**	to wake up
bañarse	to bathe (oneself)	**ducharse**	to take a shower
cepillarse	to brush (one's hair or teeth)	**lavarse**	to wash (oneself)
		peinarse	to comb (one's hair)

Ramón se lava.

Ramón lava el perro.

Note: In word lists or dictionaries, **se** may be attached to the infinitive to indicate a reflexive verb: **lavar(se).**

5. Most reflexive verbs are also used nonreflexively when the subject performs the action for someone or something else.

lavar	La mamá **lavó** al niño.	The mother washed her baby.
lavarse	La mamá **se lavó.**	The mother washed herself.

6. The reflexive construction may also be used in a reciprocal sense *(each other, one another)* in the plural form.

Ellos **se vieron** mucho.	They saw one another a lot.
Los hombres **se abrazan** allí.	Men embrace each other there.
Nos ayudamos frecuentemente.	We help each other frequently.

7. Many verbs that are not reflexive in English are used reflexively in Spanish and must be learned as idioms.

acostarse(ue)	**¿Te acuestas** pronto?	Are you going to bed soon?
volverse(ue)	**Se vuelve** loco.	He's going crazy.
quejarse	**Se quejan de** todo.	They complain about everything.
darse cuenta de	**Me di cuenta de** mi error.	I realized my error.
ponerse	**Nos ponemos** la ropa.	We're putting our clothes on.
quedarse	**Se quedaron** en cama.	They stayed in bed.
acordarse	**No me acordé** de nada.	I didn't remember anything.
enamorarse de	Ella **se enamoró de** él.	She fell in love with him.
llamarse	**Me llamo** Pilar.	My name is Pilar. (I call myself . . .)
enfermarse	**Se enfermaron** anoche.	They got sick last night.
equivocarse	**Me equivoco.**[4]	I am wrong (mistaken).
sentarse(ie)	**Me siento aquí.**	I sit here.
sentirse(ie)	**Me siento** bien.	I feel well.

8. The reflexive pronoun precedes the conjugated verb form, but it may be attached to the infinitive or the present participle.

---

4. *Equivocarse de* + noun corresponds to verb + wrong + noun.

Me equivoco de número.	I'm wrong about the number.
Se equivoca de la lección.	He's wrong about the lesson.

Julio **se está afeitando.**   Julio **está afeitándose.**
Quiero ponerme los zapatos.   **Me quiero poner** los zapatos.

Note: When the reflexive pronoun is attached to the present participle, a written accent is needed: **afeitándose, poniéndose.**

EJERCICIOS

A. Substitución. Conteste las preguntas.

1. ¿Te levantas temprano? ¿Y él? ¿Y nosotros? ¿Y Uds.? ¿Y ella?
2. ¿Puedes quedarte en cama? ¿Y yo? ¿Y ella? ¿Y nosotros? ¿Y ellas?
3. ¿Nos sentimos bien hoy? ¿Y Raúl? ¿Y tus padres? ¿Y tú? ¿Y yo?
4. ¿Me lavé las manos? ¿Y ellos? ¿Y tú? ¿Y el capitán? ¿Y mi amigo y yo?
5. ¿Te pones los zapatos después? ¿Y yo? ¿Y María? ¿Y los alumnos? ¿Y nosotros?
6. ¿Te acordaste de hacer el ejercicio? ¿Y ellos? ¿Y ella? ¿Y nosotros? ¿Y yo?

La Plaza Bolívar donde mucha gente va para hablar con los amigos

B. Preguntas. Conteste las preguntas, usando el verbo entre paréntesis.

Modelo: ¿Qué haces cuando te levantas? (lavarse la cara)
Cuando me levanto, me lavo la cara.

1. ¿Qué haces cuando te levantas? (bañarse) (ponerse la ropa) (peinarse) (quejarse de todo) (acordarse de los sueños)
2. ¿Qué haces cuando te enamoras de alguien? (meterse en muchos líos) (enfermarse) (volverse loco[a]) (sentirse bien) (imaginarse que el amor es bueno)

C. Preguntas. Conteste las preguntas.

1. David, ¿cuándo te duchas, antes de acostarte o después de levantarte? María, ¿qué dice David?
2. ¿Qué te lavas primero, las manos o la cara?
3. ¿Qué te lavas primero, la cara o los brazos?
4. ¿Dónde te sientas, en la silla o en el escritorio?
5. ¿Cuándo te acuestas, antes o después de las once de la noche?
6. ¿Quiénes se quejan más, los niños o los padres?
7. ¿A qué hora te levantaste esta mañana?

41. ORDINAL NUMBERS

primero(a)	first	**quinto(a)**	fifth	**octavo(a)**	eighth
segundo(a)	second	**sexto(a)**	sixth	**noveno(a)**	ninth
tercero(a)	third	**séptimo(a)**	seventh	**décimo(a)**	tenth
cuarto(a)	fourth				

1. An ordinal number functions as an adjective and must agree in gender with the noun. Ordinal numbers precede nouns and are normally used up to ten. The cardinal numbers are usually used in Spanish above ten.

Alfonso **doce**   Alphonse the twelfth

2. **Primero** and **tercero** become **primer** and **tercer** before masculine singular nouns.

el **primer** mes   el **tercer** dedo

EJERCICIOS

A. Use el número ordinal que corresponde al número cardinal entre paréntesis.

Modelo: la_____ casa (10)
la décima casa

1. el _____ mes (5)
2. la _____ lección (1)

6. la _____ ventana (3)
7. el _____ fin de semana (3)

3. el _____ día (1)
4. la _____ puerta (2)
5. el _____ país (8)

8. la _____ semana (2)
9. el _____ viaje (7)
10. el _____ dedo (4)

B. Preguntas. Conteste las preguntas.

1. Si el lunes es el primer día de la semana, ¿cuál es el tercer día? ¿el quinto día? ¿el séptimo día? ¿el segundo día? ¿el cuarto día? ¿el tercer día? ¿el sexto día?

2. Si enero es el primer mes del año, ¿cuál es el cuarto mes? ¿el segundo mes? ¿el noveno mes? ¿el séptimo mes? ¿el quinto mes? ¿el décimo mes? ¿el octavo mes?

ACTIVIDADES PERSONALES

A. Entrevista

Preguntas	**Oral**	**Escrito**
1. ¿Cómo te llamas?	1. Me _____.	1. Se _____.
2. ¿Dónde naciste?	2. Nací en _____.	2. Nació en _____.
3. Hoy, ¿llegaste a la universidad tarde o temprano?	3. Hoy, llegué _____.	3. Hoy, llegó _____.
4. ¿A quién(es) escribiste una carta el mes pasado?	4. Le(s) escribí _____.	4. Le(s) escribió _____.
5. ¿En qué lío te metiste el año pasado?	5. Me _____.	5. Se _____.
6. A los quince años, ¿de quién te enamoraste?	6. A los quince años _____.	6. A los quince años _____.
7. ¿De qué problema te quejaste la semana pasada?	7. Me _____.	7. Se _____.

B. Termina las siguientes frases incompletas según tus experiencias o tus opiniones.

1. Después de estudiar (por) cinco horas, tengo _____.
2. Los sábados, por la mañana, nunca tengo _____.
3. Ahora que tengo _____ años, voy a quejarme de _____.
4. Lo natural es tener miedo de _____.
5. Mi familia tiene interés en _____.
6. Alguien que siempre tiene prisa _____.

7. Nadie tiene que _____.
8. Jamás (nunca) tengo hambre porque _____.
9. Tener frío en julio es _____.
10. Nunca tengo suerte _____.

C. Vamos a imaginarnos que te pasó algo fantástico. ¿Qué te pasó? Por ejemplo: Me acosté en la cama de Drácula.

SECCIÓN CULTURAL

Venezuela

Venecia: Venice

El nombre de Venezuela significa "pequeña Venecia". Cuando los españoles llegaron a la costa de este país encontraron un pequeño pueblo indio con las casas en el agua de un lago. Cuando lo vieron, pensaron en la famosa ciudad de Italia, que también tiene las casas en el agua, y ahora todo el país se llama Venezuela.

pueblo: town
el agua: water
lago: lake

Venezuela no tiene un pasado indio interesante, como México o Perú, pero tiene un presente extraordinario. Venezuela tiene suerte: tiene mucho petróleo.

cambiar: to change
desde que: ever since

El país cambió mucho desde que los venezolanos encontraron petróleo en el lago de Maracaibo. El petróleo abrió muchas posibilidades, y muchos inmigrantes llegaron al país. "Venezuela es un gran país," dicen. "Si tienes ganas de trabajar, si tienes interés en el trabajo y si tienes suerte, puedes tener mucho éxito." Y tienen razón.

si: if

durar: to last

Pero los venezolanos saben que el petróleo no va a durar siempre, y no se equivocan. Ellos se dan cuenta de que necesitan industrializar el país. Un día la Madre Naturaleza va a decir: "No hay ningún petróleo. No hay petróleo ninguno," y por eso muchos venezolanos están por la industrialización, y están de prisa. Cuando un país tiene algo importante, como el petróleo, nadie debe pensar que no va a terminarse nunca. Venezuela tiene un presente muy rico. ¿Cómo va a ser su futuro? Nadie lo sabe.

Madre Naturaleza: Mother Nature

por eso: for that reason

PREGUNTAS

1. ¿Qué significa el nombre de Venezuela?
2. ¿Qué vieron los españoles cuando llegaron a la costa de ese país?
3. ¿En qué pensaron cuando vieron un pueblo con las casas en el agua?
4. ¿Cómo es el pasado indio de Venezuela?
5. ¿Por qué tiene suerte Venezuela?
6. ¿Desde cuándo cambió mucho el país?
7. ¿Por qué llegaron muchos inmigrantes a Venezuela?
8. Si tienes ganas de trabajar, y si tienes suerte, ¿qué puedes tener en Venezuela?
9. ¿De qué se dan cuenta los venezolanos?
10. El petróleo, ¿no va a terminarse nunca?
11. ¿Alguien sabe cómo va a ser el futuro de Venezuela?

El petróleo es un recurso natural muy importante en Venezuela.

VOCABULARIO ACTIVO

Nombres

la boca: *mouth*
el brazo: *arm*
la broma: *joke*
la cara: *face*
la carta: *letter*
el corazón: *heart*
el cuello: *neck*
el cuerpo: *body*
el dedo: *finger*
el diente: *tooth*
el hombro: *shoulder*
el músculo: *muscle*
la nariz: *nose*
el niño, la niña: *child*
el ojo: *eye*
la oreja: *ear*
el pelo: *hair*
el pie: *foot*
la pierna: *leg*
el resultado: *result*
el tipo: *type, kind*

Verbos

abrazar: *to embrace*
acordar(se)(ue): *to remember*
acostar(se) (ue): *to go to bed*
bañar(se): *to bathe*
cepillar(se): *to brush*
coger: *to take*
contar(ue): *to tell, count*
correr: *to run*
dar(se) cuenta de: *to realize*
despertar (se)(ie): *to awake*
duchar(se): *to take a shower*

enamorar(se) de: *to fall in love with*
enfermar(se): *to get sick*
equivocar(se): *to be mistaken, wrong*
lavar(se): *to wash*
levantar(se): *to get up*
llamar(se): *to be named*
meter (se) en: *to get involved*
nacer: *to be born*
peinar(se): *to comb*
poner(se): *to put on clothes*
quedar(se): *to remain*
quejar(se): *to complain*
sentar(se)(ie): *to sit down*
sentir(se)(ie): *to feel*
volver(se)(ue): *to become*

Adjetivos

algún, alguna: *some*
limpio(a): *clean*
loco(a): *crazy*
ningún, ninguna: *not any*
sucio(a): *dirty*

Adverbios

jamás: *never*
ni . . . ni . . .: *neither . . . nor*
nunca: *never*
o . . . o . . .: *either . . . or*
tampoco: *neither*

Pronombres

algo: *something*
alguien: *someone*
nada: *nothing*
nadie: *no one*
ninguno(a): *none*

Expresiones

estar bromeando: *to be joking*
estar de acuerdo: *to be in agreement*
estar de buen humor: *to be in a good mood*
estar de pie: *to be standing*
estar de prisa: *to be in a hurry*
estar de vacaciones: *to be on vacation*
estar de viaje: *to be on a trip*
tener—años: *to be—years old*
tener calor: *to be hot*
tener cuidado: *to be careful*
tener éxito: *to be successful*
tener frío: *to be cold*
tener ganas de + inf.: *to feel like + verb*

tener hambre: *to be hungry*
tener interés en: *to be interested in*
tener miedo: *to be afraid*
tener prisa: *to be in a hurry*
tener razón: *to be right*
tener sed: *to be thirsty*
tener sueño: *to be sleepy*
tener suerte: *to be lucky*

COGNADOS
Nombres
la condición
el error
el (la) novelista

Verbos
considerar
imaginar(se)

Adverbios
generalmente

CUBA, UN PAÍS DEL CARIBE
Novena Vista

AL PRINCIPIO

Leaving his Guatemalan problems behind, Víctor takes a plane for Caracas. As soon as he takes off he learns that he's in a mess again. While you follow him on this escapade you'll learn:

1. the preterite of some irregular verbs (42):

   Estuvo en Cuba.   You were in Cuba.
   Ya **puse** ahí mi bolsa.   I already put my bag there.
   No, nunca **fui** a Cuba.   No, I've never gone to Cuba.

2. how to make comparisons of equality with adjectives, adverbs, and nouns (43):

   Es **tan pesado como** una bomba.   It's as heavy as a bomb.
   Tengo **tanta inteligencia como** ellos. I have as much intelligence as they.

3. how to make comparisons of inequality (44):

   Me meto en **más líos que** nadie.   I get into more jams than anybody else.

4. how to form and use irregular comparisons (45):

   Tengo **peor suerte que** nadie.   I have worse luck than anybody.

5. how to form the superlative and how to intensify an adjective by adding **-ísimo** (46):

   Es la isla **más bonita del** Caribe.   It's the prettiest island in the Caribbean.

   Vamos a la **hermosísima** Cuba.   We are going to very beautiful Cuba.

You'll learn some common vocabulary for food and you'll read about one of the most controversial countries in the western hemisphere, Cuba.

By the end of this *Vista* you will have learned more than 500 words and will have the ability to talk about events in the present, the near future, and the past. From time to time, spend a few minutes going back and reviewing vocabulary, rereading the dialogues and readings, and practicing use of some of the *Conceptos gramaticales.*

El capitolio de La Habana, Cuba

DIÁLOGO

El avión de Guatemala a Caracas vuela sobre el Mar Caribe. Un joven que está sentado al lado de Víctor le pregunta algo.

JOVEN: Perdone, ¿puedo poner este paquete debajo de su asiento, por favor?

VÍCTOR: Sí, ¡claro! Digo, ¡no! Ya **puse** ahí mi bolsa de material fotográfico. ¿Pesa mucho?

JOVEN: ¡Uf! Es **tan pesado como** una bomba. **¿Estuvo** Ud. alguna vez en Cuba?

VÍCTOR: No, nunca **fui** a Cuba.

JOVEN: Pues va a ir usted muy pronto. Perdóneme, tengo que hablar con una de las azafatas.

CONVERSACIÓN SOBRE EL DIÁLOGO

1. ¿Quién está sentado al lado de Víctor? **2.** ¿Qué quiere poner el joven debajo del asiento de Víctor? **3.** ¿Dónde está la bolsa de Víctor? **4.** ¿Cómo es el paquete del joven? **5.** ¿Adónde va el avión? **6.** Cuándo Ud. viaja, ¿habla con otros pasajeros? **7.** ¿Adónde va a ir Ud. muy pronto?

NOTAS CULTURALES

1. After Fidel Castro took power in 1959, many Cubans began to flee the island. Some went to Puerto Rico, Mexico, and Spain. Many more came to the United States and began new lives in many cities. However, a large number of the Cubans decided to stay in the Miami area, perhaps hoping to be able to return to Cuba if Castro were overthrown. The Cuban influence on Miami is considerable, and a section of the city is called **La Pequeña Habana,** after the capital of Cuba, **La Habana.**

2. The Spanish spoken by natives of Cuba, Puerto Rico, the Dominican Republic, and the coastal regions of Venezuela and Colombia is referred to as ''Caribbean Spanish.'' In this dialect it is said that the speaker ''swallows,'' or aspirates, the [s] sound. When writers try to represent this sound they insert the letter *h: ehtoy (estoy), pueh (pues), sabeh (sabes).* In Puerto Rico some speakers will insert the [l] sound for the [r] sound: *hablal (hablar), Edualdo (Eduardo).*

DIALOGUE

The plane from Guatemala to Caracas flies over the Caribbean Sea. A young man seated next to Víctor asks him something.

YOUNG MAN: Excuse me, may I put this package under your seat, please?
VÍCTOR: Yes, of course! I mean, no! I already put my bag of photographic equipment there. Is it very heavy?
YOUNG MAN: Whew! It's as heavy as a bomb. Have you ever been in Cuba?
VÍCTOR: No, I've never gone to Cuba.
YOUNG MAN: Well, you'll be going soon. Excuse me, I have to talk with one of the hostesses.

CONCEPTOS GRAMATICALES

42. THE PRETERITE OF IRREGULAR VERBS

1. There are several Spanish verbs whose preterite stems are irregular, that is, the preterite stem is not the infinitive stem. The endings are also different from the regular preterite endings. Here are the irregular preterite endings. Note that the **e** and **o** lose their written accent mark.

Singular		Plural	
yo	**-e**	nosotros(as)	**-imos**
tú	**-iste**	vosotros(as)	**-isteis**
usted él, ella	**-o**	ustedes ellos, ellas	**-ieron**

2. Here is a list of several common verbs with irregular preterite stems and endings:

Infinitive	Stem	Forms	
andar	**anduv-**	anduve	I walked, did walk
estar	**estuv-**	estuviste	you were
tener	**tuv-**	tuvo	he had, did have
poder	**pud-**	pudo	she could, was able to
poner	**pus-**	pusimos	we put, did put
querer	**quis-**	quisieron	they wanted, did want
saber	**sup-**	supe	I knew, did know
venir	**vin-**	viniste	you came, did come

3. **Decir (dij-)** and **traer (traj-)** follow the above pattern except in the third person plural ending.

dije	dijimos	traje	trajimos
dijiste	dijisteis	trajiste	trajisteis
dijo	dijeron	trajo	trajeron

Hacer (hic-) follows the same irregular pattern except in the third person singular form.

hice	hicimos
hiciste	hicisteis
hizo	hicieron

Él **hizo** el desayuno con huevos, tocino, pan tostado y café con leche.

He made breakfast with eggs, bacon, toast, and coffee with milk.

4. The preterite stem for **ser** and **ir** is the same, **fu-**, and is equivalent to "was, were" **(ser)** and "went, did go" **(ir)**. The endings vary slightly from the above:

ser and **ir**   **fui, fuiste, fue, fuimos, fuisteis, fueron**

La última vez **fue** ayer.   The last time was yesterday.
Fuimos estudiantes por un año.   We were students for one year.
Fuimos a clase ayer.   We went to class yesterday.

5. The preterite of the verb **dar** takes regular endings of **E-** and **I-**type verbs minus the accent marks.

dar   **di, diste, dio, dimos, disteis, dieron**

¿Te **dieron** la carne anteayer?

Did they give you the meat the day before yesterday?

No, pero me **dieron** más verduras.

No, but they gave me more green vegetables.

6. The meanings of **saber, poder, querer,** and **conocer** change when used in the preterite.

Infinitive		Preterite	
saber	to know (a fact or how to do something)	sup-	found out, learned (knew) for the first time
poder	can, to be able	pud-	was able, could (and did)
		no pud-	tried but failed
querer	to want to	quis-	wanted to (and did)
		no quis-	refused
conocer	to be acquainted with	conoc-	met (for the first time)

No quiso probar la sopa anoche.

He refused to taste the soup last night.

Supe que no llegó la leche.

I found out the milk didn't come.

No **pudimos** comprar pescado anteayer.

We were not able to buy fish the day before yesterday

Ayer **conocí** al cocinero.

Yesterday I met the cook.

EJERCICIOS

A. Substitución. Conteste las preguntas.

1. ¿Por fin supiste la verdad? ¿Y yo? ¿Y las señoras?
2. ¿Dónde pusiste las verduras? ¿Y él? ¿Y los otros?
3. ¿Fue cocinero tu papá? ¿Y yo? ¿Y mis amigos y yo?
4. ¿Pudiste comer la carne? ¿Y nosotros? ¿Y mi mamá?
5. ¿Hiciste pan tostado anoche? ¿Y ellos? ¿Y ella?

B. Preguntas. Conteste las preguntas.

1. David, ¿hoy viniste a tus clases temprano o tarde? María, ¿qué dijo David?
2. ¿Anoche estuviste bien o mal?
3. ¿Cuándo fuiste a una fiesta, esta semana o la semana pasada?
4. ¿Qué hiciste esta mañana, la cama o el desayuno?
5. ¿A quién quisiste ver ayer, a un amigo o a una amiga?
6. ¿Qué le diste a tu amigo(a), ropa, dinero, una foto o comida?
7. ¿Cuándo supiste el número de teléfono de tu novio(a), este año o el año pasado?
8. ¿Dónde pusiste los libros, debajo de la silla o sobre la silla?
9. ¿Pudiste preparar pescado o huevos?

C. Preguntas. Conteste las preguntas según el modelo.

Modelo: El profesor dijo la verdad. ¿Y tú?
  Yo dije la verdad también.

1. Yo puse los libros en la silla. ¿Y ese estudiante?
2. El capitán tuvo cuidado. ¿Y las azafatas?
3. El presidente fue a trabajar ayer. ¿Y tú?
4. Tú estuviste en clase ayer. ¿Y estas dos estudiantes?
5. Yo traje mi libro a clase. ¿Y ustedes?
6. Mis amigos nunca fueron al cine. ¿Y tú y tus amigos?

D. Sea un intérprete.

1. Did they go to Mexico?   2. Where did you *(tú)* put the meat?   3. Did I have a letter from my boyfriend this morning?   4. When did the flight attendant learn about the bomb?   5. Did you bring her the soup?   6. Did she make breakfast this morning?   7. Did the cook give him more green vegetables?

43. COMPARISONS OF EQUALITY

1. Comparisons of equality with adjectives or adverbs are expressed as follows:

$$\textbf{tan} + \begin{Bmatrix} \text{adjetivo} \\ \text{adverbio} \end{Bmatrix} + \textbf{como} \qquad \text{as} + \begin{Bmatrix} \text{adjective} \\ \text{adverb} \end{Bmatrix} + \text{as}$$

No eres **tan curioso como** ellos.	You're not as curious as they.
La carne está **tan dura como** una piedra.	The meat is as hard as a rock.
Él cocina **tan bien como** ella.	He cooks as well as she.
Ella se levantó **tan temprano como** él.	She got up as early as he (did).
El queso blanco está **tan sabroso como** el queso amarillo.	The white cheese is as tasty as the yellow cheese.
Los pollos son **tan grandes como** melones.	The chickens are as big as melons.

Note that **tan** is an adverb and always precedes the adjective or another adverb.

2. Comparisons of equality with nouns are expressed as follows:

$$\begin{Bmatrix} \textbf{tanto(a)} \\ \textbf{tantos(as)} \end{Bmatrix} + \text{nombre} + \textbf{como} \qquad \begin{Bmatrix} \text{as much} \\ \text{as many} \end{Bmatrix} + \text{noun} + \text{as}$$

Tanto(a)(s) functions as an adjective and must agree with the noun it precedes.

Comes **tanto arroz como** yo.	You eat as much rice as I.
Tengo **tanta inteligencia como** ellos.	I have as much intelligence as they.
Hay **tantos hombres como** mujeres.	There are as many men as women.
No comí **tantas galletas como** ella.	I didn't eat as many cookies as she.

3. When no adjective, adverb, or noun is used in the comparison, the comparative structure used is **tanto como (tanta como, tantos como, tantas como).**

Tu amiga puede comer **tanto como** los otros alumnos.	Your friend can eat as much as the other students.
¿Postres? Dolores comió **tantos como** José.	Desserts? Dolores ate as many as José.

4. A sentence in which a comparison of equality occurs is made up of two basic sentences.

Él no es muy inteligente. Ellos son inteligentes.	Él no es **tan inteligente como** ellos.

Tú escribes bien.
Ella escribe bien.

Tú escribes **tan bien como** ella.

Comes postre.
Los otros alumnos comen postre.

Comes **tanto postre como** los otros alumnos.

Dije varias cosas.
Tú dijiste varias cosas.

Dije **tantas cosas como** tú.

Hicimos mucho.
Ellos hicieron mucho.

Hicimos **tanto como** ellos.

EJERCICIOS

A. Transformación. Combine las dos frases usando *tan . . . como, tanto(a) . . . como* or *tanto(a) como.*

Modelo: No eres curioso. Los otros son curiosos.
      No eres tan curioso como los otros.

1. Leo bien. Lees bien.
2. La profesora es buena cocinera. Yo soy buen cocinero.
3. Estudiar es necesario. Jugar es necesario.
4. Comí mucho pollo. Mis amigos comieron mucho pollo.
5. Fueron dos veces al parque. Fueron dos veces a la playa.
6. Trabajamos mucho. Dormimos mucho.
7. Comí varias galletas. Mi amigo comió varias galletas.
8. El paquete es pesado. Una bomba es pesada.

Esta casa de apartamentos moderna está en La Habana, Cuba.

B. Preguntas. Conteste las preguntas.

1. ¿Quién es tan inteligente como tú?
2. ¿Quién es tan agradable como tú?
3. ¿Quién come tanta carne como tú?
4. ¿Quién tiene tantos problemas como el presidente?
5. ¿Quién habla tanto como el profesor?
6. ¿Qué país produce tantos coches como los Estados Unidos?

DIÁLOGO

El joven habló con una azafata, y los dos se fueron hacia la cabina de mando del avión. Poco después el piloto habló a los pasajeros por el servicio de altavoces.

PILOTO: Atención señoras y señores pasajeros. Vamos a ir a Cuba, a la **hermosísima** Cuba. Un terrorista secuestró el avión.

UNA AZAFATA: Calma, por favor. La situación no es tan terrible como parece. Pues, Cuba es muy bonita. Es la isla **más bonita del** Caribe.

VÍCTOR: ¡Tengo **peor suerte que** nadie! ¡Siempre me meto en **más líos que** nadie! Siempre digo que tengo tantas aventuras como quiero, pero, . . . ¡Caramba!, ¡no de este tipo!

CONVERSACIÓN SOBRE EL DIÁLOGO

1. Después de hablar con la azafata, ¿hacia dónde se fueron el joven y la azafata?   2. ¿Qué dice el piloto a los pasajeros?   3. ¿Qué hizo un terrorista?
4. En la opinión de la azafata, ¿cómo es la situación?   5. ¿En cuántos líos se mete usted?   6. ¿Qué piensa Ud. de los terroristas que secuestran un avión?

NOTAS CULTURALES 1. Originally **azafata** meant "a lady-in-waiting to the queen," but today it generally refers to an airline hostess. Other equivalents are **camarera de avión** or **aeromoza de avión**. A steward is **camarero de avión,** but in Mexico he is called **sobrecargo.**

2. In Spanish, as in English, new words can be formed by combining various forms of speech. **Altavoz** ("loudspeaker") is formed from **alta** ("high") and **voz** ("voice"). A **tragamonedas (traga + monedas)** is a "jukebox." Literally, it swallows coins.

DIALOGUE

The young man spoke with the hostess, and the two went toward the cockpit. Shortly afterward, the pilot spoke to the passengers on the loudspeaker.

PILOT: Attention, ladies and gentlemen. We are going to go to Cuba, very beautiful Cuba. A terrorist has hijacked the plane.

HOSTESS: Keep calm, please. This situation isn't as bad as it seems. Besides, Cuba is very pretty. It's the prettiest island in the Caribbean.

VÍCTOR: I have worse luck than anybody! I'm always getting in more jams than anybody else! I'm always saying that I have as many adventures as I want, but . . . Darn! not of this kind!

CONCEPTOS GRAMATICALES

44. COMPARISONS OF INEQUALITY

1. Comparisons of inequality in Spanish are expressed by placing **más** ("more") or **menos** ("less") before an adjective, adverb, or noun and **que** ("than") after.

$$\left.\begin{array}{c}\textbf{más}\\ \textbf{menos}\end{array}\right\} + \left\{\begin{array}{c}\text{adjective}\\ \text{adverb}\\ \text{noun}\end{array}\right\} + \textbf{que}$$

La sopa de pollo está **más sabrosa que** la sopa de verduras.	The chicken soup is tastier than the vegetable soup.
María corrió **más rápidamente que** Ana.	María ran faster than Ana.
Fui al mercado **menos veces que** Ud.	I went to the market fewer times than you.

2. Before a number of quantity in an affirmative sentence, **de** is used in place of **que**.

Tengo **más de** cinco papas.	I have more than five potatoes.
Compramos **más de** un kilo de queso.	We bought more than a kilo of cheese.

In the negative, **que** is used to express the idea of "only."

No tengo **más que** cinco papas.	I only have five potatoes.
No compramos **más que** un kilo de queso.	We bought only a kilo of cheese.

3. To express a superlative ("She is the oldest of them all."), the definite article is inserted before the comparative structure.

$$
\left.\begin{array}{l}\textbf{el}\\\textbf{la}\\\textbf{los}\\\textbf{las}\end{array}\right\} + \left\{\begin{array}{l}\textbf{más}\\\textbf{menos}\end{array}\right\} + \text{adjective}
$$

Doña Teresa es **la más vieja de** las mujeres.	Doña Teresa is the oldest of the women.
Estas verduras son **las menos caras.**	These vegetables are the least expensive.
El jamón es **el más sabroso.**	The ham is the most delicious.
Ángel es **el más fuerte de** la clase.	Ángel is the strongest in the class.

Note that, in a superlative construction, **de** is used as the equivalent of *in.*

EJERCICIOS

A. Transformación. Combine las dos frases.

Modelo: Tengo muchos problemas. Tengo poco dinero.
     Tengo más problemas que dinero.

1. Tienen mucho arroz. Tienen poco queso.
2. Veo menos papas. Veo muchas galletas.
3. La bolsa pesa poco. La bomba pesa mucho.
4. Mis padres piensan mucho en mis problemas. Yo no pienso mucho en mis problemas.
5. Comimos dos postres. Los pasajeros comieron uno.
6. La sopa de verduras está muy sabrosa. La sopa de pollo no está sabrosa.
7. Víctor come tres galletas. El capitán come dos galletas.

B. Preguntas. Forme una frase siguiendo el modelo.

Modelo: Hablando de la carne y las verduras, ¿cuál es más cara?
La carne es más cara que las verduras.

1. Hablando de los Estados Unidos y de México, ¿cuál es más grande?
2. Hablando del Caribe y del Mediterráneo, ¿cuál está más cerca de México?
3. Hablando de aviones y de coches, ¿cuál es más rápido?
4. Pensando en tus clases y en tus vacaciones, ¿cuáles son más importantes?
5. De los diálogos y de los ejercicios, ¿cuáles son más interesantes?
6. Hablando del amor y del dinero, ¿cuál es más importante?
7. Hablando de pollo o de jamón, ¿cuál es más sabroso?
8. Hablando de deportes, ¿es más difícil correr cinco millas o jugar al fútbol?
9. Hablando de trenes y de autobuses, ¿cuál es más lento?

45. IRREGULAR COMPARISONS OF ADJECTIVES AND ADVERBS

1. Four common adjectives that have irregular forms in the comparative and superlative patterns are **bueno, malo, grande,** and **pequeño.**

Adjective		Comparative		Superlative	
bueno	good	**mejor**	better	**el mejor**	the best
malo	bad	**peor**	worse	**el peor**	the worst
grande	big	**mayor**	older	**el mayor**	the oldest
pequeño	small, young	**menor**	younger	**el menor**	the youngest

Soy **mayor que** mis hermanos.　　　I'm older than my brothers.
Estas naranjas son **peores que** ésas.　　These oranges are worse than those.

When **grande** means "big" and **pequeño** "small," **más** and **menos** are used.

Los Estados Unidos es **más grande que** Cuba.

The United States is bigger than Cuba.

2. The superlative of the irregular comparative forms is formed by putting the appropriate definite article (**el, la, los, las**) before the comparative form.

No sirven **las peores naranjas.**　　　They don't serve the worst oranges.

Miguelito es **el menor de los niños.**　　Miguelito is the youngest of the children.

Esta profesión es **la mejor de todas** las profesiones.

This profession is the best of all professions.

EJERCICIOS

A. Substitución. Conteste las preguntas.

1. ¿Tus hermanos son mayores que tú? ¿Y tu profesor? ¿Y tus amigos?
2. ¿Esta profesión es mejor que la otra? ¿Y este hotel? ¿Y esta sopa?
3. ¿Tu hermana es menor que tú? ¿Y tus amigos? ¿Y la profesora?
4. ¿Estas naranjas son peores que las otras? ¿Y este postre? ¿Y esta carne?

B. Preguntas. Conteste las preguntas.

1. ¿Quién es el (la) estudiante más grande de la clase?
2. ¿Quién se siente peor, una persona que perdió dinero o una persona que encontró dinero? ¿Y quién se siente mejor?
3. ¿Quién es menor, un muchacho de quince años o un muchacho de diez años?
4. Y de todos los coches, ¿cuál es el peor?
5. ¿Cuál es más grande, el Mar Mediterráneo o el Mar Rojo?
6. ¿Quién vive mejor, un piloto o un profesor?

C. Sea un intérprete.

1. Are you older than your brother? 2. Is that class the biggest class in the university? 3. Are you better now? 4. Is a child smaller than a man? 5. Are you younger than I?

46. INTENSIFIERS

1. Intensifying adverbs modify adjectives and other adverbs.

| **muy** | very | **bastante** | quite | **sumamente** | highly |
| **bien** | well | **demasiado** | too | **extremadamente** | extremely, exceedingly |

Habla **muy rápidamente.**	She speaks very fast.
Es **bastante inteligente.**	She is quite intelligent.
Es **bien sabido** que en el trópico hace calor.	It is well-known that in the tropics it is hot.
Las naranjas son **demasiado caras.**	The oranges are too expensive.

2. In place of the intensifier, it is possible to attach the ending **-ísimo** to the adjective. If the adjective ends in **-o, -a,** or **-e,** drop the final vowel and add **-ísim-** plus gender endings. If it ends in **-n,** add **-císim-** and gender endings. If it ends in any other consonant, just add **-ísim-** and the appropriate ending.

| Este bistec está **muy bueno.** | This beefsteak is very good. |
| Está **buenísimo.** | |

| Esta cebolla es **muy grande.** | This onion is very big. |
| Es **grandísima.** | |

Es un hombre **muy joven.**
Es **jovencísimo.**   He's a very young man.

EJERCICIOS

A. Preguntas. Conteste las preguntas, según el modelo.

Modelo: ¿Es muy importante la clase?
       Sí, es importantísima.

1. ¿Está muy buena la sopa?
2. ¿Es hermosa la isla?
3. ¿Son jóvenes los muchachos?
4. ¿Es guapa la niña?
5. ¿Es fácil este concepto gramatical?
6. ¿Es fuerte la cebolla?
7. ¿Está duro el bistec?

B. Preguntas. Conteste las preguntas.

1. ¿Qué es importantísimo ahora, tu clase, tu novio(a) o tu dinero?
2. ¿Tienen los Rockefeller poco dinero, bastante dinero o muchísimo dinero?
3. ¿Qué es dificilísimo, el español, la historia o las matemáticas?
4. ¿Quién es viejísimo, un hombre de veinte años, de sesenta años o de noventa y nueve años?
5. ¿Quién es jovencísima, una mujer de treinta y siete años, de veintiún años o de setenta y ocho años?

ACTIVIDADES PERSONALES

A. Entrevista

Preguntas	Oral	Escrito
1. ¿Cómo te llamas?	1. Me _____.	1. Se _____.
2. ¿Cuándo fue la última vez que fuiste a la biblioteca?	2. La última vez que _____.	2. La última vez que _____.
3. ¿Dónde estuviste anoche a las diez?	3. Anoche a las diez _____.	3. Anoche a las diez _____.
4. ¿Qué quisiste hacer una vez durante un sueño?	4. Durante un sueño _____.	4. Durante un sueño _____.

5. ¿Qué no pudiste hacer el año pasado que puedes hacer ahora?

5. El año pasado _____.

5. El año pasado _____.

6. ¿Qué tuviste que hacer una vez sin querer hacerlo?

6. Una vez _____.

6. Una vez _____.

7. ¿Cuándo supiste que no hay Santa Claus?

7. Supe que no _____.

7. Supo que no _____.

B. De la siguiente lista, ¿qué es más importante para ti?

Modelo: la civilización maya/la civilización azteca

Para mí la civilización maya es más importante que la (civilización) azteca.

1. la popularidad/la inteligencia   2. el humor/la seriedad   3. la música clásica/la música moderna   4. la filosofía/las matemáticas   5. la inteligencia/la imaginación   6. la televisión/la radio   7. el tren/el avión   8. el tenis/el fútbol 9. la información/la ignorancia   10. la suerte/el talento

C. Vamos a imaginarnos que tuviste la mala suerte de estar en un avión secuestrado, y el avión fue a una isla tropical. ¿Cómo fue la experiencia? ¿Qué pudiste hacer en la isla que no puedes hacer donde tú vives? ¿A quién conociste en la isla? ¿Qué comiste (bebiste)? ¿Qué aprendiste de la vida en la isla?

SECCIÓN CULTURAL

Cuba, un país del Caribe

guerrillero: guerrilla fighter

La isla de Cuba está, aproximadamente, a noventa millas de la Florida. En 1959 Fidel Castro y sus guerrilleros entraron en La Habana, y el dictador Batista escapó del país.

cambiar: to change
convertirse: to become

Desde 1959 la estructura de la sociedad cubana cambió completamente, y Cuba se convirtió en el país más radical de las Américas. Las reformas que introdùjo el nuevo gobierno fueron importantísimas, y la propiedad privada desapareció.

gobierno: government
propiedad privada: private property
desaparecer: to disappear

Muchos cubanos consideraron inaceptables estos cambios y salieron del país. La mayoría de ellos fue a la Florida, donde formó la colonia cubana más grande de los Estados Unidos. Allí empezaron una nueva vida, y gracias a su inteligencia y esfuerzo prosperaron y dieron a la Florida un toque hispánico que hizo más interesante su vida cultural. Otros fueron a España, donde encontraron una cultura más similar a la de Cuba, y donde su adaptación fue más fácil.

esfuerzo: effort
el toque: touch

Las opiniones sobre Cuba y su régimen actual difieren según las ideas políticas de cada persona. Para unos, la revolución de 1959 fue un desastre, el peor desastre de la historia del país. Para otros, la revolución fue algo magnífico,
tan importante como la independencia de Cuba en 1898, o
más importante.

el régimen actual: the present regime

PREGUNTAS

1. ¿Dónde está Cuba?
2. ¿Quién entró en La Habana en 1959, y quién escapó de Cuba?
3. ¿Qué cambió completamente en Cuba después de 1959?
4. ¿Cómo fueron las reformas que introdujo el nuevo gobierno?
5. ¿Por qué salieron del país muchos cubanos?
6. ¿Qué formaron en la Florida los cubanos que salieron de Cuba?
7. ¿Qué dieron a la Florida los cubanos que salieron de Cuba?
8. ¿Por qué fue su adaptación más fácil en España?
9. ¿Qué opiniones hay sobre la revolución cubana de 1959?

Los trabajadores cortan la caña de azúcar. Es un producto importante para Cuba.

VOCABULARIO ACTIVO

Nombres

el arroz: *rice*
la azafata: *airline hostess*
el bistec: *beefsteak*
el Caribe: *Caribbean*
la carne: *meat*
la cebolla: *onion*
el (la) cocinero(a): *cook*
la galleta: *cookie*
el (la) hermano(a): *brother (sister)*
el huevo: *egg*
la isla: *island*
el jamón: *ham*
el (la) joven: *young person*
la leche: *milk*
el kilo: *kilo*
el melón: *melon*
el mercado: *market*
la naranja: *orange*
el pan: *bread*
la papa: *potato*
el paquete: *package*
el pescado: *fish*
la piedra: *rock*
el pollo: *chicken*
el postre: *dessert*
el queso: *cheese*
la sopa: *soup*
el tocino: *bacon*
la verdura: *green vegetables*
la vez: *time*

Verbos

andar: *to walk*
irse: *to go off, to leave*
probar(ue): *to try, to taste*
secuestrar: *to hijack*

Adjetivos

bonito(a): *pretty*
fuerte: *strong*
hermoso(a): *pretty*
joven: *young*
mayor: *older*
menor: *younger*
peor: *worse*
sabido(a): *known*
sabroso(a): *tasty, delicious*
tostado(a): *toasted*
último(a): *last*
varios(as): *various*
viejo(a): *old*

Adverbios

anteayer: *day before yesterday*
demasiado: *too much*
extremadamente: *extremely*
sumamente: *highly*

Expresiones

al lado de: *next to*
debajo de: *under*
por favor: *please*
tan . . . como: *as . . . as*
tanto(a)(s) . . . como: *as much (many) . . . as*

COGNADOS

Nombres

la bomba
Cuba
la ignorancia
la inteligencia
el piloto
la profesión
la situación
el talento
el trópico
el (la) terrorista

ESPAÑA, PAÍS PLURILINGÜE Y PLURICULTURAL
Décima Vista

AL PRINCIPIO

After his unexpected visit to Cuba, Víctor continued on to Caracas. The Spanish publisher he met there convinced him to go to Spain, and so he went. In Madrid he was offered a job with a movie studio, which he accepted. In this *Vista* you'll learn:

1. another way to describe past actions by using the imperfect (47):

   ¿Y el libro que **pensaba** hacer?

   And the book you were planning to do?

   Creía que a usted sólo le **interesaba** hacer fotos.

   I thought that you were only interested in taking pictures.

2. the stressed forms of possessive adjectives and pronouns (48):

   Es una idea **mía**.

   It's an idea of mine.

   Esas familias son **nuestras**.

   Those families are ours.

3. the past progressive (49):

   Estaba hablando con la actriz.

   He was talking with the actress.

   Estaban comiendo helados.

   They were eating ice cream.

4. the uses of **por** and **para** (50):

   Voy a pasar **por** su hotel **para** llevarlo al estudio.

   I'm going to come by your hotel to take you to the studio.

   Vamos a salir **para** Galicia y vamos a estar allí **por** un mes.

   We're going to leave for Galicia, and we are going to be there for a month.

You'll learn some new vocabulary related to the family and city life. In the *Sección cultural* you'll read about the various languages and dialects spoken in Spain by the Basques, the Galicians, and the Catalans. This linguistic richness adds to Spain's diversity and at the same time keeps the flavor of *regionalismo* ("regionalism") alive.

Una mujer pasea en un pueblo de la Mancha, España

DIÁLOGO

En Madrid, Víctor encontró un empleo como fotógrafo en un estudio cinematográfico. En una terraza de café, en la Gran Vía, habla con María, una de las actrices de la película, mientras toman un café.

MARÍA: **Yo creía** que a usted sólo le **interesaba** hacer fotos de monumentos artísticos.

VÍCTOR: Sí, pero me aburrí de fotografiar piedras, y ahora fotografío personas.[1]

MARÍA: Y el libro que **pensaba** hacer, ¿lo va a dejar?

VÍCTOR: ¡Oh, no! Es una idea **mía** que pienso terminar algún día.

CONVERSACIÓN SOBRE EL DIÁLOGO

1. ¿Qué empleo encontró Víctor en Madrid?   2. ¿Qué hace Víctor en la terraza?
3. ¿Qué creía la actriz de Víctor?   4. ¿De qué se aburrió Víctor?   5. ¿Cuándo va a terminar su libro Víctor?   6. ¿Prefiere Ud. fotografiar monumentos artísticos o personas?   7. ¿Conoce Ud. a alguna actriz de cine?   8. ¿Qué piensa terminar algún día?

NOTAS CULTURALES

1. Spain is about the size of Texas. The population of Spain is over 35 million. **Madrid,** the capital, is a very cosmopolitan city with a population of over three million.

2. The **Gran Vía** is one of Madrid's most famous avenues. There are several outdoor cafés where one can sit to chat, drink a cup of coffee, and watch the people go by.

3. Spaniards enjoy drinking coffee. Unlike in the United States, it is served in a variety of ways. **Café con leche,** "with milk," is served in a tall glass. If you

---

1. The personal *a* may be omitted when the direct object refers to an indefinite person or persons.

prefer coffee with a lot of milk you would order **café con leche, largo de leche.**
Un cortado ("a short one") will be coffee with just a dash of milk. By American
standards, Spanish coffee is very strong. The Spanish tend to dilute the coffee
with hot milk so that it does not cool off suddenly.

DIALOGUE

In Madrid, Víctor found a job as a photographer in a movie studio. At a sidewalk
café, on the Gran Vía, he's talking with María, one of the actresses in the movie,
while they have coffee.

MARÍA: I thought that you only were interested in taking pictures of artistic
monuments.
VÍCTOR: Yes, but I got bored photographing stones, and now I take pictures of
people.
MARÍA: And what about the book you were planning to do, are you going to
drop it?
VÍCTOR: Oh, no! It's an idea of mine I plan to finish some day.

CONCEPTOS GRAMATICALES

47. THE IMPERFECT

In Spanish there are two simple past tenses: the preterite and the imperfect.
You have already studied the preterite. In this *Concepto* we shall examine the
imperfect.

A. Formation of the Imperfect

1. The imperfect of regular verbs is formed by adding the imperfect endings to
the infinitive stem.

A-type Verbs   estudiar to study

Singular		Plural	
yo	estudiaba	nosotros(as)	estudiábamos
tú	estudiabas	vosotros(as)	estudiabais
usted	estudiaba	ustedes	estudiaban
él, ella		ellos, ellas	

E-type Verbs   creer to believe

Singular		Plural	
yo	creía	nosotros(as)	creíamos
tú	creías	vosotros(as)	creíais
usted él, ella	creía	ustedes ellos, ellas	creían

I-type Verbs   decir to say

Singular		Plural	
yo	decía	nosotros(as)	decíamos
tú	decías	vosotros(as)	decíais
usted él, ella	decía	ustedes ellos, ellas	decían

Note that the same imperfect endings are used for both **E**-type and **I**-type verbs.

2. Since the **yo, usted, él,** and **ella** forms are the same, use of the subject pronoun may be necessary to clarify the subject.

3. There are only three irregular verbs in the imperfect: **ser, ir,** and **ver.**

ser   era, eras, era, éramos, erais, eran

ir   iba, ibas, iba, íbamos, ibais, iban

ver   veía, veías, veía, veíamos, veíais, veían

4. The imperfect form of **hay** ("there is, there are") is **había** ("there was, there were").

Había muchas personas en el centro ayer.	There were many people downtown yesterday.
No **había** ninguna zapatería.	There wasn't any shoe shop.

B. Uses of the Imperfect

The imperfect, often called the past descriptive, is usually equivalent to the English expressions *used to* + verb, *was* + verb, or *would* + verb. For example, *When I was living in New York, I used to go out a lot and I would go to the theater once a week.*

The imperfect is used:

1. to express a customary or repeated action.

De niño, yo **iba** a la iglesia todos los domingos.	As a child, I used to go to church every Sunday.
Visitaba el museo con frecuencia.	He used to visit the museum frequently.

2. to express an action in progress in the past.

Estaban en la oficina a las ocho.	They were in the office at eight.
Yo **pensaba** pedir la dirección de esa señorita.	I was planning to ask for the address of that young woman.
Los lunes el profesor nos **decía** algo en broma.	On Mondays the professor would tell us something funny.

3. to describe situations or conditions in the past.

Mi amigo **trabajaba** en la farmacia.	My friend used to work in the pharmacy.
¿Tenías que llevar la ropa a la tintorería?	Did you have to take clothes to the dry cleaners?
Había una parada de taxis en la esquina.	There used to be a taxi stand at the corner.
La oficina de turismo **estaba** en el centro.	The tourist office used to be downtown.

4. to tell time of day in the past.

Era la una cuando llegamos a la iglesia.	It was one o'clock when we arrived at the church.
Eran las seis y media.	It was six-thirty.

5. The imperfect is also used to describe events in the past that in the speaker's mind may still be in progress. This reflects the continuation of the action—not its outcome or terminal point. The imperfect, thus, means not completed or not perfect. It may express certain characteristics of the past such as habitual, repeated, or customary actions, or what used to happen during an unspecified period in the past. Certain expressions of time usually tend to take the imperfect.

antes	before, formerly	**en años pasados**	in previous years
con frecuencia	frequently	**de vez en cuando**	from time to time
a menudo	often	**de niño(a)**	as a child
de costumbre	customarily	**cuando tenía—años**	when I was—years old

EJERCICIOS

A. Substitución. Conteste las preguntas.

1. Antes, ¿tú no trabajabas en el centro? ¿Y nosotros? ¿Y ella?
2. Con frecuencia, ¿querías comprar ropa? ¿Y yo? ¿Y nosotros?
3. ¿Sabías mi dirección? ¿Y él? ¿Y ellos?
4. De vez en cuando, ¿ibas a los museos? ¿Y el profesor? ¿Y tus compañeros?
5. De niño(a), ¿eras feliz? ¿Y ella? ¿Y tus amigos?

B. Preguntas. Conteste las preguntas.

1. David, antes, ¿tenía Ud. mucha suerte o poca suerte? María, ¿qué dijo David?
2. De niño(a), ¿dónde pasaba Ud. mucho tiempo, en el centro o en casa?
3. Antes, cuando era niño(a), ¿dormía Ud. mucho o poco?
4. A los diecisiete años, ¿quería Ud. estudiar en la universidad o trabajar en una oficina?
5. De niño(a), ¿adónde iba Ud. mucho, a la tintorería o a la iglesia?
6. A los quince años, ¿qué le gustaba hacer, bailar o escuchar la radio?
7. Antes, ¿se quejaba Ud. más de sus padres o de sus profesores?
8. ¿En qué tenía interés, en los deportes o en los estudios?
9. ¿Qué hora era cuando Ud. llegó a clase hoy?
10. De niño(a), ¿qué programas de televisión veía Ud. más?

C. Sea un intérprete.

1. When you were a child, were your parents home a lot? 2. When you were a child, was your father very lucky? 3. When you were a child, would you go downtown a lot? 4. Do you believe that they never used to understand the problem? 5. Did your friends go to the movies every week? 6. Would they go to church on Sundays? 7. Was there a shoe store on the corner? 8. Was it one o'clock when he left?

48. STRESSED FORMS OF POSSESSIVE ADJECTIVES AND PRONOUNS

1. In *Concepto gramatical* 19 you learned the short forms of possessive adjectives. Now study the stressed forms of possessive adjectives.

Singular		Plural		
mío	mía	míos	mías	my, of mine
tuyo	tuya	tuyos	tuyas	your, of yours
suyo	suya	suyos	suyas	his, her, its, your; of his, hers, its, yours
nuestro	nuestra	nuestros	nuestras	our, of ours
vuestro	vuestra	vuestros	vuestras	your, of yours
suyo	suya	suyos	suyas	their, your; of theirs, of yours

2. The stressed possessive adjective may follow a form of the verb **ser**. It must agree with the subject in number and gender.

Esa familia es **nuestra**.	That family is ours.
Esas familias son **nuestras**.	Those families are ours.
Esta tienda es **suya**.	This store is his.
Estas tiendas son **suyas**.	These stores are his.
El coche es **mío**.	The car is mine.
Los coches son **míos**.	The cars are mine.
El negocio es **tuyo**.	The business is yours.
Los negocios son **tuyos**.	The businesses are yours.

3. The stressed possessive adjective may also follow a noun. It must agree with the noun in number and gender. That is, there is agreement between the item owned and the possessive adjective, not between the owner and possessive adjective, as in English.

la familia mía	my family	**el coche suyo**	his (her, your, their) car
la tienda nuestra	our store	**el negocio tuyo**	your business
las mesas suyas	your tables	**las blusas mías**	my blouses

4. To derive the stressed possessive pronoun, simply delete the noun. The pronoun forms occur with the definite article of the noun that is implied.

definite article + noun + **mío (tuyo, suyo, nuestro, vuestro, suyo)**

Tengo **el emploe mío.**	Tengo **el mío.**	I have mine.
Me gusta **la casa suya.**	Me gusta **la suya.**	I like his (hers, yours, theirs).
Conoce a **los amigos nuestros.**	Conoce a **los nuestros.**	He knows ours.

5. Out of context, the third person forms are ambiguous; that is, **suyo** may mean "his," "hers," "theirs," or "yours." Sometimes more information is needed to make the reference explicit. A phrase with **de** is added.

Hablando de amigos, ¿cómo están **los suyos** $\begin{cases} \textbf{de Ud.?} \\ \textbf{de su amiga?} \\ \textbf{de sus amigos?} \end{cases}$

Hablando de libros, ¿compraron **el suyo** $\begin{cases} \textbf{de él?} \\ \textbf{de ellos?} \\ \textbf{de Uds.?} \end{cases}$

EJERCICIOS

A. Substitución. Conteste las preguntas.
1. ¿El arroz suyo estaba muy bueno? ¿Y las verduras? ¿Y el café?
2. ¿Ella te explicó la situación nuestra? ¿Y el problema? ¿Y los negocios?
3. ¿No me querías vender la televisión tuya? ¿Y los libros? ¿Y el juego?
4. ¿Ayudabas a María con el problema suyo? ¿Y la lección? ¿Y los ejercicios?

B. Transformación. Conteste las preguntas.

Modelo: ¿Vamos en tu coche?
      Sí, vamos en el coche mío.

1. ¿Ellos van a tu iglesia?
2. ¿Él nos pidió nuestra televisión?
3. ¿Estaba su taxi (el taxi de él) en la parada?
4. ¿Tu empleo es muy bueno?
5. ¿Encontraron su suéter (el suéter de ella)?
6. ¿No sabían mi nombre?
7. ¿Buscaban sus direcciones (las direcciones de ellos)?

C. Transformación. Conteste las preguntas, eliminando el nombre.

Modelo: ¿Comprendiste las ideas nuestras?
Sí, comprendí las suyas.

1. ¿Viste el coche suyo?   2. El dinero mío, ¿lo perdiste?   3. ¿Tenía él la dirección nuestra?   4. ¿Dejaste las maletas tuyas ahí?   5. ¿Pensaste en los problemas tuyos?   6. ¿La tienda nuestra es muy buena?

D. Sea un intérprete.

1. Speaking of studies, did you finish yours?   2. Speaking of books, do I have mine?   3. Speaking of professions, do you like yours?   5. I gave them my ideas, but did they give me theirs?   5. Your clothes were dirty, but were ours clean?

DIÁLOGO

Víctor **estaba hablando** con María cuando llegó el director de la película.

DIRECTOR: Usted va a trabajar con la señorita Aguirre, que es la directora de fotografía. La semana próxima vamos a salir **para** Galicia, y vamos a estar allí **por** un mes.

VÍCTOR: ¡Uf! No me gusta trabajar **para** una mujer.

DIRECTOR: ¡Eso es asunto suyo! Le advierto que la señorita Aguirre es una vasca muy seria, muy exigente, y que no admite tonterías. ¿Comprende?

VÍCTOR: ¡Sí! ¡Sí! De acuerdo. ¿Cuándo empezamos?

DIRECTOR: Mañana **por** la mañana. Voy a pasar **por** su hotel a las siete y media **para** llevarlo al estudio.

CONVERSACIÓN SOBRE EL DIÁLOGO

1. ¿Con quién estaba hablando Víctor cuando llegó el director?   2. ¿Con quién va a trabajar Víctor?   3. ¿Para dónde van a salir la semana próxima?   4. ¿Por cuánto tiempo van a estar en Galicia?   5. ¿Para quién no le gusta trabajar a Víctor?   6. ¿Para quién trabaja Ud.?   7. ¿Es Ud. una persona exigente?

NOTAS CULTURALES   1. Spain has a very active movie industry and a large number of movie houses. The Franco regime (1939–1975) controlled the kinds of films that could be made and shown in Spain. Luis Buñuel, one of the world's finest movie directors, had to make many of his films outside of Spain due to their controversial themes, which were sometimes anti-Franco in tone. Some of Buñuel's better-known films include *Viridiana, Belle de jour,* and *Los Olvidados.* His film *Los discretos encantos de la burguesía* won the National Society of Film Critics Award for the best film of 1972. He was also named the best director for that year.

2. The Basques are a very proud and independent people who live in northern Spain in the area of the Pyrenees mountains. The origin of the Basque language is still a mystery to linguists, for it seems to have no relationship with other languages. Some Basques have long wanted to separate from Spain and have been very militant in some of their efforts. Many Basques have come to the United States to work—mainly as jai-alai players or as sheep ranchers in the western United States.

DIALOGUE

Víctor was talking with María when the director of the film arrived.

DIRECTOR: You're going to work with Miss Aguirre, who's the director of photography. Next week we're going to leave for Galicia, and we are going to be there for a month.

VÍCTOR: Whew! I don't like to work for a woman.

DIRECTOR: That's your business. I warn you that Miss Aguirre is a very serious Basque, very demanding, and who doesn't allow any foolishness. Do you understand?

VÍCTOR: Yes, yes! Of course. When do we begin?

DIRECTOR: Tomorrow morning. I'm going to come by your hotel at seven-thirty to take you to the studio.

CONCEPTOS GRAMATICALES

49. THE PAST PROGRESSIVE

1. Another way to express an action in progress in the past is to use the past progressive, which is formed with the imperfect of **estar** and the present participle of the main verb.

A las cinco yo **estaba esperando** en la terminal de autobuses.	At five o'clock I was waiting in the bus terminal.

Pasamos delante de la heladería y vimos que las chicas **estaban comiendo** helados.	We went by the ice-cream store and saw that the girls were eating ice cream.

2. Like the present progressive tense, the past progressive tense indicates that the action was going on at a particular moment in the past.

Mi amigo mexicano habla inglés, pero en ese momento **estaba hablando** español.	My Mexican friend speaks English, but at the moment he was speaking Spanish.
María apenas corre, pero anoche **estaba corriendo** por el parque cuando la vi.	María hardly runs, but last night she was running through the park when I saw her.

3. The past progressive is almost synonymous with the imperfect. Spanish speakers use both as if they were interchangeable.

Mi padre **estaba leyendo** el periódico cuando volví a casa.	My father was (in the process of) reading the newspaper when I returned home.
Mi padre **leía** el periódico cuando volví a casa.	My father was reading the newspaper when I returned home.

The slight difference between **leía** and **estaba leyendo** is the degree of immediate action, duration, or involvement. **Estaba leyendo** emphasizes that the person was in the process of performing the action at a given time.

EJERCICIOS

A. Transformación. Cambie las frases al pasado del progresivo.

Modelo: ¿Está esperando José en la iglesia?
　　　　Ahora no, pero antes estaba esperando en la iglesia.

1. ¿Está trabajando la señorita en el estudio de cine?
2. ¿Estoy hablando con la actriz?
3. ¿Están hablando los directores de sus asuntos?
4. ¿Estamos buscando la verdad?
5. ¿Estás pensando en este concepto gramatical?
6. ¿Dicen ellos que están practicando mucho?
7. ¿Estás comiendo helados en la heladería?

B. Preguntas. Conteste las preguntas, usando la construcción que está en la pregunta y sus propias ideas.

Modelo: A las cinco yo estaba comiendo. ¿Y Ud.?
A las cinco yo estaba pensando en mis amigos.

1. Anoche el presidente estaba hablando en la esquina. ¿Y Ud.?
2. Esta mañana a las siete estaba poniéndome la ropa. ¿Y Ud.?
3. Víctor estaba hablando con una actriz. ¿Y el profesor?
4. Ayer en la biblioteca los estudiantes estaban leyendo. ¿Y Ud.?
5. Después de la clase de ayer, el profesor estaba comprando cosas en el centro. ¿Y Ud.?
6. Ayer al mediodía yo estaba tomando café. ¿Y Ud.?
7. Anoche sus amigos estaban durmiendo. ¿Y Ud.?
8. Ayer a las diez de la mañana yo estaba estudiando. ¿Y Ud.?

C. Sea un intérprete.

1. Were they reading at 8:30?   2. Last night when the police came to the bus terminal, was your friend waiting for a bus?   3. When my girl friend was talking about a trip to Cuba, were you thinking about a trip to Mexico?

Una vista de la mezquita que se encuentra en Córdoba, España

50. THE PREPOSITIONS *POR* AND *PARA*

Por and **para** convey ideas that are expressed in English not only by the preposition *for* but also by other words.

1. Por expresses:
—motive for an action.

Lo hice **por** ti.	I did it for you.
Bebe **por** olvidar.	He drinks to forget.
Voy **por** café.	I am going for coffee.

—exchange of one thing for another.

Compré el libro **por** cinco pesos.	I bought the book for five pesos.

—passing of time.

Voy a Acapulco **por** dos semanas.	I am going to Acapulco for two weeks.

—the idea of going through or along.

Paseo **por** la playa.	I walk along the beach.
Fui a México **por** Tijuana.	I went to Mexico through Tijuana.

—means.

Oí la noticia **por** radio.	I heard the news on the radio.

—by whom something is done.

El libro fue escrito **por** ella.	The book was written by her.

2. Para expresses:

—purpose of an action.

Fui a la biblioteca **para** estudiar.	I went to the library (in order) to study.
Trabajo **para** ganar dinero.	I work (in order) to earn money.

—destination.

Mañana salgo **para** México.	I'm leaving for Mexico tomorrow.

—surprise.

Para profesor, no es muy inteligente.	For a professor, he is not very intelligent.

—time limit or deadline.

El trabajo tiene que estar terminado **para** las cinco.	The work has to be finished by five o'clock.

EJERCICIOS

A. Substitución. Conteste las preguntas.

1. ¿Fueron mis amigos por café? ¿Y por carne? ¿Y por papas?
2. ¿Los directores fueron a su oficina para escribir más? ¿Y para pensar? ¿Y para estudiar el asunto?
3. ¿Pasó Gloria por la terminal de autobuses? ¿Y por la parada de taxis? ¿Y por la esquina?
4. ¿Van a venir por mí a las seis? ¿Y por ti? ¿Y por nosotros?
5. ¿Te vendieron el coche por dos mil pesos? ¿O por tres mil? ¿O por dos mil cincuenta?
6. ¿Supiste las noticias por radio? ¿Y por teléfono? ¿Y por televisión?

B. Preguntas. Conteste las preguntas.

1. David, ¿oyes las noticias por radio o las ves por televisión? María, ¿que dice David?
2. ¿Trabajas para vivir o vives para trabajar?
3. Generalmente, ¿pagas mucho o poco por los zapatos?
4. Generalmente, ¿estudias por la mañana o por la tarde?
5. Después de clase, ¿vas para casa, para la biblioteca o para la cafetería?
6. ¿Estudiaste anoche por más de tres horas o por menos de tres horas?
7. ¿Para cuándo vas a terminar los estudios, para este junio o para otro año?
8. ¿Por cuánto dinero compraste tu libro de español, por más de doce dólares o por menos?
9. ¿Comes para vivir o vives para comer?

C. Complete estas frases usando *por* o *para.*

1. En las vacaciones pienso ir a México _____ El Paso.
2. El cuadro *Las Meninas* fue pintado _____ Velázquez.
3. Tengo que pagar mucho dinero _____ un buen coche.
4. _____ español, mi amigo habla inglés muy bien.
5. Cuando vuelvo a casa tengo que pasar _____ el parque.
6. Trabajo mucho _____ tener éxito en la vida.
7. Me gusta andar _____ la playa.
8. Tengo que salir _____ comprar helado.

D. Sea un intérprete.

1. Did they hear the news by radio?   2. Does the teacher want the exercises by Thursday?   3. How much did you pay for the rice?   4. Are we going to be here for a long time?   5. For a teacher, is she demanding?

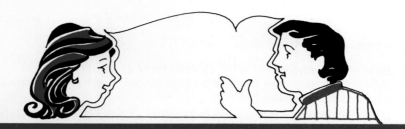

ACTIVIDADES PERSONALES

A. Entrevista

Preguntas	**Oral**	**Escrito**
1. Cuando eras niño(a), ¿cómo te llamaban?	1. Cuando yo _____.	1. Cuando él/ella _____.
2. De niño(a), ¿qué querías ser?	2. De niño(a), _____.	2. De niño(a), _____.
3. Cuando tenías 16 años, ¿qué preferías hacer, estudiar o jugar?	3. Cuando tenía 16 años, yo _____.	3. Cuando tenía 16 años, él/ella _____.
4. Antes, ¿veías muchos programas de televisión o escuchabas muchos programas de radio?	4. Antes, yo _____.	4. Antes, él/ella _____.
5. De muy niño(a), ¿de qué tenías miedo?	5. De muy niño(a), yo ___.	5. De muy niño(a), él/ella _____.
6. ¿En qué estabas pensando antes de empezar esta clase?	6. Antes de empezar esta clase, yo _____.	6. Antes de empezar esta clase, él/ella _____.
7. De adolescente, ¿trabajabas por gusto o trabajabas para ganar dinero?	7. De adolescente, yo ___.	7. De adolescente, él/ella _____.

B. Termina las siguientes frases incompletas con tus ideas y opiniones.

1. Mi familia y yo siempre estábamos por _____.
2. Voy a la biblioteca para _____.
3. Antes de llegar a clase yo estaba _____.
4. Hoy tengo que trabajar para _____.
5. Para estudiante yo _____.
6. Para el año próximo _____.
7. Antes yo pensaba que _____.
8. De niño(a), mis padres siempre me leían _____.
9. También siempre me decían que _____.
10. En la escuela secundaria mis amigos y yo siempre nos quejábamos de ___.

C. Escoge una de las dos posibilidades y da una razón por qué la escogiste.

1. Voy a la biblioteca para (estudiar/leer el periódico).
2. Estudio más por (necesidad/interés).
3. Leo para (aprender/pasar el tiempo).
4. Oigo más noticias por (radio/televisión).

SECCIÓN CULTURAL

España, país plurilingüe y pluricultural

España es un país un poco más grande que California y más pequeño que Texas. Con más de 35.000.000 (treinta y cinco millones) de habitantes, es un país muy variado. España es el resultado de la unión de diferentes reinos que, durante muchos años, fueron independientes. Había lenguas diferentes, y por eso ahora coexisten diferentes idiomas y dialectos en un país que no es muy grande.

reino: kingdom

En 1492, cuando los españoles vinieron a América, había dos reinos en España: Castilla y Aragón. La reina de Castilla era Doña Isabel, y estaba casada con el rey de Aragón, Don Fernando, y por eso sus descendientes eran reyes de Castilla y de Aragón, es decir, de España.

casado(a): married

En el norte de España, los habitantes del país vasco hablaban vascuence, o éuskara, que es un idioma único en el mundo. Para los vascos, su lengua es un símbolo de su nacionalidad. En cuestión de idiomas, el suyo es uno de los más antiguos de Europa, y muchos vascos lo hablan ahora. *Aita gurea zaruetan zaudena . . .* son las primeras palabras del Padrenuestro: Padre Nuestro que estás en los cielos . . .

el norte: north

Padrenuestro: Lord's Prayer
cielo: heaven

En el noroeste de España, los gallegos hablaban, y hablan, gallego, un idioma de origen latino, como el español, pero bastante diferente. Los gallegos son de origen celta, como los irlandeses y los escoceses, y por eso tienen con ellos en común un instrumento musical: la gaita. Por toda Galicia los gallegos hablan la lengua suya: *Eiquí falamos galego* (Aquí hablamos gallego), dicen.

el noroeste: northwest

irlandés: Irish
escocés: Scottish
gaita: bagpipe

En el otro extremo de la península está Cataluña, que antes era parte del reino de Aragón. Para los catalanes, el catalán es su primera lengua: *Ací parlem catalá* (Aquí hablamos catalán).

la suya propia: their own

Para un país tan pequeño, España es muy variada: tiene varios idiomas y varias culturas, que hacen muy interesante la vida española. Estas lenguas existieron por muchos años, y ahora hay muchos españoles con dos lenguas: el español y la suya propia, la de su región.

PREGUNTAS

1. ¿Es España un país tan grande como Texas?
2. ¿Por qué hay diferentes lenguas en España?
3. ¿Cuándo vinieron a América los españoles?
4. ¿Cuál es uno de los idiomas más antiguos de Europa?
5. ¿Cuál es el origen del gallego?
6. ¿Qué tienen en común los gallegos, los irlandeses y los escoceses?
7. ¿Cuál es su primera lengua para muchos catalanes?
8. ¿Por qué es interesante la vida cultural española?
9. ¿Por qué hay muchos españoles bilingües?

Una villa vasca

VOCABULARIO ACTIVO

Nombres
la actriz: *actress*
el asunto: *matter, affair*
el empleo: *employment, job*
la esquina: *corner*
el estudio: *studio*
la farmacia: *pharmacy*
la heladería: *ice-cream shop*
el helado: *ice cream*
la iglesia: *church*
el museo: *museum*
el negocio: *business*
el padre: *father*
la parada: *(bus/taxi) stop*
el parque: *park*
la radio: *radio broadcast*
la terminal: *terminal*
la terraza: *terrace*
la tienda: *store*
la tintorería: *dry cleaner*
la tontería: *foolishness, nonsense*
la zapatería: *shoe shop*

Verbos
aburrir(se): *to be bored*

Adjetivos
exigente: *demanding*
próximo(a): *near, next*

Adverbios
apenas: *scarcely*
mientras: *while*

Expresiones
antes: *before*
a menudo: *often*
con frecuencia: *frequently*
de costumbre: *often, customarily*
de niño(a): *as a child*
de vez en cuando: *from time to time*

COGNADOS

Nombres
el (la) director(a)
el monumento
la oficina
el peso
el taxi
el turismo

Verbos
admitir

Adjetivos
artístico(a)

ESPAÑA Y AMÉRICA
Vista Once

AL PRINCIPIO

The movie team went to the Bay of Vigo, in Galicia, to shoot a film about the treasure that, according to legend, has been lying at the bottom of the bay for about three centuries. As usual, Víctor has other adventures in mind. In this *Vista* you'll learn:

1. when to use the preterite and imperfect (51):

Me **invitó** a cenar.	He invited me out to dinner.
Me **dijo** que **iba** a cenar contigo.	He told me that he was going to have dinner with you.

2. some uses of **que** (52):

Le dije **que** no podía cenar con él.	I told him I couldn't have dinner with him.
Ese fotógrafo **que** contrataste me mira.	That photographer you hired looks at me.

3. time expressions with **hacer** (53):

Hace una semana que estamos aquí.	We've been here for a week.

4. the difference between **saber** and **conocer** (54):

Ella **sabe** la canción.	She knows the song.
Ramón **conoce** a Dolores.	Ramón knows Dolores.

5. some verbs with spelling changes in the first person singular (55):

Pagué la cuenta.	I paid the bill.
Escojo la sopa.	I choose the soup.

You'll learn some vocabulary related to money and banking. In the *Sección cultural* you'll read about Spain's influence in the Americas and how Spain is viewed today.

Una finca colombiana

DIÁLOGO

El director y María, la actriz, hablan de la película que están haciendo en la Ría de Vigo.

DIRECTOR: Ya **hicimos** muchas escenas. ¿Estás contenta?

MARÍA: No. Ese fotógrafo **que contrataste** me mira . . . bueno, no me gusta cómo me mira.

DIRECTOR: ¡Tiene gracia! Él me **dijo que** tú lo **mirabas** mucho a él.

MARÍA: ¡Yo! ¡Mirarlo a él! ¿Pero qué se **creyó** ese niño? Ayer, cuando estaba haciéndome unas fotos, me **invitó** a cenar y yo le **dije** que no.

DIRECTOR: Pues, esta mañana cuando **estábamos** en el hotel, él me **dijo** que **iba** a cenar contigo hoy.

MARÍA: Bueno, le **dije** que no **podía** cenar con él ayer, pero que **podíamos** cenar juntos hoy.

CONVERSACIÓN SOBRE EL DIÁLOGO

1. ¿Qué están haciendo en Vigo? 2. ¿A María le gusta cómo la mira Víctor?
3. ¿A qué la invitó Víctor cuando estaba haciéndole unas fotos? 4. ¿Qué le dijo María? 5. ¿A quién invitó Ud. a cenar recientemente?

NOTAS CULTURALES

1. Most of Spain's wealth prior to the industrial revolution came from the treasures taken from the West Indies, Mexico, and the Andean countries. With the loss of all of the colonies in the early 1800s, however, Spain found it difficult to compete with the industrialized nations such as England, France, Germany, and the United States. Spain's prestige and power plummeted during this period. The Spanish-American war of 1898 severed Spain's formal presence in the Americas.

2. The dinner hour in Spain (and other Hispanic countries) is much later than in the U.S. Nine or ten o'clock is the usual hour. To accommodate this schedule there is often a mid-morning snack (**bocadillos**) and a late afternoon one (**merienda**) around six o'clock. **Gambas a la plancha** (a shrimp platter) with a glass of sherry (**jerez**) is a common appetizer in Spain.

DIALOGUE

The director and María, the actress, are talking about the film they're making at the Bay of Vigo.

DIRECTOR: We've filmed a lot of scenes. Are you happy about it?

MARÍA: No. That photographer you hired looks at me . . . well, I don't like the way he looks at me.

DIRECTOR: How funny! He told me that you were looking at him a lot.

MARÍA: Me! Look at him! But what did he think? Yesterday, when he was taking some pictures of me, he invited me out to dinner and I told him no.

DIRECTOR: Well, this morning, when we were at the hotel, he told me that he was going to have dinner with you today.

MARÍA: OK, I told him I couldn't have dinner with him yesterday, but that we could have dinner together today.

CONCEPTOS GRAMATICALES

51. PRETERITE AND IMPERFECT CONTRASTED

1. The preterite is used for expressing an action that occurred (began or ended) at a precise point in time in the past. The action is viewed as completed.

Encontraron el libro.	They found the book. (The act of finding the book is completed.)
El banco **cerró** las puertas a las dos.	The bank closed the doors at two o'clock. (The action of closing is completed.)
Me **dieron** el préstamo.	They gave me the loan. (At some precise moment the loan was given.)
Cambié mis pesos a dólares.	I changed my pesos into dollars. (A completed action.)
Me **pidieron** prestados diez dólares.	They asked me for a ten-dollar loan. (They asked at some precise point in time.)

2. The imperfect is used to focus on the middle, ongoing part of an action, not the beginning or end point, or on an action that is repeated often, as a routine.

Esta mañana a las diez yo todavía **estaba** dormido.	This morning at ten o'clock I was still asleep.
Con frecuencia **cobrábamos** los cheques los lunes.	We would often cash our checks on Monday.

3. When one action was in progress and was interrupted by another action, the action in progress is expressed by the imperfect. The interrupting action is expressed by the preterite.

Mientras yo **cobraba** el cheque, ella **entró** en el banco.	While I was cashing my check, she entered the bank.
Leíamos cuando **sonó** el teléfono.	We were reading when the phone rang.
Yo **estaba** depositando un cheque cuando **entró** un atracador.	I was depositing a check when a holdup man came in.

4. When describing future actions as seen from the past, the past action may be expressed by the preterite and the future action by the imperfect.

Dijo que **pagaba** en pesos.	She said she would be paying in pesos.
Me **dijeron** que **iban** a abrir una cuenta corriente.	They told me they were going to open a checking account.
Me **pareció** que no **era** necesario pagar los impuestos.	It seemed to me that it wouldn't be necessary to pay the taxes.

5. Look at the use of the preterite and imperfect in the following paragraph.

Yo **estaba** en el banco, adonde **iba** todos los martes, cuando **entró** un atracador. **Dijo** que **tenía** una pistola y **salió** con el dinero que le **dieron**. Todo **fue** tan rápido que nadie **vio** cómo **era**. ¿**Era** alto o bajo? ¿**Era** joven o viejo?	I was at the bank, where I used to go every Tuesday, when a robber entered. He said he had a pistol, and left with the money they gave him. Everything was so fast that nobody saw how he looked. Was he tall or short? Was he young or old?

estaba: ongoing action (I had not left yet.)
iba: habitual action
entró: completed action
dijo: completed action
tenía: ongoing action
salió: completed action
dieron: completed action
fue: completed action (The holdup is over.)
vio: completed action (The act of (not) seeing him is over.)

era: ongoing action (He didn't change while he was there. He didn't grow, shrink, or become older during the holdup.)

EJERCICIOS

A. Substitución. Conteste las preguntas.

1. ¿Te dijo que salían más tarde? ¿Y que volvían? ¿Y que se iban? ¿Y que cenaban?
2. ¿Cambiabas el dinero cuando llegó tu amigo? ¿Y cuando llamó? ¿Y cuando salió? ¿Y cuando pasó?
3. ¿Te dijeron que estudiaban? ¿Y que trabajaban? ¿Y que se aburrían? ¿Y que pedían dinero prestado?

B. Espacios en blanco. Complete la narración con los pretéritos o imperfectos de los verbos que están en paréntesis.

Ayer yo no (ir) _____ al cine. Yo (preferir) _____ quedarme en casa estudiando, porque yo (saber) _____ que yo (ir) _____ a tener un examen hoy. Antes, cuando yo no (estar) _____ estudiando en la universidad, yo (ir) _____ al cine con mucha frecuencia. Un día (ver) _____ una película horrible, que (llamarse) _____ no me acuerdo cómo. En aquella película todos los actores y actrices (ser) _____ muy malos. A las diez (terminar) _____ la película y yo (salir) _____ del cine y (ver) _____ a un amigo mío que (ir) _____ a entrar. Yo le (decir) _____: «Esta película es muy mala». Él me (decir) _____ que no le (importar) _____. Él (entrar) _____ y (ver) _____ la película. Al día siguiente, cuando yo lo (ver) _____ a él en la universidad, él me (explicar) _____ que le (gustar) _____ ver películas malas cuando no (tener) _____ ganas de pensar en nada.

C. Transformación. Conteste las preguntas cambiando del presente al pasado, con el pretérito o el imperfecto.

Modelos: El atracador entra en el banco. ¿Y ayer?
Ayer el atracador entró en el banco.
Cambio mis cheques los lunes. ¿Y antes?
Antes cambiaba mis cheques los lunes.

1. Abro una cuenta corriente. ¿Y ayer?
2. Él nos pide prestado dinero. ¿Y el martes pasado?
3. Ellos se aburren en las conferencias. ¿Y con frecuencia?
4. Voy al banco para depositar mi cheque. ¿Y a menudo?
5. Me invitan a cenar. ¿Y de costumbre?
6. Cobran un cheque en el banco. ¿Y esta mañana?
7. El banco cierra a las tres. ¿Y ayer?

52. CLAUSES WITH *QUE* AND *LO QUE*

1. **Que** corresponds to the English word *that,* when it introduces a clause.

Es verdad **que** sientes una gran emoción.	It is true (that) you feel a great emotion.
Te juro **que** no hay fondos suficientes en la cuenta.	I swear to you (that) there aren't enough funds in the account.
Cobré el cheque **que** llegó ayer.	I cashed the check that arrived yesterday.

2. **Lo que** corresponds to the English word *what,* whenever *what* means *that which.* **Lo que** also introduces a clause.

Lo que Ud. dice es importante.	What (that which) you say is important.
Ud. dijo **lo que** yo pensaba.	You said what (that which) I was thinking.

EJERCICIOS

A. Substitución. Conteste las preguntas.

1. ¿El dinero que tienes es tuyo? ¿Y el dinero que trajiste? ¿Y el dinero que encontraste?
2. ¿Conoces a la muchacha que llegó ayer? ¿Y a la muchacha que secuestró el avión ayer? ¿Y a la muchacha que cobró un cheque?
3. ¿Es verdad que ella te creía? ¿Y que te quería? ¿Y que te fascinaba?
4. ¿Crees lo que dicen los periódicos? ¿Y los amigos? ¿Y los bancos?

B. Transformación. Combine la segunda frase con la primera usando *que.*

Modelo: Vemos al profesor, El profesor enseña español.
　　　　Vemos al profesor que enseña español.

1. Contraté al fotógrafo. El fotógrafo es colombiano.
2. Trabajaban con las señoritas. Las señoritas son las directoras.
3. Vamos a estar en la terraza del café. La terraza del café está en la esquina.
4. Los fondos están en la cuenta. Los fondos no son suficientes.
5. Entré en el banco. El banco abrió las puertas a las nueve.
6. Hicieron una nueva película. La nueva película es de aventuras.

C. Preguntas. Conteste las preguntas usando la información que está en la pregunta.

Modelo: Esta escena no es buena. ¿Qué crees tú?
　　　　También creo que esta escena no es buena.

1. Los bancos son necesarios. ¿Qué crees tú?
2. Los impuestos son altos. ¿Qué creen tus padres?
3. Hacer una película buena es difícil. ¿Qué cree la actriz?

4. Lo que dicen los periódicos es importante. ¿Qué crees tú?
5. Las actrices juran que ellas son buenas. ¿Qué juras tú?
6. Juré que no vi al atracador. ¿Qué juraron ellos?

DIÁLOGO

Víctor y el director hablan de la película que están haciendo.

DIRECTOR: Ya **hace una semana que** estamos aquí. **¿Sabes** algo de la historia de los galeones que se hundieron en esta ría?

VÍCTOR: No, no **sé** nada. **Llegué** a España **hace un mes**. No **conozco** bien el país.

DIRECTOR: Bueno, pero en América también tenéis historias de tesoros perdidos en el mar.

VÍCTOR: ¡Oh, sí! Pero yo nunca **busqué** ninguno. Y en la película que hacemos, ¿encontramos el tesoro?

DIRECTOR: No, pero eso no es lo importante. El tesoro es el símbolo de la felicidad. Todos la buscan pero ¿cuántos la encuentran?

VÍCTOR: Yo la encontré. Creo que voy a casarme con María, nuestra actriz.

CONVERSACIÓN SOBRE EL DIÁLOGO

1. ¿Víctor sabe algo de la historia de España? 2. ¿Hay historias de tesoros perdidos en América? 3. ¿Buscó Víctor algún tesoro? 4. ¿De qué es símbolo el tesoro? 5. ¿Qué va a hacer Víctor? 6. ¿En qué partes de los Estados Unidos hay historias de tesoros españoles perdidos en el mar?

NOTAS CULTURALES   1. When the director talks to Víctor he uses the **tú** form, but when he refers to Víctor and his fellow Americans he uses the plural, familiar **vosotros** form **(tenéis).** As noted in the *Vista Preliminar,* this form is used mostly in Spain.

2. The influence of Spanish on the English language has been significant. Spanish words that have influenced English include **lazo** ("lasso"), **rodeo, mesa** (flat-topped, rocky hills with steep slopes, common in the southwest), **piña colada** (a rum and pineapple drink), etc. **Florida, Nevada,** and **Colorado** get their names from Spanish, too. **Florida** was "discovered" on **el día de Pascua Florida** (Easter Sunday). **Nevada** means "snow-covered" and **Colorado** means "reddish-brown." **Desoto, Pinto, Vega, Bronco, Fiesta,** and **Córdoba** are names that have been given to American cars. Be on the lookout for other words that have come from Spanish.

3. Spain's contribution to naval history has been astonishing. Spanish explorers were responsible for opening up the western hemisphere to the Europeans, beginning with Cristóbal Colón (Christopher Columbus); Juan Sebastián Elcano, who completed the circumnavigation of the earth; Alonso de Pineda, who charted the northern part of the Golfo de México and saw the Mississippi River; and Andrés de Urdaneta and Alonso de Arellano, who sailed from Acapulco to the Philippines and back.

DIALOGUE

Víctor and the director are talking about the movie they are making.

DIRECTOR: We've been here for a week now. Do you know anything about the history of the galleons that sank in this bay?

VÍCTOR: No, I don't know a thing. I arrived in Spain a month ago. I don't know the country well.

DIRECTOR: Well, but in America you also have stories of treasures lost at sea.

VÍCTOR: Oh, yeah! But I never looked for any. And, in the movie we're making, do we find the treasure?

DIRECTOR: No, but that isn't the important thing. The treasure is the symbol of happiness. Everybody is looking for it, but . . . how many find it?

VÍCTOR: I found it. I think I am going to marry María, our actress.

CONCEPTOS GRAMATICALES

53. TIME EXPRESSIONS WITH *HACER*

1. Spanish speakers use **hace** and an expression of time to describe an action that began in the past and is still going on.

Hace + time expression + **que** + verb in present tense

Hace dos horas que leo.	I have been reading for two hours.
Hace un año que estudio español.	I have been studying Spanish for a year.

Hace una semana que el jefe me debe mi sueldo.

The boss has owed me my salary for a week.

When **hace** + the time expression occurs after the verb, **que** is deleted, and the preposition **desde** ("since") may be used. Use of **desde** is optional.

Hace una semana que no tengo dinero.
No tengo dinero **(desde) hace una semana.**

I haven't had any money for a week.

2. To describe an action that began in the past and continued until some point in time, the imperfect, **hacía**, is used.

Hacía una semana que no me pagaban.

They hadn't paid me for a week.

Hacía años que usaba tarjetas de crédito.

I had used credit cards for years.

The **hacía** form is often used to show that an event in progress was interrupted by another action.

Hacía años que usaba tarjetas de crédito y luego **dejé** de usarlas.

I had used credit cards for years and then I stopped using them.

3. To show that an event took place in the past, and that it is no longer going on, **hace** can also be used with the preterite. In English the verb is in the past tense, followed by the word *ago.*

Hace + time expression + **que** + verb in the preterite

Hace un mes que pagué la cuenta.

I paid the bill a month ago.

Different word order is possible in both English and Spanish.

Hace una hora que deposité el dinero.

I deposited the money an hour ago.

Deposité el dinero **hace una hora.**

It has been an hour since I deposited the money.

EJERCICIOS

A. Transformación. Conteste las preguntas cambiando el orden de la frase y eliminando la palabra *que.*

Modelo: ¿Hace un mes que no bailas?
　　　　Sí, no bailo (desde) hace un mes.

1. ¿Hace varios meses que no tienes sueldo?
2. ¿Hace un año que tienes una tarjeta de crédito?
3. ¿Hace dos meses que trabajas en una oficina?

4. ¿Hace tiempo que buscas la felicidad?
5. ¿Hace dos semanas que tienes poco dinero?

B. Preguntas. Conteste las preguntas con *hace un año* y una cláusula en el pretérito.

Modelo: ¿Vives en Buenos Aires ahora?
    Ahora no, pero hace un año que viví en Buenos Aires.

1. ¿Trabajas en la cafetería ahora?
2. ¿Debes dinero ahora?
3. ¿Secuestran muchos aviones ahora?
4. ¿Ganas mucho sueldo ahora?
5. ¿Esquías mucho ahora?
6. ¿Compras muchas cosas con la tarjeta de crédito ahora?

C. Preguntas. Conteste las preguntas con las dos formas estudiadas.

Modelo: ¿Cuánto tiempo hace que estamos en clase?
    Hace diez minutos que estamos en clase.
    Estamos en clase (desde) hace diez minutos.

1. ¿Cuánto tiempo hace que Ud. estudia español?
2. ¿Cuánto tiempo hace que Ud. no deposita dinero en el banco?
3. ¿Cuánto tiempo hace que Ud. no come comida mexicana?
4. ¿Cuánto tiempo hace que Ud. no va a la playa?
5. ¿Cuánto tiempo hace que Ud. no tiene una cuenta corriente?

54. *SABER* VS. *CONOCER*

1. The most common English equivalent of both **saber** and **conocer** is "to know." A problem, therefore, often arises as to which verb to use in Spanish.[1]

Saber usually means to know a fact or to have knowledge about something.

Ella **sabe** la canción.	She knows the song. (She learned the words.)
Ramón **sabe** que Dolores vive en Sevilla.	Ramón knows that Dolores lives in Seville.

2. **Saber** + infinitive expresses the idea of "to know how" + infinitive.

Sabemos abrir una cuenta de ahorros.	We know how to open a savings account.
¿**Sabes** depositar fondos en una cuenta de ahorros?	Do you know how to deposit funds into a savings account?

---

1. Remember that both verbs have an irregular *yo* form in the present tense: *yo sé* and *yo conozco.* All the other forms follow the regular pattern of *E*-type verbs.

3. **Conocer** means to be acquainted or familiar with something or someone.

Ramón **conoce** a Dolores.　　　　　Ramón knows Dolores.
No **conozco** la Ciudad de México.　　I don't know (I am not acquainted
　　　　　　　　　　　　　　　　　　with) Mexico City.

4. In the preterite, both **saber** and **conocer** have slightly different meanings. The preterite of **saber** means "learned (found out) something for the first time." The preterite of **conocer** means "met (for the first time)." Study the preterite forms.

Singular		Plural	
yo	**supe**	nosotros(as)	**supimos**
tú	**supiste**	vosotros(as)	**supisteis**
usted él, ella	**supo**	ustedes ellos, ellas	**supieron**

The preterite of **conocer** is regular: **conocí, conociste, conoció, conocimos, conocisteis, conocieron.**

Supe la noticia anoche y **sé** que es
mentira.

Conocí al jefe anoche.

I found out (heard, learned) the news
last night and I know it's a lie.

I met (was introduced to) the boss last
night.

EJERCICIOS

A. Substitución. Conteste las preguntas.

1.　¿Sabes explicar bien una idea? ¿Y él? ¿Y ellos? ¿Y yo?
2.　¿Conoces Nueva York? ¿Y ellos? ¿Y nosotros? ¿Y ella?
3.　¿Supiste el nombre del jefe? ¿Y ustedes? ¿Y ella? ¿Y yo?
4.　¿Conociste a alguien interesante ayer? ¿Y ellos? ¿Y yo? ¿Y él?

B. Sea un intérprete.

1. Do you know where the office is?　2. Do you know how to open a savings account?　3. Do you know when somebody is telling a lie?　4. Do you know Mexico City?　5. Did you meet my friends?　6. Did you find out about the news?

55. ORTHOGRAPHIC-CHANGING VERBS

Some Spanish verbs require a change in spelling in some forms in order to keep a uniform pronunciation of the final consonant of the stem. In the verbs you have studied, the final consonants affected are the sounds of [k], [g], [s] ([th] in Spain), and [h]. The following chart shows the spelling of the final consonant before the various vowels.

Final stem Consonant sound	before a	before o	before u	before e	before i
[h]	ja	jo	ju	je / que	ji / qui
[g]	ga	go	gu	gue	gui
[k]	ca	co	cu	que	qui
[s(th)]	za	zo	zu	ce	ci

Hernán Cortés, el conquistador español, recibe una visita de los aztecas.

A. Some verbs have spelling changes in the present tense.

1. All verbs with infinitives ending in **-ger** change the **-g-** to **-j-** in the **yo** form of the present tense to retain the [h] sound in the stem. The other persons are regular.

escoger to choose

Singular		Plural	
yo	esco**jo**	nosotros(as)	esco**gemos**
tú	esco**ges**	vosotros(as)	esco**géis**
usted él, ella	esco**ge**	ustedes ellos, ellas	esco**gen**

escoger	Yo **escojo** la sopa y tú **escoges** el postre.	I choose the soup and you choose the dessert.
recoger	Yo **recojo** mi cheque ahora y él **recoge** su cheque mañana.	I pick up my check now and he'll pick up his check tomorrow.

2. Verbs like **seguir** that end in **-guir** drop the **-u-** before **o**.

Sigo las instrucciones de mi jefe pero Pablo no las **sigue**.

I follow my boss's instructions but Pablo does not follow them.

B. Some verbs have spelling changes in the **yo** form of the preterite tense.

1. All verbs with infinitives ending in **-gar** add a **-u-** between the **-g-** and **-é** in the **yo** form of the preterite to retain the [g] sound in the stem. The other persons are regular.

Ya **pagué** la cuenta. Y tú, ¿ya **pagaste?**

I already paid the bill. And you, did you already pay?

Yo **jugué**, pero él no **jugó**.

I played, but he didn't play.

2. Verbs ending in **-car** change **-c-** to **-qu-** in the **yo** form of the preterite to retain the [k] sound in the stem.

Yo **toqué** el piano y ella **tocó** la guitarra.[2]

I played the piano and she played the guitar.

Practiqué la lección y ellos **practicaron** la música.

I practiced the lesson and they practiced the music.

Saqué el resto del dinero de mi cuenta corriente.

I took the rest of the money from my checking account.

---

2. *Tocar* means both "to play" (a musical instrument) and "to touch."

3. Verbs ending in **-zar** change **-z-** to **-c-** in the **yo** form of the preterite.

Yo **abracé** a papá y tú **abrazaste** a mamá.	I hugged dad and you hugged mom.
Yo **organicé** este grupo y ella **organizó** el otro grupo.	I organized this group and she organized the other group.

4. Verbs ending in **-eer,** like **leer** and **creer,** take a **-y-** in the third person singular and plural of the preterite.

Yo **leí** el libro que ellos **leyeron.**	I read the book they read.
Él no me **creyó.**	He didn't believe me.

EJERCICIO

Preguntas. Conteste las preguntas escribiendo la respuesta.

1. ¿Pagaste el resto de la cuenta?
2. ¿Sacaste el dinero de la cuenta?
3. ¿Recoges el cheque hoy?
4. De niño, ¿tu mamá te leyó el periódico?
5. ¿Ya almorzaste?
6. ¿Tocaste la guitarra hoy?
7. ¿Abrazaste a tus padres?
8. ¿Organizaste una fiesta recientemente?
9. ¿Siempre escoges un buen grupo de amigos?
10. ¿Quién no te creyó una vez?

ACTIVIDADES PERSONALES

A. Entrevista

Preguntas	Oral	Escrito
1. ¿Como te llamas?	1. Me _____.	1. Se _____.
2. Cuando eras niño(a), ¿cómo te llamaban?	2. Cuando era niño(a), a mí me _____.	2. Cuando era niño(a), a él/ella _____.
3. ¿Con qué soñabas esta mañana antes de levantarte?	3. Esta mañana yo _____.	3. Esta mañana él/ella _____.
4. ¿Qué supiste este año?	4. Este año yo _____.	4. Este año él/ella _____.

5. ¿A qué edad empezaste a usar una cuenta corriente?

5. Yo _____.

5. Él/ella _____.

6. ¿Qué te dijo una vez alguna persona importante?

6. Una vez una persona importante _____.

6. Una vez una persona importante _____.

7. ¿Cuánto tiempo hace que tú no te metes en un lío?

7. Hace _____.

7. Hace _____.

B. Completa las frases con tus ideas personales.
1. Esta mañana saqué _____.
2. Una vez conocí a _____.
3. Nunca busqué _____.
4. Cuando era niño(a) siempre abrazaba a _____.
5. Lo que dicen los periódicos _____.
6. Hace un año que yo _____.

C. Vamos a imaginarnos que tú querías preparar una comida fantástica. Pero, mientras la preparabas, algo curioso te pasó. ¿Qué te pasó?

Por ejemplo: Mientras yo preparaba la comida, un león muy grande entró en mi casa.

SECCIÓN CULTURAL

España y América

Desde que los españoles llegaron a América hace muchos años, en 1492, la cultura española se extendió por el continente y se mezcló con las culturas indígenas.

extenderse: to expand
mezclarse: to mix

Durante el siglo XIX los diferentes países hispanoamericanos que eran parte del imperio español declararon su independencia. Ahora, en el siglo XX, ¿cómo son las relaciones entre España y los países que eran sus antiguos dominios en el hemisferio occidental?

durante: during

Son unas relaciones ambiguas. Los españoles y los hispanoamericanos saben que tienen mucho en común: la lengua, la religión, muchas costumbres, la arquitectura de muchas de sus ciudades y una actitud general ante la vida. Todo esto es el producto de una historia común, pero esa historia común también creó tensiones que todavía siguen.

actitud: attitude
ante: about, toward

sólo: only

es decir: that is to say

riqueza: wealth

sin embargo: nevertheless

mestizo: of Spanish and Indian descent

En México, por ejemplo, los grandes muralistas que decoraron muchos edificios oficiales representaron siempre a los españoles como hombres crueles y feroces que sólo buscaban explotar a los indios. En sus magníficos murales hay dos clases de personas: los buenos y los malos. Es decir, los indios y los españoles.

En varios países hispanoamericanos la minoría que controla la política y la riqueza es, en general, de origen español o europeo. La mayoría explotada es, también en general, de origen indio, y los problemas socioeconómicos están mezclados con aspectos raciales. Lo que es necesario decir, sin embargo, es que muchos españoles que vinieron a América en la época colonial se casaron con mujeres indias y crearon un grupo racial nuevo—los mestizos—que en algunos países es ahora la mayoría de la población.

Un mural del Palacio Nacional de México. Representa la vida de Tenochtitlán.

Los contactos culturales y personales entre España y los países hispanoamericanos son ahora muy frecuentes. Hay muchos estudiantes hispanoamericanos en las universidades españolas. Muchos intelectuales hispanoamericanos viven en España, la conocen bien, y la literatura hispanoamericana tiene un gran éxito en ese país. Los reyes de España, Juan Carlos y Sofía, visitaron muchos países de América, y fueron siempre bien recibidos.

reyes: king and queen

Es importante saber que todos los que hablan español en España, en Hispanoamérica y en los Estados Unidos tienen una cultura común, que es una unidad cultural dentro de la diversidad.

PREGUNTAS

1. ¿Con qué culturas americanas se mezcló la cultura española?
2. ¿Qué pasó en el siglo XIX en Latinoamérica?
3. ¿Qué tienen en común los españoles y los hispanoamericanos?
4. ¿Qué creó la historia común?
5. ¿Qué hicieron los grandes muralistas mexicanos?
6. ¿Quiénes son los buenos y los malos en los murales mexicanos?
7. Cuando se casaron los españoles con las mujeres indias, ¿qué crearon?
8. ¿Cómo son los contactos culturales entre España y los países hispanoamericanos?
9. ¿Qué existe dentro de la diversidad hispánica?

VOCABULARIO ACTIVO

Nombres

el (la) atracador(a): *holdup person*
la canción: *song*
la cuenta: *account, bill*
el cheque: *check*
la escena: *scene*
la felicidad: *happiness*
los fondos: *funds*
la guitarra: *guitar*
el impuesto: *tax*
el jefe, la jefa: *boss, chief*
el mar: *sea*
la mentira: *lie*
el préstamo: *loan*
el resto: *remainder, rest*
el sueldo: *salary*
la tarjeta de crédito: *credit card*
el tesoro: *treasure*

Verbos

cambiar: *to change*
casarse: *to get married*
cobrar: *to cash*
contratar: *to contract, hire*
escoger: *to choose*
jurar: *to swear*
mirar: *to look at*
recoger: *to pick up*
sacar: *to withdraw, to take out*
seguir: *to follow*
sonar: *to ring, to sound*
tocar: *to play, to touch*

Adjetivos

bajo(a): *short*
perdido(a): *lost*

Expresiones

la cuenta corriente: *checking account*
la cuenta de ahorros: *savings account*
pedir prestado(a): *to ask for a loan, to borrow*

COGNADOS

Nombres

el banco
la emoción
el grupo
la instrucción
mamá
papá
el piano
el poema
el símbolo

Verbos

depositar
organizar
usar

Adjetivos

horrible
suficiente

REPASO TRES

VISTAS 8, 9, 10, 11

1. RESUMEN DEL DIÁLOGO

Select one dialogue from *Vistas* 8–11 and prepare a brief summary of its main ideas or events. You will present this summary orally in class at some time during the period devoted to *Repaso 3*. As an alternative, dramatize dialogues using gestures and props.

2. THE PRETERITE (REPASE LOS *CONCEPTOS GRAMATICALES* 33, 37 Y 42.)

A. Verbos regulares. Llene el espacio en blanco con la forma del pretérito.

1. (ganar) ¿Quién _____ el dinero?
2. (sentir) El dolor, ella lo _____ .
3. (meterse) Nosotros _____ en un lío ayer.
4. (pensar/salir) Ellos _____ que el plan _____ muy bien.
5. (admitir) Yo no _____ el error.
6. (aburrirse) ¿Tú _____ en la clase ayer?
7. (escribir) ¿No _____ Ud. ninguna carta a sus amigos?
8. (perder) ¿Uds. _____ los billetes?

B. Verbos irregulares. Llene el espacio en blanco con la forma del pretérito.

1. (ir) ¿Cuándo _____ Víctor a Cuba?
2. (ser) Mi papá no _____ la persona que fue a Cuba.
3. (estar) ¿Dónde _____ tú anoche?
4. (poner) Mis amigos _____ las llaves en la mesa.
5. (hacer) ¿Qué _____ el capitán cuando entró el periodista?
6. (traer) Los niños me _____ el periódico temprano.

7. (dar) Yo no te _____ nada.
8. (tener) Nosotros _____ una carta ayer.
9. (darse) La profesora no _____ cuenta de nada.
10. (saber) ¿Cuándo _____ tú las noticias?

3. THE IMPERFECT (REPASE EL *CONCEPTO GRAMATICAL* 47.)

Complete las frases con la forma del imperfecto del verbo dado.

1. (ir) De niña, yo siempre _____ al parque cada sábado.
2. (tener/meter) Cuando mi mejor amigo _____ quince años, él siempre se _____ en los problemas de los otros.
3. (ser) _____ las once cuando terminé.
4. (estar) Mientras ellos _____ pensando en el futuro yo decidí irme.
5. (interesar) A los doce años, ¿a ti te _____ los deportes?
6. (haber) Al lado de mi casa _____ una heladería.
7. (pedir) Durante nuestra visita nosotros _____ muchas direcciones.
8. (buscar/abrir) Yo _____ el número de teléfono mientras Uds. _____ las maletas.
9. (querer) ¿Siempre _____ tú una piscina como regalo?

4. PRETERITE AND IMPERFECT CONTRASTED (REPASE EL *CONCEPTO GRAMATICAL* 51.)

A. Cambie esta narración del presente al pasado, usando pretéritos o imperfectos.

Un día Antonio me *habla* de su vida por una hora. Antonio *es* de una ciudad pequeña. *Vive* en esa ciudad muchos años, pero después *va* a vivir en una ciudad grande, donde no *tiene* amigos. *Alquila* un apartamento que *es* muy pequeño. *Encuentra* trabajo en un banco. En el banco *conoce* a una chica que *trabaja* con él. Antonio *se enamora* de ella, y ella *se enamora* de él.

Un día la chica lo *lleva* a su casa. En su casa *conoce* a los padres de la chica que *es* su novia. La casa *es* muy grande y elegante. Los padres de su novia *tienen* mucho dinero. Antonio *tiene* mucha suerte. *Va* a ser director del banco. Pero no *es* verdad. Ésta no *es* la vida de Antonio. *Es* la vida que él *sueña* cuando no *está* contento. La verdad *es* que Antonio no *trabaja* en un banco, no *tiene* novia y no *tiene* amigos. Pero *tiene* mucha imaginación. *Es* muy inteligente, y me *dice* que *va* a tener todo lo que *sueña*.

B. Sea un intérprete.

1. Why did you ask for a loan yesterday?   2. Did you pay your taxes last year?
3. You told me you were going to buy a car.   4. The boy you met yesterday, was he tall or short?   5. The boyfriend you had last year, did he have a job?
6. Who was in class when you entered?   7. Why did you refuse my check?
8. Were you at home when your father arrived?

5. TIME EXPRESSIONS WITH *HACER* (REPASE EL *CONCEPTO GRAMATICAL* 53.)

Conteste las preguntas usando su propia expresión de tiempo.

1. ¿Cuánto tiempo hace que depositaste unos fondos en el banco?
2. ¿Cuánto tiempo hace desde que tú no te enfermas?
3. ¿Cuánto tiempo hace que no tienes dolor de cabeza?
4. ¿Cuántas semanas hace que compraste tu libro de español?
5. ¿Cuánto tiempo hace que tu padre no se mete en los asuntos tuyos?
6. ¿Cuántos días hace que estás sin problemas personales?

6. STRESSED FORMS OF POSSESSIVE ADJECTIVES AND PRONOUNS (REPASE EL *CONCEPTO GRAMATICAL* 48.)

Conteste las preguntas según el modelo.

Modelo: Vi las fotos suyas. ¿Y el coche?
Vi el coche suyo.

1. Olvidé los libros míos. ¿Y las maletas? ¿Y el bolígrafo?
2. No encontraron la casa nuestra. ¿Y el regalo? ¿Y los cheques?
3. Siempre me gustaban las ideas suyas. ¿Y su opinión? ¿Y sus asuntos?
4. José perdió el dinero tuyo. ¿Y los papeles? ¿Y la carta?

7. THE PREPOSITIONS *POR* AND *PARA* (REPASE EL *CONCEPTO GRAMATICAL* 50.)

Use *por* o *para* en los espacios en blanco.

1. Compré este suéter _____ nueve pesos.
2. Bueno, _____ mañana, terminen esta *Vista*.
3. _____ profesor, no es malo.
4. ¿Quién va _____ café?
5. José trabajaba _____ el gobierno mexicano.
6. Este artículo fue escrito _____ esos profesores.
7. Alguien preguntó _____ ti hace un momento.
8. _____ llegar tengo que pasar _____ la calle.
9. Compré el libro _____ diez dólares.

8. *SABER* VS. *CONOCER* (REPASE EL *CONCEPTO GRAMATICAL* 54.)

Use *saber* o *conocer* en los espacios en blanco.

1. Yo _____ que el español es fácil.
2. ¿_____ Uds. explicarme esta idea?
3. José no _____ a Josefina.
4. ¿_____ Ud. mejor esta ciudad o ésa?
5. ¿Quiénes _____ a mi novia?
6. ¿No _____ tú jugar al golf?

9. THE REFLEXIVE CONSTRUCTION (REPASE EL *CONCEPTO GRAMATICAL* 40.)

Conteste las preguntas según el modelo.

Modelo: Juan se lavó las manos. ¿Y tú?
　　　　Yo también me lavé las manos.

1. María se enfermó en el restaurante. ¿Y tus amigos?
2. Me quejaba de la clase. ¿Y tu amigo?
3. Ellos se levantan temprano. ¿Y María?
4. Tú te creías magnífico en todo. ¿Y yo?
5. Me acosté temprano anoche. ¿Y los estudiantes?
6. El presidente se metió en un lío. ¿Y los profesores?
7. El capitán se equivoca. ¿Y tú?

10. COMPARISONS OF EQUALITY (REPASE EL *CONCEPTO GRAMATICAL* 43.)

A. Combine las dos frases usando *tan . . . como.*

Modelo: Soy alto. Mi padre es alto.
　　　　Soy tan alto como mi padre.

1. El profesor habla bien. La profesora habla bien.
2. El tren llegó tarde. El coche llegó tarde.
3. Yo hablo español bien. El profesor habla español bien.
4. Mi mejor amiga es inteligente. Soy inteligente.
5. Mi casa está limpia. Tu casa está limpia.

B. Combine las dos frases usando *tanto(a) . . . como.*

Modelo: Tengo muchas ideas. Mi profesor tiene muchas ideas.
　　　　Tengo tantas ideas como mi profesor.

1. Vi muchos aviones. Vieron muchos trenes.
2. Leí cinco libros. Mi amiga leyó cinco libros.
3. El coche cuesta mucho dinero. El viaje a la Argentina cuesta mucho dinero.
4. Se quejaron tres veces. Se equivocaron tres veces.

C. Combine las dos frases usando *tanto como.*

Modelo: Como mucho. Juego mucho.
　　　　Como tanto como juego.

1. Entendí mucho. Expliqué mucho.
2. Descansaron mucho. Trabajaron mucho.
3. Vamos a bailar mucho. Vamos a esquiar mucho.
4. Me molestan mucho. Me fascinan mucho.

11. COMPARISONS OF INEQUALITY (REPASE LOS *CONCEPTOS GRAMATICALES* 43 Y 44.)

A. Combine las dos frases.

Modelo: La muchacha es inteligente. El muchacho es menos inteligente.
   La muchacha es más inteligente que el muchacho.

1. La maleta es pesada. La mochila es ligera.
2. El presidente estaba cansado. El vicepresidente estaba menos cansado.
3. Tenía mucha suerte. Tenía menos razón.
4. Hicimos muchos exámenes. Hicimos menos ejercicios.
5. Compré unas camisas. Compré menos pantalones.
6. Esta maleta es buena. Esa maleta es mala.
7. Tú tienes mala suerte. Yo tengo buena suerte.

B. Conteste las preguntas.

Modelo: Hablando de inteligencia y de dinero, ¿qué tienes más?
   Tengo más inteligencia que dinero.

1. Hablando de suerte y de ideas, ¿qué tenías más?
2. Hablando de la vida y del amor, ¿qué comprendes menos?
3. Hablando de la imaginación y de la razón, ¿en qué crees más?
4. Hablando de arroz y de carne, ¿qué comes más?
5. Hablando del futuro y del pasado, ¿cuál de los dos te importa más?

12

ESPAÑA Y LOS SEFARDÍES
Vista Doce

AL PRINCIPIO

In this *Vista* Víctor returns to Madrid where he meets a Greek woman with a Spanish surname who speaks impeccable Spanish. You'll learn why she is in Spain and why she speaks Spanish. As you progress through the *Vista* you'll learn:

1. how to form the *let's* command (56):

   Vamos a sentarnos aquí.   Let's sit down here.
   Descansemos.   Let's rest.

2. formal commands of regular and irregular verbs (57):

   Perdone.   Excuse me.
   Explíqueme.   Explain to me.

3. use of the impersonal **se** (58):

   Se vive bien en Madrid.   One lives well in Madrid.

4. five adverbs of place (59):

   Estoy **aquí** en España.   I'm here in Spain.
   Venga **acá.**   Come here.
   Allá en Grecia.   There in Greece.
   Ellos están **ahí.**   They are over there.
   El director estaba **allí** en su coche.   The director was there in his car.

5. why the conjunction **y** sometimes changes to **e** and **o** changes to **u** (60):

   Siete **u** ocho. Elvira **e** Isabel.

In the *Sección cultural* you'll read about the Sephardic Jews, who were expelled from Spain by the *Reyes católicos* in 1492, where they went, and their contributions to Spanish culture. The vocabulary for this *Vista* concerns common activities for which the command form is appropriate. Learn the command forms well. They will help you later when you study the subjunctive.

Moisés Maimónides, un sefardí escolar

DIÁLOGO

Después de hacer la película en Galicia, Víctor volvió a Madrid. En el hotel hay una señora griega que habla español. Se llama Doña Elodie Galante, que es un apellido español.

VÍCTOR: **Perdone,** señora, pero no puedo resistir mi curiosidad. Usted es griega, pero se llama Galante y habla español. **Explíqueme,** ¿cómo es posible eso?

SRA. G.: Es muy fácil. Soy griega y soy sefardí, es decir, descendiente de los judíos expulsados de España en 1492.

VÍCTOR: Pero, **vamos a ver,** ¿Uds. todavía hablan español?

SRA. G.: Hablamos ladino, que es el castellano del siglo XV, con palabras de otros idiomas: turco, griego, árabe . . .

VÍCTOR: ¡Qué interesante! **Vamos a sentarnos** aquí y **vamos a hablar** de todo eso.

CONVERSACIÓN SOBRE EL DIÁLOGO

1. ¿Tiene la señora griega un apellido griego?   2. ¿Qué es lo que no puede resistir Víctor?   3. ¿Qué idioma hablan los sefardíes?   4. ¿Qué es el ladino? 5. ¿Hay muchos norteamericanos con apellidos españoles?   6. Su apellido, ¿es español, inglés, italiano, japonés, africano, indio, polaco, árabe?

NOTAS CULTURALES

1. Prior to 1492, Jews played an important role as part of a merchant/business/labor class in Spain. Jews were also involved in banking, and many belonged to the intellectual and professional community. With their expulsion in 1492, Spain lost a large part of its labor force and its intellectual and professional class. According to some historians, this was an important factor that helped bring about Spain's eventual decline.

2. When the Jews were expelled by the **Reyes católicos** (Fernando and Isabel), they fled to Greece and other Mediterranean countries and to Holland. In the U.S. today, there are significant Sephardic communities in New York and Massachusetts.

3. Spanish Jews are called **sefardíes** or **sefarditas.** They speak **ladino,** which is a mixture of fifteenth-century Spanish with strong influences of Greek, Turkish, Hebrew, and Arabic. The maintenance of this language well into the twentieth century has served as a viable means to maintain the group's cultural identity. Here is a ladino proverb: *Un anio más, un sechel más. (Un año más, un poco más de experiencia.) Sechel* comes from Hebrew *séjel.*

DIALOGUE

After making the picture in Galicia, Víctor returned to Madrid. At the hotel is a Greek woman who speaks Spanish. Her name is Mrs. Elodie Galante, which is a Spanish family name.

VÍCTOR: Excuse me, ma'am, but I can't resist my curiosity. You're Greek, but your name is Galante and you speak Spanish. Explain to me, how is that possible?

MRS. G.: It's very easy. I'm Greek and I'm a Sephardic Jew, that is, a descendant of the Jews who were expelled from Spain in 1492.

VÍCTOR: But, let's see, you still speak Spanish?

MRS. G.: We speak ladino, which is the Spanish spoken in the fifteenth century, with words from other languages: Turkish, Greek, Arabic. . . .

VÍCTOR: How interesting! Let's sit down here and talk about all of that.

CONCEPTOS GRAMATICALES

56. THE *LET'S* COMMAND

1. The form **vamos a** + infinitive is the most commonly used *let's* command.

Vamos a descansar.	Let's rest.
Vamos a comer.	Let's eat.
Vamos a subir.	Let's go up.

2. A second command form uses the **nosotros** form of the verb, but with a change in the theme vowel. The **a** of **A**-type verbs in the present indicative changes to **e,** and the **e** and **i** of **E**-type and **I**-type verbs change to **a.**

Present Indicative		Command Form	
descansar	Descansamos.	**Descansemos.**	Let's rest.
comer	Comemos.	**Comamos.**	Let's eat.
subir	Subimos.	**Subamos.**	Let's go up.

3. Some verbs have radical and spelling changes in the **nosotros** command form.

Present Indicative		Command Form	
servir	servimos	**S***i***rvamos** té.	Let's serve tea.
pedir	pedimos	**P***i***damos** café.	Let's order coffee.
dormir	dormimos	**D***u***rmamos** tarde.	Let's sleep late.
apagar	apagamos	**Apag***ue***mos** la luz.	Let's turn off the light.
marcar	marcamos	**Mar***que***mos** el número.	Let's dial the number.
comenzar	comenzamos	**Comen***ce***mos** ahora.	Let's begin now.

4. In the affirmative command form of reflexive verbs, the final **-s** is dropped and the reflexive pronoun **nos** is attached to the verb.

sentarse	sentemos + nos	**Sentémonos.**	Let's sit down.
levantarse	levantemos + nos	**Levantémonos.**	Let's get up.

In the negative form, **no** and **nos** precede the verb.

No nos sentemos.   Let's not sit down.
No nos levantemos.   Let's not get up.

The verb **irse** has different forms in the affirmative and negative.

Vámonos. Let's go.   **No nos vayamos.** Let's not go.

5. When an object pronoun is included in an affirmative command form, it is attached to the end of the infinitive or command form.

Vamos a marcarlo.
Marquémoslo.   Let's dial it.

When the indirect object pronoun **se** is included, the command form drops the final **-s.**

Vamos a llevárselo. Llevemos + selo.   **Llevémoselo.** Let's take it to him.

In the negative, **no** and the pronouns precede the command form.

No lo marquemos.   Let's not dial it.
No se lo llevemos.   Let's not take it to him.
Vamos a envolvérselo.
Envolvámoselo.   Let's wrap it for them.

EJERCICIOS

A. Transformación. Conteste las preguntas en forma afirmativa y en forma negativa.

1. ¿Estudiamos?   2. ¿Escribimos?   3. ¿Subimos?   4. ¿Apagamos la luz?
5. ¿Tocamos el piano?   6. ¿Servimos café?   7. ¿Leemos?

B. Transformación. Conteste las preguntas usando los pronombres de objeto directo.

Modelo: ¿Qué hacemos? ¿Ver la televisión?
     Sí, vamos a verla.

1. ¿Qué hacemos? ¿Recoger los papeles?   2. ¿Envolver los regalos?   3. ¿Apagar las luces?   4. ¿Marcar el número?   5. ¿Servir el té?   6. ¿Probar el postre?
7. ¿Comenzar los ejercicios?

C. Transformación. Conteste las preguntas del ejercicio B en forma negativa.

Modelo: ¿Qué hacemos? ¿Ver la televisión?
     No, no la veamos.

D. Transformación. Conteste las preguntas en forma afirmativa y negativa.

Modelo: ¿Nos levantamos?
     Sí, levantémonos. No, no nos levantemos.

1. ¿Nos acostamos?   2. ¿Nos lavamos?   3. ¿Nos peinamos?   4. ¿Nos quejamos?   5. ¿Nos quedamos en casa?   6. ¿Nos metemos en un lío?

E. Transformación. Conteste las preguntas en forma afirmativa y negativa, con los pronombres de objeto directo e indirecto.

Modelo: El té, ¿se lo servimos?
     Sí, sirvámoselo. No, no se lo sirvamos.

1. El café, ¿se lo pedimos?   2. La carta, ¿se la escribimos?   3. El regalo, ¿se lo envolvemos?   4. La blusa, ¿se la compramos?   5. El problema, ¿se lo explicamos?   6. El coche, ¿se lo vendemos?

F. Sea un intérprete.

1. Let's go away.   2. Let's try the soup.   3. Let's buy this car.   4. Let's have some fun.   5. Let's not turn off the lights.   6. Let's sit down.   7. Let's hurry.
8. Let's get in the taxi.

57. FORMAL COMMANDS

1. A command **(mandato)** is an order made directly to someone. The command statement may be made to one person **(Ud.)** or to more than one person **(Uds.).**[1]

2. To form a command with regular **A**-type verbs, the theme vowel **a** changes to **e.** For regular **E-** and **I**-type verbs, the **e** changes to **a.** The use of subject pronouns is optional in commands; they follow the verb if used.

---

1. The *tú* form of commands will be discussed in *Vista Trece.*

Present Indicative	Command Form	
Ud. habla español.	**Hable** (Ud.) español.	Speak Spanish.
Uds. hablan español.	**Hablen** (Uds.) español.	
Ud. bebe agua.	**Beba** (Ud.) agua.	Drink water.
Uds. beben agua.	**Beban** (Uds.) agua.	

leer	**Lean** Uds. la lección para mañana.	Read the lesson for tomorrow.
prestar	**Presten** atención.	Pay attention.
bajar	**Bajen** del autobús.	Get off the bus.
cortar	**Corte** la carne.	Cut the meat.
limpiar	**Limpie** el cuarto de baño.	Clean up the bathroom.

To form a negative command, place **no** before the verb.

abrir	**No abra** la puerta.	Don't open the door.
correr	**No corran** tan rápidamente.	Don't run so fast.

3. A stem change in the **Ud.** and **Uds.** forms of the present indicative will also appear in the command form.

volver(ue)	Ud. v**ue**lve	**Vuelva** (Ud.) pronto.	Come back soon.
encender(ie)	Ud. enc**ie**nde	**Encienda** (Ud.) la luz.	Turn on the light.
servir(i)	Ud. s**i**rve	**Sirvan** (Uds.) el té.	Serve the tea.

4. Verbs with spelling changes in the first person singular of the present indicative or the preterite also have spelling changes in the command forms.

Present Indicative	Command Form	
Ud. toca la guitarra.	**Toque** (Ud.) la guitarra.	Play the guitar.
Ud. apaga la luz.	**Apague** (Ud.) la luz.	Turn off the light.
Ud. escoge lo mejor.	**Escoja** (Ud.) lo mejor.	Choose the best.

5. To form a formal command of a verb whose first person form ends in **-go**, change the **o** to **a**.

Verb	1st Person Present Indicative	Ud(s). Command	
decir	**digo**	**diga(n)**	tell, say
hacer	**hago**	**haga(n)**	do, make
oír	**oigo**	**oiga(n)**	hear

The same change occurs with **poner, salir, tener, traer,** and **venir.**

Haga la cena temprano hoy.	Make dinner early today.
Tráigame el periódico.	Bring me the newspaper.
No **ponga** el radio.	Don't turn on the radio.
Díganos la verdad.	Tell us the truth.

6. There are three quite irregular command forms that you should learn.

Verb	Stem	Ud(s). Command	
ser	**se-**	**sea(n)**	be
saber	**sep-**	**sepa(n)**	know
ir	**vay-**	**vaya(n)**	go

Sea bueno.   Be good.
No **vaya** tarde.   Don't go late.
Sépalo para mañana.   Know it by tomorrow.

EJERCICIOS

A. Transformación. Los estudiantes dan órdenes al profesor o a la profesora usando la forma *Ud.*

Modelo: Prof.:   El profesor no escucha.
           Estudiante: *Profesor, escuche (Ud.).*

1. El profesor no corre rápido.
2. El profesor no presta atención.
3. La profesora no gasta dinero.
4. La profesora no enciende las luces.
5. El profesor no apaga las luces.
6. El profesor no pone el radio.
7. La profesora no sale temprano.

B. Transformación. Los estudiantes dan órdenes negativas usando la forma *Uds.*

Modelo: Prof.:   Ellos duermen en clase.
           Estudiante: *No duerman (Uds.) en clase.*

1. Ellos suben al taxi.
2. Ellos bajan del tren.
3. Ellos cortan la carne.
4. Ellos vuelven tarde.
5. Ellos sirven a sus amigos.
6. Ellos tocan el piano.
7. Ellos son malos.
8. Ellos dicen mentiras.

C. Sea un intérprete.

1. Order coffee. *(Uds.)*   2. Don't lose the money. *(Ud.)*   3. Know it by Friday. *(Uds.)*   4. Drink more water. *(Ud.)*   5. Wait a minute. *(Uds.)*   6. Return soon. *(Uds.)*   7. Don't clean the bathroom. *(Uds.)*   8. Get out of the taxi. *(Ud.)*   9. Pay attention. *(Uds.)*   10. Bring me the money. *(Ud.)*

DIÁLOGO

La Sra. Galante le cuenta a Víctor la historia de su familia. No **se tutean,** es decir, no **se hablan** de tú, no usan la forma tú, porque Elodie Galante es una señora de más edad que Víctor.

SRA. G.: Mi familia vivía en Segovia, y ahora estoy **aquí** en España para conocer la tierra de mis antepasados.

VÍCTOR: ¿Aprendió Ud. el español moderno **aquí?**

SRA. G.: No, lo aprendí **allá,** en Grecia.

VÍCTOR: Lo aprendió muy bien. Ud. es muy inteligente **e** interesante.

SRA. G.: Gracias, pero no debes usar tantos piropos con una vieja como yo. Piense que puedo ser tan vieja como su madre.

VÍCTOR: Pero me gusta hablar con Ud. **Se vive** bien en Madrid. ¿Va a estar Ud. **aquí** mucho tiempo?

SRA. G.: No, siete **u** ocho días más.

VÍCTOR: Bueno, entonces vamos a celebrar nuestra amistad hoy. Vamos a cenar juntos.

SRA. G.: De acuerdo. Vamos a divertirnos un poco. Pero . . . ¿de verdad quiere Ud. cenar conmigo? ¿No prefiere Ud. cenar con otros jóvenes?

VÍCTOR: Las personas interesantes no tienen edad.

SRA. G.: Oh, ¡es Ud. muy simpático!

CONVERSACIÓN SOBRE EL DIÁLOGO

1. ¿Qué le cuenta la señora Galante a Víctor?   2. ¿Para qué está en España la señora Galante?   3. ¿Dónde aprendió la señora Galante el español moderno? 4. ¿Cómo es la señora Galante?   5. ¿Cómo se vive en Madrid?   6. En su opinión, ¿en qué ciudad de los Estados Unidos se vive mejor?   7. ¿Ud. conoce la tierra de sus antepasados?   8. ¿Ud. se tutea con sus amigos? ¿Con quién no se tutea?

NOTAS CULTURALES
1. In 1492 the Catholic Kings, in an attempt to unite Spain politically and religiously, decreed that all Moslems and Jews had to convert to Catholicism or leave the country. Since this period religious freedom for non-Catholics in Spain has been difficult. After the end of the 19th century, non-Catholic religious services were permitted in

the privacy of small, inconspicuous churches. Recently, however, under the more liberal leadership of King Juan Carlos I, this has been significantly eased. Jewish historical buildings and figures are now showcases for the tourist population and for Jewish scholars.

2. Two of the best monuments of Jewish culture in Spain can be found in the former **Barrio Judío** (Jewish Quarter) of Toledo. They are the synagogues **El Tránsito** (built by Samuel Leví, a rich and famous Toledo Jew) and **Santa María la Blanca**. Both were turned into churches after the Jews were expelled, and they are museums now.

3. A **piropo** is a compliment paid by a man to a woman. Hispanic males are notorious for them. Depending upon the situation, these **piropos** may be very flattering or may border on the lascivious side. If given publicly on the street, a woman is expected to ignore them.

DIALOGUE

Mrs. Galante tells Víctor about her family's history. The two of them still do not use the *tú* form because she is older than Víctor.

MRS. G.: My family used to live in Segovia, and now I'm here in Spain to get to know the land of my ancestors.
VÍCTOR: Did you learn modern Spanish here?
MRS. G.: No, I learned it there in Greece.
VÍCTOR: You learned it very well. You're very intelligent and interesting.
MRS. G.: Thank you, but you shouldn't use so many compliments with an old lady like me. Just think, I can be as old as your mother.
VÍCTOR: But I like talking to you. One lives well in Madrid. Are you going to be here a long time?
MRS. G.: No, seven or eight more days.
VÍCTOR: Well then, let's celebrate our friendship today. Let's have dinner together.
MRS. G.: All right. Let's have a little fun. But . . . do you really want to have dinner with me? Don't you prefer to have dinner with other young people?
VÍCTOR: Interesting people have no age.
MRS. G.: Oh, you are kind!

CONCEPTOS GRAMATICALES

58. THE IMPERSONAL *SE*

1. Sometimes we want to express the idea that a certain action takes place, but we do not want to indicate any specific subject. In such cases we use an

impersonal form (both in English and in Spanish). The impersonal form emphasizes the action itself, not the person doing the action.

2. There are three common impersonal forms in Spanish and two in English.

Comen bien en España.   They eat well in Spain.

Uno come bien en España.

Se come bien en España.   One eats well in Spain.

3. The impersonal **se** is always used with a verb in the third person singular, and it is quite common in Spanish.

Cuando **se viaja, se duerme** en   When one travels, one sleeps in
hoteles.   hotels.

Se vive bien en Madrid.   One lives well in Madrid.

No **se fuma** en clase.   One doesn't smoke in class.

EJERCICIOS

A. Preguntas. Conteste las preguntas.

1. ¿Cómo se vive con mucho dinero, bien o mal?
2. ¿Cómo se aprende mejor, con libros o sin libros?
3. ¿Dónde se duerme mejor, en una cama o en un coche?
4. ¿Dónde se fuma, en clase o en la cafetería?
5. ¿A qué hora se almuerza, a las doce o a las siete?
6. ¿Cuándo se cena, a la una o a las seis de la tarde?

B. Transformación. Conteste las preguntas con la forma *se.*

Modelo: ¿Trabajan bien en esta clase?
       Sí, se trabaja bien en esta clase.

1. ¿Leen en la biblioteca?
2. ¿Descansan bien en la cafetería?
3. ¿Comen bien en un restaurante caro?
4. ¿Duermen mejor en una buena cama?
5. ¿Fuman en la biblioteca?
6. ¿Viajan mucho en avión?

C. Sea un intérprete.

1. Does one pay now or later?   2. Does one live well without money?   3. Does one eat well at the cafeteria?   4. Do they talk fast in Mexico?   5. Does one sleep well in the library?

59. FIVE ADVERBS OF PLACE: *AQUÍ, AHÍ, ALLÍ, ACÁ, ALLÁ*

1. In both Spanish and English, location can be expressed by means of adverbs of place (**Estoy aquí.** "I am here.") or by adverbial phrases (**Estoy en casa.** "I am at home.").

2. There are five basic adverbs of place in Spanish: **aquí, ahí, allí, acá,** and **allá. Aquí,** "here," refers to a specific place near the speaker.

Ella está **aquí,** cerca de mí.   She is here, near me.

Ahí, "there," refers to a place near the person spoken to, or not too far from the speaker.

Ellos están **ahí,** al lado del coche.   They are over there, next to the car.

Allí, "over there," refers to a place far from both the speaker and the person spoken to.

El director estaba **allí** en su coche.   The director was there in his car.

Acá, "here," is practically interchangeable with **aquí,** although it tends to be used with verbs that indicate movement.

Venga acá.   Come here.

Allá, "over there," is like **allí.** It is usually used, however, to express a more vague location than **allí.**

EJERCICIOS

A. Preguntas. Conteste las preguntas usando el adverbio de lugar adecuado, según la situación de cada persona.

Modelo: Prof.:   ¿Dónde estoy yo?
              Estudiante: *Usted está ahí, al lado de la pizarra.*

1. ¿Dónde está la puerta de la clase?
2. ¿Dónde está usted?
3. ¿Dónde está la pizarra?
4. ¿Dónde está el presidente?
5. ¿Quién está ahí, al lado de usted?
6. ¿Quién está aquí, cerca de mí?
7. ¿Quién está allí, cerca de la puerta?
8. ¿Dónde está Buenos Aires?

B. Práctica. Usando los adverbios de lugar y las expresiones *cerca de* y *al lado de,* los estudiantes indican la situación de tres estudiantes.

Modelo: *Yo estoy aquí, al lado de David; Ana está ahí, cerca de
        Ud.; y Jorge está allí, cerca de la puerta.*

60. THE CONJUNCTIONS *E* AND *U*

1. Before a word beginning with **i-** or **hi-** the conjunction **y** changes to **e**.

Elvira **e** Isabel estudian biología **e** historia.	Elvira and Isabel study biology and history.
Es importante comer **e** ir.	It's important to eat and go.

Before a word beginning with **hie-, y** is used.

En el parque zoológico hay elefantes **y** hienas.	At the zoo there are elephants and hyenas.

2. Before a word beginning with **o-** or **ho-**, **o** changes to **u**.

Su nombre es Elsa, **u** Olga o algo así.	Her name is Elsa, or Olga, or something like that.
Creo que es de Guatemala **u** Honduras.	I believe it's from Guatemala or Honduras.

EJERCICIOS

A. Transformación. Conteste las preguntas cambiando el orden de las palabras.

Modelo: ¿Habla Ud. inglés y español?
> *Sí, hablo español e inglés.*

1. ¿María es independiente y fascinante?
2. ¿Raúl es presumido e interesante?
3. ¿Estudia Ud. historia y español?
4. ¿Hay hienas y elefantes en el parque zoológico?
5. ¿Es necesario hablar e irse?
6. ¿Tienen ideas y planes?

B. Transformación. Conteste las preguntas en forma negativa, con una alternativa.

Modelo: ¿Hay casas y hoteles?
> *No, hay casas u hoteles.*

1. ¿Trabaja Ud. mañana y hoy?
2. ¿Compras este libro y otro?
3. ¿Vas a trabajar en octubre y septiembre?
4. ¿Es posible recordar y olvidar?

ACTIVIDADES PERSONALES

A. Entrevista

Preguntas	Oral	Escrito
1. ¿De dónde vinieron tus antepasados?	1. Mis antepasados _____ .	1. Sus antepasados _____ .
2. ¿Tienes ganas de visitar la tierra de tus antepasados?	2. Sí (no), _____ .	2. Sí (no), _____ .
3. ¿Qué sabes de tus antepasados?	3. De mis antepasados _____ .	3. De sus antepasados _____ .
4. En tu opinión, ¿cómo se vive en la tierra de tus antepasados?	4. En mi opinión, _____ .	4. En su opinión, _____ .
5. En tu familia, ¿se habla más del pasado, del presente o del futuro?	5. En mi familia, _____ .	5. En su familia, _____ .
6. Para ti, ¿qué es más fácil, pensar en el futuro u olvidar el pasado?	6. Para mí, _____ .	6. Para él/ella, _____ .

B. Tú y los mandatos

Escribe ocho mandatos que otras personas te dicen con mucha frecuencia.
Escribe cuatro mandatos afirmativos y cuatro mandatos negativos.

Por ejemplo: *No conduzca rápidamente.*
Escriba una historia esta noche.
No corra en el cine.

**SECCIÓN
CULTURAL**

España y los sefardíes

Cuando hablamos del mundo hispánico y de los millones de personas que hablan español, hay mucha gente que no sabe quiénes son los sefardíes, ni sabe que hablan español también. ¿Quiénes son los sefardíes? Son los descendientes de los judíos expulsados de España en 1492.

la gente: people

En el siglo XV había muchos judíos en España. Algunos practicaban la religión judía, otros eran cristianos y tanto los judíos de religión como los convertidos (los llamaban los "conversos" o "cristianos nuevos") eran una parte muy importante de la sociedad y de la cultura de España en aquella época.

siglo: century

Doña Isabel y Don Fernando, reyes de Castilla y de Aragón, tenían en sus reinos una población muy heterogénea: había cristianos, judíos y musulmanes. Para unificar esta sociedad los reyes dieron una orden a la población judía: conviértanse al cristianismo, o abandonen el país. Más tarde, en el siglo XVII, el rey Felipe III dijo a los descendientes de los musulmanes (los llamaban los "moriscos"): Salgan de aquí, y vayan ahí, al norte de África, donde pueden practicar su religión. El país perdió así una parte muy industriosa de su población.

reino: kingdom
el musulmán: Muslim

Muchos judíos no quisieron convertirse y tuvieron que salir de España. Los judíos expulsados se establecieron en Holanda, en el norte de África, en Italia y en los Balcanes, una zona de Europa que ahora está dividida entre Grecia, Bulgaria, Yugoeslavia y Turquía.

Se vivía bien en los barrios sefardíes de Salónica y de otras ciudades del Mediterráneo, pero los alemanes destruyeron muchas de estas comunidades sefardíes durante la Segunda Guerra Mundial, y los sefardíes perdieron mucha de su influencia e importancia.

el alemán: German

En España hay mucho interés por los estudios sefardíes, y en 1979 se celebró en Madrid un congreso en el que estuvieron presentes intelectuales sefardíes de muchos países. Para ellos Toledo y Córdoba son dos ciudades muy importantes, porque fue en ellas donde vivieron y escribieron algunos de los grandes pensadores de la cultura judía.

congreso: convention

rodear: to surround

Algunos sefardíes vinieron a los Estados Unidos, y una de ellos, Emma Lazarus, es la autora del texto que rodea el pedestal de la Estatua de la Libertad en Nueva York: ''Give me your tired, your poor, your huddled masses yearning to breathe free.''

La casa de El Greco, en Toledo, España, es un museo interesante.

PREGUNTAS

1. ¿Quiénes son los sefardíes?
2. ¿Dónde hay muchos grupos de sefardíes?
3. ¿Quiénes eran los "cristianos nuevos"?
4. ¿Cómo era la población de España en el siglo XV?
5. ¿Qué orden dieron Doña Isabel y Don Fernando?
6. ¿Qué otro grupo étnico salió de España en el siglo XVII?
7. ¿Qué consecuencias tuvo para España la expulsión de los judíos y de los moriscos?
8. ¿Qué le pasó a la población sefardí de los Balcanes durante la Segunda Guerra Mundial?
9. ¿Por qué hay mucho interés en España por los estudios sefardíes?
10. ¿Por qué son importantes Toledo y Córdoba para los sefardíes?
11. ¿Sabe Ud. si hay comunidades sefardíes en los Estados Unidos?

VOCABULARIO ACTIVO

Nombres

la amistad: *friendship*
los antepasados: *ancestors*
el cuarto de baño: *bathroom*
el (la) griego(a): *Greek*
la historia: *story*
el idioma: *language*
el (la) indio(a): *Indian*
el ladino: *Sephardic language*
la luz: *light*
el mandato: *command*
el piropo: *compliment*
el (la) sefardí: *Sephardic Jew*
el té: *tea*
la tierra: *land*

Verbos

apagar: *to turn off*
comenzar(ie): *to begin*
contar(ue): *to tell, to count*
cortar: *to cut*

divertir(se)(ie): *to have fun*
encender(ie): *to turn on*
envolver(ue): *to wrap*
limpiar: *to clean*
marcar: *to dial*
tutear(se): *to be on a first-name basis*

Adverbios

acá: *here*
ahí: *over there*
allá: *there*
allí: *there*
aquí: *here*
entonces: *then*

Expresiones

algo así: *something like that*
poner el radio: *to turn on the radio*
prestar atención: *to pay attention*

COGNADOS

Nombres

el (la) árabe
el elefante
la hiena
el parque zoológico

13

COLOMBIA
Vista Trece

AL PRINCIPIO

In this *Vista* Víctor returns home to his native Colombia. However, like most of his trips, this one is not without its excitement. As you work through this *Vista* you'll learn:

1. the familiar **(tú)** command forms (61):

   Dobla a la derecha.   Turn to the right.
   Ven acá.   Come here.

2. how to form and use the future and the future of probability (62):

   El avión **llegará** dentro de un momento.   The plane will arrive in a moment.
   ¿Cómo **será** su novia?   What will his fiancée be like?

3. how to form and use the conditional and the conditional of probability (63):

   Podríamos llamar el ascensor.   We would call the elevator.
   Estaría allí a la una.   I guess he was there at one.

4. the passive construction and the passive **se** form (64):

   Víctor **fue dominado por** una pasión.   Víctor was overcome by a passion.
   Se habla español.   Spanish is spoken.

In this *Vista* you will learn a few words related to city life. When you finish this *Vista* you will have the ability to talk about your ideas in the past, present, and future. The *Sección cultural* will introduce you to Colombia, where you'll discover that gold and coffee are not the only exportable commodities that country is known for.

Una calle típica de Bogotá, Colombia

DIÁLOGO

Víctor regresa a Bogotá. Dos amigas lo esperan en el aeropuerto.

DOLORES: El avión **llegará** dentro de un momento, y le **preguntaremos** a Víctor si es cierto lo que oímos.

VICTORIA: ¿Cómo **será** su novia? ¿Cuándo **vendrá?** ¿Crees que **vendrá** con él?

Víctor pasa la aduana y se reúne con sus amigas.

DOLORES: Víctor, guapo, bienvenido a tu tierra. **Oye, dinos** la verdad, ¿Es cierto que vas a casarte? **Anda,** hombre, **cuéntanos.**

VÍCTOR: **Mira,** guapa, **haz** el favor de no ser indiscreta. Sí, **me casaré** con una actriz española. Empecé siendo su fotógrafo y terminé siendo su prometido. Estamos unidos por . . .

VICTORIA: . . . por una cámara. Si era una "Instamatic" el amor fue instantáneo, ¿no?

CONVERSACIÓN SOBRE EL DIÁLOGO

1. ¿Cuándo llegará el avión? 2. ¿Por dónde pasa Víctor para reunirse con sus amigas? 3. ¿Qué les cuenta Víctor a sus amigas? 4. ¿Con quién se casará Víctor? 5. ¿Se casará Ud. en el futuro? ¿Cómo será su prometido(a)? 6. ¿De vez en cuando es Ud. indiscreto(a) en los asuntos del amor?

NOTAS CULTURALES

1. Instead of using the command form (e.g. Pásame el pan), some Spanish speakers use an alternate form such as **Hágame el favor de pasarme el pan** or **Haz el favor de no ser indiscreta.** These indirect forms are more polite and take away some of the harshness of a command. Another option is to add **por favor** after the command: **Pásame el pan, por favor.**

2. Dating customs differ in Hispanic countries and so do the processes of becoming engaged and getting married. In some families a girl cannot date a boy on a regular basis unless she has the approval of her parents. A courtship may take several years until the man is established in his occupation. A young man must ask for permission to marry a young woman. If this is denied there may be no marriage. Of course, customs vary with different countries and families, and women's liberation is bringing about some change.

3. Since most of the Hispanic world is Catholic, a church wedding is often necessary to make a marriage official. This is not the case in some countries, like Uruguay, which require only a civil marriage and where divorce is permitted.

4. **Bogotá,** the capital of Colombia, lies high in the mountains, some 5,000 feet above sea level. Due to its high altitude temperatures vary between shade and sun by as much as ten degrees. For this reason, most people wear a **ruana,** a shawl-like covering made from wool. It provides excellent protection from the cold weather and the frequent misty showers.

Una boda en un pueblo del Perú

Una boda mexicana en Guadalajara

DIALOGUE

Víctor returns to Bogotá. Two women friends are waiting for him at the airport.

DOLORES: The plane will arrive in a moment, and we'll ask Víctor if it's true what we heard.
VICTORIA: What will his fiancée be like? When will she come? Do you think she'll come with him?

Víctor goes through customs and then joins his two friends.

DOLORES: Víctor, you handsome thing, welcome home. Listen, tell us the truth. Is it true you're going to get married? Come on, man, tell us.
VÍCTOR: Look, good-looking, please don't be indiscreet. Yes, I'm going to marry a Spanish actress. I started out by being her photographer and ended up being her fiancé. We were linked by . . .
VICTORIA: . . .by a camera. If it was an "Instamatic" then love was instantaneous, wasn't it?

CONCEPTOS GRAMATICALES

61. INFORMAL COMMANDS

1. The affirmative familiar command form of regular verbs is identical to that of the third-person singular of the present indicative. The pronoun *tú* may be used for emphasis.

	Third Person Singular of Present Indicative	Tú Command	
hablar	habla	**Habla** (tú).	Speak.
comer	come	**Come** (tú).	Eat.
subir	sube	**Sube** (tú).	Get in.
sentarse	se sienta	**Siéntate.**	Sit down.

Llena el formulario.	Fill out the form.
Dobla a la derecha.	Turn to the right.
Abre la puerta del garage.	Open the garage door.
Tráeme la cuenta.	Bring me the bill.

2. Study the affirmative command forms of certain irregular verbs.

	Tú Command		Tú Command
decir	**di**	salir	**sal**
hacer	**haz**	ser	**sé**
ir(se)	**ve(te)**	tener	**ten**
poner(se)	**pon(te)**	venir	**ven**

Dime lo que piensas.   Tell me what you think.
Pon los formularios ahí.   Put the forms over there.
Ponte los zapatos.   Put on your shoes.
Ven acá.   Come here.
Hazme un favor.   Do me a favor.
Sé discreto(a).   Be discreet.
Ten cuidado.   Be careful.

3. The negative command forms of the above verbs are like the negative formal (**Ud.**) commands with an **-s** added to the verb. Compare with the affirmative forms.

	Formal Command	Negative Tú Command	Affirmative Tú Command
hablar	No **hable.**	No **hables.**	Habla.
decir	No **diga** mentiras.	No **digas** mentiras.	Di la verdad.
ir	No **vaya** al cine.	No **vayas** al cine.	Ve(te) al cine.
escribir	No **escriba.**	No **escribas.**	Escribe.
ser	No **sea** indiscreto.	No **seas** indiscreto.	Sé discreto.

No **dobles** a la izquierda.   Don't turn left.

No **tengas** prisa durante la hora punta. Don't be in a hurry during rush hour.

No **estaciones** a mano derecha.   Don't park on the right-hand side.

No **digas** palabrotas.   Don't say bad words.

No **te quejes** del descuento.   Don't complain about the discount.

No **vayas** a la glorieta por el bulevar. Don't go to the traffic circle via the boulevard.

4. Remember, in all affirmative commands, object pronouns are attached to the end of the verb, and a written accent is added to keep the stress on the original syllable.

Échame (tú) más agua.   Pour me some more water.
Aconséjanos, por favor.   Advise us, please.
Los ejercicios, **explícaselos**. The exercises, explain them to him.
¿El dinero? **Gástalo.**   The money? Spend it.
Déjale una propina.   Leave him a tip.

In negative commands, the pronouns occur before the verb.

No **me digas** nada.   Don't tell me anything.
No **se los expliques.**   Don't explain them to him.
No **lo gastes.**   Don't spend it.
¿Los regalos? No **me los envíes.** The gifts? Don't send them to me.
No **le dejes** una propina.   Don't leave him a tip.

EJERCICIOS

A. Transformación. Convierta la información a un mandato usando la forma afirmativa de *tú.*

Modelo: María no escucha.
      María, escucha.

1. Julio no escribe.
2. Juana no sale.
3. Isabel no tiene cuidado.
4. Ana no pone los formularios ahí.
5. Miguel no es discreto.
6. Antonio no hace preguntas.
7. Onorio no deja una propina.
8. Susana no echa más agua.

B. Transformación. Convierta la información a un mandato usando la forma negativa de *tú.*

Modelo: María escribe ahora.
      María, no escribas ahora.

1. Juan sale mañana.
2. José hace preguntas.
3. Víctor se pone el suéter.
4. Victoria tiene miedo.
5. Horacio trae más formularios.
6. Carlos le deja una propina.
7. Pepe dice palabrotas.

C. Transformación. Con las frases dadas, dé órdenes en forma afirmativa y en forma negativa. Atención a la situación de los pronombres de objeto directo e indirecto.

Modelo: El problema, quiero explicárselo a Pablo.
      Por favor, explícaselo.
      Por favor, no se lo expliques.

1. Quiero dar un consejo a mis padres.   2. Quiero mandar la carta al profesor.
3. Quiero servir el café a mis amigos.   4. Quiero echarles más agua a los niños.
5. Quiero dejarle una propina.   6. Quiero pagar la cuenta al mesero.   7. Quiero enseñarles el bulevar a mis amigos.

62. THE FUTURE AND THE FUTURE OF PROBABILITY

1. There are three ways to express a future action in Spanish. The present tense may be used with an adverb that refers to the future time.

Ella **da** una vuelta **más tarde.**	She'll take a walk later.
Esta noche estacionamos el coche en el garaje.	We'll park the car in the garage tonight.

A present tense form of **ir** + **a** + infinitive may be used.

Vamos a evitar el embotellamiento.	We are going to avoid the traffic jam.
Va a haber mucha circulación a la hora punta.	There is going to be a lot of traffic at rush hour.

The future tense may be used. It is formed by adding the endings **-é, -ás, -á, emos, -éis, -án** to the infinitive form of all regular **A-, E-,** and **I**-type verbs.

Hablar

Singular		Plural	
yo	hablar**é**	nosotros(as)	hablar**emos**
tú	hablar**ás**	vosotros(as)	hablar**éis**
usted él, ella	hablar**á**	ustedes ellos, ellas	hablar**án**

The same endings are used with **E-** and **I**-type verbs.

comer comer**é**, comer**ás**, comer**á**, comer**emos**, comer**éis**, comer**án**

vivir vivir**é**, vivir**ás**, vivir**á**, vivir**emos**, vivir**éis**, vivir**án**

Note that there is a written accent on all endings except that of the *nosotros* form.

Luego **iré** a la oficina de correos.	Later I'll go to the post office.
Comprarán algunas revistas en el kiosko.	They'll buy some magazines at the newsstand.
Conoceremos al político pronto.	We'll meet the politician soon.
El botones **subirá** las maletas.	The bellhop will take up the suitcases.

2. The following verbs have irregular stems in the future.

Infinitive	Future Stem	Future	Infinitive	Future Stem	Future
haber	habr-	**habré**	**tener**	tendr-	**tendré**
saber	sabr-	**sabrás**	**venir**	vendr-	**vendrás**
poder	podr-	**podrá**	**decir**	dir-	**dirá**
poner	pondr-	**pondremos**	**hacer**	har-	**haremos**
salir	saldr-	**saldrán**	**querer**	querr-	**querrán**

The irregularity occurs in the stem only. The endings are the same as for regular verbs.

Saldremos en una hora.   We shall leave in one hour.

¿Cuándo **podrás** ayudarme?   When will you be able to help me?

3. Conjecture or probability can be expressed in Spanish with **probablemente** + present tense or with the future.

Probablemente tienen ejemplares de la revista.

Tendrán ejemplares de la revista.

They probably have copies of the magazine.

¿Qué hora **será?**   I wonder what time it is.

Probablemente son las dos.

Serán las dos.

It's probably two o'clock.

¿Quién **será?**   Who could it be?

No sé. **Probablemente es** Pablo.

No sé. **Será** Pablo.

I don't know. It's probably Pablo.

EJERCICIOS

A. Substitución. Conteste las preguntas.

1. ¿Irás a la oficina de correos hoy? ¿Y Marta? ¿Y sus amigos? ¿Y nosotros?
2. ¿Te casarás con una actriz? ¿Y tu amigo? ¿Y el actor? ¿Y el político?
3. ¿Dejarás una propina en el café? ¿Y los estudiantes? ¿Y ustedes? ¿Y nosotros?
4. ¿Pedirás ejemplares de la revista? ¿Y los profesores? ¿Y nosotros? ¿Y el botones?

B. Transformación. Conteste las preguntas usando el futuro. Si la respuesta es afirmativa, use *también.* Si es negativa, use *tampoco.*

Modelo: ¿Trabajamos mucho hoy?

    Sí, y mañana trabajaremos mucho también.

    No, y mañana no trabajaremos mucho tampoco.

1. ¿Comemos muy poco hoy?
2. ¿No tienen ejemplares de la revista hoy?
3. ¿Damos una vuelta por el parque hoy?
4. ¿Vuelven a la oficina de correos hoy?
5. ¿Hay mucha circulación hoy?
6. ¿Estacionas el coche en el garage hoy?
7. ¿Evitas el embotellamiento hoy en el centro?
8. ¿Sales para la universidad hoy?
9. ¿Van Uds. al kiosco para comprar un periódico?

C. Preguntas. Conteste las preguntas usando el futuro de probabilidad.

Modelo: ¿Dónde vas a estar este verano, aquí o en otro país?
No sé. Estaré aquí.

1. ¿Dónde está Víctor hoy, en Madrid o en otra ciudad?
2. ¿Con quién habla Ana, con el profesor o con otra persona?
3. ¿Hay muchos estudiantes en la biblioteca ahora o no?
4. ¿Crees que tus amigos se divierten en las fiestas o no?
5. ¿Crees que David dice palabrotas en clase o no?

DIÁLOGO

Los amigos de Víctor comentan la noticia de que va a casarse.

ENRIQUE: Francamente, yo **apostaría** a que no se casa. A Víctor le gusta demasiado su libertad.

ANTONIO: ¿En qué **estaría** pensando Víctor cuando decidió casarse?

DOLORES: ¡Qué pregunta tan tonta! Eso no **se pregunta**. **Estaría** pensando en el amor, me imagino.

ENRIQUE: ¡Qué romántico! Víctor **fue dominado por** una pasión irresistible y . . .

DOLORES: No seas cínico. Todos sabemos que tú eres un sentimental.

ENRIQUE: ¡Un sentimental que no **es amado por** nadie!

DOLORES: Mira, hijo, vete a tomarle el pelo a otro.

CONVERSACIÓN SOBRE EL DIÁLOGO

1. ¿Qué comentan los amigos de Víctor?   2. En la opinión de Dolores, ¿en qué estaría pensando Víctor cuando decidió casarse?   3. ¿Por qué emoción fue dominado Víctor?   4. ¿Qué piensa Dolores de la pregunta que hizo Antonio?
5. ¿Por quién es amado Enrique?   6. Francamente, ¿cómo es Ud.? ¿Es irresistible? ¿cínico(a)? ¿sentimental? ¿romántico(a)?

NOTAS CULTURALES In Hispanic countries the custom of becoming engaged is called **la petición de mano**. It is common to wear the wedding band on the ring finger of the right hand.

DIALOGUE

Víctor's friends comment on the news that he is going to get married.

ENRIQUE: Frankly, I'd bet that he doesn't get married. Víctor likes his freedom too much.

ANTONIO: What could he have been thinking about when he decided to get married?

DOLORES: What a stupid question! You just don't ask such questions. He was probably thinking about love, I imagine.

ENRIQUE: How romantic! Víctor was overcome by an irresistible passion and . . .

DOLORES: Don't be a cynic. We all know that you are sentimental.

ENRIQUE: A sentimentalist who isn't loved by anyone.

DOLORES: Look, fellow, go pull somebody else's leg.

CONCEPTOS GRAMATICALES

63. THE CONDITIONAL AND THE CONDITIONAL OF PROBABILITY

1. The English conditional usually includes the term *would.*

He **would** work all day.
We **would** like to go.

2. Study the conditional forms of Spanish verbs.

Hablar

Singular		Plural	
yo	hablaría	nosotros(as)	hablaríamos
tú	hablarías	vosotros(as)	hablaríais
usted él, ella	hablaría	ustedes ellos, ellas	hablarían

The conditional is formed by adding the endings **-ía, -ías, -ía, -íamos, -íais, -ían** to the infinitive of the verb. These endings are used with all regular and irregular verbs.

Yo **apostaría** a que no se casa.   I would bet he doesn't get married.
Sería bueno darle una propina.   It would be good to give him a tip.

3. Verbs that have irregular stems in the future are also irregular in the conditional. The conditional irregular stems are the same as for the future.

Infinitive	Future/Conditional Stem		Infinitive	Future/Conditional Stem	
haber	habr-	habría	tener	tendr-	tendría
saber	sabr-	sabrías	venir	vendr-	vendrías
poder	podr-	podría	decir	dir-	diría
poner	pondr-	pondríamos	hacer	har-	haríamos
salir	saldr-	saldrían	querer	querr-	querrían

Podríamos llamar el ascensor.   We would be able to call the elevator.
Dijo que **saldría** a las dos.   He said he would leave at two.

4. Conjecture or probability in the past can be expressed by using **probablemente** and a past tense or by using the conditional.

¿A qué hora **estaría** en el kiosco?   I wonder at what time he was at the newsstand?

Probablemente estuvo allí a la una.   I guess he was there at one.
Estaría allí a la una.

EJERCICIOS

A. Substitución. Conteste las preguntas.

1. ¿Podrías oír bien la música? ¿Y ellos? ¿Y ella? ¿Y yo?
2. ¿Apostarías mucho dinero? ¿Y la actriz? ¿Y los padres? ¿Y Ud.?
3. ¿Estarías contento en Chile? ¿Y Víctor? ¿Y nosotros? ¿Y los profesores?
4. ¿Beberías mucho en la fiesta? ¿Y tus amigos? ¿Y yo? ¿Y ella?

B. Preguntas. Conteste las preguntas.

1. Para divertirte, ¿qué harías, irías a la biblioteca o darías una fiesta?
2. Para comprender la vida ¿qué harías, pensarías más o leerías mucho?
3. Para estudiar mejor, ¿adónde irías, a la biblioteca o a la cafetería?
4. Para sacar buenas notas, ¿cómo estudiarías, en tu casa o con muchos amigos?
5. Para poder tocar la guitarra, ¿qué harías, practicarías mucho o jugarías al fútbol?
6. Para pasar el tiempo, ¿qué harías, les tomarías el pelo a otros o leerías un libro?

C. Preguntas. Conteste las preguntas usando el condicional de probabilidad.

Modelo: Prof.: David, ¿dejó María el coche en el garage?
        David: *No sé. Dejaría el coche en el garage.*
        Prof.: María, ¿qué dijo David?
        María: *David dijo que María probablemente dejó el coche en el garage.*

1. ¿A qué hora llegaste ayer a clase?
2. ¿Cuántas horas estudiaste ayer?
3. ¿A qué hora saliste de casa ayer?
4. ¿Cuántos estudiantes había en clase ayer?
5. ¿Quién llamó el ascensor?

64. THE PASSIVE VOICE

1. In both Spanish and English, sentences can be in the active voice (subject + verb + complement) or in the passive voice. A passive voice structure requires the auxiliary verb **ser,** "to be," in any tense; a past participle; and the preposition **por,** "by," followed by the agent (when the agent is stated).

2. The past participle of Spanish verbs is formed by adding the ending **-ado** to the stem of **A**-type verbs, and **-ido** to that of **E**- and **I**-type verbs.[1]

hablar **hablado**
comer **comido**
vivir **vivido**

3. Study these sentences.

Active

La policía detiene al viajero.   The police arrest the traveler.
   subject   object

Passive

El viajero **es detenido por** la policía.   The traveler is arrested by the police.

Passive Voice

subject + **ser** + past participle + **por** + agent

Mi padre arreglará el coche.   My father will fix the car.

El coche **será arreglado por** mi padre.   The car will be fixed by my father.

La extranjera perdió los documentos.   The foreigner lost the documents.

Los documentos **fueron perdidos por** la extranjera.   The documents were lost by the foreigner.

---

1. Irregular past participles will be studied in *Vista* 17.

4. In passive voice sentences, the participle functions as an adjective and must agree in gender and number with the subject.

Los pasaportes fueron **perdidos** por mis padres.	The passports were lost by my parents.
La película fue **terminada** por el director.	The movie was finished by the director.
Las puertas del ascensor son **cerradas** por el botones.	The elevator doors are closed by the bellhop.

5. The passive voice is used less frequently in Spanish than in English, particularly when the agent is not expressed. Spanish speakers prefer to use a passive **se** construction when the person doing the action is irrelevant. **Se** is followed by a verb in the third person singular when only one thing is involved, and by a verb in the third person plural when two or more things are involved.

Se enciende la luz a las diez.	The light is switched on at 10:00.
Se encienden las luces a las diez.	The lights are switched on at 10:00.
Se vende coche.	Car for sale.
Se estacionan coches.	Cars are parked.
Se necesita secretario.	Secretary needed.
Se necesitan secretarios.	Secretaries needed.
Se habla español.	Spanish is spoken.
Se hablan español e inglés.	Spanish and English spoken.

6. **Se** takes a verb in the third person singular only when followed by personal **a** plus a definite person or persons, or by a **que** clause.

Se quiere al padre.	One loves one's father.
Se quiere a los padres.	One loves one's parents.
Se sabe que hay problemas.	It's known that there are problems.

This structure closely resembles the impersonal **se** studied in *Concepto gramatical* 58. The difference is that impersonal **se** structures cannot be expressed in the passive voice. Passive **se** structures can.

Impersonal **se**	**Se come** bien aquí.	*No passive form.*
Passive **se**	**Se quiere** a los padres.	Los padres son queridos.
	Se sabe que hay problemas.	Que hay problemas es sabido.

EJERCICIOS

A. Substitución. Conteste las preguntas usando el singular o el plural, según las necesidades de la frase.

1. ¿La puerta es cerrada por el botones? ¿Y las puertas? ¿Y el ascensor? ¿Y los ascensores?

2. ¿La revista fue leída por el director? ¿Y las revistas? ¿Y el libro? ¿Y los libros?

B. Transformación. Conteste las preguntas usando la voz pasiva.

Modelo: ¿Su padre perdió el pasaporte?
   Sí, el pasaporte fue perdido por su padre.

1. ¿La extranjera dio una buena propina?
2. ¿El botones lee un periódico?
3. ¿La policía evitará los embotellamientos?
4. ¿Los padres cierran las puertas de los ascensores?

C. Substitución. Conteste las preguntas usando el verbo en singular o en plural, según las necesidades de la frase.

1. ¿Se abre la puerta a las diez? ¿Y las puertas? ¿Y el banco? ¿Y los bancos?
2. ¿Se enseña la gramática en clase? ¿Y las reglas? ¿Y el español? ¿Y los verbos?
3. ¿Se ve al político en la calle? ¿Y a los políticos? ¿Y al viajero? ¿Y a los viajeros?

D. Transformación. Conteste las preguntas usando el *se* pasivo. Atención a los diferentes tiempos de los verbos.

Modelo: ¿Arreglarán el ascensor mañana?
   Sí, se arreglará el ascensor mañana.

1. ¿Comentaron la noticia ayer?
2. ¿Terminarán la película mañana?
3. ¿Dicen que el secretario es tonto?
4. ¿Ven muchos extranjeros en la aduana?
5. ¿Arreglaron los documentos ayer?
6. ¿Detendrán a los extranjeros?

ACTIVIDADES PERSONALES

A. Entrevista

Preguntas	Oral	Escrito
1. ¿Te preguntas si te casarás algún día?	1. Sí (no), me _____ .	1. Él/Ella (no) se _____ .
2. ¿Cuántos niños tendrás?	2. Yo _____ .	2. Él/Ella _____ .

3. ¿Qué harás después de graduarte? ¿Continuarás estudiando o buscarás un trabajo?

3. Después de _____ .

3. Después de graduarse él/ella _____ .

4. Para divertirte, ¿qué preferirías hacer?

4. Para divertirme, _____ .

4. Para divertirse, él/ella _____ .

5. Dime dos o tres cosas que te gustaría hacer.

5. Me _____ .

5. Le _____ .

6. Hoy en día, ¿qué se oye demasiado en la radio?

6. En la radio _____ .

6. En la radio _____ .

7. Para garantizar una vida mejor para todos, ¿qué cosas modificarías dentro de un año?

7. Para garantizar una vida mejor, yo _____ .

7. Para garantizar una vida mejor, él/ella _____ .

B. Frases incompletas. Termina las frases con una idea tuya.

1. En las películas se ve _____ .
2. Yo me casaré con _____ .
3. Yo apostaría a que _____ .
4. Si se experimenta con las drogas, _____ .

C. Tú y los mandatos

Escribe ocho mandatos que otras personas te dicen con mucha frecuencia. Escribe cuatro mandatos afirmativos y cuatro mandatos negativos.

Por ejemplo: *No juegues en la calle. Vuelve a casa antes de la medianoche.*
No subas al coche de una persona que no conoces.

SECCIÓN CULTURAL

Colombia

¿Por qué Colombia se llamará Colombia? El nombre de Colombia es un homenaje a Cristóbal Colón, pero los españoles de la época colonial la llamaban Nueva Granada. Colombia es un país muy montañoso y los españoles lo exploraron saliendo hacia el sur desde la costa del Caribe, y hacia el norte desde Perú y Ecuador. Se dice que los conquistadores estaban fascinados por el oro, y esto es cierto en el caso de Colombia: los españoles buscaban el reino de El Dorado, un rey que todos los días se cubría con polvo de oro. ¿Dónde estaría? ¿Existiría de verdad? No lo encon-

el homenaje: homage

montañoso(a): mountainous
hacia: towards

oro: gold
reino: kingdom
se cubría: was covered
polvo: dust

traron, naturalmente, porque no existía, pero más tarde se encontraron oro y esmeraldas en Colombia, y se venden ahora en todo el mundo.

Colombia es el único país de la América del Sur con costas en dos océanos: el Océano Pacífico y el mar Caribe. En la costa del Caribe está Cartagena, una ciudad muy importante durante la época colonial. Cartagena fue protegida por sus murallas cuando fue atacada por los piratas, y esas murallas son un magnífico ejemplo de la arquitectura militar de colonia, como los fuertes de La Habana, de San Juan de Puerto Rico o de San Agustín, en la Florida. La vida era peligrosa en el Caribe, y había muchos piratas que intentaban robar los tesoros que eran enviados desde América a España en la famosa Flota de Indias. Algunos barcos se hundían antes de llegar a España, y la búsqueda de sus tesoros es una de las aventuras marítimas del siglo XX.

protegido(a): protected
muralla: wall

el fuerte: fort

peligroso(a): dangerous

se hundían: were sunk
búsqueda: search

La cosecha de semillas de café.

La economía de Colombia depende, en gran parte, de la exportación del café; pero hay ahora otro producto que es cultivado y exportado clandestinamente, y que produce mucho dinero: la marijuana. Los gobiernos de Estados Unidos y de Colombia hacen lo posible por impedir este comercio, pero no tienen mucho éxito. El mar Caribe siempre fue un mar de aventuras y de aventureros. Los galeones del siglo XVII desaparecieron, pero los aventureros no. Ahora no se ven aventureros en galeones, sino en lanchas rápidas. Las aventuras continúan. Si tú quieres aventuras, haz un viaje a Colombia, pero ¡ten cuidado!

impedir: to prevent

sino: but
lancha rápida: speedboat

PREGUNTAS

1. ¿Cómo es Colombia?
2. ¿Qué buscaban los españoles en Colombia?
3. ¿Por qué no encontraron El Dorado?
4. ¿Qué producto de Colombia se vende ahora en todo el mundo?
5. ¿Qué se dice de los conquistadores españoles?
6. ¿Por quién fue atacada Cartagena?
7. ¿Cómo fué protegida Cartagena?
8. ¿Por qué era peligrosa la vida en el Caribe?
9. ¿De qué productos depende la economía de Colombia?
10. ¿Qué son los "galeones" modernos?

VOCABULARIO ACTIVO

Nombres

la aduana: *customs*
el agua: *water*
el ascensor: *elevator*
el botones: *bellhop*
el bulevar: *boulevard*
la circulación: *traffic*
el correo: *mail*
la derecha: *right (direction)*
el descuento: *discount*
el ejemplar: *copy*
el embotellamiento: *traffic jam*
el (la) extranjero(a): *foreigner*
el formulario: *(report) form*
la glorieta: *traffic circle*
la izquierda: *left (direction)*
el kiosco: *newsstand*
el padre: *father*
los padres: *parents*
la palabrota: *vulgar word*
el (la) político(a): *politician*
el (la) prometido(a): *fiancé, fiancée*
la propina: *tip*
la revista: *magazine*

Verbos

aconsejar: *to advise*
apostar(ue): *to bet*
arreglar: *to fix, to arrange*
comentar: *to comment, to mention*
detener: *to detain*
doblar: *to turn, to fold*
echar: *to pour*
enviar: *to send*
estacionar: *to park*
evitar: *to avoid*
gastar: *to spend*
llenar: *to fill*
preguntarse: *to ask oneself, to wonder*
regresar: *to return*
reunir(se): *to meet*

Adjetivos

amado(a): *loved*
cerrado(a): *closed*
cínico(a): *cynical*
dominado(a): *controlled, dominated*
tonto(a): *stupid*

Adverbios

derecho: *straight ahead*
francamente: *frankly*
probablemente: *probably*

Preposiciones

dentro de: *within*

Expresiones

a la derecha: *to the right*
a la izquierda: *to the left*
a mano derecha: *on the right-hand side*
dar una vuelta: *to take a walk*
la hora punta: *rush hour*
tomarle el pelo a uno: *to pull one's leg*

COGNADOS

Nombres

Colombia

el documento

el garage

la pasión

el (la) secretario(a)

Adjetivos

(in)discreto(a)

romántico(a)

sentimental

14

EL CARIBE
Vista Catorce

AL PRINCIPIO

Víctor receives a telephone call from his fiancée, María, who says she has to stay in Madrid for a few extra days. You should be able to predict how he responds to the news. As you progress through this *Vista* you'll learn:

1. how to form and use the present subjunctive (65):

   Es necesario que me quede en Madrid.

   It's necessary that I stay in Madrid.

   Es buena idea que él **viva** con un compañero de cuarto.

   It's a good idea for him to live with a roommate.

2. when to use the present subjunctive with **tal vez, quizás, quizá,** and **ojalá** (66):

   Quizá quite la mesa.

   Perhaps I'll clear the table.

   Ojalá (que) vayan al garage.

   I hope they go to the garage.

3. indirect commands (67):

   Que lo **haga** él.

   Have him do it.

4. five verbs that mean "to become" (68):

   Se puso enfermo.

   He became sick.

   Me vuelvo loco.

   I'll become (go) crazy.

   Se convirtió en un hombre orgulloso.

   He became (turned into) a proud man.

   Se hizo abogada.

   She became a lawyer.

   Llegó a ser importante.

   He became important.

In the *Sección cultural,* you'll learn about some of the Spanish-speaking countries in the Caribbean and about Puerto Rico, a U.S. commonwealth that faces some important decisions in the future. You'll also learn some vocabulary for common household items.

El fuerte antiguo de San Gerónimo y unos hoteles modernos de San Juan, Puerto Rico

DIÁLOGO

La prometida de Víctor, María, le habla por teléfono desde Madrid.

MARÍA: Víctor, cielito, **es necesario que me quede** en Madrid unos días más.

VÍCTOR: Pero, ¿por qué? **Es indispensable que vengas** a Bogotá lo más pronto posible.

MARÍA: Ya lo sé, pero . . . compréndelo, **tal vez** me den un contrato muy bueno dentro de unos días. Debo esperar.

VÍCTOR: Oye, ¿no será que no quieres casarte conmigo?

MARÍA: No digas eso. Ya te explicaré. Bueno, **ojalá pueda** ir la semana próxima.

CONVERSACIÓN SOBRE EL DIÁLOGO

1. ¿Cómo le habla María a Víctor?   2. ¿Cuántos días debe quedarse en Madrid María?   3. ¿Por qué tiene que quedarse en Madrid?   4. ¿Cuándo espera ir a Bogotá María?   5. ¿Es necesario que Ud. se quede en casa mañana?   6. ¿Es indispensable que Ud. venga a clase?

NOTAS CULTURALES

1. There are several ways to say *hello* in Spanish-speaking countries when answering the telephone. While **aló** is the most common word, one hears **bueno** in Mexico, **diga** or **dígame** in Spain, **a ver** in Colombia, **hola** in Argentina, and **haló** in Puerto Rico. The person who is calling may say **Habla Fulano** (This is So and So). **¿Quién habla?** can be translated as "Who's calling?"

2. In Spanish there are many different terms of endearment **(palabras para expresar cariño).** Some common expressions used between adults include: **cielito** ("little heaven"), **cielo mío** ("my heaven"), **mi amor** ("my love"), **amorcito(a)** ("little lover"), **mi vida** or **vida mía** ("my life") and **corazón** ("heart"). Many of these terms could substitute for *honey, sweetheart, dear,*

love, etc. With children one can say **mi rey** or **rey mío** ("my king"), **rey de la casa** ("king of the house"), or **bonita mía** ("my pretty one").

DIALOGUE

Víctor's fiancée, María, talks to him by phone from Madrid.

MARÍA: Víctor, dear, it's necessary that I stay in Madrid a few more days.

VÍCTOR: But, why? It's important for you to come to Bogotá as soon as possible.

MARÍA: I know, but . . . try to understand, perhaps they'll give me a good contract within a few days. I have to wait.

VÍCTOR: Hey, it couldn't be that you don't want to marry me?

MARÍA: Don't say that. I'll explain it to you. Well, I hope I can come next week.

CONCEPTOS GRAMATICALES

65. THE PRESENT SUBJUNCTIVE

1. All the verb tenses you have studied so far are in the indicative mood or in the conditional. The indicative expresses the world of reality or fact in the present, past, or future.

Él come en casa.	He eats at home.
Él comía en casa.	He used to eat at home.
Él comió en casa.	He ate at home.
Él comerá en casa.	He will eat at home.

The conditional expresses a provisional reality, usually contingent on some event.

Él comería en casa si . . .	He would eat at home if . . .

2. The subjunctive mood in Spanish expresses what is expected, desired, or uncertain in the present, past, or future.[1]

Esperamos que él **coma** en casa.	We hope he'll eat at home.
Es posible que él **esté comiendo** en casa ahora.	It's possible that he is eating at home now.
Es probable que él **coma** en casa mañana.	It's likely that he will eat at home tomorrow.

---

1. Although the subjunctive mood is used much less frequently in English than in Spanish, the English subjunctive also conveys the idea of potential reality: I wish I *were* rich. It is necessary that *the law be* obeyed. It's important that *she talk* to the president.

3. To form the present subjunctive of regular **A**-type verbs, drop the final **-o** of the **yo** form of the present indicative and add the endings **-e, -es, -e, -emos, -éis, -en**. For **E**- and **I**- type verbs, drop the **-o** and add the endings **-a, -as, -a, -amos, -áis, -an**. Note that the vowel change is the same change that occurs in formal commands (*Concepto gramatical* 57).

A-type Verbs—hablar: yo hablo

Singular		Plural	
yo	hable	nosotros(as)	hablemos
tú	hables	vosotros(as)	habléis
usted él, ella	hable	ustedes ellos, ellas	hablen

E-type Verbs—beber: yo bebo

Singular		Plural	
yo	beba	nosotros(as)	bebamos
tú	bebas	vosotros(as)	bebáis
usted él, ella	beba	ustedes ellos, ellas	beban

I-type Verbs—escribir: yo escribo

Singular		Plural	
yo	escriba	nosotros(as)	escribamos
tú	escribas	vosotros(as)	escribáis
usted él, ella	escriba	ustedes ellos, ellas	escriban

4. Verbs that end in **-go** in the **yo** form of the present indicative (*Concepto gramatical* 20) change the final **o** to **a** and keep the **g** in all persons.

traer:	yo trai**go**	trai**ga**, trai**gas**, trai**ga**, trai**gamos**, traig**áis**, traig**an**
tener:	yo ten**go**	ten**ga**, ten**gas**, ten**ga**, ten**gamos**, teng**áis**, teng**an**
decir:	yo di**go**	di**ga**, di**gas**, di**ga**, di**gamos**, dig**áis**, dig**an**

Other verbs that follow this pattern include **caer, hacer, oír, poner, salir,** and **venir.**

5. Verbs with vowel changes in the stem (*Conceptos gramaticales* 21 and 22) show the stem changes in the present subjunctive.

A- and **E**-type stem-changing verbs

pensar: yo pienso   piense, pienses, piense, pensemos, penséis, piensen
poder: yo puedo   pueda, puedas, pueda, podamos, podáis, puedan

I-type stem-changing verbs (**e → ie**, as in **sentir**, and **e → i**, as in **pedir**) have the same changes in the present subjunctive. They also change the **e** to **i** in the *nosotros* and *vosotros* forms.

sentir: yo siento   sienta, sientas, sienta, sintamos, sintáis, sientan
pedir: yo pido   pida, pidas, pida, pidamos, pidáis, pidan

Verbs that change **o → ue**, as in **dormir** and **morir**, have the same changes in the present subjunctive, and they also change **o → u** in the *nosotros* and *vosotros* forms.

dormir: yo duermo   duerma, duermas, duerma, durmamos, durmáis, duerman

6. Orthographic-changing verbs like **buscar, pagar,** and **empezar** keep the same orthographic changes in the present subjunctive: **co → que; go → gue; zo → ce.**

buscar: yo busco   busque, busques, busque, busquemos, busquéis, busquen
pagar: yo pago   pague, pagues, pague, paguemos, paguéis, paguen
empezar: yo empiezo   empiece, empieces, empiece, empecemos, empecéis, empiecen

7. Six verbs that do not follow a regular pattern in the present subjunctive must be memorized.

ser   **sea, seas, sea, seamos, seáis, sean**

estar   **esté, estés, esté, estemos, estéis, estén**

dar   **dé, des, dé, demos, deis, den**

ir   **vaya, vayas, vaya, vayamos, vayáis, vayan**

saber   **sepa, sepas, sepa, sepamos, sepáis, sepan**

haber   **haya, hayas, haya, hayamos, hayáis, hayan**

8. Since the subjunctive is used infrequently in English, other structures have taken its place. These are the three basic English structures that correspond to Spanish subjunctives.

Es necesario que estudies más.   It is necessary *for you to study* more.
Quiero que estudies más.   I want *you to study* more.
Espero que estudies más.   I hope *(that) you'll study* more.

9. The uses of the subjunctive will be studied in this and following *Vistas.* One common use is when a verb follows an impersonal expression showing

uncertainty, necessity, or wish. It is not certain whether the action of the verb will be done or not. Note that the impersonal expression is followed by **que**.

es indispensable	**Es indispensable que saques** la basura.	It's absolutely necessary that you take out the garbage.
es importante	**Es importante que hables** bien.	It's important that you speak well.
es preciso	No **es preciso que planchemos** las camisas.	It's not necessary for us to iron the shirts.
es buena idea	**Es buena idea que** él **viva** con un compañero de cuarto.	It's a good idea for him to live with a roommate.
es natural	**Es natural que admitamos** nuestros errores.	It's natural for us to admit our errors.
es mejor	**Es mejor** que **salgan**.	It's better that they leave.
es necesario	**Es necesario que barran** el suelo.	It's necessary that they sweep the floor.

El monumento de la Plazuela de la Rogativa en San Juan, para conmemorar una batalla contra los ingleses

10. Some impersonal expressions, when used in the affirmative, convey the idea of certainty, and they take a verb in the indicative. In their negative forms, however, they lose the idea of certainty, and take a subjunctive.

es cierto	**Es cierto que lavo** los platos.	It is true that I wash the dishes.
	No es cierto que lave los platos.	It's not true that I wash the dishes.
es verdad	**Es verdad que limpia** su cuarto.	It's true he cleans his room.
	No es verdad que limpie su cuarto.	It's not true that he cleans his room.
es seguro	**Es seguro que van** a arreglar la aspiradora.	It's certain they are going to fix the vacuum cleaner.
	No es seguro que vayan a arreglar la aspiradora.	It's not certain they are going to fix the vacuum cleaner.

EJERCICIOS

A. Substitución. Conteste las preguntas.

1. ¿Es importante que tú hables bien? ¿Y él? ¿Y nosotros? ¿Y ellos?
2. ¿Es preciso que tú laves los platos? ¿Y yo? ¿Y ellas? ¿Y nosotros?
3. ¿Es necesario que yo saque la basura? ¿Y tú? ¿Y ella? ¿Y Uds.?
4. ¿Es buena idea que tú barras el suelo? ¿Y ellos? ¿Y yo? ¿Y él?

B. Preguntas. Conteste las preguntas.
1. David, en clase, ¿es mejor que practiquemos el español o que hablemos inglés? María, ¿qué dice David?
2. En Las Vegas, ¿es posible que ganemos dinero o que perdamos dinero?
3. ¿Es probable que en el futuro los billetes de avión cuesten más o cuesten menos?
4. Cuando no tienes dinero, ¿es probable que comas en un restaurante muy caro o que comas en casa?
5. ¿Qué es más probable, que tengas que lavar los platos hoy o que tengas que sacar la basura?
6. Todos los días, ¿qué es más necesario, que laves la ropa o que planches la ropa?

C. Transformación. El (la) profesor(a) hace estas preguntas, y los estudiantes contestan con una expresión impersonal y una frase en el subjuntivo.

Modelo: ¿Descansamos un poco?
   Sí, es necesario que descansemos un poco.

1. ¿Hacemos un examen?
2. ¿Barremos el suelo de la clase?
3. ¿Nos vamos a la cafetería?
4. ¿Celebramos una fiesta?
5. ¿Llegamos a clase a tiempo?
6. ¿Decimos más tonterías en clase los viernes?

D. Sea un intérprete.

1. Is it certain that the professor will write an exam?   2. Is it a good idea for you to sleep eight hours?   3. Is it necessary that you arrive on time?   4. Is it possible that you clean your room?   5. Is it true that you iron your shirts?

66. THE SUBJUNCTIVE WITH *QUIZÁS, QUIZÁ, TAL VEZ,* AND *OJALÁ*

1. **Quizás, quizá,** and **tal vez** are roughly equivalent to the English word *perhaps.* **Ojalá,** which comes from the Arabic "May Allah grant," is roughly equivalent to *I hope.* These four expressions usually take the subjunctive.

A statement with **quizás, quizá,** or **tal vez** reflects the character of probability that the speaker attaches to it.

Quizás limpie el cuarto el sábado.	Perhaps I'll (I may) clean the room on Saturday.
Quizá quite la mesa después de comer.	Perhaps (maybe) I'll clear the table after eating.
¿Qué opinas de María? **Tal vez sea** amable.	What's your opinion of María? Perhaps she's kind.

2. **Ojalá** may take **que** to introduce the subjunctive clause, but this is not obligatory.

Ojalá (que) vayan al garage para recoger el coche.	I hope they go to the garage to pick up the car.
Ojalá (que) mi compañero de cuarto **haga** su cama.	I hope my roommate makes his bed.

EJERCICIOS

A. Transformación. Conteste las preguntas negativas usando *quizá(s), tal vez,* u *ojalá* y *mañana.*

Modelos: ¿No tenemos dinero ahora?

No, pero tal vez mañana tengamos dinero.

¿No limpiamos la casa hoy?

No, pero ojalá (que) limpiemos la casa mañana.

1. ¿No entendemos la lección hoy?
2. ¿No explica más el profesor ahora?
3. ¿No tenemos razón en este momento?
4. ¿No vas a la biblioteca hoy?
5. ¿No planchas las camisas hoy?
6. ¿No haces la cama hoy?
7. ¿No lavas los platos ahora?

B. Preguntas. Conteste las preguntas usando *ojalá, tal vez* o *quizá(s).*

Modelo: ¿Vas a poner la mesa?

Sí, quizás ponga la mesa.

1. ¿Vamos a limpiar el cuarto?
2. ¿Vas a sacar la basura?
3. ¿Vas a tener buenas notas en esta clase?
4. ¿Van a recoger el coche?
5. ¿Vas a hacer la cama?
6. ¿Van a arreglar la televisión?

C. Preguntas. Invente Ud. una respuesta, usando *quizá(s)* o *tal vez* y una forma del subjuntivo.

Modelo: ¿Qué opina Ud. del presidente?

Tal vez sea simpático.

1. ¿Qué piensa Ud. de esta universidad?
2. ¿Qué opina Ud. de sus amigos?
3. ¿Qué piensa Ud. de los apartamentos modernos?
4. ¿Qué opina Ud. de las películas modernas?
5. ¿Qué opina Ud. de la televisión?

DIÁLOGO

VÍCTOR: María no me llama desde hace una semana. Si no me habla, **me vuelvo loco.**

DOLORES: ¿Por qué no la llamas tú?

VÍCTOR: ¿No! **¡Que llame ella,** como prometió!

DOLORES: Estás **convirtiéndote** en un hombre antipático.

VÍCTOR: ¡**Que venga** pronto! Eso es lo que quiero. Estoy loco por ella, Dolores, te lo juro.

DOLORES: No es necesario que me lo jures. Ya se ve que **te volviste loco perdido.**

CONVERSACIÓN SOBRE EL DIÁLOGO

1. ¿Cuánto tiempo hace que María no llama a Víctor?   2. ¿En qué está convirtiéndose Víctor?   3. ¿Qué quiere Víctor?   4. ¿Cómo está Víctor? 5. ¿Con qué problemas se vuelve Ud. loco(a)?   6. En la universidad, ¿está convirtiéndose Ud. en una persona más interesante que antes?

NOTAS CULTURALES

In the United States almost every household has a telephone. This is not the case in the Hispanic world. Public telephones, too, are more common in the U.S. In order to use most pay telephones in Spain, the caller needs a small, grooved coin about the size of a dime, which is called a **ficha**. The **ficha** entitles the caller to a three-minute conversation after which time the line is disconnected unless another **ficha** is inserted. **Fichas** are sold in hotels, bars, etc., and, if you're ever in Spain, it's a good idea to have two or three for emergencies. In the rest of the Hispanic world coins are used in pay telephones.

DIALOGUE

VÍCTOR: María hasn't called me for a week. If she doesn't talk to me, I'll go crazy.

DOLORES: Why don't you call her?

VÍCTOR: No! Let her call me, like she promised.

DOLORES: You're becoming a hard man to get along with.

VÍCTOR: I wish she'd come soon! That's what I want. I'm crazy about her, Dolores, I swear to you.

DOLORES: You don't have to swear it to me. One can see that you've become absolutely crazy.

CONCEPTOS GRAMATICALES

67. INDIRECT COMMANDS

An indirect command, usually in the third person, conveys an order indirectly to another person. The indirect command is usually introduced by **que,** and the verb is always in the subjunctive.

The underlying message is in the mind of the speaker, but is not actually expressed.

Quiero que Juan **vaya.**   **Que vaya** Juan.   Let Juan go.   (Have Juan go.)

The subject of the indirect command is usually placed after the **que** clause.

Que arregle el grifo el conserje.   Let the building superintendent fix the faucet.

Que limpie la bañera otra persona.   Let somebody else clean the bathtub.

Que lo **haga** él.   Have him do it.

EJERCICIOS

A. Transformación. Conteste las preguntas usando un mandato indirecto.

Modelo: ¿Quieres que el profesor hable más?
        Sí, que hable más el profesor.

1. ¿Quieres que el conserje arregle el grifo?
2. ¿Quieres que tu compañero de cuarto limpie el apartamento?
3. ¿Quieres que tus padres te manden más dinero?
4. ¿Quieres que otra persona lave los platos?
5. ¿Quieres que alguien limpie la bañera?
6. ¿Quieres que otro haga la cama?

B. Transformación. Conteste las preguntas con un mandato indirecto. Pregunta afirmativa → respuesta negativa; pregunta negativa → respuesta afirmativa.

Modelos: ¿Pone la mesa María?
Que no ponga la mesa María.
¿No va el profesor a la biblioteca?
Que vaya a la biblioteca el profesor.

1. ¿Usan la aspiradora los niños?
2. ¿Duermen los niños?
3. ¿No mandan dinero tus padres?
4. ¿No limpia la bañera tu hermano?
5. ¿Prepara el almuerzo Juan?
6. ¿Saca la basura tu compañera de cuarto?

C. Sea un intérprete.

1. Let him do it.   2. Have them clean the room.   3. Let her ask the question.
4. Let them fix the faucet.

68. VERBS THAT MEAN "TO BECOME"

In Spanish there are five verbs that express *to become* (sometimes *to get* or *to turn into*).

1. **Ponerse** + adjective is used to show a change in physical or emotional state, usually of a limited duration.

Bebió agua del grifo y **se puso enfermo.**	He drank water from the faucet and became sick.
Antes de un examen siempre **me pongo nervioso.**	Before an exam I always get nervous.

2. **Volverse** + adjective shows a change that is considered permanent.

El pobre hombre **se volvió loco** y **se volvió agresivo.**	The poor man went mad and turned into an aggressive person.

3. **Convertirse en** + noun describes a change that is considered permanent. (Note that **volverse** takes an adjective, and **convertirse en** takes a noun.)

Él **se convirtió en un hombre** muy orgulloso.	He turned into a very proud man.

4. **Hacerse** + noun or adjective shows a change due to personal effort or a change over which the person involved had a certain degree of control.

Desde que **se hizo abogada, se hizo** muy **orgullosa.**	Ever since she became a lawyer, she became very proud.

5. **Llegar a ser** + noun or adjective describes a change due to personal effort and a combination of other factors, like the passing of time.

Se hizo abogada, **llegó a ser una abogada** magnífica, y **llegó a ser importante** en la ciudad.

She became a lawyer, she became a magnificent lawyer, and she became important in the city.

EJERCICIOS

A. Substitución. Conteste las preguntas.

1. Cuando tienes exámenes, ¿te pones nervioso(a)? ¿Y tus amigos? ¿Y los profesores?
2. ¿Crees que vas a hacerte rico(a)? ¿Y tu novio? ¿Y tus amigas?
3. ¿Crees que vas a llegar a ser una persona importante? ¿Y nosotros? ¿Y tu compañero de cuarto?
4. Con los problemas de la vida moderna, ¿crees que vas a volverte loco(a)? ¿Y todas nosotras? ¿Y todos los norteamericanos?

B. Sea un intérprete.

1. Are you studying to become a lawyer?   2. Why did Hamlet become insane?
3. Do you hope to become an actor?   4. What do you prefer, to become poor and happy or rich and sad?

ACTIVIDADES PERSONALES

A. Entrevista

Preguntas	Oral	Escrito
1. ¿Qué es necesario, que exploremos el espacio o que resolvamos nuestros problemas aquí en la tierra?	1. Es necesario que _____.	1. Es necesario que _____.
2. ¿Qué es más importante para ti, que aprendas mucho o que aprendas lo menos posible aquí en la universidad?	2. Para mí es más importante que _____.	2. Para él/ella es más importante que _____.

3. ¿Qué es mejor, que seas muy popular o que digas lo que piensas?

    3. Es mejor que yo _____ .

    3. Es mejor que él/ella _____ .

4. ¿Qué es más preciso, que conservemos nuestros recursos naturales (como el petróleo) o que impongamos límites a su uso?

    4. Es preciso que _____ .

    4. Es preciso que _____ .

5. Para resolver una crisis económica, ¿es mejor que el gobierno limite el crédito o que baje los impuestos de todos?

    5. Para resolver una crisis económica _____ .

    5. Para resolver una crisis económica _____ .

B. Frases incompletas. Termina la frase, usando el subjuntivo, con tus ideas personales.

1. Quizás un día _____ .
2. Es posible que en el futuro la vida en las ciudades _____ .
3. Es preciso que este fin de semana _____ .
4. Para modificar nuestra sociedad es necesario _____ .
5. Para ser más interesante tal vez yo _____ .
6. Ojalá que yo llegue a ser _____ .
7. Para resolver un problema personal tal vez yo consulte con _____ .
8. Para mejorar este curso es indispensable que _____ .
9. Es natural que los ricos _____ y que los pobres _____ .

C. Vamos a imaginarnos que eres candidato a la Presidencia de los Estados Unidos. Siempre soñabas con ser el presidente. Para ganar los votos de la gente, tú prometes muchas cosas absurdas. ¿Cuáles son estas cosas? Dinos tres o cuatro de tus promesas absurdas.

Por ejemplo: *Es necesario que cada familia tenga seis aspiradoras, y yo se las daré.*

LA GENTE

España

Colombia

Las diferentes razas forman parte de la
diversidad del mundo hispánico.

Hay mucha gente joven en la población de los países hispánicos.

Una pausa en el mercado, para hablar con los amigos

**SECCIÓN
CULTURAL**

El Caribe

Además de la isla de Cuba, hay en el Caribe otras islas en las cuales se habla español: Santo Domingo y Puerto Rico. En las otras islas (y hay muchas en el Caribe) se hablan otros idiomas: francés, inglés u holandés, porque durante los siglos XVII y XVIII muchas de estas islas españolas se convirtieron en colonias de otros países.

La isla de Santo Domingo está dividida en dos países: Haití, una república donde se habla francés, y la República Dominicana, un país de cultura hispánica y de lengua española. La capital se llama como la isla: Santo Domingo, y es una ciudad que en la época colonial llegó a ser muy importante, porque fue durante algún tiempo la capital administrativa de los territorios españoles en América. Santo Domingo, fundada en 1496, es la primera ciudad europea de las Américas.

Desde la isla de Santo Domingo, que en la época colonial se llamaba Hispaniola, los españoles continuaron su expansión por el Caribe, y en 1508 ocuparon Puerto Rico, donde estuvieron hasta 1898. En ese año España perdió la isla, pero Puerto Rico no se hizo independiente como los otros países hispanoamericanos. La isla fue ocupada por los Estados Unidos.

En la actualidad Puerto Rico tiene características muy especiales. Es un país de cultura hispánica y de lengua española, pero en él hay una fuerte influencia de la cultura y de la lengua de los Estados Unidos, y muchos puertorriqueños viven en los Estados Unidos. No es un país independiente, pero tampoco es un estado de los Estados Unidos. La ambigüedad de la situación es algo que preocupa a muchos puertorriqueños. Algunos piensan que es necesario que la isla se convierta en un país independiente. Otros creen que es indispensable que sea el estado número cincuenta y uno de la Unión Norteamericana. Y otros consideran que es mejor que todo siga como hasta ahora: asociado con los Estados Unidos, pero sin ser un estado más. Es decir, un estado libre asociado.

Puerto Rico es una isla muy hermosa. Ojalá que sus problemas se resuelvan bien. La isla encontrará su destino. Quizá llegue a ser un país independiente, o se convierta en un estado más, o tal vez continúe como estado asociado. Que decidan los puertorriqueños.

además de: besides
en las cuales: in which

Estado libre asociado:
Commonwealth status

PREGUNTAS

1. ¿Qué idiomas se hablan en las islas del Caribe?
2. ¿Por qué hay islas en las que no se habla español?
3. ¿Hay alguna isla del Caribe dividida en dos países de lenguas diferentes? ¿Cuál es, y cuáles son esos países?
4. ¿Por qué fue importante Santo Domingo?
5. ¿Qué otras islas ocuparon los españoles en el Caribe?
6. ¿Sabe usted algo de la historia de las relaciones de España con los Estados Unidos? ¿Por qué perdió España la isla de Puerto Rico?
7. ¿Qué características especiales tiene Puerto Rico?
8. ¿Por qué cree Ud. que muchos puertorriqueños vienen a los Estados Unidos?
9. ¿Cómo son las relaciones entre Puerto Rico y los Estados Unidos? ¿Hay algún problema?

La estatua de Ponce de León, un explorador español. Nunca descubrió la fuente de juventud.

VOCABULARIO ACTIVO

Nombres

el (la) abogado(a): *lawyer*
la aspiradora: *vacuum cleaner*
la bañera: *bathtub*
la basura: *garbage*
el Caribe: *Caribbean*
el (la) compañero(a) de cuarto: *roommate*
el (la) conserje: *building superintendent*
el cuarto: *room*
el grifo: *faucet*
el plato: *dish*
el recurso: *resource*
el suelo: *floor*

Verbos

barrer: *to sweep*
convertirse(ie) en: *to become*
hacerse: *to become*
lavar: *to wash*
llegar a ser: *to become*
opinar: *to think, have an opinion*
planchar: *to iron*
ponerse: *to become*
prometer: *to promise*
quitar la mesa: *to clear the table*
resolver(ue): *to solve*
sacar: *to take out*
volverse(ue): *to become*

Adjetivos

orgulloso(a): *proud*

Adverbios

quizá(s): *perhaps*
tal vez: *perhaps*

Expresiones

ojalá: *I hope*
ser indispensable: *to be absolutely necessary*
ser natural: *to be natural*
ser preciso: *to be necessary*

EL ECUADOR
Vista Quince

AL PRINCIPIO

María finally arrives in Bogotá with a contract to go on tour throughout South America. This sudden turn of events changes her plans for marriage. However, Víctor has other ideas, and he reveals a little more of his personality to us. As you progress through this *Vista* you'll learn:

1. the use of the subjunctive in noun clauses (69):

   Quieren que haga una gira
   por Sudamérica.

   They want me to make a tour through South America.

2. the relative pronouns **el que, el de,** and their variants (70):

   El que quiero es ese coche.
   El de ojos verdes es mi primo.

   The one I want is that car.
   The one with the green eyes is my cousin.

3. how to form exclamations with **qué** and **cuánto(a)(s)** (71):

   ¡**Qué** pena!
   ¡**Cuánta** comida!

   What a pity!
   So much food!

4. three Spanish equivalents for *but* (72):

   Compré jabón y champú, **pero** no compré pasta de dientes.
   No estoy incomodado, **sino** triste.
   La familia no se queda en casa, **sino que** pasa un día de campo.

   I bought soap and shampoo, but I didn't buy toothpaste.
   I'm not annoyed, but sad.
   The family isn't staying at home, but rather spending a day in the country.

In addition you'll learn some new vocabulary to describe your family. In the *Sección cultural* you'll read about Ecuador and about the Galapagos Islands that lie off the coast of Ecuador.

Una vista de Quito, Ecuador. Las montañas dominan esta ciudad.

DIÁLOGO

Por fin llegó María a Bogotá con un contrato que no era un contrato matrimonial.

MARÍA: Sí, Víctor, conseguí un contrato magnífico, **Quieren que haga** una gira por Sudamérica con una compañía de teatro.

VÍCTOR: Una gira, ¡eh! Y nuestra boda . . . ¿qué?

MARÍA: Pues, mira, eso es lo que te iba a decir.

VÍCTOR: María, **tú quieres que me vuelva** loco.

MARÍA: Pero, ¡amor mío!, **el que** se case conmigo tiene que aceptar que yo tengo mi carrera.

VÍCTOR: Pero **yo quiero que** la **dejes. Quiero que te conviertas** en mi mujer, y nada más.

MARÍA: ¡Ay, Víctor! Me parece que vamos a tener problemas.

CONVERSACIÓN SOBRE EL DIÁLOGO

1. ¿Qué consiguió María?   2. ¿Qué tiene que aceptar el que se case con María? 3. ¿En qué quiere Víctor que se convierta María?   4. ¿Qué le parece a María que van a tener ella y Víctor?   5. ¿Quiere Ud. que su novio(a) sea actor (actriz)? 6. ¿Qué tendrá que aceptar el que (la que) se case con Ud.?   7. ¿Le parece a Ud. que el que (la que) se case con Ud. va a tener problemas?

NOTAS CULTURALES

1. The women's liberation movement has also reached the Hispanic world. Hispanic society has traditionally been male dominated, and there has not been legal equality between the sexes. For example, in some Hispanic countries a woman may not apply for a passport or own a business without her husband's permission. The degree of this inequality varies, of course, from country to country, and social change often is faster in urban than in rural areas. Women tend to enjoy more freedom in large cities such as Mexico City, Buenos Aires, Caracas, and Santiago than in the smaller cities and rural areas.

2. How Hispanic males react to the increased freedom of women varies. Cultural, stereotyped patterns are difficult to break. The process of change has only just begun in the Spanish-speaking world, and it will require a few years to determine how deeply this change will be felt at the various levels of society.

DIALOGUE

María finally arrived in Bogotá with a contract that wasn't a marriage contract.

MARÍA: Yes, Víctor, I got a great contract. They want me to make a tour through South America with a theatrical group.
VÍCTOR: A tour, eh! And our wedding . . .What about it?
MARÍA: Well, look, that's what I was going to tell you.
VÍCTOR: María, do you want me to go crazy?
MARÍA: But honey! whoever marries me has to accept that I have my career.
VÍCTOR: But I want you to give it up. I want you to become my wife, and nothing more.
MARÍA: Oh, Víctor! It seems to me that we're going to have problems.

Dos mujeres indias hablan de la vida diaria en un mercado al aire libre.

VOCABULARIO ESPECIAL

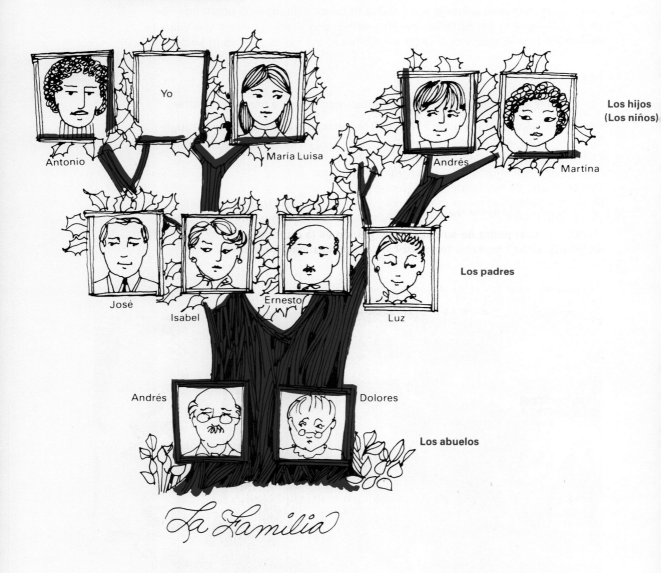

Antonio   Yo   María Luisa

José   Isabel   Ernesto   Luz

Andrés   Dolores

Andrés   Martina

Los hijos (Los niños)

Los padres

Los abuelos

La Familia

José e Isabel son mis **padres (el padre** y **la madre).**

Andrés y Dolores son mis **abuelos (el abuelo** y **la abuela).**

Los otros **hijos (niños)** de mis padres son mis **hermanos (el hermano** y **la hermana).**

Los hermanos de mis padres son mis **tíos (el tío** y **la tía).**

Los hijos (niños) de mis tíos son mis **primos (el primo** y **la prima).**

Los hijos de mi hermano(a) son mis **sobrinos (el sobrino** y **la sobrina).**

La mujer con quien yo me caso es mi **mujer (la esposa).**

El hombre con quien yo me caso es mi **marido (el esposo).**

Los hermanos de mi mujer son mis **cuñados (el cuñado** y **la cuñada).**

Los padres de mi marido son mis **suegros (el suegro** y **la suegra).**

El marido de mi hija es mi **yerno.** La mujer de mi hijo es mi **nuera.**

Los hijos de mis hijos son mis **nietos (el nieto** y **la nieta).**

Todos los miembros de la familia son **los parientes.**

EJERCICIOS

A. Preguntas. Conteste las preguntas.

1. ¿Quién es el padre de su padre?   2. ¿Quién es la mujer de su hermano?
3. ¿Quién es el hijo de su hermana?   4. ¿Quién es la hermana de su padre?
5. ¿Quién es la hija de su hermano?   6. ¿Quiénes son los hijos de sus tíos?
7. ¿Quiénes son los padres de su mujer (su marido)?   8. ¿Quién es la mujer de
su hijo?   9. ¿Quiénes son los hijos de sus hijos?   10. ¿Quiénes son los hijos de
sus padres?   11. ¿Quién es el marido de su hija?

B. Historia personal. Explique cómo es su familia. Por ejemplo, ¿cuántos
hermanos, primos, etc. tiene Ud.?

CONCEPTOS GRAMATICALES

69. THE SUBJUNCTIVE IN NOUN CLAUSES

1. We have seen in *Concepto gramatical* 65 that impersonal expressions of
uncertainty, necessity, or wish require a verb in the subjunctive in the
subordinate clause.

Es preciso que trabajes más.   It's necessary for you to work more.

2. In the same way, a verb used in a main clause that expresses a mental state
like uncertainty, desire, emotion, or command requires the use of the subjunctive
in the subordinate clause, *when the subordinate clause has a different subject.*
This type of subordinate clause is called a noun clause, because it functions as
a noun, as the object of the verb. Compare the three following sentences.

Yo quiero un sandwich.   I want a sandwich.
Yo quiero comer.   I want to eat.
Yo quiero que comas.   I want you to eat.

In the first sentence **sandwich** is a noun, the object of the verb; in the second sentence **comer** is an infinitive functioning also as a noun, the object of the verb (but since there is only one subject, no subjunctive is necessary); in the third sentence **que comas** functions as a noun, the object of the verb, **quiero** (the subjunctive is necessary because there are two subjects).

3. This subjunctive noun clause structure is very common in Spanish. In such cases, there are always at least two verbs with different subjects, and the subject of the verb in the main clause is trying to influence the behavior of the subject of the verb in the subordinate clause. Subject A wants, hopes, fears, or commands that subject B do something. **Que** always links the two clauses.

Verbs expressing desire or preference require the subjunctive in the subordinate clause (**querer, desear, preferir, recomendar, pedir**).

Deseo que mi hija **tenga** una buena carrera.	I want my daughter to have a good career.
Tú recomiendas que ella **se haga** abogada.	You recommend that she become a lawyer.

Verbs expressing hope or doubt also require the subjunctive in the subordinate clause (**esperar, dudar, no creer**).

Dudo que mis suegros **puedan** venir en Navidad.	I doubt if my parents-in-law will be able to come at Christmas.
No creo que los niños **se aburran** en el campo.[1]	I don't believe the children will be bored in the country.

The subjunctive is also used after verbs expressing emotion or feeling (**temer, tener miedo, sentir, gustar**).

Tememos que el abuelo **se ponga** enfermo.	We are afraid grandfather may get sick.
Tienes miedo que haya problemas.	You're afraid there might be problems.
Me gusta que los niños **se diviertan.**	I like the children to enjoy themselves.

Verbs expressing command, permission, or advice are also followed by the subjunctive (**mandar, permitir, insistir en, prohibir, aconsejar, decir**).

Mi tío **no permite que** mis primos **salgan** de noche.	My uncle doesn't permit my cousins to go out at night.
Aconsejo a mi hijo **que** no **trasnoche.**	I advise my son not to stay up late.
Te **digo que no fumes.**[2]	I tell you not to smoke.

1. *Creer* in the affirmative does not express doubt, but certainty, and it takes the indicative: *Creo que los niños se aburren en el campo.* ("I believe the children will be bored in the country.")

2. In the last example, *decir* requires the subjunctive because it implies a command.

EJERCICIOS

A. Substitución. Conteste las preguntas.

Modelo: ¿Esperas que el profesor diga la verdad?
         Sí, espero que él diga la verdad.
         ¿Y tus padres?
         Sí, espero que mis padres digan la verdad.

1. ¿Deseas que tus suegros te visiten con frecuencia? ¿Y tu sobrino? ¿Y tus primos? ¿Y yo?
2. ¿Dudas que tus primos trasnochen en las fiestas? ¿Y tu abuelo? ¿Y tus tíos? ¿Y nosotras?
3. ¿Prefieres que los abuelos vivan en tu casa? ¿Y los suegros? ¿Y tu primo? ¿Y yo?
4. ¿Te gusta que tus suegros pasen la Navidad en tu casa? ¿Y tu padre? ¿Y mi madre? ¿Y nosotros?

B. Transformación. Conteste las preguntas, empezando su respuesta con la información entre paréntesis.

Modelo: ¿Es maestro el padre de David? (No, no creo que)
         No, no creo que el padre de David sea maestro.

1. ¿Pasan la Navidad con ustedes sus parientes? (Temo que no)
2. ¿Los tíos de Elena la dejan salir de noche? (No creo que)
3. ¿Escribe a los abuelos tu prima? (Le recomiendo que)
4. ¿Lava los platos tu sobrina? (Le mando que)
5. ¿Arregla la aspiradora tu cuñado? (Pido que)

C. Transformación. Conteste las preguntas usando los verbos entre paréntesis.
Atención: algunas respuestas no van a necesitar el subjuntivo.

Modelo: ¿Deben venir esta noche los tíos? (Sí, quiero que)
         Sí, quiero que los tíos vengan esta noche.

1. ¿Debo hacer la cama? (Sí, te mando que)
2. ¿Deben celebrar la Navidad en casa los parientes? (Sí, les aconsejo que)
3. ¿Debe cenar en casa esta noche nuestro cuñado? (Sí, le digo que)
4. ¿Tiene tu hermana una buena carrera? (Sí, es verdad que)
5. ¿Debemos celebrar el cumpleaños de los hijos? (Sí, pero siento que no)
6. ¿Deben ir al museo con nosotros los sobrinos? (Sí, insisto en que)
7. ¿Los padres quieren a los hijos? (Sí, es cierto que)
8. ¿Debemos celebrar la boda de nuestros parientes? (Sí, me gusta que)

D. Transformación. Conteste las preguntas con el verbo dado en paréntesis y un verbo en subjuntivo.

Modelo: ¿Practicamos esta lección o hacemos una fiesta? (preferir)
    Prefiero que hagamos una fiesta.

1. ¿Tenemos un examen o vemos la televisión? (querer)
2. ¿Celebramos aquí tu cumpleaños o aprendemos español? (dudar)
3. ¿Tenemos más clases o tenemos más vacaciones? (pedir)
4. ¿Quedamos en clase o vamos a la cafetería? (aconsejar)
5. ¿El examen es difícil o es fácil? (tener miedo)

70. USES OF *EL QUE* AND *EL DE*

1. You have already studied the relative pronouns **que** and **lo que** (*Concepto gramatical* 52). Relative pronouns may also appear in the forms **el que, la que, los que, las que,** which mean "the one(s) that" or "the one(s) who."

El que quiero es ese coche.	The one (that) I want is that car.
¿Qué lección estudias? Estudio **la que** el profesor explicó ayer.	What lesson are you studying? I'm studying the one the professor explained yesterday.
Esos chicos son **los que** conocí en tu fiesta.	Those boys are the ones that I met at your party.
Esas chicas son **las que** hablan español.	Those girls are the ones who speak Spanish.

2. Each of the relative pronouns presented above is followed by a verb. The forms **el de, los de, la de, las de,** meaning "the one(s) with" or "the one(s) of," are followed by nouns.

El de ojos verdes es mi primo.	The one with green eyes is my cousin.
Mi hermana es **la de** la camisa blanca.	My sister is the one with the white shirt.
Esos zapatos son **los de** Ana.	Those shoes are Ana's (the ones belonging to Ana).
Mis sobrinas, **las de** Madrid, están aquí ahora.	My nieces, the ones from Madrid, are here now.

EJERCICIOS

A. Preguntas. Conteste las preguntas usando el pronombre relativo correspondiente: *el que, la que, los que* o *las que* + *estaba(n) aquí.*

Modelo: ¿Vio Ud. esos regalos?
    Sí, los que estaban aquí.

1. ¿Oyó Ud. a esa chica?
2. ¿Habló Ud. con mi sobrino?
3. ¿Bebió Ud. unas cervezas?
4. ¿Conoció Ud. a mis cuñados?
5. ¿Leyó Ud. un libro?
6. ¿Compró Ud. unas revistas?

B. Transformación. Conteste las preguntas cambiando de la forma *el que,* etc.
a la forma *el de,* etc.

Modelo: ¿Su primo es el que tiene ojos verdes?
      Sí, mi primo es el de ojos verdes.

1. ¿Su hermana es la que tiene la falda roja?
2. ¿Su padre es el que tiene zapatos negros?
3. ¿Sus primos son los que tienen pantalones azules?
4. ¿Sus hermanas son las que tienen blusa blanca?
5. ¿Sus amigos son los que tienen un buen contrato matrimonial?

DIÁLOGO

María habla con Víctor antes de salir para Quito, la capital
del Ecuador.

MARÍA: Víctor, cariño, no te pongas así. Nos veremos en
Buenos Aires dentro de un mes. ¿Estás incomodado?

VÍCTOR: No, no estoy incomodado, **sino** triste.

MARÍA: ¡**Qué serio estás**! ¡Vamos, hombre, anímate! Creo
que nuestra idea de casarnos tan pronto era un poco
precipitada.

VÍCTOR: Pero yo no quiero pensarlo más tiempo, **sino
que** quiero casarme contigo ahora.

MARÍA: Bueno, un día u otro nos casaremos.

VÍCTOR: ¡**Cuántos sueños e ilusiones**! ¡**Qué pena**!

MARÍA: Ilusiones y sueños, amor mío, hacen la vida más
interesante.

VÍCTOR: ¡**Qué filosófica estás**!

CONVERSACIÓN SOBRE EL DIÁLOGO

1. ¿Dónde y cuándo van a verse María y Víctor?   2. ¿Cómo está Víctor?
3. ¿Cómo cree María que era la idea de casarse tan pronto?   4. Los sueños
e ilusiones, ¿cómo hacen la vida?   5. ¿Qué sueños e ilusiones tiene Ud.?
6. ¿Cuándo se pone Ud. serio(a) o filosófico(a)?   7. ¿Quiere Ud. casarse ahora,
o quiere Ud. pensar más en esa idea?

NOTAS CULTURALES

1. Ecuador is one of four Andean Republics. The others are Bolivia, Chile, and Peru. The Andes mountain range extends from Panama to the tip of South America. In Ecuador there are several peaks that reach over 15,000 feet. The highest peak in Ecuador is Chimborazo, which is almost 21,000 feet high.

2. Quito, the capital of Ecuador, is located in the mountains some 9,000 feet above sea level. People who live in the mountains are referred to as **serranos** (from **sierra**). The **serranos** of Quito often hold disparaging views of the people who live on the coast, called **costeños. Costeños** are often mocked for their accent or their work habits. The **costeños** of Ecuador are traditionally the residents of Guayaquil, the principal port.

DIALOGUE

María is talking to Víctor before leaving for Quito, the capital of Ecuador.

MARÍA: Víctor, dear, don't get like that. We'll see each other in Buenos Aires within a month. Are you annoyed?

VÍCTOR: No, I'm not annoyed, but sad.

MARÍA: How serious you are! Come on, man, cheer up! I think that our idea to get married so soon was a little too hasty.

VÍCTOR: But I don't want to think about it any more, rather I want to marry you now.

MARÍA: OK, one day or another we'll get married.

VÍCTOR: So many dreams and illusions! What a pity!

MARÍA: Illusions and dreams, my love, make life more interesting.

VÍCTOR: How philosophical you are!

CONCEPTOS GRAMATICALES

71. EXCLAMATIONS

1. In exclamations, **¡Qué . . . !**, "What!," precedes an adjective or a noun.

¡**Qué orgulloso!**	How proud!
¡**Qué limpio!**	How clean!
¡**Qué fiesta!**	What a party!
¡**Qué pena!**	What a pity!

Note that there is no indefinite article between ¡**Qué!** and the noun in Spanish.

2. ¡**Cuánto (cuánta, cuántos, cuántas)!** expresses surprise with regard to quantity and must agree in number and gender with the noun that follows.

¡**Cuánto dinero!**	How (so) much money!
¡**Cuánta comida!**	How (so) much food!
¡**Cuántos platos!**	How (so) many dishes!
¡**Cuántas ilusiones!**	How (so) many illusions!

EJERCICIOS

A. Transformación. Conteste las preguntas con una exclamación, usando la última palabra de la pregunta.

Modelos: ¿Es Juan un buen abogado?
Sí, y ¡qué abogado!
El apartamento, ¿está limpio?
Sí, y ¡qué limpio!
¿Bebieron mucha cerveza?
Sí, y ¡cuánta cerveza!

1. Tus padres, ¿son simpáticos?
2. Tus padres, ¿te dan mucho dinero?
3. Tus tíos, ¿tienen un buen coche?
4. ¿Estudias muchas horas?
5. ¿Haces muchos ejercicios?
6. Tu coche, ¿es nuevo?

B. Sea un intérprete. Conteste las preguntas y, además, haga una exclamación con la última palabra de la respuesta.

Modelo: Do you have many cousins?
¿Tienes muchos primos?
Sí, tengo muchos primos, y ¡cuántos primos!

1. Is your grandfather nice?   2. Is this exercise easy?   3. Do you have many nieces and nephews?   4. Do you have a good car?   5. Do you like your kitchen?
6. Do you have good weekends?   7. Are you proud?

72. *PERO, SINO,* **AND** *SINO QUE*

1. **Pero** is the most common Spanish equivalent of *but* or *but nevertheless.*
It may introduce a correction, clarification, or limitation to an earlier statement.

Enchufé la maquinilla de afeitar, **pero** no funcionó.	I plugged in the electric razor, but it didn't work.
Quiero bañarme, **pero** el cuarto de baño sólo tiene ducha.	I wanted to take a bath, but the bathroom only has a shower.
Compré jabón y champú, **pero** no compré pasta de dientes.	I bought soap and shampoo, but I didn't buy toothpaste.

2. **Sino** is the equivalent of *but, but rather,* or *on the contrary.* It is used to introduce an affirmative statement in direct opposition to a preceding negative statement or to express a contrast or opposition to what was previously stated. **Sino** may occur between two infinitives, nouns, adjectives, or adverbs.

El niño no quiere bañarse, **sino** ducharse.	The child doesn't want to take a bath, but a shower.
Esto no es aceite, **sino** vinagre.	This isn't oil, but vinegar.
No estoy incomodado, **sino** triste.	I'm not annoyed, but sad.
La lavadora no lava bien, **sino** mal.	The washing machine doesn't wash well, but badly.

3. **Sino que** performs the same function as **sino,** but it always occurs between two conjugated verbs.

El niño no se baña, **sino que** se ducha.	The child isn't taking a bath, but he's taking a shower.
La familia no se queda en casa, **sino que** pasa un día de campo.	The family isn't staying at home, but rather spending a day in the country.
Mi hermano no pide el abrelatas, **sino que** necesita el sacacorchos.	My brother isn't asking for the can opener, but rather he needs the corkscrew.

EJERCICIOS

A. Preguntas. Conteste las preguntas con una frase negativa + *sino* o *sino que,* según las necesidades de la frase.

Modelos: ¿Qué quieres, jabón o pasta de dientes?
No quiero jabón, sino pasta de dientes.
¿En la cocina lavas la ropa o lavas los platos?
En la cocina no lavo la ropa sino que lavo los platos.

1. ¿Qué vas a limpiar, la cocina o el cuarto de baño?
2. ¿Te duchas al mediodía o te duchas por la mañana?
3. ¿Pones cerveza en la ensalada, o pones aceite y vinagre?
4. En el cuarto de baño, ¿enchufas el radio o la maquinilla de afeitar?
5. ¿Prefieres lavar las camisas o usar una lavadora?
6. En los cumpleaños de tus abuelos, ¿les escribes o les hablas por teléfono?
7. ¿Prefieres celebrar la Navidad en un restaurante o en casa con tu familia?

B. Espacios en blanco. Complete las frases usando *pero, sino* o *sino que.*

1. Tengo unos amigos que son pobres, _____ felices.
2. No me gusta vivir en el campo, _____ en la ciudad.
3. Quería comprar una lavadora, _____ era muy cara.
4. Yo no trasnocho, _____ me acuesto temprano.
5. No necesitamos comprar aceite, _____ vinagre.
6. La maquinilla eléctrica funciona, _____ no muy bien.
7. No necesito jabón, _____ necesito champú.
8. Hoy no quiero bañarme, _____ ducharme.
9. No necesito un abrelatas, _____ un sacacorchos.

ACTIVIDADES PERSONALES

A. Entrevista

Preguntas	**Oral**	**Escrito**
1. El que (la que) se case contigo, ¿qué cualidades debe tener?	1. El que (la que) se case conmigo _____ .	1. El que (la que) se case con él/ella _____ .
2. ¿Qué prefiere tu familia, que tú continúes en la universidad o que tengas un trabajo bien pagado?	2. Mi familia prefiere que _____ .	2. Su familia prefiere que _____ .
3. ¿Qué piensas recomendar a los jóvenes del futuro, que participen más en el sistema político o que dejen esa responsabilidad a otros?	3. A los jóvenes les pienso recomendar que _____ .	3. A los jóvenes les piensa recomendar que _____ .
4. ¿Qué te parece más difícil, que podamos resolver nuestros problemas económicos o que podamos garantizar una vida buena para todos?	4. Me parece que _____ .	4. Le parece que _____ .

B. Frases incompletas. Termina cada frase.

1. No quiero que mis amigos _____.
2. Mis parientes permiten que _____.
3. No creo que _____.
4. Para los pobres del mundo espero que _____.
5. Como padre (madre) voy a prohibir que _____.
6. Les aconsejo a los adolescentes que _____.
7. Pido que _____.
8. Les recomiendo a los representantes políticos que _____.
9. Estoy seguro que en el año 2000 _____.
10. Tengo miedo de que _____.

C. Orden de preferencia. Haz una lista de tres posibilidades, en orden de preferencia. Usa el número (1) para la primera y el (3) para la última. Escribe una frase corta que explique por qué escogiste así.

1. Quiero un mundo en el que

____ no exista la discriminación.
____ no haya contaminación.
____ todos se comprendan.

2. Prefiero un(a) profesor(a)

____ que sea simpático(a).
____ que prepare bien la lección.
____ que tenga interés en sus estudiantes.

3. Les recomiendo a los administradores universitarios

____ que compren más libros para la biblioteca.
____ que la comida en la cafetería sea mejor.
____ que haya mejores relaciones entre ellos y nosotros los estudiantes.

4. Dudo que los representantes políticos

____ trabajen mucho.
____ puedan resolver nuestros problemas.
____ me representen.

SECCIÓN CULTURAL

El Ecuador

El Ecuador es un país relativamente pequeño, situado en la costa occidental de América del Sur, entre Colombia y Perú.[3] Antes de la conquista española, el territorio que es ahora el Ecuador era la parte norte del imperio de los incas, una gran organización política que se extendía por casi todo el Perú y parte de Bolivia.

norte: northern

3. Los nombres de Ecuador, Perú, Paraguay y Uruguay se usan con o sin artículo: Ecuador o el Ecuador, Perú o el Perú, etc. También se usa con o sin artículo: Argentina o la Argentina.

El Ecuador tiene una geografía muy difícil. ¡Cuántas montañas tiene! ¡Qué variado es! En la costa tropical está la ciudad de Guayaquil, el gran puerto del país. Quito no está en la costa, sino en las montañas de los Andes, y es una ciudad colonial donde los españoles dejaron muchos monumentos.

puerto: port

Hay una parte del Ecuador que es muy famosa ahora, porque mucha gente se interesa por la vida de los animales y por la historia de la evolución. Los que se interesan por esto no van a las montañas del Ecuador, ni a los valles tropicales que están al este de los Andes, sino que van a unas islas pequeñas, perdidas en el Océano Pacífico a unos mil kilómetros de la costa: las Islas Galápagos.

la gente: people

el este: east

El que hizo famosas estas islas fue el inglés Charles Darwin, que las visitó en 1835. Allí él observó la existencia de muchos animales con características biológicas especiales, y estas observaciones le ayudaron a desarrollar su teoría sobre la evolución de las especies.

desarrollar: to develop

Una vista de la isla de Punta Espinosa
en las Islas Galápagos

El gobierno del Ecuador quiere que los turistas visiten el país, y permite que pequeños grupos de turistas vayan a las islas. Algunos científicos, sin embargo, temen que un excesivo número de visitantes pueda alterar el delicado equilibrio natural del archipiélago, que es un museo viviente de ciencias naturales.

PREGUNTAS

1. ¿En qué parte de América del Sur está el Ecuador?
2. Antes de la conquista española, ¿qué había en Ecuador?
3. ¿Cómo es el Ecuador? ¿Tiene montañas?
4. ¿Dónde están las Islas Galápagos?
5. ¿Por qué son famosas las Islas Galápagos?
6. ¿Quién era Charles Darwin? ¿Qué encontró en las Islas Galápagos?
7. ¿Por qué algunos científicos no quieren que muchos turistas vayan a esas islas?
8. ¿Le gustaría a Ud. ir a las Islas Galápagos? ¿Por qué?
9. ¿Preferiría Ud. ir a la región tropical del Ecuador?
10. ¿Cree Ud. que el gobierno del Ecuador debe prohibir que los turistas visiten las Islas Galápagos?
11. ¿Se interesa Ud. por la vida de los animales?
12. ¿Por qué cree Ud. que debemos estudiar la vida de los animales?

VOCABULARIO ACTIVO

Nombres

el abrelatas: *can opener*
el (la) abuelo(a):
  grandfather (-mother)
los abuelos: *grandparents*
el aceite: *oil*
la boda: *wedding ceremony*
el campo: *country (side)*
la carrera: *career*
el contrato: *contract*
el (la) cuñado(a): *brother
  (sister)-in-law*
la ducha: *shower*
el (la) esposo(a): *husband,
  wife*
el (la) hermano(a): *brother,
  sister*
el (la) hijo(a): *son, daughter*
los hijos: *children*
el jabón: *soap*
la lavadora: *washer
  (washing machine)*
la madre: *mother*
la maquinilla de afeitar:
  electric razor
el marido: *husband*
la mujer: *wife*
el (la) nieto(a): *grandson
  (-daughter)*
los nietos: *grandchildren*
los niños: *children*
la nuera: *daughter-in-law*
los parientes: *relatives*
el plato: *dish*

el (la) primo(a): *cousin*
el sacacorchos:
  corkscrew
el (la) sobrino(a): *nephew,
  niece*
el (la) suegro(a): *father-
  (mother-) in-law*
el (la) tío(a): *uncle, aunt*
el yerno: *son-in-law*

Verbos

conseguir(i): *to get*
desear: *to desire, to want*
dudar: *to doubt*
enchufar: *to plug in*
funcionar: *to work
  (machines)*
temer: *to fear*
trasnochar: *to stay up late*

Adjetivos

incomodado(a): *angry,
  annoyed*

Conjunciones

pero: *but*
sino: *but*
sino que: *but*

Expresiones

ponerse así: *to get like that*

COGNADOS

Nombres

el champú
el Ecuador
la familia
la ilusión
el vinagre

Verbos

aceptar
insistir en
permitir
prohibir
recomendar(ie)

Adjetivos

filosófico(a)
matrimonial

REPASO CUATRO

VISTAS 12, 13, 14, 15

1. RESUMEN DEL DIÁLOGO

Select one dialogue from *Vistas* 12–15 and prepare a brief summary of its main ideas or events. You will present this summary orally in class at some time during the period devoted to *Repaso* 4. As an alternative, dramatize one of the dialogues as if it were a play to be performed in front of the class.

2. FORMAL AND INFORMAL COMMANDS (REPASE LOS *CONCEPTOS GRAMATICALES* 57 Y 61.)

A. Cambie a los mandatos indicados por los modelos.

Modelos: ¿Puedo entrar? (Ud.)
　　　　 Sí, entre (Ud.).
　　　　 ¿Debo apagar la luz? (tú)
　　　　 Sí, apaga la luz.
　　　　 ¿Podemos salir?
　　　　 Sí, salgan (Uds.).

1. ¿Debo ducharme? (tú)
2. ¿Puedo subir? (Ud.)
3. ¿Hacemos cola?
4. ¿Pongo la luz? (tú)
5. ¿Sacamos los libros?
6. ¿Puedo escoger el número? (Ud.)
7. ¿Debemos llegar temprano?
8. ¿Debo ir? (Ud.)
9. ¿Advierto a los otros? (Ud.)
10. ¿Pago la cuenta? (tú)

B. Cambie las frases a mandatos negativos. Si hay un objeto directo cámbielo a su pronombre de objeto directo correspondiente.

Modelos: ¿Corro dos millas hoy? (tú)
　　　　　No, no corras dos millas hoy.
　　　　　¿Debo traer mi libro? (Ud.)
　　　　　No, no lo traiga (Ud.).

1. ¿Me quedo aquí en casa? (tú)
2. ¿Debo votar por ese candidato? (Ud.)
3. ¿Miro los programas? (tú)
4. ¿Cambiamos el plan?
5. ¿Puedo probar la sopa? (Ud.)
6. ¿Marco el número? (Ud.)
7. ¿Interrogamos al criminal?
8. ¿Me caso en agosto? (tú)
9. ¿Le doy una propina al botones? (tú)
10. ¿Envuelvo los paquetes? (Ud.)
11. ¿Debemos explicar el examen?
12. ¿Hago cola aquí? (tú)

3. THE IMPERSONAL *SE* (REPASE *CONCEPTO GRAMATICAL* 58.)

Conteste las preguntas.

1. ¿Dónde se vive mejor?
2. ¿Cuándo se cena en un buen restaurante?
3. ¿Cuándo se duerme en clase?
4. ¿En qué país se conduce rápido?
5. ¿Cómo se come en la cafetería de la universidad?

4. THE FUTURE AND THE FUTURE OF PROBABILITY (REPASE *CONCEPTO GRAMATICAL* 62.)

Modelo: ¿Fuiste a tu clase de español hoy?
　　　　Sí, y mañana iré también.

1. ¿Almorzaron Uds. al mediodía hoy?
2. ¿Durmió José hasta las diez hoy?
3. ¿Le dijiste palabrotas a ese policía hoy?
4. ¿No dejaron Uds. propina?
5. ¿Había mucha circulación cerca de la glorieta hoy?
6. ¿Hizo ella los ejercicios hoy?
7. ¿Fueron Uds. a la cafetería después de la clase hoy?
8. ¿Te pusiste furiosa hoy cuando él dijo eso?
9. ¿Vino ella a su oficina para buscarlo hoy?

5. THE CONDITIONAL AND THE CONDITIONAL OF PROBABILITY (REPASE *CONCEPTO GRAMATICAL* 63.)

A. Cambie la forma del verbo según la información dada.

1. No podría oír bien la música. ¿Y tú? ¿Y nosotros? ¿Y Uds.?
2. Leeríamos más libros. ¿Y yo? ¿Y los estudiantes? ¿Y Joaquín?
3. José saldría antes del examen. ¿Y tú? ¿Y yo? ¿Y Uds.?

B. Conteste usando el condicional de probabilidad.

Modelo: ¿Estudiaste por una hora anoche?
   No sé. Estudiaría por una hora.

1. ¿Se equivocó ella de fecha?
2. ¿Dieron ellos una vuelta en esa calle?
3. ¿Experimentaron esos jóvenes con drogas?
4. ¿Estuvo él pensando en el amor?
5. ¿Apostó Ud. cinco pesos?

6. THE PASSIVE *SE* (REPASE *CONCEPTO GRAMATICAL* 64.)

A. Conteste las preguntas.

1. ¿Qué se enseña en la clase de español?
2. ¿A qué hora se abren las puertas de su banco?
3. ¿Cuándo se oyen las noticias?
4. ¿Dónde se compran revistas?
5. ¿Qué se ve en un museo?
6. ¿Dónde se encuentran descuentos?
7. ¿Dónde se habla español?

B. Conteste las preguntas usando el *se* pasivo.

Modelo: ¿Arreglarán el coche mañana?
   Sí, se arreglará el coche mañana.

1. ¿Terminaron el ejercicio ayer?
2. ¿Ven a muchos estudiantes en el bar?
3. ¿Capturaron al gorila esta tarde?
4. ¿Estacionan el coche allí?
5. ¿Buscan secretaria?
6. ¿Exportarán el café?

7. THE PRESENT SUBJUNCTIVE (REPASE *CONCEPTO GRAMATICAL* 65.)

Cambie las frases según el modelo.

Modelo: yo/comer Es necesario que _____.

Es necesario que yo coma.

1. nosotros/experimentar Es preciso que _____ no _____ con las drogas.
2. los muchachos/planchar Es probable que _____ las camisas.
3. María/casarse Es posible que _____ con Ignacio.
4. tú/admitir No es una buena idea que _____ que no estudiaste.
5. Uds./correr Es indispensable que _____ una milla cada día.
6. nosotros/quejarse Es natural que _____ de la vida a veces.
7. los suegros/meterse Es mejor que los _____ no _____ en nuestros líos.
8. yo/enfermarse Es importante que no _____ esta semana.
9. ellos/decir Tal vez _____ algo importante hoy.
10. Uds./traer Ojalá que _____ sus libros a clase mañana.
11. tú/tener Es importante que _____ cuidado allí.
12. yo/ponerse Ojalá que no _____ enfermo.

8. VERBS THAT MEAN "TO BECOME" (REPASE *CONCEPTO GRAMATICAL* 68.)

Conteste las preguntas.

1. En un sueño una vez, ¿en qué se convirtió Ud.?
2. ¿Hay veces en que piensa que se vuelve loco(a)? ¿Cuándo?
3. ¿Qué quieren sus padres que se haga Ud.?
4. En el año 2000, ¿qué espera llegar a ser?
5. Para Ud., ¿qué es mejor, ponerse nervioso(a) antes o después de un examen?

9. THE SUBJUNCTIVE IN NOUN CLAUSES (REPASE *CONCEPTO GRAMATICAL* 69.)

Conteste las preguntas usando sus propias ideas.

Modelo: ¿Quieres que continuemos estudiando este punto gramatical?

No, quiero que _____.

No, quiero que hagamos una fiesta.

1. ¿Prefiere que le dé más ejercicios? No, prefiero que _____.
2. ¿Sientes que la clase termine dentro de unos minutos? No, siento que _____.
3. ¿Dudas que el (la) profesor(a) sepa divertirse? No, dudo que _____.
4. ¿Esperan los padres que los niños tengan miedo de todo? No, esperan que _____.

5. ¿Piden los norteamericanos que los venezolanos les vendan más café? No, piden que _____ .

6. ¿Temen sus padres que Ud. no escoja una carrera interesante? No, temen que _____ .

7. ¿Prefieres un clima que siempre sea húmedo? No, prefiero un clima _____ .

8. ¿Recomienda su padre que Ud. trasnoche mucho? No, recomienda que _____ .

9. ¿Tiene Ud. miedo de que los suegros vayan a vivir con Ud. algún día? No, tengo miedo _____ .

10. USES OF *EL QUE* AND *EL DE* (REPASE *CONCEPTO GRAMATICAL* 70.)

Conteste las preguntas como quiera usando *el que,* etc. Siga el modelo.

Modelo: ¿Compraste una mochila?
        Sí, la que costó quince dólares.

1. ¿Trajiste tu grabadora?
2. ¿Alquilaste el apartamento?
3. ¿Saludaste a esas mujeres?
4. ¿Planchaste tu camisa?
5. ¿Cambiaste los bolígrafos?
6. ¿Viste alguna película?
7. ¿Encontraste la calle?
8. ¿Oíste a los pasajeros?
9. ¿Compraste el queso francés?

11. *PERO, SINO,* **AND** *SINO QUE* (REPASE *CONCEPTO GRAMATICAL* 72.)

Use *pero, sino* o *sino que* en los espacios en blanco.

1. No quiero irme, _____ quedarme.
2. No compré pasta de dientes, _____ compré champú.
3. Quería salir _____ el coche no funcionó.
4. Tengo jabón, _____ no tengo maquinilla de afeitar.
5. No lavo la ropa en la cocina, _____ lavo los platos.
6. No van a la oficina de correos _____ a la tintorería.
7. Mi siquiatra no me aconseja que sea tímido, _____ yo busque la verdad.
8. Es verdad, _____ no lo creo.
9. No estoy contenta _____ incomodada.
10. Mi hermano no quiere el sacacorchos, _____ pide el abrelatas.

EL PERÚ
Vista Dieciséis

AL PRINCIPIO

Things seem to be going from bad to worse for Víctor. He, of course, exaggerates his self-imposed misery. His friend Dolores is a good listener, but even she has had enough of his whining. As you progress through this *Vista* you'll learn:

1. the use of the subjunctive in adverbial clauses (73):

   Veré a mis primos **cuando vengan** a casa.

   I'll see my cousins when they come home.

2. the use of the subjunctive in adjective clauses (74):

   Busco **un clima que** me **ayude** a ponerme bien.

   I'm looking for a climate that will help me get well.

3. to distinguish between **quién(es)** and **quien(es)** (75):

   ¿Quién viene?

   Who is coming?

   El hombre de **quien** hablo es mi hermano.

   The man about whom I'm talking is my brother.

4. how to talk about the weather (76):

   Hace calor.

   It's hot.

   Truena.

   It's thundering.

In the *Sección cultural* you'll read about Peru, the center of Inca civilization, and in particular about Machu Picchu, which was rediscovered in the twentieth century. The vocabulary for this *Vista* includes weather expressions.

Una vista de las ruinas incaicas de
Machu Picchu

317

DIÁLOGO

Víctor cuenta sus problemas a su amiga Dolores.

VÍCTOR: María me llamó desde Lima. Estuvo muy fría conmigo. **Cuando vaya** a Buenos Aires voy a decirle que todo terminó entre nosotros.

DOLORES: Como todos los hombres cuando están enamorados, dices muchas tonterías.

VÍCTOR: No hagas generalizaciones. **No hay quien aguante** mi tortura.

DOLORES: No te pongas trágico, Víctor. **Cuando veas** a María le dirás que sigues queriéndola.

VÍCTOR: ¡Si la veo algún día!

CONVERSACIÓN SOBRE EL DIÁLOGO

1. ¿Qué le cuenta Víctor a Dolores?   2. ¿Cómo estuvo María cuando lo llamó desde Lima?   3. Según Dolores, ¿qué dicen los hombres cuando están enamorados?   4. ¿Qué debe decirle Víctor a María cuando la vea?   5. ¿Dice Ud. muchas tonterías cuando está enamorado(a)?

NOTAS CULTURALES

1. Lima, the capital of Peru, was founded by the Spanish **conquistador** Francisco Pizarro after his troops defeated the Incas in 1532. Pizarro chose Lima, which is located on the Pacific coast, for the capital of Peru instead of a site in the highlands **(altiplano)**. Most of the population of Lima and the lowlands are whites and **mestizos.** (In Spanish America a **mestizo** is a person of mixed Spanish and Indian blood.) The highlands are the domain of the Indians, who view Cuzco, the ancient capital of the Inca Empire, as their traditional capital.

2. Peru's population is about 50 percent Indian, 40 percent mestizo, and 10 percent white. The whites have been referred to as the **oligarquía** (''oligarchy''), since they control most of the wealth of the country.

3. The fishing industry for Peru is extremely important for economic survival. The harvesting of anchovies for fish meal, which is a high-protein food source, is an important factor in the world market. Unfortunately, about every seven years, a tropical current called **El Niño** (''The Christ Child,'' since it occurs around Christmas) flows from the north and completely destroys the fishing industry for that year.

DIALOGUE

Víctor tells his problems to his friend Dolores.

VÍCTOR: María called me from Lima. She was very cold with me. When I go to Buenos Aires I'm going to tell her that everything is over between us.

DOLORES: Like all men who are in love, you say a lot of foolish things.

VÍCTOR: Don't generalize. There's nobody who can bear my torture.

DOLORES: Don't get tragic, Víctor. When you see María you'll tell her that you still love her.

VÍCTOR: If I see her someday!

VOCABULARIO ESPECIAL

El tiempo The weather

Por la mañana **sale el sol.**	In the morning the sun rises.
Si **hace buen tiempo** y si **hace calor,** vamos a la playa, a la piscina o al monte.	If the weather is good and if it's hot, we go to the beach, to the swimming pool, or to the mountains.
Cuando **hace sol,** necesito gafas oscuras.	When it's sunny, I need sunglasses.
Cuando **hace mal tiempo, llueve.**	When the weather is bad, it rains.
Cuando **llueve,** me mojo si no tengo paraguas e impermeable.	When it rains, I get wet if I don't have an umbrella and a raincoat.
Cuando **nieva** y **hay nieve** en las montañas, voy a esquiar y tiro bolas de nieve.	When it snows and there is snow in the mountains, I go skiing and throw snowballs.

CONVERSACIÓN SOBRE EL VOCABULARIO ESPECIAL

1. ¿Cuándo sale el sol?   2. ¿Adónde va Ud. cuando hace calor?   3. ¿Qué prefiere Ud. hacer cuando hace buen tiempo, estar en casa o salir?   4. ¿Qué necesitan algunas personas cuando hace mucho sol?   5. ¿Dónde prefiere Ud. estar cuando hace mal tiempo?

CONCEPTOS GRAMATICALES

73. THE SUBJUNCTIVE IN ADVERBIAL CLAUSES

1. In both English and Spanish an adverb is a word that modifies a verb (or an adjective, or another adverb).

Escribirá **hoy**.   He'll write today.

An adverbial clause is a dependent clause that functions as an adverb.

Escribe **cuando quiere**.   He writes when he wants to.

2. An adverbial clause is always linked to the main clause by a conjunction or an adverb that functions as a conjunction. Some conjunctions and adverbs used in adverbial clauses always require the subjunctive, because they imply an action with an uncertain outcome.

Iremos a la piscina **con tal (de) que haga** calor.   We'll go to the swimming pool provided that it's hot.

Volvemos a casa **antes de que haga** frío.   Let's go back home before it gets cold.

These conjunctions always require the subjunctive:

antes de que	before
con tal (de) que	provided that
para que	so that
a menos que	unless
en caso de que	in case
sin que	without

3. Some other conjunctions or adverbs may be used with the indicative or the subjunctive. The indicative is used when the adverbial clause expresses what the speaker considers to be a proven fact, an action already performed, an action that is considered a routine, etc. But the adverbial clause will be in the subjunctive when it expresses uncertainty, opinion, or a future action that may or may not take place. Compare:

Veo a mis primos **cuando vienen** a casa.	I see my cousins whenever they come home.
Veré a mis primos **cuando vengan** a casa.	I'll see my cousins when they come home.
Doy un paseo **aunque hace** fresco.	I take a walk even though it is cool.
Daré un paseo **aunque haga** fresco.	I'll take a walk even though it may get cool.

Note that when the adverbial clause is in the subjunctive, the verb in the main clause is in the future. It may also be in the command form.

Ven aquí **cuando** te **llamo**.	Come here whenever I call you.
Ven aquí **cuando** te **llame**.	Come here when I call you.

The following conjunctions may be used with the indicative or the subjunctive:

aunque	although
cuando	when
después de que	after
hasta que	until
mientras	while
siempre que	when, whenever
tan pronto como	as soon as

4. The main clause and the adverbial clause may have the same subject, whereas a noun clause must have a different subject from the main clause. Also, the adverbial clause may precede or follow the main clause.

Yo compraré un barco de vela **cuando** yo **tenga** dinero.	I'll buy a sailboat when I have money.
Cuando tenga dinero, compraré un barco de vela.	When I have money, I'll buy a sailboat.

EJERCICIOS

A. Preguntas. Conteste las preguntas con una de las dos posibles respuestas.

1. David, ¿dónde estarás tan pronto como haga buen tiempo, en casa o en la playa? María, ¿qué dijo David?

2. ¿Qué comida tomarás después de que salga el sol, el desayuno o la cena?
3. ¿Qué te pondrás cuando nieve, un suéter o un traje de baño?
4. ¿Qué harás en enero sin que nadie lo sepa, saldrás en barco de vela o tirarás bolas de nieve?
5. ¿Qué harás con tal que haga buen tiempo, irás a la piscina o irás a esquiar?

B. Transformación. Haga diez oraciones, serias o humorísticas, con los elementos de las tres columnas. Indique con una *S* si su frase es seria y con una *H* si es humorística.

Modelo: *Mi papá me dará dinero con tal de que nieve en el Sahara.* (H)

Pienso estudiar más	para que	mi padre no diga nada
Veremos a nuestros amigos	en caso de que	hagamos una película clásica
Mi papá me dará dinero	después de que	el policía vuelva a casa
Tendré razón	hasta que	vea mejor
Terminaremos los estudios	tan pronto como	la muchacha diga tonterías
Mi amigo va a trabajar mucho	antes de que	mi mejor amigo se equivoque
No habrá nada nuevo	aunque	los pollos aprendan a hablar
El amor será fácil	sin que	yo sea muy viejo(a)
Me pondré las gafas oscuras	a menos que	nieve en el Sahara
	siempre que	termine la vida
	con tal de que	se termine el postre
		haga calor en el Sahara

74. THE SUBJUNCTIVE IN ADJECTIVE CLAUSES

1. An adjective is a word that modifies or describes a noun.

I bought an **inexpensive** sailboat.

An adjective clause is a group of words (one of them always a verb) that has the same function.

I bought a sailboat **that did not cost much.**

2. In Spanish, adjective clauses are linked to the main clause by the relative pronoun **que** or by **el que, la que, los que, las que.** When the relative pronoun refers to something definite, the indicative is used. The subjunctive is used when there is an element of doubt.

Voy a comprar **un barco de vela que es** barato.	I'm going to buy a sailboat that is cheap. (I know the price.)
Voy a comprar **un barco de vela que sea** barato.	I'm going to buy a sailboat that is cheap. (If I find one.)
Arizona tiene **un clima que** me **ayudará** a ponerme bien.	Arizona has a climate that will help me to get well.
Busco **un clima que** me **ayude** a ponerme bien.	I'm looking for a climate that will help me get well.
Compré un impermeable. Compré **el que era** mejor.	I bought a raincoat. I bought the one that was best.
Si compras un impermeable, compra **el que sea** mejor.	If you buy a raincoat, buy whichever is best.

3. **El que, la que, los que, las que,** and **quien(es)** may appear in the main clause. Note the uncertainty expressed by the subjunctive.

El que (quien) toma el sol se quema.	One who sunbathes gets sunburned.
El que tome el sol se quemará.	Whoever sunbathes will get sunburned.

4. The indefinite pronouns **alguien, algo,** and **alguno,** and their negatives **nadie, nada,** and **ninguno** require the subjunctive in questions and negative sentences, and the indicative in affirmative sentences.

¿Hay alguien que pueda aguantar este frío?	Is there anybody that can bear this cold?
No, **no hay nadie que pueda** aguantar este frío.	No, there is nobody that can bear this cold.
Sí, hay alguien que puede aguantar este frío.	Yes, there is somebody that can bear this cold.

5. Adverbs may also introduce an adjective clause in the indicative or subjunctive.

Paso las vacaciones en una playa **donde hay** barcos de vela de alquiler.	I spend my vacation on a beach where there are sailboats for rent.
Quiero pasar las vacaciones en una playa **donde haya** barcos de vela de alquiler.	I want to spend my vacation on a beach where there are sailboats for rent. (If that place exists.)

EJERCICIOS

A. Transformación. Conteste las preguntas con *No, pero busco . . . que* + subjuntivo.

Modelo: ¿Tienes un barco de vela barato?
   No, pero busco un barco de vela que sea barato.

1. ¿Tus amigos te ayudan?
2. ¿Tu compañera de cuarto juega al tenis todos los días?
3. ¿Tus amigos van al monte los fines de semana?
4. ¿Sabes dónde hay barcos de vela de alquiler?
5. ¿Vives en un apartamento que tiene piscina?

B. Transformación. Conteste las preguntas usando *el (los) que, la (las) que* o *lo que* + subjuntivo.

Modelo: ¿Siempre compras la ropa que te gusta?
   Sí, siempre compro la que me guste.

1. ¿Siempre vas a las fiestas que dan tus amigos?
2. ¿Siempre haces lo que quieres?
3. ¿Siempre vas a las películas que son de aventuras?
4. ¿Siempre sales con amigos que tienen coche?

C. Transformación. Conteste las preguntas en forma afirmativa y en forma negativa.

Modelo: ¿Hay alguien que quiera jugar al tenis?
   Sí, hay alguien que quiere jugar al tenis.
   No, no hay nadie que quiera jugar al tenis.

1. ¿Hay alguien que tenga paraguas?
2. ¿Hay algo que sea interesante en la televisión?
3. ¿Hay alguien que quiera ir a la piscina?
4. ¿Hay alguna ciudad que tenga buen clima todo el año?
5. ¿Hay alguien que lleve gafas oscuras?
6. ¿Hay alguien que aguante este sol?

D. Transformación. Conteste las preguntas usando *el que, los que, la que, las que* o *quien(es)* + subjuntivo + una idea original.

Modelo: ¿Qué dice Ud. de las personas que salen sin paraguas?
   Pues, quien salga sin paraguas se mojará.
   Pues, los que salgan sin paraguas se mojarán.

1. ¿Qué dice Ud. de un estudiante que no prepara la lección?
2. ¿Qué dice Ud. de un amigo que toma mucho el sol?
3. ¿Qué dice Ud. de una amiga que sale en barco de vela cuando hace mucho viento?

4. ¿Qué dice Ud. de las personas que llevan impermeable cuando hace buen tiempo?
5. ¿Qué dice Ud. de las personas que se queman?

DIÁLOGO

VÍCTOR: Esa mujer **de quien** me enamoré va a ser mi perdición.

DOLORES: ¡Qué pesado te pones con esa historia! Mira, hoy **hace muy buen tiempo.** Vamos a salir de paseo.

VÍCTOR: Tú eres la única amiga **a quien** puedo contarle estas cosas.

DOLORES: Sí, claro. Soy tu confesor, o tu paño de lágrimas o tu siquiatra, ¿no?

VÍCTOR: Sí, y por eso te quiero tanto.

DOLORES: ¡Ay, Víctor! ¡Qué mal me conoces!

CONVERSACIÓN SOBRE EL DIÁLOGO

1. ¿De quién se enamoró Víctor?   2. ¿Cómo se pone Víctor cuando habla de su historia con María?   3. ¿A quién puede contar Víctor sus cosas?   4. ¿A quién conoce mal Víctor?   5. ¿A quién conoce usted bien?   6. ¿Se pone Ud. pesado(a) cuando habla de sus problemas?

NOTAS CULTURALES   **Un paño de lágrimas** means "a cloth for tears," figuratively, "a shoulder to cry on." In the Hispanic world, men are not supposed to cry publicly, even at a funeral. One will often hear **los hombres no lloran** ("men don't cry"). Women are supposed to do all the crying, especially at a funeral.

DIALOGUE

VÍCTOR: That woman I fell in love with is going to be my downfall.

DOLORES: What a bore you're getting to be with that story! Look, it's nice out today. Let's go out for a walk.

VÍCTOR: You're the only friend I can tell these things to.

DOLORES: Yes, of course. I'm your confessor, or your shoulder to cry on, or your psychiatrist, right?

VÍCTOR: Yes, and that's why I like you so much.

DOLORES: Oh, Víctor! How little you know me.

CONCEPTOS GRAMATICALES

75. *QUIEN* AND *QUIENES* IN SUBORDINATE CLAUSES

1. **Quién** and its plural, **quiénes,** "who," are question words (studied in *Concepto gramatical* 9). They always bear a written accent, and they always refer to people. (**Qué** is used in questions referring to things.) Both **quién** and **quiénes** may be preceded by a preposition, in which case they correspond to the English "whom."

¿Quién viene a la piscina?	Who is coming to the swimming pool?
¿Con quién vas al monte?	With whom do you go to the mountains?
¿A quiénes viste ayer?	Whom did you see yesterday?

2. **Quien** and **quienes,** without a written accent, are relative pronouns referring to people. They introduce a subordinate clause when there is a preposition. The relative pronoun **que** refers to persons when there is no preposition.

El hombre **que** habla es mi hermano.	The man who is speaking is my brother.
El hombre **de quien** hablo es mi hermano.	The man about whom I'm talking is my brother.

The personal **a** *(Concepto gramatical* 17) is a preposition, and it calls for **quien** or **quienes** in subordinate clauses of this type. In other cases, the preposition **a** is required by the verb, as in the second example below.

Ana es la muchacha **a quien** conocí ayer.	Ana is the girl (that) I met yesterday.
Esos son los muchachos **a quienes** tiré una bola de nieve.	Those are the boys at whom I threw a snowball.
Mi mejor amigo es la persona **con quien** tomo el sol.	My best friend is the person with whom I sunbathe.

EJERCICIOS

A. Preguntas. Conteste las preguntas.

1. David, ¿quién es la persona con quien hablas más en casa, tu hermano o tu hermana? María ¿qué dice David?
2. ¿Quiénes son las personas a quienes ves más, tus parientes o tus amigos?
3. ¿Quién es la persona de quien hablas más, tu novio(a) o tu compañero(a) de cuarto?
4. ¿Quiénes son las personas entre quienes estás sentado(a)?
5. ¿Quiénes son las personas en quienes piensas más, los profesores o los estudiantes?

Estos pescadores peruanos tienen una vida dura. Trabajan muchas horas cada día.

328

B. Transformación. Conteste las preguntas usando *la(s) persona(s)* + preposición + *quien(es)*.

Modelo: ¿Sale Ud. mucho con su novio?
       Sí, la persona con quien salgo mucho es mi novio.

1. ¿Va Ud. al monte con sus amigos?
2. ¿Aconseja Ud. bien a su compañero(a) de cuarto?
3. ¿Habla Ud. mucho de sus hermanos?
4. ¿Trabaja Ud. para su padre?
5. ¿Piensa Ud. mucho en sus amigos?

76. THE WEATHER

1. The word **tiempo** may refer to time **(el tiempo cronológico)** or to the weather **(el tiempo meteorológico).** The weather is expressed by verbs like **llover, nevar,** and a few others, which are conjugated only in the third person singular.

Truena (tronar).	It's thundering.
Relampaguea (relampaguear).	It's lightning.
Graniza (granizar).	It's hailing.

2. Other expressions related to weather are given here in the present tense, but they may appear in any other tense.

Hace calor.	It's hot.
Hace frío.	It's cold.
Hace fresco.	It's cool.
Hay niebla.	It's foggy.
Hay nubes. (Está nublado.)	It's cloudy.
Hay neblina.	It's hazy.

3. Other words related to weather are given below.

La jungla tropical tiene **un clima húmedo.**	The tropical jungle has a humid climate.
El desierto del Sahara tiene **un clima seco.**	The Sahara desert has a dry climate.
Cuando **llueve, la lluvia** viene de **las nubes.**	When it rains, the rain comes from the clouds.
Cuando **nieva, la nieve** es blanca.	When it snows, the snow is white.
Cuando **relampaguea, hay relámpagos.**	When it lightnings, there is lightning.
Cuando **graniza,** cae **el granizo.**	When it hails, hail falls.
Cuando **truena, hay truenos.**	When it thunders, there's thunder.
Cuando **hay truenos** y **relámpagos** esto significa que **hay tormenta.**	When there's thunder and lightning, it means there's a storm.

Cuando **la temperatura** cae bajo cero grados centígrados el agua **se congela**.

When the temperature falls below zero degrees C., water freezes.

En el Océano Pacífico **hay tifones,** y en el Atlántico **hay huracanes.**

In the Pacific Ocean there are typhoons, and in the Atlantic there are hurricanes.

EJERCICIO

Preguntas. Conteste las preguntas.

1. ¿Qué significa un huracán, mucha lluvia y viento o mucho sol?
2. ¿Qué significa la jungla tropical, un clima húmedo o un clima seco?
3. ¿Qué significa la nieve, que hace frío o que hace calor?
4. ¿Qué significa el desierto, que llueve mucho o que hace mucho sol?
5. ¿Cuándo se congela el agua, cuando la temperatura está bajo cero o sobre cero?
6. ¿De qué color es el granizo?
7. ¿Cuándo hay truenos y relámpagos?
8. ¿Dónde hay tifones y huracanes?
9. ¿Qué hay cuando relampaguea?
10. ¿Qué es posible cuando hay nubes, que llueva o que haga sol?
11. ¿Qué hace Ud. cuando graniza?

ACTIVIDADES PERSONALES

A. Entrevista

Preguntas	**Oral**	**Escrito**
1. ¿Qué haces, a veces, sin que nadie lo sepa?	1. A veces _____.	1. A veces él/ella _____.
2. ¿Qué harás en caso de que nuestra economía no ande bien?	2. En caso de que _____.	2. En caso de que _____.
3. En tu opinión, ¿hay alguien que pueda comprender todos tus problemas? Si contestas que sí, ¿quién es?	3. Sí, hay alguien _____. No, no hay nadie _____.	3. Sí, hay alguien _____. No, no hay nadie _____.

B. Frases incompletas. Termina las frases usando el subjuntivo o el indicativo. Luego escribe una o dos frases que expliquen tu respuesta.

1. No iré a ver al médico a menos que _____.
2. Iré a ver una película española para que el (la) profesor(a) _____.
3. Mis niños no sufrirán en la vida con tal que _____.
4. El año pasado hice un viaje tan pronto como _____.
5. Quiero tener mi libertad sin que nadie _____.
6. Busco un(a) novio(a) que _____.
7. Quien siempre lleva gafas oscuras _____.
8. No hay nadie en esta tierra que _____.
9. Es posible que los que tengan miedo de los truenos _____.
10. Quiero que la persona de quien voy a enamorarme _____.

C. Vamos a imaginarnos que estabas explorando las ruinas de Machu Picchu, en las montañas del Perú. Había mucha niebla y hacía fresco. Estabas solo(a) entre las ruinas cuando algo misterioso ocurrió. Dinos lo que ocurrió.

SECCIÓN CULTURAL

El Perú

superpuesto(a): superimposed

inferior: lower

De todos los países de América del Sur el Perú es el más rico en historia y arqueología. Quien quiera ver dos culturas que están superpuestas una sobre otra debe ir a Cuzco, la antigua capital inca. Quien vaya a esta vieja ciudad verá que muchos edificios coloniales están construidos sobre antiguas construcciones incas: la parte inferior del edificio está formada por enormes piedras rectangulares de la época incaica; la parte superior del edificio es de estilo colonial. El pasado inca y español está escrito en un libro de piedra que todos pueden leer aunque no vayan a una biblioteca.

escondido(a): hidden
en lo alto de: on top of

Los que deseen ver un gran monumento inca que no tenga ningún elemento de la cultura hispánica pueden encontrarlo en Machu Picchu. Escondida en lo alto de un monte, esta antigua ciudad inca estuvo perdida durante varios siglos. Nadie sabía que existía, hasta que fue descubierta en 1911. Las piedras abandonadas de Machu Picchu son otro libro en el que, quien que lo vea podrá leer una historia triste: la destrucción de una civilización.

El Perú es un país hispánico e indio a la vez, que habla español y quechua, la vieja lengua de los incas. Es eso y algo más: al este de los Andes se extiende la jungla tropical del Amazonas, donde llueve mucho. En el clima húmedo de la selva la vegetación es exuberante, los ríos son enormes y las tormentas son espectaculares, con truenos y relámpagos tan grandes que parece que el cielo va a caer sobre la tierra.

a la vez: at the same time

selva: forest
río: river
cielo: sky

Esta parte tropical del Perú tiene malas comunicaciones con el resto del país, pero no hay montañas que sean una barrera para los ingenieros peruanos, aunque sean tan altas como los Andes. Cuando haya buenas carreteras entre las dos partes del país, Perú podrá explotar mejor las riquezas de su región amazónica.

carretera: highway

Las montañas andinas afectan la cultura y la vida de la gente de esa región.

PREGUNTAS

1. ¿En qué se diferencia Perú de los otros países de América del Sur?
2. ¿Qué culturas puede ver quien vaya a Cuzco?
3. ¿Por qué Machu Picchu fue una ciudad perdida durante varios siglos?
4. ¿Qué representa Machu Picchu en la historia del Perú?
5. ¿Dónde está la región tropical del Perú?
6. ¿Cómo es el clima en la región del Amazonas?
7. ¿Cómo se imagina usted la jungla tropical?
8. ¿Por qué son difíciles las comunicaciones entre la parte este y la parte oeste del Perú?
9. ¿Por qué es importante para el Perú que haya mejores comunicaciones entre la región del Amazonas y el resto del país?
10. ¿Le gustaría a usted explorar una jungla tropical?

VOCABULARIO ACTIVO

Nombres

el barco de vela: *sailboat*
la bola de nieve: *snowball*
el calor: *heat*
el fresco: *coolness*
el frío: *cold*
las gafas oscuras: *sunglasses*
el granizo: *hail*
el impermeable: *raincoat*
la lluvia: *rain*
la montaña: *mountain*
el monte: *mountain*
la neblina: *haze*
la niebla: *fog*
la nieve: *snow*
la nube: *cloud*
el paraguas: *umbrella*
el relámpago: *lightning*
el sol: *sun*
el tiempo: *weather, time*
la tormenta: *storm*
el trueno: *thunder*
el viento: *wind*

Verbos

aguantar: *to bear, to stand*
congelarse: *to freeze*
granizar: *to hail*
llover(ue): *to rain*
mojar(se): *to get wet*
nevar(ie): *to snow*
quemar(se): *to burn*
relampaguear: *to discharge lightning*
significar: *to mean*
tirar: *to throw*
tronar(ue): *to thunder*

Adjetivos

enamorado(a): *in love*
húmedo: *humid*
nublado: *cloudy*
pesado(a): *boring, heavy*
seco(a): *dry*

Pronombres

el (la) que: *the one (that)*
los (las) que: *the ones (that)*
quien: *who*

Adverbios

antes de que: *before*
después de que: *after*
cuando: *when, whenever*
siempre que: *whenever*
tan pronto como: *as soon as*

Conjunciones
a menos que: *unless*
aunque: *though, although*
con tal de que: *provided that*
en caso de que: *in case that*
hasta que: *until*
para que: *so that*
siempre que: *provided that*
sin que: *without*

Expresiones
bajo cero: *below zero*
hace + tiempo: *it's + weather*
sobre cero: *above zero*
tomar el sol: *to sunbathe*

COGNADOS
Nombres
el clima
el desierto
el huracán
la jungla
el Perú
la temperatura
el tifón

Adjetivos
tropical

EL DESARROLLO ECONÓMICO Y LA EDUCACIÓN PÚBLICA

Vista Diecisiete

AL PRINCIPIO

María continues her tour in Santiago de Chile. While there she discusses her pending marriage with a male friend and meets a poet of sorts. Fortunately, Víctor is unaware of this. As you progress through this *Vista* you'll learn:

1. the imperfect subjunctive (77):

Él **quería que nos casáramos.**	He wanted us to get married.
Querían que esperáramos.	They wanted us to wait.

2. verbs with irregular forms in the imperfect subjunctive (78):

Era necesario que el enfermo **viniera** al hospital.	It was necessary for the sick man to come to the hospital.

3. more comparisons of equality (79):

Tu pulso es **el mismo que** el mío.	Your pulse is the same as mine.
Este poeta es **igual que** ése.	This poet is the same as that one.

4. the present perfect indicative (80):

¡Por fin **se ha ido!**	Finally he has gone!
¡Qué lata **me ha dado!**	How he has pestered me!

In the *Sección cultural* you'll read about economic development and public education in the Hispanic world. The vocabulary in this *Vista* deals with common illnesses and medical terminology.

335

DIÁLOGO

En Santiago de Chile, María habla con un amigo, Tomás.

MARÍA: Pues sí, mi prometido **quería que nos casáramos** en seguida, pero yo le **dije que esperara.** Tengo que hacer esta gira.

TOMÁS: ¿Y él **aceptó que** la **hicieras** sin él?

MARÍA: ¡Qué remedio! No podía prohibírmelo. ¿No crees?

TOMÁS: No sé. Nunca conocí a tu prometido. ¿Es celoso?

MARÍA: Me parece que sí. Y sospecho que voy a tener que escoger entre mi carrera y él.

CONVERSACIÓN SOBRE EL DIÁLOGO

1. ¿Qué le dijo María a su prometido?   2. ¿Aceptó Víctor que María hiciera el viaje?   3. ¿El amigo de María conoció a su prometido?   4. ¿Qué sospecha María?   5. ¿Tiene usted novio(a)? ¿Su novio(a) le dijo a Ud. que quería que Uds. se casaran en seguida?   6. ¿Le dijo Ud. a su novio(a) que era mejor que esperara?   7. ¿Sospecha Ud. que va a tener que escoger entre su carrera y su novio(a)?   8. ¿Qué piensa Ud. de Víctor ahora? ¿Quién tiene razón, él o María?

NOTAS CULTURALES

1. Chile has long had a tradition of political democracy. Chile was the first Latin American country to elect a Marxist as president. Salvador Allende won by a narrow margin in 1970. The Allende government nationalized U.S. copper companies in 1971 and froze the assets of the Chilean Telephone Company, a subsidiary of the American owned ITT. Chile's democratic tradition came to a halt in 1973 when President Allende died in a **golpe militar** ("military coup") and government control fell into the hands of the military.

2. Chile has been a leading influence in literature. Two outstanding Chilean writers were Gabriela Mistral (1889–1957) and Pablo Neruda (1904–1973). Neruda expressed Latin American feelings toward foreign investment in local industries, particularly that of the U.S., with his famous poem "La United Fruit Co." Neruda received the Nobel Prize for literature in 1971. Gabriela Mistral is known for her lyric love poetry. Her first collection, *Desolación* (1922) was inspired by the suicide of her first and only love. She received the Nobel Prize for literature in 1945.

DIALOGUE

In Santiago, Chile, María talks with a friend, Tomás.

MARÍA: Well, yes, my fiancé wanted us to get married right away, but I told him to wait. I have to do this tour.
TOMÁS: And he accepted that you do it without him?
MARÍA: What could he do! He couldn't keep me from it. Don't you think so?
TOMÁS: I don't know. I never met your fiancé. Is he a jealous person?
MARÍA: He seems so to me. And I suspect that I'm going to have to choose between my career and him.

VOCABULARIO ESPECIAL

La salud Health

Cuando **estoy enfermo** no **me siento bien,** y **me duele** algo.	When I am sick I don't feel well, and something hurts me.
Tengo dolor de cabeza, de **estómago** y de **espalda.**	I have a headache, stomachache and a backache.
Tengo fiebre: una temperatura de 38 grados.	I am running a fever: a temperature of 100.4 degrees.
Tengo síntomas de **gripe** o de **catarro.**	I have symptoms of the flu or of a cold.
Voy a la **consulta** del/de la **médico**(a).	I go to the doctor's office.
Me toma **el pulso** y **la presión sanguínea,** y me mira la lengua.	He/She feels my pulse, takes my blood pressure and looks at my tongue.
La **enfermedad** no es **grave.**	The illness is not serious.
Me **receta** una **medicina:** unas **pastillas** y unas **inyecciones.**	The doctor prescribes medication for me: some pills and some shots.
Las compro en la **farmacia.**	I buy them (the pills) at the pharmacy.
El/la **enfermero**(a) me **pone las inyecciones.**	The nurse gives me the shots.
Ahora **estoy sano** otra vez.	I am healthy again now.

CONVERSACIÓN SOBRE EL VOCABULARIO ESPECIAL
Conteste las preguntas.

1. ¿Qué es mejor, estar sano o estar enfermo?
2. Cuando le duele algo, ¿visita a su médico(a)?
3. Cuando come mucho, ¿tiene Ud. dolor de cabeza o dolor de estómago?
4. Una fiebre de cien grados Fahrenheit, ¿es algo grave?
5. ¿Cuáles son los síntomas de la gripe?
6. Cuando Ud. tiene catarro, ¿qué hace?
7. ¿Cuándo va Ud. a la consulta de un médico?
8. ¿Qué es más grave, una presión sanguínea alta o una presión baja?
9. ¿Qué enfermedad es muy frecuente en invierno?
10. Si el médico encuentra que Ud. no tiene nada grave, ¿le receta algo?
11. ¿Qué prefiere Ud., tomar pastillas o que le pongan inyecciones?
12. ¿Dónde compra Ud. las medicinas que le recetan los médicos?

CONCEPTOS GRAMATICALES

77. THE IMPERFECT SUBJUNCTIVE

1. You have already studied the present subjunctive *(Conceptos gramaticales* 65, 66, 69, 73, and 74). Subjunctive clauses in the present occur when the verb in the main clause is in the present indicative, future, or command form.

La médica **duda que** yo **esté** enferma.	The doctor doubts that I am sick.
No **querrá que vaya** al hospital.	She won't want me to go to the hospital.
No **temas que** me **haga** ir.	Don't be afraid she'll make me go.

2. Spanish also has an imperfect subjunctive. The imperfect subjunctive of regular **A-**, **E-**, and **I-**type verbs is formed by dropping the **-ron** ending from the third person plural of the preterite and adding the appropriate imperfect subjunctive endings.

A-type Verbs—operar to operate / opera*ron*

Singular		Plural	
yo	opera**ra**	nosotros(as)	operá**ramos**
tú	opera**ras**	vosotros(as)	opera**rais**
usted él, ella	opera**ra**	ustedes ellos, ellas	opera**ran**

E-type Verbs—**comer** to eat / comie*ron*

Singular		Plural	
yo	comie**ra**	nosotros(as)	comié**ramos**
tú	comie**ras**	vosotros(as)	comie**rais**
usted él, ella	comie**ra**	ustedes ellos, ellas	comie**ran**

I-type Verbs—**sufrir** to suffer / sufrie*ron*

Singular		Plural	
yo	sufrie**ra**	nosotros(as)	sufrié**ramos**
tú	sufrie**ras**	vosotros(as)	sufrie**rais**
usted él, ella	sufrie**ra**	ustedes ellos, ellas	sufrie**ran**

Note the accent in the **nosotros** form.

3. The use of the imperfect subjunctive is similar to that of the present subjunctive, but it is used when the verb in the main clause is in the imperfect, preterite, or conditional.

Querían que esperáramos en la sala de emergencia.	They wanted us to wait in the emergency room.
El médico me **dijo que** no **bebiera** café.	The doctor told me not to drink coffee.
Ella **querría que** el paciente **se curara**.	She would want the patient to be cured.

4. The imperfect subjunctive may also be formed with a different set of endings: **-se, -ses, -se, -´semos, -seis, -sen.** In this text we will use the more common **-ra** endings, but you should be able to recognize the alternate forms when you see them.

Nos **dijo que tomásemos (tomáramos)** aspirina.	He told us to take aspirin
Esperaba que bebieses (bebieras) menos.	She hoped you would drink less.
Le dieron un calmante **para que** no **sufriese (sufriera).**	They gave him a painkiller so he wouldn't suffer.

5. Study this summary of tenses used in subjunctive clauses.

	Main Clause		Subjunctive Clause		
Present Indicative	**Me dices**	**que**	**trabaje.**	Present Subjunctive	You tell me to work.
Future	**Me dirás**	**que**	**trabaje.**		You'll tell me to work.
Command	**Dime**	**que**	**trabaje.**		Tell me to work.

	Main Clause		Subjunctive Clause		
Imperfect Indicative	**Me decías**	**que**	**trabajara.**	Imperfect Subjunctive	You used to tell me to work.
Preterite	**Me dijiste**	**que**	**trabajara.**		You told me to work.
Conditional	**Me dirías**	**que**	**trabajara.**		You would tell me to work.

Other combinations of tenses will be studied in following *Vistas.*

EJERCICIOS

A. Substitución. Conteste las preguntas.

1. Cuando estaba Ud. enfermo(a), ¿era necesario que tomara medicinas? ¿Y cuando sus hermanos estaban enfermos? ¿Y cuando yo estaba enfermo?
2. ¿Los médicos le dijeron a Ud. que fumara menos? ¿Y a todos nosotros? ¿Y a sus amigas?
3. ¿Los médicos le dijeron a Ud. que bebiera mucha cerveza? ¿Y a sus hermanos? ¿Y a nosotros?
4. Cuando Ud. tenía fiebre, ¿era natural que se quedara en cama? ¿Y cuando sus hermanos tenían fiebre? ¿Y cuando yo tenía fiebre?
5. Cuando Ud. tenía catarro, ¿era natural que no saliera de casa? ¿Y cuando sus padres tenían catarro? ¿Y cuando yo tenía catarro?

B. Transformación. Conteste las preguntas en el pasado.

Modelo: Cuando estás enfermo, es necesario que tomes medicinas. ¿Y antes?
    Antes, cuando estaba enfermo, era necesario que tomara medicinas.

1. Cuando un paciente está nervioso, es natural que tome calmantes. ¿Y antes?
2. Cuando estás enfermo(a), es natural que te lleven al hospital. ¿Y antes?
3. Cuando los médicos te ven, es frecuente que te tomen el pulso. ¿Y antes?
4. Los médicos dicen que no bebamos mucho. ¿Y antes?
5. Es triste que los enfermos sufran. ¿Y antes?
6. Cuando estás bien, es natural que no quieras ir a la sala de emergencia. ¿Y antes?

78. IRREGULAR VERBS IN THE IMPERFECT SUBJUNCTIVE

1. The imperfect subjunctive of stem-changing verbs is derived from the third person plural preterite.

Verb	Preterite	Imperfect Subjunctive
dormir(ue)	durmieron	**durmiera**
pensar(ie)	pensaron	**pensara**
volver(ue)	volvieron	**volviera**
querer(ie)	quisieron	**quisiera**
poder(ue)	pudieron	**pudiera**
sentir(ie)	sintieron	**sintiera**
pedir(i)	pidieron	**pidiera**

2. The imperfect subjunctive forms of verbs with irregular preterite forms can be classified in several groups.

A. Verbs with **-u-** in the stem

Verb	Preterite	Imperfect Subjunctive
andar	anduvieron	**anduviera**
estar	estuvieron	**estuviera**
haber	hubieron	**hubiera**
poner	pusieron	**pusiera**
saber	supieron	**supiera**
tener	tuvieron	**tuviera**

B. Verbs with **-i-** in the stem

Verb	Preterite	Imperfect Subjunctive
hacer	hicieron	**hiciera**
venir	vinieron	**viniera**

C. Verbs with **-j-** in the stem

Verb	Preterite	Imperfect Subjunctive
decir	dijeron	**dijera**
producir	produjeron	**produjera**
traducir	tradujeron	**tradujera**
traer	trajeron	**trajera**

D. Verbs with **-y-** in the stem

Verb	Preterite	Imperfect Subjunctive
caer	cayeron	**cayera**
creer	creyeron	**creyera**
leer	leyeron	**leyera**
oír	oyeron	**oyera**

E. Three verbs don't follow the preceding patterns.

Verb	Preterite	Imperfect Subjunctive
dar	dieron	**diera**
ir, ser	fueron	**fuera**

La paciente no **quería que** le **pusieran** una inyección.

The patient didn't want them to give her a shot.

Era necesario que el enfermo **viniera** al hospital.

It was necessary for the sick man to come to the hospital.

Le **dijeron** al enfermero **que trajera** el termómetro.

They told the nurse to bring the thermometer.

Esperaba que el dentista me **diera** algo para mi dolor de muelas.

I expected the dentist to give me something for my toothache.

3. With **ojalá** and **ojalá que,** both the present and the imperfect subjunctive may be used. With the present subjunctive, **ojalá (que)** conveys a feeling of hope or optimism that the action may be realized. With the imperfect subjunctive, the message expresses a wish that the action could be realized, but the tone is one of pessimism or, at least, a lack of hope.

Ojalá (que) sea verdad.

I hope it's true. (It may be.)

Ojalá (que) fuera verdad.

I wish it were true. (It doesn't appear to be.)

EJERCICIOS

A. Substitución.

1. ¿Sería mejor que tú estuvieras en el hospital? ¿Y los enfermos? ¿Y el médico?
2. ¿Querías que el médico te diera una receta? ¿Y los médicos? ¿Y la dentista?
3. ¿Temías que el médico te pusiera una inyección? ¿Y las enfermeras? ¿Y yo?
4. ¿Esperabas que el enfermero te trajera un termómetro? ¿Y nosotras? ¿Y los médicos?

B. Combinación. Las frases siguientes son absurdas. Haga frases serias combinando los elementos de las diferentes columnas.

La paciente quería	que	el dentista	no pudiera curarse.
El médico no creía	que	los enfermos	le pusieran la inyección.
La enfermera dudaba	que	la enfermera	le operara las muelas.
Los padres esperaban	que	sus hijos	no vinieran a verlos.
Mi abuelo no aceptaba	que	el niño	tuviera la gripe.
Mi amigo quería	que	yo	no le dijera la verdad.
El paciente esperaba	que	él	tuviera que quedarse en cama.

C. Transformación. Conteste las preguntas en el pasado.

Modelo: Tu novio quiere que Uds. vayan al cine. ¿Y ayer?
    Ayer mi novio quería que fuéramos al cine.

1. Es posible que hoy tengan la medicina en la farmacia. ¿Y ayer?
2. La médica te dice hoy que andes mucho. ¿Y ayer?
3. Es natural que el paciente quiera ir al hospital. ¿Y antes?
4. Hoy es necesario que te pongas el termómetro. ¿Y ayer?
5. Hoy quieres que te traigan unas aspirinas para curarte la fiebre. ¿Y ayer?
6. El abuelo no ve bien y es difícil que lea el periódico. ¿Y antes?
7. El médico te dice que saques la lengua. ¿Y antes?

D. Conteste las preguntas usando *ojalá* y el subjuntivo imperfecto. Conteste con *sí* o *no* según el sentido.

Modelo: ¿Sería posible curar al enfermo?
    No, ojalá fuera posible.

1. ¿Sería posible recetar más medicina?
2. ¿Operarían las médicas?
3. ¿Tomaría el enfermero el pulso del paciente?
4. ¿Podría curarse el abogado?
5. ¿No tendría que sufrir la mujer enferma?

Gabriel García Márquez, un famoso escritor
contemporáneo de Colombia

Pablo Neruda, escritor chileno que ganó
el Premio Nobel de Literatura en 1971

344

DIÁLOGO

En Santiago de Chile, María conoció a un poeta, que se enamoró de ella. El poeta es muy pomposo, y María lo encuentra ridículo.

POETA: María, tienes unos ojos negros **como** la noche.

MARÍA: ¡Vaya! Yo esperaba que me dijeras algo más original.

POETA: No te burles de mí. Tienes un corazón de hielo.

MARÍA: No es de hielo, amigo mío. Es de hierro: fuerte y resistente.

POETA: Eres **igual que** el mar: hermosa, profunda y, a veces, cruel. Ahora tengo que irme, pero espero que nos veamos mañana.

El poeta se fue, y María dio un suspiro de alivio.

MARÍA: ¡Uf! ¡Qué tío pesado! ¡Por fin **se ha ido!** ¡Qué lata **me ha dado!**

CONVERSACIÓN SOBRE EL DIÁLOGO

1. Según el poeta, ¿cómo son los ojos de María?   2. ¿Cómo es el corazón de María?   3. ¿Qué opinión tiene María del poeta?   4. ¿Qué dio María cuando se fue el poeta?   5. En su opinión, ¿cómo es una persona profunda? ¿Y cómo es una persona pomposa?   6. Y en su opinión, ¿cómo es una persona pesada?

NOTAS CULTURALES

1. The poet in this dialogue is practicing a tradition among some Hispanic males—flattering women. In Spanish this is called **echando flores,** literally, "throwing flowers." Another term for this type of flattery is **decir piropos.**

2. Poetry and poets are highly esteemed in the Spanish-speaking world. Many people are able to compose or recite poetry, which is a means of expressing one's individuality. In times of national crises, poetry flourishes. During the Spanish Civil War (1936–1939) battlefront mural papers would include poetry for the soldiers. Some of the best-known poets of the Hispanic world include: Sor Juana Inés de la Cruz (Mexico), Federico García Lorca (Spain), Rubén Darío (Nicaragua), and Gabriela Mistral (Chile).

DIALOGUE

During her stay in Santiago, Chile, María met a poet, who fell in love with her. The poet is very pompous, and María finds him ridiculous.

POET: María, your eyes are black like the night.
MARÍA: Well! I was hoping you'd tell me something more original.
POET: Don't make fun of me. You've got a heart of ice.
MARÍA: It's not made of ice, my friend. It's made of iron: strong and resistant.
POET: You're like the sea: beautiful, deep, and, at times, cruel. I have to go now, but I hope we see each other tomorrow.
The poet left and María gave a sigh of relief.
MARÍA: Ugh! What a boring character! Finally he has gone! How he has pestered me!

CONCEPTOS GRAMATICALES

79. MORE COMPARISONS OF EQUALITY

1. Comparisons of equality were discussed in *Conceptos gramaticales* 43 and 45. You learned the structures **tan** + adjective or adverb + **como** and **tanto(a)(s)** + noun + **como**.

2. In this *Concepto gramatical* you'll learn two other ways of making comparisons of equality. One way is through the use of **como** or **igual que** + noun, pronoun, adjective, or adverb. The English equivalent is "the same as" or "like."

A. **como (igual que)** + noun

Es **tan fuerte como** Hércules.	He is as strong as Hercules.
Es **como** Hércules.	He is like Hercules.
Es **igual que** Hércules.	He is the same as Hercules.

B. **como (igual que)** + pronoun

Este poeta es **tan pomposo como** ése.	This poet is as pompous as that one.
Este poeta es **como** ése.	This poet is like that one.
Este poeta es **igual que** ése.	This poet is the same as that one.

C. **como (igual que)** + adjective or adverb

La fiebre es **tan alta como** ayer.	The fever is as high as (it was) yesterday.
La fiebre es **como** ayer.	The fever is like (it was) yesterday.
La fiebre es **igual que** ayer.	The fever is the same as (it was) yesterday.

3. Another way of making comparisons of equality is through the use of the relative pronoun **el mismo (la misma, los mismos, las mismas) que,** "the same as" in the sense of "the very same one(s) as."

Tu pulso es **el mismo que** el mío.	Your pulse is the same as mine.
Tu presión es **la misma que** la mía.	Your pressure is the same as mine.
Tus síntomas son **los mismos que** los míos.	Your symptoms are the same as mine.
Tus inyecciones son **las mismas que** las mías.	Your shots are the same as mine.

The neuter **lo mismo que** expresses an abstract idea. The English equivalent is "the same thing as."

Una aspirina es **lo mismo que** otra aspirina.	One aspirin is the same (thing) as another aspirin.
Un buen médico no es **lo mismo que** un mal médico.	A good doctor is not the same (thing) as a bad doctor.

EJERCICIOS

A. Transformación. Conteste las preguntas cambiando de la forma *tan + adjetivo + como* a las formas *como* e *igual que*.

Modelo: ¿Este médico es tan bueno como el otro?
    Sí, este médico es como el otro.
    Sí, este médico es igual que el otro.

1. ¿Este poeta es tan original como el otro?
2. ¿Es esta enfermedad tan grave como la otra?
3. ¿Es un dolor de muelas tan malo como un dolor de espalda?
4. ¿Es un catarro tan grave como una gripe?
5. ¿Opera ese médico tan bien como el otro?

B. Transformación. Conteste las preguntas usando *el mismo (los mismos, la misma, las mismas) que* o *lo mismo que*.

Modelo: ¿Tienes igual médico que antes?
    Sí, tengo el mismo que antes.

1. ¿Tienes iguales dolores que antes?
2. ¿Te ponen iguales inyecciones que antes?
3. ¿Tomas igual medicina que antes?
4. ¿La médica te dio iguales recetas que antes?
5. ¿Es un calmante igual que otro calmante?

80. THE PRESENT PERFECT INDICATIVE

1. As you know, a past action can be expressed with the preterite or the imperfect. Another tense that expresses a completed action in the past, like the preterite, is the present perfect indicative.

2. The present perfect is formed with the present indicative of **haber,** "to have," and a past participle. The past participle of regular **A**-type verbs is formed by adding **-ado** to the stem of the infinitive; the past participle of **E**- and **I**-type verbs is formed with **-ido**.

Present Perfect of hablar, comer, vivir

yo	he	hablado	comido	vivido	I have	
tú	has	hablado	comido	vivido	you have	
usted, él, ella	ha	hablado	comido	vivido	you, he, she has	spoken
nosotros(as)	hemos	hablado	comido	vivido	we have	eaten
vosotros(as)	habéis	hablado	comido	vivido	you have	lived
ustedes, ellos, ellas	han	hablado	comido	vivido	you, they have	

3. The difference between the preterite and the present perfect is that the latter expresses an action that occurred in the past, but whose effects are still felt in the present. This can be a very subjective matter, and many Spanish speakers are not very consistent in their choice of the preterite or the present perfect.

He estado enfermo.   I have been sick.
Has tenido la gripe.   You've had the flu.
Él **ha sufrido** mucho.   He has suffered a lot.

4. The forms of **haber** and the past participle cannot be separated by another word, as in English.

Siempre **he estado** sano.   I have always been healthy.
Ya **hemos comido.**   We have already eaten.

5. A few verbs have irregular past participles.

hacer	**hecho**	abrir	**abierto**
decir	**dicho**	escribir	**escrito**
poner	**puesto**	volver	**vuelto**
ver	**visto**	romper[1]	**roto**

---

1. *Romper* means "to break" or "to tear."

EJERCICIO

Transformación. Estas preguntas están en el pretérito. Contéstelas usando el presente perfecto.

Modelo: ¿Tuviste fiebre?

Sí, he tenido fiebre.

1. ¿Llegaron los pacientes al hospital?
2. ¿Operaron los médicos?
3. ¿Comimos comida de la cafetería?
4. ¿Los enfermeros pusieron las inyecciones?
5. ¿Rompiste el termómetro?
6. ¿Volvieron los pacientes a la sala de emergencia?
7. ¿Compraste un coche de cuatro puertas?
8. ¿Los médicos hicieron una operación de dos horas?
9. ¿Tuvo él la gripe?
10. ¿Escribimos la receta?

ACTIVIDADES PERSONALES

A. Entrevista

Preguntas	Oral	Escrito
1. De niño(a), ¿cómo querías que te llamaran?	1. De niño(a) _____ .	1. De niño(a), él/ella _____ .
2. Antes, ¿qué era importante que supieras hacer?	2. Antes, era importante que _____ .	2. Antes, era importante que él/ella _____ .
3. De niño(a), ¿qué esperaban tus padres que estudiaras: medicina, pedagogía, arquitectura u otra cosa?	3. Mis padres _____ .	3. Sus padres _____ .
4. De adolescente, ¿qué no aceptaban tus padres que hicieras?	4. De adolescente, mis padres no aceptaban que _____ .	4. De adolescente, sus padres no aceptaban que _____ .
5. ¿Qué has hecho esta mañana?	5. Esta mañana yo _____ .	5. Esta mañana él/ella _____ .

B. Termina las frases.

1. Cuando iba al médico siempre temía que él _____ porque _____ .
2. Para resolver los problemas del país, sería conveniente que nosotros _____ porque _____ .
3. Mis amigos preferían que yo fuera _____ porque _____ .
4. Yo he querido que mis amigos _____ porque _____ .
5. Una vez una persona importante me dijo que yo _____ porque _____ .
6. Una vez cuando estaba enfermo(a), fue necesario que yo _____ porque _____ .

SECCIÓN CULTURAL

El desarrollo económico y la educación pública

En el mundo hispánico hay países desarrollados y países subdesarrollados que pertenecen al Tercer Mundo. Hay países con una agricultura rica, pero pobres en recursos minerales, como Argentina, y otros que tienen muchos recursos minerales pero que tienen una agricultura pobre, como Bolivia. Hay países muy ricos en petróleo, como Venezuela y México, y otros que no tienen recursos energéticos de ninguna clase, como Uruguay o los países centroamericanos. Y todos los países de Hispanoamérica tienen que enfrentarse con el problema de una población que crece a un ritmo muy acelerado.

desarrollado(a): developed

pertenecer: to belong

enfrentarse con: to face
crecer: to increase
ritmo: rate

Algunos países, como Uruguay, Argentina, Chile y Costa Rica, tienen una población bastante homogénea, de origen predominantemente europeo. En ellos el nivel de educación pública es muy alto, y el analfabetismo es raro. Pero, con la excepción de Costa Rica, estos países tienen serios problemas políticos y económicos. Uruguay, por ejemplo, era un país orgulloso de sus instituciones democráticas. Uruguay era igual que Suiza, decían. Nadie pensaba que Uruguay llegara a ser una dictadura, pero así sucedió. Y el caso de Argentina y Chile es el mismo.

el nivel: level
analfabetismo: illiteracy

Suiza: Switzerland
suceder: to happen

Otros países hispanoamericanos tienen una gran población india que habla su propio idioma: el guaraní en Paraguay, el aymará en Bolivia, el quechua en Perú. Estos países, que no son ricos, se encuentran con un dilema: no quieren que desaparezcan las lenguas indígenas, pero el

exigir: to demand

bilingüismo de la población exige libros en dos idiomas, y hace que la educación pública sea más cara. Los gobiernos querrían hacer lo que fuera necesario para que la población no perdiera su lengua, pero los recursos económicos son limitados. Necesitarían más escuelas para que los niños estudiaran en español y en su lengua familiar, y necesitarían más maestros que estuvieran bien preparados.

pobreza: poverty

La pobreza de la educación pública es uno de los grandes problemas de algunos países hispanoamericanos. En uno de ellos, Cuba, el analfabetismo ha desaparecido casi por completo después de la revolución. La educación pública y la asistencia médica para todos han sido las dos grandes conquistas de la revolución cubana. Pero los que no están de acuerdo con el régimen cubano se preguntan: ¿a qué precio? Todos han aprendido a leer, pero, ¿qué leen?

¿a qué precio?: at what price?

La tecnología mexicana ha progresado mucho durante el siglo veinte. Aquí vemos a un trabajador en una refinería de petróleo en la Ciudad de México.

PREGUNTAS

1. ¿Hay muchas diferencias en el desarrollo de los países hispánicos?
2. ¿Cómo es la agricultura de Argentina y de Bolivia?
3. ¿Qué países tienen mucho petróleo en América del Sur?
4. El crecimiento de la población, ¿es un problema? ¿Por qué?
5. ¿Qué países tienen un nivel alto de educación pública?
6. ¿Qué es el analfabetismo?
7. ¿Qué otras lenguas se hablan en Hispanoamérica, además del español? ¿Dónde se hablan otras lenguas?
8. ¿Qué problemas tienen los países bilingües?
9. ¿En qué país ha desaparecido prácticamente el analfabetismo?
10. ¿Qué dicen sobre la educación en Cuba los que no están de acuerdo con el régimen comunista?

VOCABULARIO ACTIVO

Nombres

el alivio: *relief*

el calmante: *tranquilizer, painkiller*

el catarro: *cold*

la consulta: *consultation, visit to doctor's office*

el dolor: *pain, ache*
   de cabeza: *headache*
   de estómago: *stomach-ache*
   de muelas: *toothache*

la enfermedad: *sickness*

el (la) enfermero(a): *nurse*

el (la) enfermo(a): *sick man (woman)*

la fiebre: *fever*

el grado: *degree*

la gripe: *flu*

el hielo: *ice*

el hierro: *iron*

el (la) médico(a): *physician, doctor*

la pastilla: *pill*

la presión sanguínea: *blood pressure*

la receta: *prescription*

la sala de emergencia: *emergency room*

la salud: *health*

el suspiro: *sigh*

Verbos

recetar: *to prescribe*

sufrir: *to suffer*

sospechar: *to suspect*

Adjetivos

fuerte: *strong*

grave: *serious*

profundo(a): *profound, deep*

sano(a): *healthy*

Expresiones

en seguida: *at once*

Expresiones de igualdad

como: *as, like*

el mismo que: *the same one as*

igual que: *the same as*

COGNADOS

Nombres

la aspirina

el(la) dentista

el hospital

la inyección

la medicina

la operación

el (la) paciente

el poeta, la poetisa

el pulso

el síntoma

el termómetro

Verbos

curarse

operar

Adjetivos

invisible

pomposo(a)

resistente

18

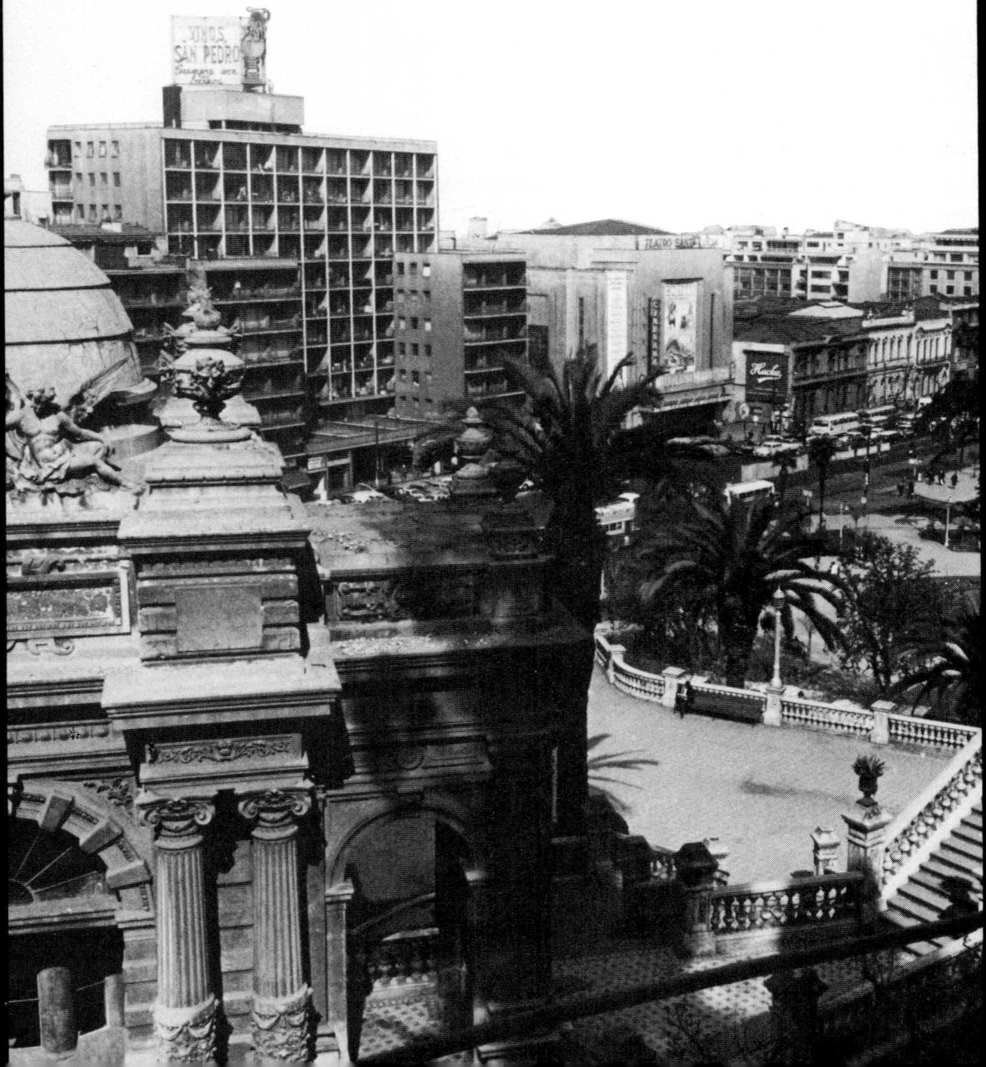

CHILE
Vista Dieciocho

AL PRINCIPIO

María seems to have a new suitor who fancies himself as a poet. This situation, plus some concern about Víctor, makes María want to take a few days off from the tour. As you progress through this *Vista* you'll learn:

1. the use of the imperfect subjunctive with **como si** (81):

   El cocinero cocina **como si tuviera** mucha experiencia.

   The chef cooks as if he had a lot of experience.

2. the imperfect subjunctive in conditional sentences (82):

   Si yo **pudiera,** yo te **daría** la luna.

   If I could, I would give you the moon.

3. softened statements and requests (83):

   ¿Con quién **quisiera** hablar Ud.?
   ¿Podría hablar con el electricista?

   With whom would you like to speak?
   May I speak with the electrician?

4. more relative pronouns (84):

   Mi prima, **la cual** es médica, es muy simpática.

   My cousin, who is a doctor, is very nice.

You'll learn some vocabulary related to various occupations, and in the *Sección cultural,* you'll read about Chile.

Una vista de Santiago de Chile, la capital
del largo país andino

353

DIÁLOGO

En Santiago de Chile, María está con Tomás, un actor de la compañía de teatro, y le lee un poema que ha recibido. Se lo envió su amigo ''el poeta''.

MARÍA *(leyendo):* **Si** yo **pudiera,** amor, yo te **daría**
la luna, las estrellas y los cielos.
Como si fueras reina te **hablaría**
con palabras ligeras como vuelos.

ACTOR: Oye, tu amigo es un poetastro de calibre. Esto no es poesía. Esto es ridículo.

MARÍA: Pues, ahora verás como le contesté:

Aunque quisiera, amor, no aceptaría
tu luna, tus estrellas ni tu cielo.
¿Dónde puedo ponerlos, vida mía?
¿En el banco, en la mesa o en el suelo?

CONVERSACIÓN SOBRE EL DIÁLOGO

1. ¿A quién lee María el poema que le envió su amigo?   2. ¿Qué le daría el poeta a María, si pudiera?   3. ¿Cree el amigo de María que el poeta es un buen poeta?   4. Si María fuera reina, ¿cómo le hablaría el poeta? 5. ¿Dónde pondría María lo que le daría el poeta?   6. ¿Le interesa a Ud. la poesía? ¿Por qué sí o por qué no?   7. Si alguien le enviara a Ud. un poema, ¿qué haría?

NOTAS CULTURALES

1. In the two poems in the dialogue the rhyme scheme used is *a-b-a-b;* that is, lines one and three rhyme and lines two and four rhyme. Although these poems are not very good, they are written in the most popular meter in Hispanic poetry. Each verse is eight syllables long; this type of poetry dates from the Middle Ages.

2. In many Hispanic countries men and women are able to recite at least passable poetry of their own invention as well as poetry written by the masters. Poetry and poetry recitation are often integral parts of the school curriculum.

DIALOGUE

In Santiago, Chile, María is with Tomás, an actor from the theatrical company, and reads him a poem that she has received. Her "poet" friend sent it to her.

MARÍA *(reading)* If I could, darling, I'd give you
the moon, the stars, and the heavens.
As if you were a queen, I would talk to you
with words as light as the flight of birds.

TOMÁS: Hey, your friend is a horrible poet. This isn't poetry. This is ridiculous.
MARÍA: Well, now you'll see how I answered him:

Even if I wanted to, darling, I wouldn't accept
your moon, your stars, or your heaven.
Where can I put them, my pet?
In the bank, on the table, or on the floor?

CONCEPTOS GRAMATICALES

81. THE IMPERFECT SUBJUNCTIVE WITH *COMO SI*

1. A contrary-to-fact situation is introduced in Spanish by **como si**, "as if," and it requires the use of the imperfect subjunctive. The main clause may be in any indicative tense, in the conditional, or in the command form.

Main Clause	Como Si + Imperfect Subjunctive	
El cocinero cocina	**como si tuviera** mucha experiencia.	The chef cooks as if he had lots of experience.
Usaban la tarjeta de crédito	**como si** el dinero en efectivo no **existiera**.	They used the credit card as if cash didn't exist.
La dependienta me habló	**como si fuera** la dueña de la tienda.	The salesclerk talked to me as if she were the owner of the store.
Te hablaría	**como si fueras** mi hermano.	I would talk to you as if you were my brother.
No gastes el dinero	**como si** no **tuviera** importancia.	Don't spend money as if it had no importance.

356

VOCABULARIO ESPECIAL

Las profesiones y los empleos

In the Hispanic world, women have not entered certain professions in large numbers, and the language vacilates between **la médica/la médico, la arquitecta/la arquitecto,** etc.

2. **Como si** + imperfect subjunctive may also be used to express a hypothetical situation that may or may not be true.

Ella está muy débil, **como si estuviera** enferma.

She is very weak, as if she were sick. (Is she sick? Perhaps.)

Él se siente mal, **como si tuviera** la gripe.

He doesn't feel well, as if he had the flu. (Does he have it? Perhaps.)

EJERCICIOS

A. Substitución. Conteste las preguntas.

1. ¿Cocina Ud. como si tuviera mucha experiencia? ¿Y como si fuera un(a) gran cocinero(a)? ¿Y como si trabajara en un gran restaurante?
2. ¿Gasta Ud. el dinero como si no tuviera importancia? ¿Y como si fuera muy rico(a)? ¿Y como si ganara mucho?
3. ¿Habla como si estuviera enfermo(a)? ¿Y como si tuviera dolor de cabeza? ¿Y como si necesitara un médico?
4. ¿Habla como si fuera un poeta (una poetisa)? ¿Y como si supiera mucho español? ¿Y como si trabajara en el teatro?

B. Transformación. Haga cinco frases diferentes combinando los elementos de las dos columnas.

Hablo de amor
Cocino muy bien
Siempre digo que estoy ocupado(a)   como si
Tomo muchas aspirinas
Hablo de ir a Puerto Rico

necesitara unas vacaciones.
trabajara mucho.
tuviera mucha experiencia.
fuera un(a) gran cocinero(a).
siempre me doliera la
    cabeza.

C. Transformación. Conteste las preguntas con *No, pero él (yo, tú, etc.) habla como si* + el pasado del subjuntivo.

Modelo: ¿Cocina bien el cocinero?
    No, pero habla como si cocinara bien.

1. ¿Trabajan mucho los dependientes?
2. ¿Escribe bien el poeta?
3. ¿Ganan sus amigos mucho dinero?
4. ¿Es el dependiente el dueño de la tienda?
5. ¿Es verdad que su abuelo está enfermo?
6. ¿Ayuda Ud. mucho en casa?
7. ¿Tiene él muchas aventuras?
8. ¿Conoce Ud. a muchas personas?
9. ¿Su abuela se siente mal?

82. THE SUBJUNCTIVE IN CONDITIONAL SENTENCES

1. In both English and Spanish, an *if* clause + conditional may establish a situation that is contrary to fact. In English, *if* is followed by the subjunctive (one of the rare uses of the subjunctive in English): *If I were you . . . (but I am not).* In Spanish, *si* is followed by the imperfect subjunctive: *Si yo **fuera** tú . . .* In both languages the main clause is in the conditional.

Si Clause (Imperfect Subjunctive)	Main Clause (Conditional)	
Si mi amiga **fuera** mecánico,	**arreglaría** el coche.	If my friend were a mechanic, she would fix the car.
Si yo **supiera** pintar,	**pintaría** paisajes.	If I knew how to paint, I would paint landscapes.

The order of the clauses may be reversed.

Main Clause (Conditional)	Si Clause (Imperfect Subjunctive)	
Mi hermano **sería** ingeniero	**si pudiera.**	My brother would be an engineer if he could.
Los impuestos **serían** mi especialidad	**si fuera** abogado.	Taxes would be my specialty if I were a lawyer.
Yo **pintaría** paisajes	**si supiera** pintar.	I would paint landscapes if I knew how to paint.

2. In both languages the *if* clause may be followed by a present or past indicative when it expresses a highly probable reality, or a confirmed fact.

Si Clause in Indicative	
Si llueve, no **salgo.**	If it rains, I don't go out.
Antes, **si tenía** dinero, lo **gastaba.**	Before, if I had money, I spent it.

Si Clause in Subjunctive	
Si lloviera, no **saldría.**	If it rained, I wouldn't go out.
Ahora, **si tuviera** dinero, lo **gastaría.**	Now, if I had money, I would spend it.

EJERCICIOS

A. Substitución. Conteste las preguntas.

1. Si usted fuera mecánico, ¿arreglaría coches? ¿Y nosotras? ¿Y ellas?
2. Si a usted le dieran un buen empleo, ¿lo aceptaría? ¿Y sus amigos? ¿Y nosotros?
3. Si usted fuera abogado(a), ¿estudiaría contratos? ¿Y yo? ¿Y ustedes?

B. Conteste las preguntas usando *si* + imperfecto del subjuntivo + condicional.

Modelo: ¿Tiene Ud. dinero? ¿Compra muchas cosas?

     No, pero si tuviera dinero, compraría muchas cosas.

1. ¿Es Ud. mecánico? ¿Arregla Ud. máquinas?
2. ¿Sabe Ud. pintar? ¿Pinta paisajes?
3. ¿Escribe Ud. contratos? ¿Necesita un abogado?
4. ¿Es Ud. un médico famoso? ¿Paga Ud. muchos impuestos?
5. ¿Está Ud. cansado(a)? ¿Quiere salir de clase?

C. Sea un intérprete.

1. If you could, would you like to become an engineer? 2. If you wrote poems, would you send them to your friends? 3. If it were possible, would you go to the moon? 4. Would you pay with a credit card if you had the cash? 5. If somebody wanted to buy your car, would you sell it?

DIÁLOGO

María habla con el director de la compañía. Son amigos y se tutean.

MARÍA: Oye, Fernando, tengo que pedirte un favor. **Quisiera** ir a Bogotá por dos o tres días.

FERNANDO: Pero, ¡no es posible, María! Tendríamos que suspender las representaciones, **lo cual** es imposible.

MARÍA: Es una cuestión personal, Fernando. **Debería** ir allí hoy mismo.

FERNANDO: Pero, ¿qué pasa? Tienes un contrato, María. ¿No crees que **deberías** cumplirlo?

MARÍA: Sí, sí, es cierto. Verás. He tenido malas noticias de mi prometido, y sería una buena idea que yo fuera a verlo.

CONVERSACIÓN SOBRE EL DIÁLOGO

1. ¿Qué tiene que pedirle María a Fernando?   2. ¿Qué quisiera hacer María?
3. ¿Por qué dice Fernando que es imposible que ella vaya a Bogotá?   4. ¿Qué
ha recibido María?   5. Si Ud. tuviera un contrato, ¿cree Ud. que debería
cumplirlo?   6. ¿Qué haría Ud. si tuviera malas noticias de su prometido(a)?

NOTAS CULTURALES

1. The theater is a very important cultural element in many Hispanic countries. Madrid has a very active theater life that is comparable to New York's Broadway. Mexico City and Buenos Aires are also active centers. In Buenos Aires many plays and operas are presented at the **Teatro Colón**. Artistically and acoustically, the **Teatro Colón** is among the best in the world.

2. Summer theater festivals are very popular in some Hispanic countries. In Spain, many cities have their own festival, when plays are performed in parks or in front of palaces or churches. In Guanajuato, Mexico, theatrical groups take to the streets, and the verses of the old masters of Spanish classical theater echo in the warm summer nights.

DIALOGUE

María is talking with the director of the theatrical company. They are friends and they use the *tú* form.

MARÍA: Listen, Fernando, I have to ask a favor of you. I'd like to go to Bogotá for two or three days.
FERNANDO: But, it's not possible, María! We'd have to cancel our performances, which is impossible.
MARÍA: It's a personal matter, Fernando. I ought to go there today.
FERNANDO: But, what's wrong? You have a contract, María. Don't you think you ought to fulfill it?
MARÍA: Yes, yes, right. You see, I got some bad news from my fiancé, and it would be a good idea for me to go see him.

CONCEPTOS GRAMATICALES

83. SOFTENED REQUESTS AND STATEMENTS

1. Questions and statements with **querer** and **deber** may sound too direct or aggressive if expressed in the present indicative: **Quiero café.** "I want coffee." Questions and statements may be softened by using the imperfect indicative or the imperfect subjunctive. **Deber** may also be used in the conditional tense.

Direct Request or Statement	Softened Request or Statement	
¿Con quién quiere hablar Ud.?	¿Con quién **quería** hablar Ud.?	With whom would you like to speak?
Whom do you want to talk to?	¿Con quién **quisiera** hablar Ud.?	
Quiero hablar con el carpintero.	**Quería** hablar con el carpintero.	I would like to talk with the carpenter.
I want to talk with the carpenter.	**Quisiera** hablar con el carpintero.	
Quiero café.	**Quería** café.	I would like coffee.
I want coffee.	**Quisiera** café.	
Debes ir al dentista.	**Debías** ir al dentista.	You ought to go to the dentist.
You must go to the dentist.	**Debieras** ir al dentista.	
	Deberías ir al dentista.	

2. With **desear** and **poder,** questions and statements may be softened by using the imperfect indicative or the conditional tense, but not the imperfect subjunctive.

Direct Request or Statement	Softened Request or Statement	
Deseo ver a la arquitecta.	**Deseaba** ver a la arquitecta.	I would like to see the architect.
I wish to see the architect.	**Desearía** ver a la arquitecta.	
¿Puedo hablar con el electricista?	**¿Podía** hablar con el electricista?	May I speak with the electrician?
May I talk with the electrician?	**¿Podría** hablar con el electricista?	

3. Another way to soften questions or statements is by using the conditional of **gustar** + infinitive.

Direct Request or Statement

¿Quiere ver a la administradora?   Do you want to see the administrator?

Softened Request or Statement

¿Le gustaría ver a la administradora?   Would you like to see the administrator?

EJERCICIOS

A. Preguntas. Conteste las preguntas.

1. David, ¿quisiera Ud. ser arquitecto o carpintero? María, ¿qué dijo David?
2. ¿Quisiera Ud. trabajar en una compañía de teatro o en una tienda?
3. ¿Debería Ud. cumplir sus contratos o no cumplirlos?
4. ¿Desearía Ud. escribir un buen poema o algo ridículo?
5. ¿Podría Ud. trabajar hoy mismo o mañana?

B. Transformación. Conteste las preguntas directas con una forma menos agresiva.

Modelo: ¿Quiere Ud. estudiar para dentista?
> *Sí, quería estudiar para dentista.*
> *Sí, quisiera estudiar para dentista.*

1. ¿Quiere Ud. ser administrador(a) de un hospital?
2. ¿Quieren sus amigos ir a la representación de esta noche?
3. ¿Quiere su prometido(a) casarse hoy mismo?
4. ¿Debo yo preguntar más?
5. ¿Debemos nosotros cumplir nuestros contratos?
6. ¿Desea Ud. un cuarto individual?
7. ¿Desean sus amigos hablar con un electricista?
8. ¿Puede Ud. prestarme algún dinero?
9. ¿Pueden Uds. ir a trabajar hoy mismo?

84. THE RELATIVE PRONOUNS *EL CUAL (LA CUAL, LOS CUALES, LAS CUALES)*

1. In addition to the relative pronouns **que** and **quien** *(Concepto gramatical* 75), and **el (la) que, los (las) que** *(Concepto gramatical* 70), there is another set of relative pronouns: **el cual, la cual, los cuales, las cuales,** meaning "which," "who," or "whom."

2. When preceded by a preposition, **el que** and **el cual** (and their variants) are interchangeable with each other and with **quien** or **que.**

El plomero, sin **quien (el que, el cual)** no podemos hacer nada, vive cerca de aquí.

The plumber, without whom we cannot do anything, lives near here.

La casa de **que (la que, la cual)** te hablé es muy grande.

The house I talked to you about is very big.

3. Without a preposition, **el que** and its variants express an idea that the object or person in question is one among several of its own kind. **El cual** and its variants are more limiting; they do not convey the existence of being one among several. Compare:

Mi hermano, **el que** es arquitecto, vive en Caracas.

My brother, the one who is an architect, lives in Caracas. (I have other brothers.)

Mi hermano, **el cual** es arquitecto, vive en Caracas.

My brother, who is an architect, lives in Caracas. (No mention of other brothers.)

Mi prima, **la que** es médica, es muy simpática.

My cousin, the one who is a doctor, is very nice. (I have other cousins.)

Mi prima, **la cual** es médica, es muy simpática.

My cousin, who is a doctor, is very nice. (No mention of other cousins.)

This explains why the use of **el que** and its variants is impossible in certain cases.

Mi madre, la que llegó ayer, me trajo un regalo.

My mother, the one who arrived yesterday, brought me a gift. (Do I have several mothers?)

It has to be: Mi madre, **la cual** *(or:* **quien)** llegó ayer . . .

La industria pesquera es importantísima para la economía chilena.

4. When there is more than one antecedent, the use of **el cual** clarifies which antecedent the clause modifies.

Los abogados de la compañía, en **los cuales** tenía confianza, ganaron el pleito.	The lawyers of the company, in whom I had confidence, won the lawsuit.
Los abogados de la compañía, en **la cual** yo tenía confianza, ganaron el pleito.	The lawyers of the company, in which I had confidence, won the lawsuit.

5. **Lo que** and **lo cual,** both neuter relative pronouns referring to an abstract idea or fact, are interchangeable. Compare these forms with the other relative pronouns.

Invertí mi dinero en un negocio muy malo, **lo cual (lo que)** me arruinó.	I invested my money in a bad business, and that (the fact of investing) ruined me.
Invertí mi dinero en un negocio muy malo, **el cual** me arruinó.	I invested my money in a bad business, which (the business) ruined me.
Hablé con mi hermana, **lo que (lo cual)** me alegró mucho.	I spoke with my sister, and that (the fact of talking) cheered me up a lot.
Hablé con mi hermana, **la cual** me alegró mucho.	I spoke with my sister, who cheered me up a lot.

EJERCICIOS

A. Substitución Conteste las preguntas.

1. ¿Habló Ud. con su hermano, el que es médico? ¿Y con su hermana? ¿Y con sus primas?
2. ¿Dejó Ud. el empleo, el que tenía por las mañanas? ¿Y los negocios? ¿Y el trabajo?
3. ¿Va Ud. a los almacenes, los que están cerca de su casa? ¿Y a la tienda? ¿Y al hospital?

B. Transformación. Conteste las preguntas usando *el que* y sus variantes, *el cual* y sus variantes o *lo que / lo cual.*

Modelos: Ud. tiene varios hermanos, y uno vive en Caracas. ¿Llegó ayer?
    Sí, ayer llegó mi hermano, el que vive en Caracas.
    Ud. tiene un hermano que vive en Caracas. ¿Llegó ayer?
    Sí, ayer llegó mi hermano, el cual vive en Caracas.
    Ayer llegaron sus hermanos. ¿Está contento(a)?
    Sí, ayer llegaron mis hermanos, lo cual me alegra mucho.

1. Ud. tiene varios abogados, y uno lo (la) ayuda mucho. ¿Llegó ayer?
2. Ud. tiene un mécanico que arregla muy bien los coches. ¿Llegó ayer?
3. Ud. invirtió bien su dinero. ¿Esto lo alegró?
4. Ud. tiene varios secretarios, y uno se llama Ernesto. ¿Llegó ayer?
5. Ud. no tiene problemas en su compañía. ¿Esto lo alegra?

C. Transformación. Conteste las preguntas con *el cual* y sus variantes.

Modelos: ¿Habló Ud. con el secretario de la compañía? ¿Es bueno?
      Sí, hablé con el secretario de la compañía, el cual es bueno.
      ¿Habló Ud. con el secretario de la compañía? ¿Es buena?
      Sí, hablé con el secretario de la compañía, la cual es buena.

1. ¿Llamó Ud. al plomero de la casa? ¿Es viejo?
2. ¿Llamó Ud. al plomero de la casa? ¿Es vieja?
3. ¿Habló Ud. con la abogada que ganó el pleito? ¿Fue cara?
4. ¿Habló Ud. con la abogada que ganó el pleito? ¿Fue caro?
5. ¿Conoce Ud. los hospitales de la ciudad? ¿Son grandes?
6. ¿Conoce Ud. los hospitales de la ciudad? ¿Es grande?

D. Sea un intérprete.

1. Do you know the plumber, the one who lives in that house? 2. Are you waiting for the lawyer, the one who won the suit? 3. Do you know all the students, or only the ones that are near you? 4. Is it true that you invested your money in a bad business, and that ruined you? 5. Do you have confidence in your lawyer, the one who lost the lawsuit?

**ACTIVIDADES
PERSONALES**

A. Entrevista

Preguntas	Oral	Escrito
1. Si pudieras cambiar tu nombre, ¿cómo te llamarías?	1. Si pudiera _____.	1. Si él/ella pudiera _____.
2. Si fueras otra persona, ¿quién te gustaría ser?	2. Si fuera _____.	2. Si él/ella fuera _____.
3. Si buscaras un(a) novio(a), ¿qué cualidades querías que él (ella) tuviera?	3. Si buscara _____.	3. Si él/ella buscara _____.

4. Si viajaras a la luna o a otro planeta, ¿qué quisieras encontrar?

4. Si viajara _____.

4. Si él/ella viajara _____.

B. Contesta las preguntas y da una razón por qué contestaste así.

1. Si pudieras cambiar algo, ¿qué cambiarías?
2. Si les aconsejaras algo a las mujeres, ¿qué les aconsejarías? ¿Y a los hombres?
3. Si escogieras una profesión u ocupación, ¿escogerías la que diera más dinero o la que fuera más interesante?

C. Frases incompletas. Termina las frases como quieras. Usa un poco de humor, si quieres.

1. Voy a estudiar esta semana como si _____.
2. Gasto el dinero como si _____.
3. En la escuela secundaria mis profesores me trataban como si _____.
4. Antes yo meditaba como si _____.

SECCIÓN CULTURAL

Chile

Estrecho de Magallanes: Straits of Magellan

largo(a): long

seco(a): dry

el bosque: forest
cubrir: to cover

culto(a): educated

prensa: press

Desde los desiertos del norte del país hasta las islas al sur del Estrecho de Magallanes, Chile tiene climas muy diferentes, como si fuera un laboratorio climatológico. Chile es un país largo y estrecho, situado entre las montañas de los Andes y el Océano Pacífico. En el norte está el desierto de Atacama, el cual es una de las regiones más secas del mundo. En el centro, los valles chilenos tienen un clima muy agradable, y son fértiles como los valles de California. En el sur, el viento y la lluvia son casi constantes, y los bosques cubren las montañas.

Durante muchos años los chilenos hablaban de su país como si fuera uno de los más cultos y democráticos de toda Hispanoamérica, y era verdad. Había pocas revoluciones, y el sistema parlamentario funcionaba bastante bien, con lo cual la prensa tenía gran libertad para criticar al gobierno.

Pero el sueño de una democracia sin interrupciones, en la cual Chile iba a vivir para siempre, terminó. Ahora Chile tiene una de las dictaduras militares más fuertes de Hispanoamérica.

¿Qué pasó? La década de los años setenta trajo grandes cambios para Chile. Con el Presidente don Salvador Allende, Chile intentó crear una sociedad socialista, pero también democrática, con lo cual el país se polarizó en dos extremos políticos. Un golpe militar terminó con el experimento socialista. Ahora muchos chilenos quisieran volver al sistema democrático, pero el gobierno militar dice que el país va a tener una dictadura durante muchos años.

el golpe militar: military coup

Como en el caso de Cuba, las opiniones sobre Chile son contrarias. Si creyéramos a los conservadores, tendríamos que decir que el golpe militar fue necesario. Si opináramos como los más liberales, lo que ha ocurrido en Chile ha sido una tragedia. Lo cierto es que en Chile ha desaparecido una larga tradición democrática.

lo cierto: what is true

Una vista de la Universidad de Chile en Santiago

PREGUNTAS

1. ¿Por qué tiene Chile climas muy diferentes?
2. ¿Qué hay en el norte de Chile?
3. ¿Cómo es el centro de Chile?
4. ¿Cómo es el clima del sur de Chile?
5. ¿Por qué decían los chilenos que su país era un país democrático?
6. ¿Cómo era la prensa de Chile?
7. ¿Qué pasó en los años setenta?
8. ¿Quién era don Salvador Allende?
9. ¿Cómo terminó el experimento socialista chileno?
10. ¿Qué opiniones hay sobre el sistema político de Chile?

VOCABULARIO ACTIVO

Nombres

los almacenes: *department stores*
el cielo: *sky, heaven*
la compañía de teatro: *theatrical company*
el (la) dependiente(a): *salesclerk*
el dinero en efectivo: *cash*
la estrella: *star*
el (la) ingeniero(a): *engineer*
la luna: *moon*
la máquina: *machine*
el paisaje: *landscape*
el pleito: *lawsuit*
el (la) plomero(a): *plumber*
la poesía: *poetry*
la reina: *queen*
la representación (teatral): *performance*
el teatro: *theater*

Verbos

alegrarse: *to be glad, to cheer up*
arruinar(se): *to ruin, to go bankrupt*
cumplir: *to fulfill*
invertir(ie): *to invest*
pintar: *to paint*
suspender: *to cancel*
tener confianza en: *to trust*

Expresiones

hoy mismo: *this very day*

COGNADOS

Nombres

el actor
el (la) administrador(a)
el (la) arquitecto(a)
el (la) carpintero(a)
la cuestión
el (la) electricista
la experiencia
la importancia
el (la) mecánico

LA POLÍTICA EN EL MUNDO HISPÁNICO
Vista Diecinueve

AL PRINCIPIO

María returns to Bogotá to try to smooth things out with Víctor. However, it appears that Víctor has disappeared. We learn from a letter that he has been troubled and confused. As you progress through this *Vista* you'll learn:

1. the present perfect subjunctive (85):

   Temo que le **haya pasado** algo.   I'm afraid something has happened to him.

2. some special uses of the verb **haber** (86):

   Debe haber una explicación.   There has to be an explanation.
   Suele haber muchos robos.   There are frequent burglaries.

3. about adverbs and adverbial expressions (87):

   Viajamos **con frecuencia.**   We travel frequently.
   La aprendo **fácilmente.**   I learn it easily.

4. how diminutives and augmentatives are formed and used (88):

   Un muchacho tan **grandón,** y a   Such a big boy, and at times he's like
   veces es como un niño **chiquito.**   a little boy.

You'll also learn some vocabulary that deals with law and crime, and you'll have a chance to discuss your feelings about certain crimes. The *Sección cultural* will introduce you to political life in the Hispanic world.

El rey Juan Carlos de España

DIÁLOGO

En Bogotá, María intenta ver a Víctor, pero no lo encuentra en ninguna parte. Entonces habla con Dolores y con Ángel, un amigo de Dolores.

MARÍA: Recibí una carta suya, muy rara. Vine para hablar con él, pero no lo encuentro. **Temo que** le **haya pasado** algo malo.

ÁNGEL: Yo también. Víctor ha desaparecido, y no sé por qué. **Debe haber** una explicación.

DOLORES: Es natural que la haya. Todo en la vida tiene explicación. ¿No?

ÁNGEL: ¡Uy, uy, uy! Dolores, tú sabes algo y no quieres decírnoslo.

CONVERSACIÓN SOBRE EL DIÁLOGO

1. ¿Qué intenta hacer María?   2. ¿Cómo era la carta de Víctor que María recibió?
3. ¿Qué teme María?   4. ¿Qué dice Ángel que debe haber?   5. ¿Dice Dolores todo lo que sabe?   6. ¿Qué teme Ud. cuando un(a) amigo(a) ha desaparecido?
7. ¿Qué cosas no tienen explicación en la vida?

NOTAS CULTURALES

The Spanish language reflects the influence of the Catholic religion. This can be seen in the names that are used throughout the Hispanic world. In this dialogue you are introduced to **Ángel,** which is a very common first or middle name for males. **Jesús José, Jesús María,** and **José María** are also common names for males. The first name **María** (from **la Virgen María**) is so common that the second or middle name is what many women go by; **María Teresa** will be called **Teresa** or **Tere.** Other religious names include **Amparo** (from **la Virgen del Amparo**) meaning "shelter" or "protection"; **Socorro** (from **la Virgen del Socorro**) meaning "help" or "aid"; and **Dolores (la Virgen de los Dolores)** meaning "sorrow" or "suffering." **Guadalupe** is the name of a Spanish town and the source of the revered Virgin in Mexico, **La Virgen de Guadalupe.**

DIALOGUE

In Bogotá, María tries to find Víctor, but she doesn't find him anywhere. Then she talks with Dolores and Ángel, a friend of Dolores.

MARÍA: I received a very strange letter from him. I came to talk with him, but I can't find him. I'm afraid something terrible has happened to him.

ÁNGEL: Me too. Víctor has disappeared, and I don't know why. There has to be an explanation.

DOLORES: Naturally, there is one. Everything in life has an explanation. Right?

ÁNGEL: Oh, oh, oh! Dolores, you know something and don't want to tell us.

VOCABULARIO ESPECIAL

La delincuencia (La violencia): Crime

cometer un delito(crimen): *to commit a crime*

Robar: To Steal, To Rob

el robo: *theft*

el ladrón, la ladrona: *thief*

el atraco: *holdup, mugging*

el (la) atracador(a): *holdup man (woman), mugger*

el robo: *burglary*

el ladrón (la ladrona): *burglar*

Matar: To Kill

el asesinato, el homicidio: *murder*

el (la) asesino(a): *murderer*

el (la) criminal: *criminal*

el (la) delicuente: *criminal*

Otros delitos (Otros crímenes): Other Crimes

la delincuencia juvenil: *juvenile crime*

el incendio provocado (premeditado): *arson*

el (la) incendiario(a): *arsonist*

el tráfico de drogas: *drug traffic*

el (la) traficante en drogas: *drug dealer*

el (la) drogadicto(a): *drug addict*

La ley: The Law

la policía: *police force*

el (la) policía: *the policeman(woman)*

el cuartel de la policía: *police station*

detener: *to arrest*

la cárcel: *jail*

la pena de muerte: *death penalty*

**CONCEPTOS
GRAMATICALES**

85. THE PRESENT PERFECT SUBJUNCTIVE

1. The present perfect subjunctive is formed with the present subjunctive of **haber** and the past participle of the main verb.

Singular		Plural	
yo	**haya perdido**	nosotros(as)	**hayamos perdido**
tú	**hayas perdido**	vosotros(as)	**hayáis perdido**
usted él, ella	**haya perdido**	ustedes ellos, ellas	**hayan perdido**

2. The present perfect subjunctive is used in a subordinate clause to express an action that took place before the action in the main clause. The verb in the main clause, of course, has to be one that requires the subjunctive in the subordinate clause.

Espero (hoy) **que** él **haya llegado** (ayer).	I hope (today) that he has arrived (yesterday).
Es increíble que haya perdido la carta.	It's incredible that I have lost the letter.

3. The verb in the main clause may be in the present indicative, the future, or the command form.

Temen que yo **haya tenido** un accidente.	They're afraid that I have had an accident.
No creeré que él **haya cometido** un delito.	I won't believe that he has committed a crime.
No creas que ellos **hayan cometido** ese crimen.	Don't believe that they have committed that crime.

4. The present perfect subjunctive in Spanish may correspond to the past perfect indicative or a past indicative in English.

Es lástima que tú **hayas tenido** problemas.	It's a pity that you have had problems.
Me alegro de que hayan detenido al ladrón.	I'm glad that they have arrested the thief.
No creemos que Ud. **haya robado** el banco.	We don't believe that you robbed the bank.
Dudo que los robos **hayan aumentado.**	I doubt that thefts increased.

EJERCICIOS

A. Substitución. Conteste las preguntas.

1. ¿Temen sus padres que Ud. haya tenido un accidente? ¿Y sus hermanos? ¿Y su prima?
2. ¿Es posible que los atracadores hayan robado un banco hoy? ¿Y el ladrón? ¿Y tú?
3. ¿Es probable que hayas cometido un delito? ¿Y los atracadores? ¿Y el incendiario?

B. Transformación. Conteste las preguntas con el presente perfecto del subjuntivo.

Modelo: ¿Robaron un banco ayer? ¿Es posible?
    Sí, es posible que hayan robado un banco ayer.

1. ¿Aumentó el número de crímenes? ¿Es posible?
2. ¿Tuvieron un accidente? ¿Es probable?
3. ¿Tu amigo cometió un robo? ¿Es posible?
4. ¿Tu hermano perdió el empleo? ¿Es probable?
5. ¿Mataron a una chica? ¿Es posible?

C. Sea un intérprete.

1. Do you doubt that I've learned to speak Spanish? 2. Is it possible that murders have increased? 3. Don't you believe that Víctor fell in love with Dolores? 4. Is it a pity that your friend lost his job? 5. Are you afraid somebody stole your car?

86. HABER

1. The impersonal form **hay** ("there is, there are") was studied in *Concepto gramatical* 14. There are a few verbs whose third person singular form of the present indicative may combine with the infinitive **haber** to create impersonal expressions: **poder, tener que, ir a**.

La policía dice que **puede haber** más delincuencia juvenil.	The police say that there may be more juvenile crime.
Tiene que haber más empleos para todos.	There must be more jobs for everyone.
Con más policías en las calles **va a haber** menos atracos.	With more police in the streets there will be fewer muggings.

2. **Debe haber** implies a guess, an obligation, or a wish. **Debiera haber** implies only a wish.

¿Debe haber pena de muerte?	Should there be a death penalty?
Debiera haber menos delincuencia.	There ought to be less crime.

3. The verb **soler(ue)** has no direct equivalent in English. It is always used in combination with another verb and implies frequency.

Suele haber muchos robos.	There are frequent burglaries.
En esta ciudad **suele haber** robos, pero no hay asesinatos.	There are frequent thefts in this city, but no murders.

EJERCICIOS

A. Substitución. Conteste las preguntas.

1. ¿Va a haber más delincuencia juvenil en las calles? ¿Y más robos? ¿Y más atracos?
2. ¿Debiera haber más empleos? ¿Y menos crímenes? ¿Y menos drogas?
3. ¿Suele haber robos de casas en su ciudad? ¿Y atracos? ¿Y accidentes?

B. Transformación. Conteste las preguntas con la forma impersonal del verbo que sea más adecuada + *haber.*

Modelo: ¿Qué hay en una biblioteca?
En una biblioteca tiene que haber libros.

1. ¿Qué hay donde hay muchos delincuentes?
2. ¿Qué hay cuando no hay empleos?
3. ¿Qué hay donde hay criminales?
4. ¿Qué hay cuando no hay policía?

C. Sea un intérprete.

1. Are there frequent murders in your city?   2. Do you think there ought to be less crime?   3. Do you think there have to be more jobs?   4. Do you think that there may be criminals in your city?   5. Do you think there must be the death penalty?

Los tres continúan hablando entre ellos de la extraña desaparición de Víctor.

DIÁLOGO

ÁNGEL: Pero, vamos a ver, María. **Exactamente,** ¿qué te dijo Víctor en su carta?

MARÍA: La mar de cosas. Era una carta escrita **rápidamente, con pasión.** No creo que la haya escrito en un momento de tranquilidad.

DOLORES: Víctor es muy bueno. Un muchacho tan **grandón,** y a veces es como un niño **chiquito.**

ÁNGEL: Sigo sin comprender nada.

CONVERSACIÓN SOBRE EL DIÁLOGO

1. ¿De qué hablan los tres amigos?   2. ¿Qué dijo Víctor en su carta?   3. ¿Cómo fue escrita la carta?   4. ¿Qué es Víctor?   5. ¿Comprende Ángel el problema? ¿Cómo lo sabe Ud.?   6. ¿Habla Ud. con pasión siempre o a veces? 7. ¿Cuándo y cómo escribe Ud. sus cartas de amor?

NOTAS CULTURALES   1. The frequent use of diminutives such as **chiquito,** which express affection, is a trait of Spanish speakers. In Mexico **ahora** may become **ahorita,** or even **ahoritita,** meaning "right away" in an informal, familiar way. *Te traigo un **cafecito*** implies that the server of the coffee has prepared it with special care or affection.

2. Augmentatives can also be used to express ideas not necessarily connected with big size. **Un barbón** is a man with a **barba** ("beard"), and **un llorón** (from **llorar,** "to cry") is a child who cries a lot.

DIALOGUE

The three continue talking about Víctor's strange disappearance.

ÁNGEL: But, let's see, María. Exactly what did Víctor say in his letter?
MARÍA: A lot of things. It was a letter written very rapidly, passionately. I don't believe that he wrote it in a peaceful moment.
DOLORES: Víctor is a good guy. Such a big boy, and at times he's like a little boy.
ÁNGEL: I still don't understand anything.

CONCEPTOS GRAMATICALES

87. ADVERBS AND ADVERBIAL EXPRESSIONS

1. An adverb may modify a verb, an adjective, or another adverb. The adverb follows a verb, but precedes an adjective or another adverb.

Ella habla **bien.**	She speaks well.	*verb + adverb*
Él es **muy bueno.**	He is very good.	*adverb + adjective*
Ella escribe **muy bien.**	She writes very well.	*adverb + adverb*

2. A few adjectives can be used as adverbs, and a noun preceded by a preposition may also function as an adverb.

Ella habla **rápido.**	She talks fast.	*adjective used as adverb*
Viajamos **con frecuencia.**	We travel frequently.	*preposition + noun*

3. Many Spanish adverbs are formed by adding **-mente** to the feminine singular form of adjectives.

El avión es **rápido** y viaja **rápidamente.**	The plane is fast and travels fast.
La lección es **fácil** y la aprendo **fácilmente.**	The lesson is easy and I learn it easily.
Es **elegante** y viste **elegantemente.**	She's elegant and dresses elegantly.

Note that an adjective that has an accent mark keeps the accent when **-mente** is added: **difícil → difícilmente.**

When two or more adverbs occur together, only the last one takes **-mente.**

Aprendo **rápida y fácilmente.**   I learn quickly and easily.

4. Adverbs and adverbial expressions may indicate time, place, or manner. Some adverbs and adverbial expressions indicating time include the following:

el año pasado	last year	**otra vez**	again
el año próximo	next year	**de vez en cuando**	from time to time
mientras	while	**a veces**	sometimes
siempre	always	**todos los días**	every day

El desempleo disminuirá **el año próximo**.

Unemployment will decrease next year.

Hay ventas de drogas **todos los días**.

There are drug sales every day.

Some adverbial expressions indicating place include the following:

cerca de + *place*	near	**detrás de** + *place*	behind
lejos de + *place*	far	**al lado de** + *place*	by (the side of)
delante de + *place*	in front of	**en todas partes**	everywhere
enfrente de + *place*	across from		

Hay drogadictos **en todas partes**.

There are drug addicts everywhere.

El banco está **enfrente del cuartel de policía**.

The bank is across (the street) from the police station.

Some adverbs and adverbial expressions indicating manner or degree include the following:

demasiado	too much	**bastante**	enough
en general	in general	**poco a poco**	little by little

La sociedad mejora **poco a poco**.

Society improves little by little.

En general la gente es buena.

In general people are good.

EJERCICIOS

A. Preguntas. Conteste las preguntas.

1. David, ¿trabaja Ud. todos los días o de vez en cuando? María, ¿qué dijo David?
2. ¿Hay desempleo en su ciudad o en todas partes?
3. ¿Estamos cerca de la biblioteca o lejos de ella?
4. En general, ¿detienen a drogadictos todos los días o de vez en cuando?
5. ¿La sociedad mejora poco a poco o rápidamente?
6. ¿La policía detiene a los ladrones siempre o a veces?
7. ¿Hay robos en pisos todos los días o de vez en cuando?

B. Transformación. Conteste las preguntas en forma negativa, usando un adverbio opuesto al adverbio de la pregunta.

Modelo: ¿La cárcel está cerca de aquí?
　　　　No, la cárcel está lejos de aquí.

1. ¿El cuartel de policía está enfrente de su casa?
2. ¿Aprende Ud. español poco a poco?
3. ¿Hay incendios provocados con frecuencia?
4. ¿Aprendió Ud. a esquiar con dificultad?
5. ¿Se acuesta Ud. rápidamente?
6. ¿Disminuye la delincuencia poco a poco?

88. AUGMENTATIVES AND DIMINUTIVES

1. In Spanish, certain suffixes may be added to words to create augmentatives and diminutives. Spanish speakers use these augmentatives and diminutives as a subtle way to express bigness, smallness, affection, or contempt.

2. Augmentatives generally convey the idea of bigness. The suffixes **-ón** and **-ona** are used to form augmentatives. With a noun or adjective ending in a vowel, the final vowel is dropped and the suffix **-ón** or **-ona** is attached. With a noun or adjective that ends in a consonant other than **-s,** the suffix **-ón** or **-ona** is added. If the word ends in **-s,** the final **-s** is dropped.

Un hombre grande es un **hombrón.**	a big man
Una mujer grande es una **mujerona.**	a big woman
Una lección difícil es **dificilona.**	a very difficult lesson
Un problema fácil es **facilón.**	a very easy problem
Unos zapatos grandes son **zapatones.**	very big shoes

3. Diminutives express smallness, affection, or sometimes, contempt. The suffixes **-ito(-ita)** and **-cito(-cita)** are used.

With nouns or adjectives ending in **-a** or **-o,** the final vowel is dropped and **-ito(a)** is attached.

Un perro pequeño es un **perrito.**	a little dog
Mi querida abuela es mi **abuelita.**	my dear grandmother
Un empleo sin importancia es un **empleíto.**	a job of no account
Mi **abuelito** es viejo.	my dear grandfather

With nouns or adjectives ending in **-e, -n,** or **-r,** add **-cito(a).**

Un coche pequeño es un **cochecito.**	a little car
Un león pequeño es un **leoncito.**	a little lion
Una mujer pequeña es una **mujercita.**	a little woman
Un perro muy suave es **suavecito.**	very soft

With nouns and adjectives ending in a consonant other than **-n** or **-r,** add **-ito(a).**

Un hotel pequeño es un **hotelito.**   a small hotel

Una lección fácil es **facilita.**   very easy

Un general sin importancia es un   an army general of no importance
generalito.

With nouns and adjectives ending in **-co(a), -go(a),** and **-z,** a spelling change is necessary to keep the proper pronunciation.

Un chico pequeño es un **chiquito.**   a little boy

Un relámpago pequeño es un   a little lightning
relampaguito.

Un lápiz pequeño es un **lapicito.**   a small pencil

The diminutive suffix **-ito(a)** may also be attached to some adverbs.

Vuelva **prontito.**   Come back very soon.

Vuelvo **ahorita.**   I'll come back right away.

El revolucionario mexicano Francisco Madero y sus tropas en México, 1910

382

EJERCICIOS

A. Preguntas. Conteste las preguntas.

Modelo: ¿Qué es un hombre muy grande?
  Un hombre muy grande es un hombrón.

1. ¿Qué es un libro pequeño?
2. ¿Qué es un lápiz pequeño?
3. ¿Cómo es una lección grande y difícil?
4. ¿Qué es un empleo sin importancia?
5. ¿Qué es una chica pequeña?
6. ¿Qué es un dolor muy grande?
7. ¿Qué es un hotel pequeño?

B. Sea un intérprete.

1. Do you have a little brother?   2. Do you have a big house?   3. Do you have a tiny car or a big car?   4. Do you have big problems or little problems?   5. How is your dear grandmother?   6. Do you have a little job of no account or a big job?

ACTIVIDADES PERSONALES

A. Entrevista

Preguntas	Oral	Escrito
1. ¿Qué lamentan tus padres que no hayas hecho hasta ahora?	1. Mis padres lamentan que yo _____.	1. Sus padres lamentan que él/ella _____.
2. ¿De qué te alegras que hayamos hecho en esta clase este semestre?	2. Me alegro de que _____.	2. Se alegra de que _____.
3. ¿Tu novio(a) teme que tú te hayas enamorado de otro(a)?	3. Sí (no), mi novio(a) (no) _____.	3. Sí (no), su novio (no) _____.
4. En tu opinión, ¿que debiera haber en una universidad?	4. En mi opinión, _____.	4. En su opinión, _____.
5. ¿Qué tiene que haber en esta vida?	5. En esta vida, _____.	5. Dice que en esta vida, _____.

B. Termina las frases como quieras y lee una o dos de tus respuestas a la clase.

1. Antes del año 2000 va a haber _____.
2. En mis comidas debe haber _____.
3. En una discoteca suele haber _____.
4. Para eliminar el tráfico de drogas tiene que haber _____.
5. En una buena fiesta debiera haber _____.
6. Para disminuir los delitos va a haber _____.

C. Orden de preferencia. Usa el número 1 para tu primera preferencia, el 2 para la segunda, etc. Escribe una frase cortita que explique tu primera preferencia.

1. La policía debe tratar de disminuir:

   _____ los incendios provocados
   _____ los atracos
   _____ los crímenes
   _____ la delincuencia juvenil
   _____ ??

2. Debemos reservar la pena de muerte para:

   _____ el asesinato de un policía
   _____ el asesinato durante un atraco
   _____ el asesinato del presidente
   _____ ??

3. Para mí, el peor delito es:

   _____ el atraco a una persona que no puede defenderse
   _____ la venta de drogas a los jóvenes
   _____ el secuestro de un avión
   _____ ??

4. El problema más importante del sistema legal es que:

   _____ hay demasiados pleitos tontos
   _____ los delincuentes no van a la cárcel
   _____ hay un sistema de justicia para los pobres y otro para los ricos
   _____ ??

5. El peor criminal es:

   _____ el atracador
   _____ el traficante en drogas
   _____ el incendiario
   _____ el asesino
   _____ ??

**SECCIÓN
CULTURAL**

La política
en el mundo
hispánico

En los últimos doscientos años, la vida política de los países
hispánicos ha sido muy difícil. ¡Es lástima que haya sido
tan complicada! En unos países con tensiones sociales muy
fuertes, es natural que estas tensiones hayan causado revoluciones, grandes y pequeñas. La consecuencia es que, en
general, los jóvenes de los países hispánicos se interesan
mucho por la política, y la vida política en las universidades
es muy activa.

Hay países, como Bolivia, que han tenido una revolución
por año desde su independencia a principios del siglo XIX.
En España los españoles expulsaron a la familia real dos
veces, en 1868 y en 1931, y dos veces restauraron a la
misma familia en el trono español. La Revolución Mexicana

a principios: at the beginning
real: royal

trono: throne

El General Francisco Franco (centro) y otros militares españoles durante La Guerra
Civil (1936–1939)

entre los años 1910 y 1917 alteró profundamente la estructura de la sociedad de México, y la sociedad cubana cambió radicalmente a partir de 1959.

a partir de: after

¿Por qué tantos cambios? Debe haber una causa, pero . . . ¿cuál es? ¿Puede haber una explicación? Tiene que haberla, pero . . . ¿dónde está? ¿En la mentalidad de la gente? ¿En las injusticias de las estructuras económicas? ¿En el clasismo cerrado de la sociedad? Las preguntas son muchas, y las respuestas son complejas. Unos países tienen una historia más complicada que otros, y es difícil hacer generalizaciones.

complejo(a): complex

Muchas veces, cuando los estudiantes norteamericanos van a un país hispánico, ven que los estudiantes del país hablan mucho de política. Si el país tiene un sistema democrático, los estudiantes, con frecuencia, son miembros de algún partido político, generalmente de la izquierda. Hay partidos para todos los gustos: desde los fascistas de la extrema derecha hasta los más radicales de la extrema izquierda. Las discusiones políticas son interminables.

partido: (political) party

discusión: argument
interminable: endless

PREGUNTAS

1. ¿Cómo ha sido la vida política en los países hispánicos?
2. ¿Qué han causado las tensiones sociales?
3. ¿Quiénes se interesan por la vida política?
4. ¿Qué ha tenido Bolivia?
5. ¿Qué pasó después de la Revolución Mexicana?
6. ¿Cuáles son algunas posibles explicaciones de los cambios?
7. ¿En qué es diferente la vida política de los estudiantes hispánicos de la de los estudiantes norteamericanos?

VOCABULARIO ACTIVO

Nombres

el asesinato: *murder*
el (la) asesino(a): *murderer*
el (la) atracador(a): *mugger*
el atraco: *mugging*
la cárcel: *jail*
el cuartel de policía: *police station*
el (la) delincuente: *criminal*
el delito: *crime*
el desempleo: *unemployment*
la explicación: *explanation*
la gente: *people*
el (la) incendiario(a): *arsonist*
el incendio provocado: *arson*
el ladrón, la ladrona: *thief, burglar*
la pena de muerte: *death penalty*
el robo: *theft*
el (la) traficante en (de) drogas: *drug dealer*
el tráfico de drogas: *drug traffic*
la venta: *sale*

Verbos

aumentar: *to raise, augment*
cometer: *to commit*
desaparecer: *to disappear*
detener: *to arrest*
disminuir: *to diminish*
intentar: *to try to*
matar: *to kill*
mejorar: *to improve*
robar: *to steal, rob*
soler(ue) + inf.: *to do often*

Adjetivos

raro(a): *strange*
suave: *soft*

Adverbios y expresiones adverbiales

el año pasado: *last year*
el año próximo: *next year*
bastante: *enough*
cerca de + *place: near*
delante de + *place: in front of*
detrás de + *place: behind*
elegantemente: *elegantly*
enfrente de + *place: across (the street) from*
entre: *among*
exactamente: *exactly*
lejos de + *place: far from*
otra vez: *again*
poco a poco: *little by little*
a veces: *sometimes*
de vez en cuando: *from time to time*

Expresiones

es lástima que: *it's a pity that*
debe haber: *there must be*
la mar de cosas: *a lot of things*
puede haber: *there can (may) be*
tiene que haber: *there has to be*
va a haber: *there is going to be*

COGNADOS

Nombres

el accidente
el crimen
el (la) criminal
la delincuencia
la delincuencia juvenil
la desaparición
el (la) drogadicto(a)
la justicia
la sociedad
la violencia

Adjetivos

elegante
increíble
rápido(a)

REPASO CINCO

VISTAS 16, 17, 18, 19

1. RESUMEN DEL DIÁLOGO

Select one dialogue from *Vistas* 16–19 and prepare a brief summary of its main ideas or events. You will present this summary orally in class at some time during the period devoted to *Repaso* 5. As an alternative, dramatize one of the dialogues as if it were a play to be performed in front of the class.

2. THE SUBJUNCTIVE IN ADVERBIAL CLAUSES (REPASE *CONCEPTO GRAMATICAL* 73.)

Traduzca las frases.

1. Let's go home before it gets cold.
2. Shall I give you this newspaper now so that you can read it?
3. Will they get married without our knowing it?
4. They can't pay me unless they find the money.
5. Provided that they have a pool, she will go with us.
6. Although it may snow, let's walk in the park.
7. Will your dad buy a sailboat when he has the money?
8. Will you study these verbs until you know them?
9. María will marry Víctor as soon as he learns not to be jealous.

3. THE SUBJUNCTIVE IN ADJECTIVE CLAUSES (REPASE *CONCEPTO GRAMATICAL* 74.)

A. Conteste las preguntas usando el negativo y el afirmativo.

Modelo: ¿Hay alguien que sepa la solución de este problema?
   No, no hay nadie que sepa la solución.
   Sí, hay alguien que sabe la solución.

1. ¿Hay algún abogado que defienda a los contrabandistas?
2. ¿Hay algún país que no tenga problemas económicos?
3. ¿Hay alguna persona que nunca se equivoque?
4. ¿Hay alguien en la universidad que se dé cuenta de nuestros problemas?
5. ¿Hay algún idioma que sea fácil de aprender?
6. ¿Existen algunas drogas que no tengan efectos negativos?

B. Conteste las preguntas usando el subjuntivo. Dé una respuesta personal.

Modelo: ¿Dónde quiere pasar las vacaciones?
Quiero pasar las vacaciones en un lugar donde haya mucho sol.

1. ¿Qué clase de sociedad quiere para el futuro?
2. ¿Qué tipo de casa desea comprar?
3. ¿Qué ropa compra Ud.?
4. ¿Dónde le gusta estudiar?
5. ¿Qué películas le gusta ver?
6. ¿Qué deportes practica Ud.?
7. ¿Qué revistas deben leer los niños?

4. THE IMPERFECT SUBJUNCTIVE (REPASE LOS *CONCEPTOS GRAMATICALES* 77 y 78.)

A. Conteste las preguntas usando la información dada y el sujeto *yo.*

Modelo: Antes, cuando alguien estaba enfermo en su casa, ¿qué era necesario hacer? (llamar al médico)
Era necesario que yo llamara al médico.

1. Antes, cuando necesitaba algo que comer, ¿qué era necesario hacer? (comprar carne en la tienda)
2. Antes, cuando no tenía dinero, ¿qué era importante hacer? (trabajar unas horas para ganarlo)
3. Cuando estaba sin paraguas y empezó a llover, ¿qué era necesario hacer? (buscar un periódico)
4. Antes, de niño(a), ¿qué era importante hacer después de la escuela? (volver a casa inmediatamente)
5. De adolescente, ¿qué era conveniente para Ud.? (divertirse los fines de semana)
6. ¿Qué le dijo su mamá que era importante hacer? (no decir palabrotas)

B. Conteste las preguntas con sus propias ideas. Use el imperfecto del subjuntivo.

1. ¿Dónde sería mejor que estuvieras en este momento?
2. ¿Qué dudaba alguien una vez que no pudieras hacer?

3. ¿Qué querías que te dieran como regalo para tu último cumpleaños?
4. ¿Qué era necesario que tú supieras para recibir una nota buena en esta clase?
5. ¿En qué insistían tus padres que te convirtieras?
6. Cuando estabas enfermo(a), ¿qué querías que te trajeran?
7. ¿Qué tenías miedo que el médico fuera a decirte una vez?
8. ¿Qué esperaban los estudiantes que hubiera esta semana?
9. ¿Qué quería el (la) profesor(a) que los estudiantes tuvieran en el último examen?
10. ¿Qué querían tus padres que leyeras?

5. MORE COMPARISONS OF EQUALITY (REPASE *CONCEPTO GRAMATICAL* 79.)

Use *el mismo, la misma, los mismos* o *las mismas* en los espacios en blanco.

1. Este barco es _____ que vi ayer.
2. Su personalidad es _____ que tiene Víctor.
3. Estas cintas magnéticas son _____ que compré en esa tienda.
4. Esta música es _____ que oí en la radio.
5. Tus ojos son _____ que tiene Josefina.
6. Estos pantalones son _____ que lavé la semana pasada.
7. Esas azafatas son _____ que ayudaron a los pasajeros.

6. THE PRESENT PERFECT INDICATIVE (REPASE *CONCEPTO GRAMATICAL* 80.)

Conteste las preguntas usando el perfecto del presente, según el modelo.

Modelo: ¿Cuándo van a vender el coche?
        Ya lo han vendido.

1. ¿Cuándo vas a pedir la comida?
2. ¿Cuándo van a contestar la pregunta?
3. ¿Cuándo van a escribir los ejercicios?
4. ¿Cuándo van a ponerte la inyección?
5. ¿Cuándo van a hacer el postre?
6. ¿Cuándo van Uds. a romper los papeles?

7. THE IMPERFECT SUBJUNCTIVE WITH *COMO SI* (REPASE *CONCEPTO GRAMATICAL* 81.)

Conteste las preguntas usando la información dada. Comience su respuesta con *como si.*

Modelo: ¿Cómo quieres pasar las vacaciones? (ser/reina/España)
        Como si fuera la reina de España.

1. ¿Cómo le gusta a Ud. gastar el dinero? (no/tener/importancia)
2. ¿Cómo usan los americanos sus tarjetas de crédito? (el dinero en efectivo no existir)

3. ¿Cómo escribe Ud. la poesía? (inventar/idioma/nuevo)
4. ¿Cómo se presentan los estudiantes antes de un examen? (saber/mucha/gramática)
5. ¿Cómo llegan Uds. a las clases? (correr/Juegos Olímpicos/en Grecia)
6. ¿Cómo ha sido tu vida esta semana? (esquiar/sólo/un esquí)

8. THE IMPERFECT SUBJUNCTIVE IN CONDITIONAL SENTENCES (REPASE *CONCEPTO GRAMATICAL* 82.)

Cambie las frases al imperfecto del subjuntivo + condicional.

Modelo: Si llueve, no salgo.
  Si lloviera, no saldría.

1. Si tenemos dolor de cabeza, tomamos dos aspirinas.
2. Si están cansados, descansarán un momentito.
3. Si hoy es lunes, voy a mi clase de francés.
4. Si ganamos mucho dinero, lo gastamos comprando ropa.
5. Aunque no nieva mucho aquí en noviembre, podemos divertirnos jugando al ajedrez.
6. Si quieres hacer algo bien, ¿trabajas lentamente?
7. Si no pides postre yo te llevaré al cine.

9. THE RELATIVE PRONOUN *EL CUAL (LA CUAL, LOS CUALES, LAS CUALES)* (REPASE *CONCEPTO GRAMATICAL* 84.)

Traduzca las frases.

1. Your father, who is an architect, criticized that building.
2. Does your aunt, the one who is a doctor, work in San Juan?
3. Her fiancé, the one I talked to you about, is rather handsome.
4. Did our carpenter, without whom we can't finish our house, get sick?
5. My cousin María, who is very nice, studies medicine.
6. She spoke with her lawyer, who helped her.

10. THE PRESENT PERFECT SUBJUNCTIVE (REPASE *CONCEPTO GRAMATICAL* 85.)

Cambie las frases del presente perfecto del indicativo al presente perfecto del subjuntivo.

Modelo: Dolores se ha enamorado de Víctor. (es posible que)
  Es posible que Dolores se haya enamorado de Víctor.

1. No he pagado los impuestos. (es lástima que)
2. No hemos aprendido a jugar al tenis. (es increíble que)
3. Víctor ha cometido ese delito. (no creas que)
4. Dolores y Víctor han alquilado un piso en Bogotá. (tengo miedo de que)
5. ¿Has visto el abrelatas? (ojalá)
6. El abogado ha defendido a esos delincuentes juveniles. (no creeré que)

11. *HABER* (REPASE *CONCEPTO GRAMATICAL* 86.)
Traduzca las frases.

1. There must be more employment.
2. Is there frequent crime in this city?
3. Is there going to be a party at your house?
4. There ought to be few mistakes in this exercise.
5. There will be fog tomorrow.

12. AUGMENTATIVES AND DIMINUTIVES (REPASE *CONCEPTO GRAMATICAL* 88.)
Conteste las preguntas. Siga los modelos.

Modelos: ¿Tienes un dolor muy grande?
        Sí, tengo un dolorón.
        ¿Tienes un empleo sin importancia?
        Sí, tengo un empleíto.

1. ¿Esa mujer es muy pequeña?
2. ¿Esta lección es muy difícil?
3. ¿Van Uds. ahora?
4. ¿Su coche es pequeño?
5. ¿Quieres oír una canción pequeña?
6. ¿Es un capitán sin importancia?
7. ¿Van a regresar pronto?
8. ¿Viste un relámpago pequeño?
9. ¿Ese hombre es muy grande?
10. ¿Y esa chica es muy grande también?

20

BOLIVIA Y PARAGUAY
Vista Veinte

AL PRINCIPIO

Víctor has gone off to the Amazon to seek advice from an old sage, María has returned to Santiago to rejoin the tour, and Dolores and Ángel try to sort things out. We find out that Víctor has a secret and that this situation is beginning to look like a soap opera. As you progress through this *Vista* you'll learn:

1. how to form and use the future perfect (89):

   Antes del sábado próximo yo **habré ido** a la peluquería.

   Before next Saturday I shall have gone to the barbershop.

2. some special uses of indirect object pronouns (90):

   El peluquero **te** cortó el pelo.

   The barber cut your hair.

3. how to form and use the past perfect indicative (91):

   Yo me **había enamorado** de él.

   I had fallen in love with him.

4. the use of **se** to indicate accidental or unplanned events (92):

   Se te cayó el secador.

   You dropped the dryer.

   Se me olvidó el cepillo de dientes.

   I forgot the toothbrush.

In the *Sección cultural* you'll read about two South American countries, Bolivia and Paraguay, that have unique geographical characteristics, and you'll take a brief look at their history since gaining independence from Spain. You'll also learn some vocabulary related to personal care.

La vida de los indios andinos es dura, pero también alegre.

DIÁLOGO

Unos días después, en Bogotá, Dolores habla de Víctor con Ángel.

DOLORES: Ángel, ¡**te** afeitaste el bigote!

ÁNGEL: Francamente, Dolores, no estoy aquí para hablar de mi bigote, sino para hablar de Víctor. No creo que Víctor no te haya dicho dónde está.

DOLORES: Pues, no me lo dijo. Bueno, me dijo que quería salir de aquí por unos días.

ÁNGEL: Mira, Dolores, déjate de secretos. No comprendo una palabra.

DOLORES: Verás. Víctor se marchó a Buenos Aires. Cuando él llegue allí, María ya **habrá llegado** antes, desde Santiago de Chile.

ÁNGEL: Y, ¿por qué no se lo dijiste a María?

DOLORES: No lo supe hasta ayer, cuando recibí una carta de Víctor. Antes de la carta de ayer, yo no sabía nada, pero ahora tengo su carta, enviada desde Leticia.

ÁNGEL: ¿De Leticia? Pero, ¿qué hace Víctor en esa ciudad del Amazonas?

CONVERSACIÓN SOBRE EL DIÁLOGO

1. ¿Qué se afeitó Ángel?   2. ¿Qué es lo que no cree Ángel?   3. ¿Qué le dijo Víctor a Dolores?   4. ¿Quién habrá llegado a Buenos Aires cuando Víctor llegue allí?   5. ¿Desde dónde fue enviada la carta que recibió Dolores?   6. Cuando Ud. llegue a casa hoy, ¿quién habrá llegado antes?

NOTAS CULTURALES

1. Leticia is a very small town on the Amazon River in the South of Colombia, in an area where Peru, Colombia, and Brazil meet. The Amazon region is a good example of virgin jungle, which is being slowly developed.

2. The Amazon jungle has provided a rich source of material for South American writers. Perhaps one of the best-known novels is **La Vorágine** (The Vortex), written by José Eustacio Rivera, a Colombian novelist and poet. Rivera received the inspiration for his novel after a visit to the Amazon. The novel brings out the struggle of humans against nature—mosquitos, carnivorous ants, piranhas, and fever and hunger. Ironically, Rivera died of a mysterious disease that he contracted during a visit to the jungle.

3. Further to the south of the Amazon (see map in the front of the text), Argentina, Uruguay, and Paraguay form what have been called the River Plate countries, from **Río de la Plata.** The Plate River is not really a river, but an estuary that is made up of a combination of rivers that flow into it. Inhabitants of these three countries speak Spanish with a distinct accent that is called **rioplatense.**

DIALOGUE

A few days later, in Bogotá, Dolores talks about Víctor with Ángel.

DOLORES: Ángel, you shaved off your mustache!

ÁNGEL: Frankly, Dolores, I'm not here to talk about my mustache, but to talk about Víctor. I don't believe that Víctor didn't tell you where he is.

DOLORES: Well, he didn't tell me. OK, he told me he wanted to get out of here for a few days.

ÁNGEL: Look, Dolores, drop the secrets. I don't understand one word of this.

DOLORES: You'll see. Víctor went off to Buenos Aires. When he gets there, María will have already arrived from Santiago, Chile.

ÁNGEL: And why didn't you tell María?

DOLORES: I didn't find out until yesterday, when I got a letter from Víctor. Before yesterday's letter, I didn't know anything, but now I have his letter, sent from Leticia.

ÁNGEL: From Leticia? But, what's Víctor doing in that Amazonian city?

VOCABULARIO ESPECIAL

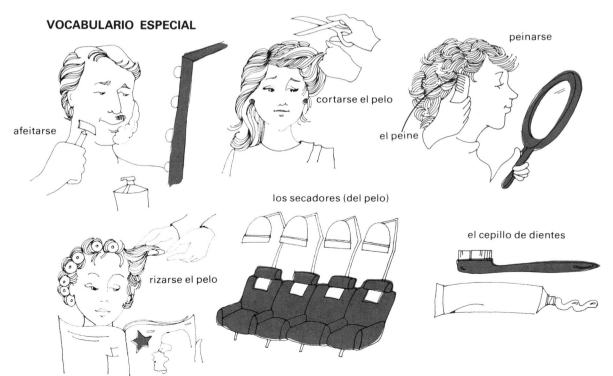

afeitarse

cortarse el pelo

peinarse

el peine

los secadores (del pelo)

rizarse el pelo

el cepillo de dientes

**CONCEPTOS
GRAMATICALES**

89. THE FUTURE PERFECT

1. In both Spanish and English the future perfect tense expresses an action that will have occurred at some time in the future.

Present	**Trabajo** a la una.	I work at 1:00.
Future Perfect	**Habré terminado** a las dos.	I will have finished at 2:00.
Future	**Saldré** a las tres.	I shall leave at 3:00.

2. The Spanish future perfect is formed with the future of **haber** and the past participle of the main verb. Notice this formation in the verb **llegar,** to arrive:

Singular		Plural	
yo	**habré llegado**	nosotros(as)	**habremos llegado**
tú	**habrás llegado**	vosotros(as)	**habréis llegado**
usted él, ella	**habrá llegado**	ustedes ellos, ellas	**habrán llegado**

Antes del sábado próximo yo **habré ido** a la peluquería.	Before next Saturday I shall have gone to the barbershop.
Antes de este fin de semana mi madre **habrá comprado** un secador.	Before this weekend my mother will have bought a dryer.
Habremos salido del salón de belleza antes de las cinco.	We will have left the beauty shop before five o'clock.

3. A Spanish sentence with the future perfect often includes **cuando** + a subjunctive clause. The adverb **ya** ("already") often appears in the future perfect clause.

Cuando llegue mi carta a Madrid, mi amigo **ya habrá llegado** allí.	When my letter arrives in Madrid, my friend will have already arrived there.
Yo **ya habré terminado** el trabajo cuando **tú llegues.**	I already will have finished the work when you get here.

EJERCICIOS

A. Substitución. Conteste las preguntas.

1. ¿Ud. habrá llegado mañana a las cinco? ¿Y nosotros? ¿Y su hermano?
2. ¿Habrá Ud. terminado sus estudios en junio? ¿Y los otros estudiantes? ¿Y yo?
3. ¿Habrá recibido Ud. muchas cartas antes del próximo domingo? ¿Y sus padres? ¿Y el presidente?

B. Transformación. Conteste las preguntas según el modelo.

Modelo: ¿Terminará Ud. su trabajo antes de las cinco?

Sí, antes de las cinco ya habré terminado mi trabajo.

o: *No, antes de las cinco no habré terminado mi trabajo.*

1. ¿Aprenderá Ud. mucho español antes del fin de este curso?
2. ¿Practicarás mucho el español antes de los exámenes?
3. ¿Recibirá su hermana una carta antes del domingo?
4. ¿Enviarán Uds. un regalo a sus padres antes de la Navidad?
5. ¿Iremos al salón de belleza antes del sábado?
6. ¿Cree Ud. que terminaremos la lección antes del fin de semana?

C. Sea un intérprete.

1. Before you finish this class, will you have learned a lot of Spanish?   2. Will she have already finished her work by five o'clock?   3. Will we have received many gifts by Christmas?   4. Do you think that they will have had many boyfriends (girlfriends) before they get married?

90. SPECIAL USES OF INDIRECT OBJECT PRONOUNS

1. You studied indirect objects and indirect object pronouns (**me, te, le, nos, os, les**) in *Concepto gramatical* 24, and learned how they are used to express to whom or for whom something is done.

2. Spanish indirect object pronouns can also be used to show ownership or to show who is affected by the action of the verb.

Mi chico **me** rompió el secador.	My kid broke my hair dryer.
El peluquero **te** cortó el pelo.	The barber cut your hair.
La peluquera **le** rizó el pelo a María.	The hairstylist curled María's hair.
El perrito **nos** comió los zapatos.	The puppy ate our shoes.
El peluquero **les** afeitó las patillas.	The barber shaved off their sideburns.

This structure is often used to indicate that someone does something to us (like cutting our hair) or does something to something that belongs to us (like breaking our hair dryer).

3. Note the difference between the use of a reflexive verb, with its reflexive pronoun, when a person does an action to him- or herself, and the use of the indirect object pronoun, when two persons are involved in an action.[1]

---

1. With the expression *cortarse el pelo,* Spanish speakers are a bit inconsistent: *Me corté el pelo* does not necessarily mean "I cut my hair." It may mean that a barber cut it.

Mi hermano **se** afeitó la barba.	My brother shaved off his beard.
El peluquero **le** afeitó la barba.	The barber shaved off his (my brother's) beard.

EJERCICIOS

A. Preguntas. Conteste las preguntas.

1. David, ¿quién va a cortarle el pelo, el peluquero o un amigo? María, ¿qué dijo David?
2. ¿A quién le van a rizar el pelo, a Ud. o a una amiga?
3. ¿Quién les comió los zapatos a Uds., el perrito o el chico?
4. ¿Quién le paga sus estudios, sus padres o sus amigos?
5. ¿Quién le compró el secador de pelo, su novia o su hermana?
6. ¿Quién le afeitaba las patillas a Abraham Lincoln, un peluquero o nadie?

B. Sea un intérprete.

1. Who cuts your hair? 2. Why did the barber shave off your beard?   3. Who broke her hair dryer? 4. Did your puppy eat our shoes?   5. Did you pay for their trip?

Leticia, Colombia

DIÁLOGO

María volvió a Santiago de Chile, y Dolores y Ángel, en Bogotá, hablan de ella.

ÁNGEL: ¡Pobre María! Se marchó preocupadísima. Me dijo que la familia de Víctor no **había querido** decirle nada, tú tampoco . . .

DOLORES: Su familia no le dijo nada, porque nunca quiso que ella se casara con él. Se dice que son muy estirados, y es cierto. Creen que una actriz no es bastante para su hijo, pero **se les olvida** que ellos son unos nuevos ricos.

ÁNGEL: Lo que no se entiende es por qué Víctor está en Leticia. ¿Qué idea **se le ocurrió?**

DOLORES: Mira, Ángel, no te dije todo lo que hay. Cuando María aplazó la boda, yo fui el paño de lágrimas de Víctor, hasta que se dio cuenta que yo me **había enamorado** de él. Entonces decidió irse a la selva del Amazonas para pensar las cosas. De Leticia pasará al Brasil, y luego irá a Argentina en avión, desde Brasilia. Ahora ya lo sabes todo.

ÁNGEL: ¡Diablos! ¡Esto parece una telenovela!

CONVERSACIÓN SOBRE EL DIÁLOGO

1. ¿Quién no quiso decirle nada a María?   2. ¿Por qué la familia de Víctor no había querido hablar con María?   3. ¿Qué se dice de la familia de Víctor? 4. ¿Qué pasó entre Dolores y Víctor?   5. ¿Por qué ha dicho Ángel que la historia de sus amigos parece una telenovela?   6. ¿Qué idea tiene Ud. de una persona estirada?

NOTAS CULTURALES   1. **Telenovelas** (soap operas) and **radionovelas** are very popular in the Hispanic world and tend to be of the romance genre. In the United States, **telenovelas** and **radionovelas** are broadcast in areas that have large populations of Spanish speakers.

2. Various societies have different measures of determining social status. In the United States income, occupation, education, social behavior, and family background are important factors. In Hispanic countries education, social behavior, and family background tend to be the more important. Family lineage is very important in Hispanic societies, and social barriers are more difficult to break than in many other societies.

DIALOGUE

María returned to Santiago, Chile, and Dolores and Ángel, in Bogotá, are talking about her.

ÁNGEL: Poor María! She left very worried. She told me that Víctor's family had refused to tell her anything, and you either.

DOLORES: His family didn't say anything to her because they never wanted her to marry him. People say that they're stuck-up, and it's true. They think that an actress is not good enough for their son, but they forget that they are *nouveaux riches* themselves.

ÁNGEL: What they don't understand is why Víctor is in Leticia. Whatever got into him?

DOLORES: Look, Ángel, I didn't tell you all there is. When María called off the wedding, I was Víctor's shoulder to cry on, until he realized that I had fallen in love with him. Then he decided to go off to the jungle in the Amazon to think things over. From Leticia he'll go on to Brazil, and then he'll go by plane to Argentina, from Brasilia. Now you know everything.

ÁNGEL: Darn! This looks like a soap opera!

CONCEPTOS GRAMATICALES

91. THE PAST PERFECT INDICATIVE

1. The past perfect indicative is used to express an action in the past that took place before a more recent event in the past.

Cuando yo llegué ayer a las cinco, él ya **había salido.**	When I arrived yesterday at five o'clock, he had already left.

2. The past perfect is formed with the imperfect indicative of **haber** and the past participle of the main verb.

cerrar   to close

	Singular		Plural
yo	**había cerrado**	nosotros(as)	**habíamos cerrado**
tú	**habías cerrado**	vosotros(as)	**habíais cerrado**
usted él, ella	**había cerrado**	ustedes ellos, ellas	**habían cerrado**

Cuando llegué a la peluquería, ya **habían cerrado.**

When I arrived at the barbershop, they had already closed.

Ya **había empezado** la película cuando entramos en el cine.

The movie had already started when we entered the movie theater.

Note: The adverb **ya** often occurs with the past perfect indicative.

EJERCICIOS

A. Substitución. Conteste las preguntas.

1. Ayer a las cinco, ¿ya había hecho la comida? ¿Y sus padres? ¿Y yo?
2. Antes de empezar este curso, ¿ya había estudiado español? ¿Y nosotras? ¿Y él?
3. Al mediodía, ¿ya había comido? ¿Y Uds.? ¿Y ella?

B. Transformación. Conteste las preguntas usando el perfecto del pasado.

Modelo: ¿Fuiste a la peluquería ayer a las tres o antes?
   A las tres ya había ido a la peluquería.

1. ¿Tuviste tu primer coche a los veinte años o antes?
2. ¿Te enamoraste por primera vez a los quince años o antes?
3. ¿Tomaste tu primera cerveza a los veintiún años o antes?
4. ¿Aprendiste a andar a los tres años o antes?
5. ¿Desayunaste a las diez o antes?
6. ¿Jugaste al tenis a las tres o antes?

C. Sea un intérprete.

1. Yesterday by five o'clock, had they worked a lot?   2. Had you finished your lessons when I phoned you?   3. Had you already had many adventures when you were fifteen?   4. Had she studied Spanish before the course started?

92. SPECIAL USES OF *SE*

1. You have already studied several uses of **se.**
Se as an indirect object pronoun *(Concepto gramatical* 29):

El dinero, **se** lo mandé ayer.   The money, I sent it to him yesterday.

Se as a reflexive pronoun *(Concepto gramatical* 40*):*

Ella **se lava.**   She washes herself.

The impersonal **se** *(Concepto gramatical* 58*):*

Se vive bien en España.   One lives well in Spain.

The passive **se** *(Concepto gramatical* 64*):*

Se necesitan secretarios.   Secretaries are needed.

2. **Se** + indirect object pronoun + verb in the third person singular or plural may also be used when the speaker wants to avoid responsibility for an action, or when something happens to someone accidentally, unintentionally, or unexpectedly. There is no equivalent construction in English, which expresses both ideas in the same way.

Olvidé el cepillo de dientes.
Se me olvidó el cepillo de dientes. } I forgot the toothbrush.

Rompiste el peine.
Se te rompió el peine. } You broke your comb.

In the first example of each pair, the subject of the verb is assumed to be responsible for the action. In the second example of each pair, the action is assumed to have happened accidentally, unintentionally, or unexpectedly.

3. In this **se** construction, the subject of the verb follows the verb.

Perdió dos dólares.
Se le perdieron dos dólares. } He lost two dollars.

In the first sentence, the subject of *perdió* is *él,* and *dos dólares* is the direct object. In the second sentence, *dos dólares* is the subject of *perdieron.*

Perdimos el perrito.
Se nos perdió el perrito. } We lost the puppy.

4. This **se** structure is very important in expressing the two possible meanings of the English verb *to drop:* **dejar caer** or **caer.**

Dejaste caer el secador.   You dropped the dryer (intentionally).
Se te cayó el secador.   You dropped the dryer (unintentionally).

EJERCICIOS

A. Conteste las preguntas.

1. ¿Se le olvidó a Ud. el peine? ¿Y a nosotros? ¿Y a sus amigos?
2. ¿Se le perdieron los libros a su amigo? ¿Y a Ud.? ¿Y a mí?
3. ¿Se nos rompió la cámara? ¿Y a ustedes? ¿Y a usted?

B. Transformación. Conteste las preguntas con la forma *se.*

Modelos: ¿Olvidó usted los libros?
　　　　　Sí, se me olvidaron los libros.
　　　　　¿Olvidó usted el libro?
　　　　　Sí, se me olvidó el libro.

1. ¿Olvidó él ir a la peluquería?
2. ¿Rompió el secador su compañera de cuarto?

3. ¿Olvidaron ustedes los ejercicios?
4. ¿Perdiste los dos perritos?
5. ¿Rompió usted los zapatos?
6. ¿Perdieron sus amigos los secadores?

C. Sea un intérprete. Use los verbos con la forma *se.*

1. Did you accidentally break your dryer?   2. Did you drop the books on purpose?   3. Did you accidentally drop the chair?   4. Did the children unintentionally lose the dog?   5. Did any good ideas occur to you today?

ACTIVIDADES PERSONALES

A. Entrevista

Preguntas	**Oral**	**Escrito**
1. Antes de los dieciséis años, ¿qué habías aprendido de otras personas?	1. Antes de los dieciséis años, _____.	1. Antes de los dieciséis años, _____.
2. Antes de terminar el siglo XX, ¿qué habrá ocurrido en los Estados Unidos?	2. Antes de terminar el siglo XX, _____.	2. Antes de terminar el siglo XX, _____.
3. Antes del final de este año, ¿qué es algo que ya habrás hecho con mucho éxito?	3. Antes del final de este año, _____.	3. Antes del final de este año, _____.
4. ¿Se te olvidó algo importante alguna vez? ¿Qué se te olvidó?	4. Se me _____.	4. Se le _____.

B. Termina cada frase con una idea tuya.

1. Una vez se me cayó _____ .
2. Un día a mi hermano se le olvidó _____ .
3. Muchas veces a los profesores se les olvida _____ .
4. A mí nunca se me pierde _____ .
5. A nosotros siempre se nos pierden _____ .

Bolivia y Paraguay

Hay dos países sudamericanos que no tienen acceso directo al mar: Bolivia y Paraguay. Uno, Bolivia, es grande y tiene llanuras y montañas. El otro, Paraguay, es pequeño y llano, con grandes ríos que lo comunican con el Océano Atlántico.

llanura: plain
llano(a): flat

conseguir: to get
solucionar: to solve

Cuando Bolivia consiga tener estabilidad política, habrá solucionado uno de sus mayores problemas. El país ha tenido una historia triste. Antes de su independencia Bolivia no se llamaba Bolivia, sino el Alto Perú, y había tenido una de las minas de plata más ricas del mundo: Potosí. Después de la independencia los habitantes del país le dieron el nombre de Bolivia, en honor de Simón Bolívar, que había sido uno de los héroes de las guerras contra España.

plata: silver

En una guerra con Chile, en el siglo XIX, Bolivia perdió la costa que tenía en el Océano Pacífico, y esta pérdida nunca se le olvidó a Bolivia. En el país continuamente se habla de

pérdida: loss

Un boliviano en el lago de Titicaca

recuperar esa costa perdida, pero no es probable que Chile se la devuelva. Los bolivianos dicen que Chile les robó la costa que tenían.

En el Paraguay se hablan dos lenguas, el español y el guaraní, que es una lengua india. En el siglo XIX a los paraguayos se les ocurrió la idea de que podían ganar una guerra con sus vecinos: Brasil y Argentina, que son dos **vecino**: neighbor países muy grandes, y Uruguay, que es más pequeño que Paraguay. La guerra fue feroz, y cuando Paraguay la perdió se le habían muerto casi todos los hombres. En las últimas batallas los soldados paraguayos eran niños con barbas **batalla**: battle postizas, y también había batallones de mujeres. La guerra **postizo(a)**: false le costó al Paraguay una gran parte de su población, que se le murió.

A Bolivia no se le olvida la costa del Pacífico. A los paraguayos no se les olvida el heroísmo de sus guerras.

PREGUNTAS

1. ¿Qué no tienen Bolivia y Paraguay?
2. ¿Cómo son los dos países?
3. ¿Qué nombre tenía Bolivia antes de su independencia?
4. ¿En honor de qué persona le dieron el nombre de Bolivia a ese país?
5. ¿Cómo perdió Bolivia su acceso al mar?
6. Según los bolivianos, ¿qué les robó Chile?
7. ¿Qué idea se les ocurrió a los paraguayos en el siglo XIX?
8. Cuando Paraguay perdió la guerra, ¿qué pasó?
9. ¿Quiénes eran los soldados al final de la guerra?
10. A los bolivianos y a los paraguayos, ¿qué no se les olvida?
11. ¿Cree usted que las mujeres deben ir a la guerra, como fueron en Paraguay?

VOCABULARIO ACTIVO

Nombres
la barba: *beard*
el bigote: *mustache*
el cepillo de dientes:
  toothbrush
el (la) chico(a): *boy (girl)*
las patillas: *sideburns*
el peine: *comb*
la peluquería: *barbershop,*
  beauty shop
el (la) peluquero(a):
  hairstylist
el perrito: *puppy*
el salón de belleza: *beauty*
  shop
el secador: *hair dryer*
la telenovela: *television*
  soap opera

Verbos
caérsele (algo a alguien):
  to drop
dejar caer: *to drop*
rizar: *to curl*

Adverbios
ya: *already*

Expresiones
ser estirado(a): *to be stuck-*
  up

COGNADOS
Nombres
Bolivia
Paraguay

Verbos
ocurrir

LA LITERATURA
NORTEAMERICANA EN ESPAÑOL
Vista Veintiuno

AL PRINCIPIO

María has rejoined the theater group in Buenos Aires, but she still has no word from Víctor. In Leticia, in the Amazon, we meet up with Víctor, who is seeking advice about his love life from an old man. As you progress through this *Vista* you'll learn:

1. about verbs that can be followed by an infinitive or the subjunctive (93):

   Te dejó que fueras a Bogotá.   He let you go to Bogota.
   Me dejó ir.   He let me go.

2. to use the subjunctive in questions expressing doubt (94):

   ¿Cómo se explica que esos obreros   How do you explain that those
   sean tan ricos?   workers are so rich?

3. the various uses of **mismo** (95):

   Estamos en la **misma clase.**   We're in the same class.
   Ya no me conozco **a mí mismo.**   I no longer even know myself.

4. reciprocal verbs (96):

   Nos queremos.   We love each other.
   Ellos **se admiran unos a otros.**   They admire one another.

In the *Sección cultural* you'll read about Hispanic literature in the United States and you'll read a poem that relates some concerns of Mexican-Americans.

Un monumento dedicado al renombrado
poeta nicaragüense, Rubén Darío

411

412

DIÁLOGO

En Buenos Aires María habla con unos amigos que acaban de llegar de Madrid. Son gente de teatro, como ella.

CARLOS: Es una lástima que no hayas estado en Madrid. Hubo un Festival de Teatro Popular Hispánico que fue fabuloso.

MARÍA: ¡Hijo! Yo no puedo estar en todas partes. Mi contrato no **me permite dejar** la compañía hasta terminar esta gira.

CARLOS: Pero el director **te dejó que fueras** a Bogotá por dos días.

MARÍA: Sí, **me dejó ir,** pero dudo mucho que **me deje ir** otra vez. Y sigo sin noticias de Víctor.

CARLOS: Ya te dije yo que ese hombre es un loco. No pienses más en él.

MARÍA: No creo que pueda hacerlo.

CONVERSACIÓN SOBRE EL DIÁLOGO

1. ¿Quiénes acaban de llegar de Madrid?   2. ¿Por qué es una lástima que María no haya estado en Madrid?   3. ¿Qué duda María que el director no le permita hacer?   4. ¿Qué opinión de Víctor tiene Carlos?   5. ¿Ha estado Ud. alguna vez en un festival de teatro? ¿Qué pasó?

NOTAS CULTURALES

1. Buenos Aires, the capital of Argentina, is located on the Atlantic coast, and its inhabitants are referred to as **porteños** ("port dwellers"). The name Buenos Aires was derived from Nuestra Señora Santa María de los Buenos Aires ("Our Lady Holy Mary of the Fair Winds"). Buenos Aires is atypical of most Latin American cities in that most of its architecture is modern European (English and French) and not Spanish colonial style.

2. Argentina has had similar immigration patterns as the United States. The English and Welsh came from Great Britain. Jews seeking a better life or trying to escape Nazi persecution immigrated from Russia and Germany. In addition, there have been many Italian immigrants and Mennonites from Canada.

DIALOGUE

In Buenos Aires María is talking with some friends who have just arrived from Madrid. They're theater people, as is she.

CARLOS: It's too bad you weren't in Madrid. There was a Festival of Popular Hispanic Theater that was fantastic.

MARÍA: Look! I can't be everywhere. My contract doesn't allow me to leave the company until the tour is finished.

CARLOS: But the director let you go to Bogotá for two days.

MARÍA: Yes, he let me go, but I really doubt that he'll let me go again. And I still don't have any news about Víctor.

CARLOS: I already told you that man is crazy. Don't think about him anymore.

MARÍA: I don't think I can do it.

CONCEPTOS GRAMATICALES

93. VERBS THAT TAKE THE SUBJUNCTIVE OR AN INFINITIVE

1. You learned in *Concepto gramatical* 69 that verbs expressing commands, permission, denial, and advice in the main clause may be followed by **que** + the subjunctive in the subordinate clause. Some of these verbs include:

mandar	to command, to order	**prohibir**	to forbid
dejar	to allow, to permit	**aconsejar**	to advise
permitir	to permit		

2. These verbs may also be followed by an infinitive. Compare:

Él **manda** que yo **hable** español. ⎤
Él **me manda hablar** español. ⎦ He orders me to speak Spanish.

In the structure verb + **que** + subjunctive there are two different subjects: **él** and **yo.**

In the structure verb + infinitive there is one subject (**él**) and an indirect object pronoun (**me**).

The indirect object may appear twice in the sentence, once as a pronoun and again as a clarifier.

El jefe **deja** que los empleados **fumen.** ⎤ The boss allows the employees to
El jefe **les deja fumar** (a los empleados). ⎦ smoke.

Prohibiste que **saliéramos.** ⎤
Nos prohibiste salir (a nosotros). ⎦ You forbade us to go out.

Aconsejé a mi ayudante que **trabajara.** ⎤
Le aconsejé trabajar (a mi ayudante). ⎦ I advised my assistant to work.

EJERCICIOS

A. Transformación. Conteste las preguntas usando *que* + subjuntivo.

Modelo: ¿Yo te prohibo fumar?
       Sí, tú prohibes que (yo) fume.

1. ¿El jefe manda trabajar a los empleados?
2. ¿El director deja a la actriz ir a ver a su novio?
3. ¿El abogado me aconseja estudiar el contrato?
4. ¿Nuestro padre nos deja ir al festival de teatro?
5. ¿El médico te permite fumar?

B. Transformación. Conteste las preguntas usando el infinitivo.

Modelo: ¿El jefe dejó que el ayudante saliera temprano?
      Sí, el jefe le dejó salir temprano.

1. ¿El director dejó que la actriz fuera a Bogotá?
2. ¿El jefe prohibió que los empleados fumaran?
3. ¿El profesor nos aconsejó a nosotros que estudiáramos más?
4. ¿El jefe prohibió que yo saliera?
5. ¿Yo te mando que hables español?

C. Sea un intérprete.

1. Does your doctor let you smoke? 2. Does our boss permit us to arrive late?
3. Do you advise me to go to the festival? 4. Does your father forbid you to
have a dog? 5. Did he order them to wait in line?

94. THE SUBJUNCTIVE IN QUESTIONS EXPRESSING DOUBT

1. As mentioned in *Concepto gramatical* 69, the verbs **dudar** and **no creer**
require a subjunctive in the subordinate clause, since they express something
that is uncertain or not real. In the affirmative, however, **creer** usually expresses
belief or a positive opinion and takes the indicative.[1]

¿Crees que los empleados **estarán** en huelga?	Do you think the employees will be on strike?
No creo que los empleados **ganen** la huelga.	I don't think the employees will win the strike.

1. Spanish speakers may express fine gradations of doubt by using *creer* + subjunctive in a question
or *no creer* + indicative in an answer. *Creer* + subjunctive in a question is somewhat comparable to
adding *really* in English.

¿Crees que sea inteligente?	Do you really think she's smart?
No creo que es inteligente.	I don't really think she is intelligent.

¿**Cree Ud**. que los clientes siempre **tienen** razón?	Do you believe that customers are always right?
No creo que los clientes siempre **tengan** razón.	I don't believe that customers are always right.

2. Besides **dudar** and **no creer,** doubt may be expressed by other words or expressions.

¿**Es posible que** un camarero **gane** tanto?	Is it possible that a waiter makes so much?
¿**Cómo se explica** que esos obreros **sean** tan ricos?	How do you explain that those workers are so rich?
Es dudoso que aumente el desempleo.	It's doubtful unemployment will increase.

EJERCICIOS

A. Transformación. Conteste las preguntas con una expresión de duda + subjuntivo.

Modelo: ¿Crees que los camareros ganan mucho dinero?

No, no creo que los camareros ganen mucho dinero.

1. ¿Cree Ud. que los festivales de teatro siempre son fabulosos?
2. ¿Cree Ud. que los actores de teatro siempre tienen unos contratos fabulosos?
3. ¿Cree Ud. que es bueno fumar mucho?
4. ¿Crees que los médicos trabajan demasiado?
5. ¿Crees que va a aumentar el desempleo?
6. ¿Crees que yo voy a ganar mucho?

B. Transformación. Con las frases dadas, un estudiante hace una pregunta de duda, y otro estudiante responde.

Modelo: Todo va a costar más. ¿Es posible?

María: *¿Es posible que todo vaya a costar más?*

David: *Sí, es posible que todo vaya a costar más.*

1. La delincuencia juvenil aumenta. ¿Es posible?
2. Nosotros ganamos poco. ¿Es dudoso?
3. Los camareros están en huelga. ¿Es imposible?
4. Los estudiantes matan el tiempo en la biblioteca. ¿Es posible?
5. Los clientes tienen razón. ¿Es dudoso?

C. Transformación. Conteste las preguntas con una respuesta original.

Modelo: ¿Cómo se explica que los estudiantes sepan tanto?
Se explica que los estudiantes sepan tanto porque estudian mucho.

1. ¿Cómo se explica que haya tanta delincuencia?
2. ¿Cómo se explica que la gente fume tanto?
3. ¿Cómo se explica que sean necesarias tantas cárceles?
4. ¿Cómo se explica que unas tiendas tengan muchos clientes y otros no?
5. ¿Cómo se explica que la policía no detenga a todos los delincuentes?
6. ¿Cómo se explica que nadie quiera ir al dentista?

D. Sea un intérprete.

1. Don't you believe that I speak Spanish?   2. Is it possible that my parents will give me a new car?   3. Do you think that the professor will give us good grades?   4. How do you explain that there are so many strikes?   5. Do you believe that they will let you go to Bogota?

DIÁLOGO

En Leticia, una ciudad colombiana perdida en la selva del Amazonas, Víctor habla con un viejo que sabe mucho de la vida.

VÍCTOR: Mi novia y yo **nos queremos**. Una amiga mía y yo **nos queremos** también. Y yo no sé qué hacer.

VIEJO: Los problemas del amor son siempre **los mismos. Usted mismo,** y nadie más, debe encontrar la solución.

VÍCTOR: Pero . . . yo ya no me conozco **a mí mismo.** Yo he cambiado mucho. Ya no soy **el mismo hombre** de hace un año. Yo . . .

VIEJO: Yo . . . Yo . . . Yo . . . ¿Sólo piensa usted en **sí mismo?** Sea honrado consigo **mismo,** sea honrado con su novia y con su amiga, y **la vida misma** le ayudará a ver la solución.

VÍCTOR: Usted cree que es muy sabio porque es muy viejo.

VIEJO: Y **usted mismo** será viejo también, amiguito.

CONVERSACIÓN SOBRE EL DIÁLOGO

1. ¿De qué sabe mucho el viejo?   2. ¿Por qué Víctor no sabe qué hacer?
3. ¿Qué idea tiene el viejo de los problemas del amor?   4. ¿Cambió mucho
Víctor en un año?   5. ¿En quién piensa Víctor?   6. ¿En quién piensa Ud. más,
en sí mismo(a) o en sus amigos?   7. ¿Es Ud. el mismo (la misma) que el año
pasado, o ha cambiado?   8. ¿Cree Ud. que la vida misma nos ayuda a
encontrar soluciones para nuestros problemas?

NOTAS CULTURALES   1. For most Americans in a youth-oriented culture,
Víctor's seeking advice from an old man might seem
bizarre. In Hispanic culture, however, old age is highly regarded. With old age
comes wisdom. The Hispanic family, more often than not, is the extended
family. Grandparents or an unmarried older aunt, for example, will often live
with younger relatives. A three-generation household is very common. Young
people have a stronger notion of family and learn to consult elders about
personal problems. Because of the extended family network, old people are not
often put in nursing homes.

Una familia mexicana—La familia que incluye varias generaciones es común en el
mundo hispánico.

2. Related to the notion of the extended family is the **compadrazgo** system where each child has a **padrino,** "godfather," and a **madrina,** "godmother." These roles assume major social responsibility, and in case anything happens to the parents, the godparents may take care of the child financially and spiritually. The godparents are considered a part of the family and the godchild will often consult the godparents in times of need. The parents of the child and the godparents are **compadres.**

DIALOGUE

In Leticia, a Colombian city lost in the jungle of the Amazon, Víctor talks with an old man who knows a lot about life.

VÍCTOR: My girl friend and I love each other. A friend of mine and I love each other, too. And I don't know what to do.

OLD MAN: Love's problems are always the same. You yourself, and nobody else, must find the solution.

VÍCTOR: But . . . I no longer even know myself. I've changed a lot. I'm no longer the same man I was a year ago. I . . .

OLD MAN: I . . . I . . . I . . . Do you only think about yourself? Be honest with yourself, be honest with your girl friend and with your friend, and life itself will help you see the solution.

VÍCTOR: You think you're very wise because you're very old.

OLD MAN: And you yourself will be old too, little friend.

CONCEPTOS GRAMATICALES

95. USES OF *MISMO*

1. The position of adjectives was studied in *Concepto gramatical* 34. The adjective **mismo (misma, mismos,** and **mismas)** has different meanings according to its position.

When placed before a noun, **mismo** means "same."

Tenemos el **mismo libro.**	We have the same book.
Estamos en la **misma clase.**	We're in the same class.
Tenemos los **mismos maestros.**	We have the same teachers.
Leemos las **mismas novelas.**	We read the same novels.

After a noun or a pronoun, **mismo** means "-self" or "even."

Hablé con el **presidente mismo**.	I talked to the president himself.
La **cuestión misma** es difícil.	The issue itself is difficult.
Los **muchachos mismos** enfermaron.	Even the boys got sick.
Las **chicas mismas** arreglaron la lavadora.	The girls themselves fixed the washing machine.
Yo mismo vi al ladrón.	I myself saw the thief.
Nosotros mismos hablamos con los obreros.	We ourselves spoke to the workers.

2. **Mismo** can follow an adverb to reinforce its meaning, as is done in English by adding the word *right*.

ahí mismo right there   **ahora mismo** right now   **hoy mismo** this very   day

3. **Lo mismo** is the equivalent of "the same thing." **Lo mismo que** is the equivalent of "the same as."

Ser o no ser no es **lo mismo**.	To be or not to be is not the same thing.
Pienso **lo mismo que** tú.	I think the same as you.

EJERCICIOS

A. Substitución. Conteste las preguntas.

1. ¿Todos ustedes han traído el mismo libro? ¿Y los ejercicios? ¿Y las preguntas? ¿Y la gramática?
2. ¿Habló Ud. con el jefe mismo? ¿Y con la administradora? ¿Y con los empleados? ¿Y con las obreras?

B. Preguntas. Conteste las preguntas.

1. ¿Estudiamos todos las mismas lecciones o no?
2. ¿Todos los maestros dicen lo mismo o no?
3. ¿Piensas lo mismo que cuando tenías quince años o no?
4. ¿Los problemas del amor, ¿son siempre los mismos o no?
5. ¿Siempre has vivido en la misma casa o no?
6. ¿Tienes el mismo coche que el año pasado, o tienes otro?
7. ¿Sus amigos y usted leen las mismas novelas o leen novelas diferentes?

96. RECIPROCAL VERBS

1. When two or more persons perform the same action to each other or to one another, a reciprocal structure is used. In English it is expressed by *each other* or *one another.* In Spanish the reciprocal pronoun is used.

Se ven de vez en cuando.   They see each other from time to time.

2. Spanish reciprocal pronouns have the same forms as the reflexive pronouns (studied in *Concepto gramatical* 40). However, since at least two persons are always involved, only the plural forms **nos** and **se** are used, and the verb is in the plural form.

Reciprocal

Nosotros **nos queremos**.	We love each other.
Ellos **se quieren**.	They love each other.

Reflexive

Nosotros **nos afeitamos**.	We shave (ourselves).
Ellos **se lavan**.	They wash (themselves).

3. Since the reciprocal pronouns **nos** and **se** are the same as the reflexive pronouns, ambiguity can be avoided by adding a form of **mismo** to the reflexive verbs and **uno a otro** ("each other") or **unos a otros** ("one another") to the reciprocal verbs.

Tú y yo **nos admiramos a nosotros mismos**.	You and I admire ourselves.
Tú y yo **nos admiramos uno a otro**.	You and I admire each other.
Ellos **se admiran a sí mismos**.	They admire themselves.
Ellos **se admiran unos a otros**.	They admire one another.

Uno a otro and **unos a otros** can also be used with the definite article.

Nos admiramos el uno al otro.

EJERCICIOS

A. Substitución. Conteste las preguntas.

1. ¿Usted y sus hermanos se quieren? ¿Y se escriben? ¿Y se comprenden?
2. ¿Usted y yo nos hablamos? ¿Y nos hacemos preguntas? ¿Y nos escribimos cartas de amor?
3. ¿Sus hermanos y sus padres se comprenden? ¿Y se quieren? ¿Y se abrazan?

B. Transformación. Conteste las preguntas.

1. David, ¿usted y sus amigos se ayudan? María, ¿qué dijo David?
2. ¿Usted y su novio(a) se aburren el uno al otro?
3. ¿Usted y su profesora se tutean o se hablan de usted?
4. ¿Usted y sus amigos se admiran unos a otros?
5. ¿Usted y su familia se hacen regalos en Navidad?
6. ¿Usted y sus compañeros de clase se hablan en español?

C. Sea un intérprete.

1. When do you and your boyfriend (girl friend) see each other?   2. Do you and your grandparents write one another at Christmas?   3. Do your parents understand each other?   4. Do policemen and muggers admire one another?

ACTIVIDADES PERSONALES

A. Entrevista

Preguntas	Oral	Escrito
1. A los quince años, ¿qué no permitían tus padres que hicieras?	1. A los quince años mis padres _____.	1. A los quince años sus padres _____.
2. Hoy mismo, ¿hay algo que no te permiten hacer?	2. Hoy mismo _____.	2. Hoy mismo _____.
3. Si tú fueras jefe, ¿qué cosa no permitirías que los empleados hicieran?	3. Si fuera jefe, no _____.	3. Si fuera jefe, no _____.
4. ¿Crees que con las huelgas los obreros ganan más?	4. Sí, creo que _____. No, no creo que _____.	4. Sí, cree que _____. No, no cree que _____.
5. ¿Crees que hay vida en los planetas de nuestro sistema solar?	5. Sí, creo que _____. No, no creo que _____.	5. Sí, cree que _____. No, no cree que _____.

B. Contesta las preguntas y explica por qué has contestado así.

1. ¿Eres la misma persona de hace cinco años?
2. Tú y tu amigo, ¿cuándo se ayudan el uno al otro?
3. ¿Tienes las mismas aspiraciones de hace un año?
4. ¿Cuándo piensas lo mismo que tus padres?
5. ¿Los maestros y los estudiantes se respetan?
6. ¿Los estudiantes y los administradores universitarios deben consultarse más frecuentemente?
7. ¿Los viejos y los jóvenes se comprenden en los Estados Unidos?
8. ¿Los novios deben confesarse todos sus secretos?

C. Una situación

Vamos a imaginarnos que eres muy viejo(a) y sabio(a). Tienes mucha experiencia de esta vida y tienes mucho que aconsejarles a los jóvenes. Un joven acaba de entrar para solicitar tu opinión sobre un problema de amor (o de otra cosa).

Explica el problema que el joven acaba de presentarte y dinos las cinco soluciones que le diste.

Por ejemplo: Problema—Su novio tiene otra novia.
　　　　　　Solución—Le dije que olvidara a ese novio y que buscara otro.

La literatura norteamericana en español

Muchos norteamericanos no saben que hay en los Estados Unidos mismos una literatura escrita en español, o que a veces combina los dos idiomas de la población bilingüe hispana. Hay revistas literarias, hay periódicos y estaciones de televisión y de radio que usan el español como lengua de comunicación. ¿Cómo es posible que haya todo

esto? Es posible porque la población hispánica de los Estados Unidos tiene una larga tradición literaria, que empezó en España hace muchos siglos, y que continúa aquí con características propias, que no son las mismas de otros países hispánicos. Muchas familias de origen hispano no les dejan a sus hijos olvidar la lengua de sus antepasados, y muchos mantienen sus lazos con sus países de origen y se escriben con sus parientes de allí.

lazo: tie

No todos los hispanos de los Estados Unidos son inmigrantes recientes. Hay muchos que son descendientes de los españoles y mexicanos que vivían en el sudoeste del país, cuando México perdió esos territorios en la guerra de 1848. Y hay muchos también que inmigraron a este país y que han vivido en él por muchas generaciones, lo mismo que los norteamericanos de origen europeo.

En los Estados Unidos hay poetas y escritores que escriben en español. Hablan en sus poemas de la vida difícil que han tenido, de la tierra que han perdido, de su lucha por la vida en una sociedad que, durante muchos años, prefirió ignorarlos. Éste es el tema del poema aquí incluido. El título, *Salsipuedes* ("Get out if you can"), expresa las dificultades que han tenido para mejorar su vida.

lucha: fight

El barrio de Salsipuedes

El barrio de Salsipuedes
tiene las puertas cerradas.
Nosotros las abriremos
con acciones y palabras.

¡Ay, barrio de Salsipuedes!
Los chicanos y chicanas
tienen el corazón lleno
de amor, de furia y de balas.

bala: bullet

¡Cómo nos duele esta tierra
en los rincones del alma!
Tierra de Aztlán, tierra bronca,
la que no nos fue robada

el rincón: corner, recess
el alma: soul
bronco(a): rough

porque está aquí, en nuestros ojos,
en nuestra sonrisa clara
y en nuestra sangre caliente
roja como una granada.

sonrisa: smile

granada: pomegranate

el **pinar:** pine grove

salado(a): salty

arena: sand

dorar: to gild
alba: dawn
el valle: valley

regar: to water
lágrima: tear

madrugada: dawn

derribado(a): torn down

Pinares de Monterrey
cerca de la mar salada.
Blancos desiertos de arena
que dora la luz del alba.

Verdes valles de Salinas
que regaron con sus lágrimas
los hombres y las mujeres
y los niños de mi raza.

¡Ay, barrio de Salsipuedes!
Por tus puertas y ventanas
salen los chicanos bravos
hacia nuevas madrugadas.

¡Ay, barrio de Salsipuedes!
Por tus puertas derribadas
salen todos los chicanos
cantando con voces altas.

PREGUNTAS

1. ¿Hay muchos norteamericanos que saben que hay una literatura norteamericana en español?
2. ¿Qué formas de comunicación existen para el uso del español?
3. ¿Dónde empezó la tradición literaria de los hispanos de los Estados Unidos?
4. ¿Qué mantienen muchas familias?
5. ¿De quiénes son descendientes muchos hispanos de los Estados Unidos?
6. ¿En qué año perdió México sus territorios?
7. ¿De qué hablan los poetas y escritores hispanos de los Estados Unidos?
8. ¿Qué impresión le causa a Ud. el poema ''El barrio de Salsipuedes''?
9. En el poema que Ud. leyó, ¿cómo fue el pasado de los hispanos?
10. ¿Por qué dice el poeta que la tierra de Aztlán es nuestra?
11. El final del poema, ¿indica que el futuro va a ser mejor? ¿Por qué?
12. ¿Cree Ud. que el poeta tiene razón? ¿Por qué sí o por qué no?

VOCABULARIO ACTIVO

Nombres

el (la) ayudante: *assistant*

el (la) camarero(a): *waiter, waitress*

el (la) cliente: *customer*

el (la) empleado(a): *employee*

la huelga: *strike*

el (la) obrero(a): *worker*

Verbos

enfermar: *to get sick*

ganar: *to win*

solicitar: *to request*

Adjetivos

dudoso(a): *dubious, doubtful*

mismo(a): *same; -self*

rico(a): *rich*

sabio(a): *wise*

Expresiones

acabar de + inf.: *to have just + verb*

¿cómo se explica?: *how do you explain?*

estar en huelga: *to be on strike*

COGNADOS

Nombres

el festival

la literatura

la novela

Verbos

admirar

confesar

Adjetivos

fabuloso(a)

22

LA ARQUITECTURA EN HISPANOAMÉRICA

Vista Veintidós

AL PRINCIPIO

The plot thickens. Back in Bogotá, Dolores shows more than concern for Víctor. And Ángel begins to show some of his feelings for Dolores. María calls Dolores, and the two of them think about going to Leticia to rescue Víctor or to have a showdown. As you progress through the *Vista* you'll learn:

1. the past perfect subjunctive (97):

   Esperabas que yo **hubiera pagado** parte de la cuenta de la luz.

   You expected that I had paid part of the light bill.

2. the conditional perfect (98):

   Si **hubiera ahorrado** dinero, **habría comprado** una casa.

   If I had saved money, I would have bought a house.

3. agreement of tenses with subjunctive clauses (99, 100):

   Dudo que él haya pagado la cuenta ayer.

   I doubt that he paid the bill yesterday.

   Le **diré que pague** más tarde.

   I will tell him to pay later.

   Sería increíble que ellas no **pagaran** las cuentas.

   It would be unbelievable that they didn't pay the bills.

In the *Sección cultural* you'll read about architecture in Hispanic America. You'll learn some vocabulary related to common household expenses. It would be a good idea for you to go back and review some of the *Conceptos,* vocabulary, and dialogues of the past few weeks in preparation for the last *Repaso.*

La iglesia de San Francisco en Quito, Ecuador

428

DIÁLOGO

En Bogotá, Ángel habla con Dolores, y él insinúa algo que Dolores no entiende.

ÁNGEL: Dolores, ¿qué te pasa? Estás muy seria. Yo no creía que los problemas de Víctor te preocuparan así. Hasta que te vi hoy, **no creía que** tú **hubieras cambiado** tanto.

DOLORES: Si supieras lo que pasa, no hablarías así. Y si **hubieras conocido** mejor a Víctor, **habrías comprendido** todo lo que tengo yo ahora en la cabeza.

ÁNGEL: Pero, Dolores, hablas **como si** Víctor **hubiera sido** el único hombre del mundo.

DOLORES: ¡Hubiera sido! Pero, . . . ¡Tú hablas **como si** Víctor **hubiera muerto**! Por favor, dime, ¿le pasó algo?

ÁNGEL: Yo no sé nada, Dolores. Lo único que sé es que Víctor no es el único amigo que tienes en el mundo.

CONVERSACIÓN SOBRE EL DIÁLOGO

1. ¿Por qué ha cambiado Dolores?   2. ¿Qué habría comprendido Ángel si hubiera conocido mejor a Víctor?   3. ¿Cómo habla Dolores de Víctor?   4. ¿Qué es lo único que sabe Ángel?   5. ¿Le preocupan a Ud. mucho los problemas de sus amigos?

NOTAS CULTURALES

The United States has a large Spanish-speaking population. The U.S. has reached this position for a number of reasons. First, many people from Puerto Rico, a commonwealth of the U.S., come to live in the U.S. Second, the Southwest has always had large numbers of Spanish-speaking residents. Also, during recent years many Mexicans and Cubans have immigrated to the U.S. Finally, there has been significant immigration from Chile, Colombia, and Peru.

DIALOGUE

In Bogotá, Ángel is talking with Dolores, and he insinuates something that Dolores doesn't understand.

ÁNGEL: Dolores, what's happening? You look very serious. I didn't think that Víctor's problems would concern you so. Until I saw you today, I didn't believe that you had changed so much.

DOLORES: If you knew what's going on, you wouldn't talk like that. And if you had known Víctor better, you would have understood all that's in my head.

ÁNGEL: But, Dolores, you talk as if Víctor had been the only man in the world.

DOLORES: Had been! But, . . . you talk as if Víctor were dead. Please, tell me, did something happen to him?

ÁNGEL: I don't know anything, Dolores. The only thing I know is that Víctor isn't the only friend you have in the world.

CONCEPTOS GRAMATICALES

97. THE PAST PERFECT SUBJUNCTIVE

1. The imperfect subjunctive (studied in *Conceptos gramaticales* 77 and 81) is used when the verb in the main clause is in the preterite, imperfect, present perfect, or past perfect indicative or in the conditional, and when the action expressed in the subjunctive clause is simultaneous or future with regard to that of the main clause.

2. The past perfect subjunctive is used when the action expressed took place before the action of the verb in the main clause. It is formed with the imperfect subjunctive of **haber** and the past participle of the main verb.

llegar   to arrive

	Singular		Plural		
yo	hubiera[1]	llegado	nosotros(as)	hubiéramos	llegado
tú	hubieras	llegado	vosotros(as)	hubierais	llegado
usted él, ella	hubiera	llegado	ustedes ellos, ellas	hubieran	llegado

Esperabas que yo **hubiera pagado** parte de la cuenta de la luz.

You expected that I had paid part of the light bill.

Yo **dudaba que hubieras alquilado** un piso tan caro.

I doubted that you had rented such an expensive apartment.

---

1. The past perfect subjunctive may also be formed with the alternate form *-ese: hubiese, hubieses, hubiese, hubiésemos, hubieseis, hubiesen.*

Era imposible que él **hubiera ahorrado** tanto dinero.	It was impossible that he had saved so much money.
Tú **no creíste que hubiéramos abierto** una cuenta de ahorros.	You didn't believe that we had opened a savings account.
Era dudoso que hubieran perdido el talonario de cheques.	I was doubtful that they had lost the checkbook.

3. The past perfect subjunctive is used in sentences with **como si** + a statement that is contrary to fact. Compare this with the use of **como si** + imperfect subjunctive.

Ella está muy débil, **como si estuviera** enferma.	She's very weak, as if she were ill.
Ella está muy débil, **como si hubiera estado** enferma.	She's very weak, as if she had been ill.

In the first example, the state of being weak and the state of seeming to be ill are simultaneous. In the second example, the state of seeming to be ill is prior to the state of being weak.

Ella habla español **como si hubiera estado** en España muchos años.	She speaks Spanish as if she had been in Spain for many years.
Usas gasolina **como si** no **hubiera subido** el precio.	You use gasoline as if its price had not gone up.

EJERCICIOS

A. Substitución. Conteste las preguntas.

1. ¿Era imposible que tú hubieras perdido el talonario de cheques? ¿Y ellos? ¿Y nosotros? ¿Y yo?
2. ¿No creías que yo hubiera estado enfermo(a)? ¿Y tu amigo? ¿Y tus amigos? ¿Y nosotros?

B. Preguntas. Conteste las preguntas.

1. David, ¿su padre dudaba que Ud. hubiera ahorrado dinero o gastado dinero? María, ¿qué dijo David?
2. ¿Sus padres esperaban que usted hubiera sido niño o niña?
3. ¿Su compañero de cuarto esperaba que usted hubiera pagado toda la cuenta de la luz o parte de la cuenta?
4. ¿Temía usted que su amigo hubiera perdido el talonario de cheques o las tarjetas de crédito?

C. Transformación. Conteste las preguntas usando el pluscuamperfecto *(past perfect)* del subjuntivo.

Modelo: ¿Temía Ud. ayer que su amigo perdiera el empleo?

Sí, ayer yo temía que mi amigo hubiera perdido el empleo.

1. ¿Esperaba Ud. ayer que los precios bajaran?
2. ¿Dudaba Ud. ayer que sus amigos abrieran una cuenta de ahorros?
3. ¿No creía Ud. ayer que su hermano alquilara un piso caro?
4. ¿Preferían sus amigos ayer que Ud. pagara la gasolina?
5. ¿Se alegraba Ud. ayer de que sus amigos tuvieran buenas notas?

98. THE CONDITIONAL PERFECT

1. The conditional perfect is formed with the conditional of **haber** and the past participle of the main verb.

comprar to buy

Singular		Plural	
yo	habría comprado	nosotros(as)	habríamos comprado
tú	habrías comprado	vosotros(as)	habriáis comprado
usted él, ella	habría comprado	ustedes ellos, ellas	habrían comprado

2. The conditional perfect is usually used in combination with a **si** clause in the past perfect subjunctive to express a contrary-to-fact situation in the past. The conditional clause may precede or follow the **si** clause.

Si hubiera ahorrado dinero, **habría comprado** una casa.	If I had saved money, I would have bought a house.
Habría comprado más gasolina **si hubiera tenido** más dinero.	I would have bought more gas if I had had more money.
Si **hubiéramos recibido** la cuenta del gas, la **habríamos pagado.**	If we had received the gas bill, we would have paid it.
Habrías controlado mejor tus gastos si **hubieras hecho** un presupuesto.	You would have controlled your expenses better if you had made a budget.

3. A **si** clause in the past perfect subjunctive may also be combined with a simple conditional to express a possibility in the present or in the future, not in the past as in the examples above.

Si hubiera ahorrado dinero antes, **compraría** una casa ahora o más tarde.	If I had saved money before, I would buy a house now or later on.

EJERCICIOS

A. Preguntas. Conteste las preguntas.

1. David, si usted hubiera ahorrado, ¿habría puesto el dinero en el banco o debajo de la cama? María, ¿qué dijo David?
2. Si usted hubiera alquilado una casa muy grande, ¿pagaría mucho en la cuenta de luz y gas?
3. Si nosotros hubiéramos tenido clase los domingos, ¿usted habría venido?
4. Si usted hubiera perdido sus tarjetas de crédito, ¿qué haría?

B. Transformación. Conteste las preguntas con el pluscuamperfecto del subjuntivo, con el condicional perfecto y con el condicional simple.

Modelo: Si Ud. tuviera dinero, ¿pagaría las cuentas?
  Si yo hubiera tenido dinero, pagaría las cuentas.
  Si yo hubiera tenido dinero, habría pagado las cuentas.

1. Si Ud. hiciera un presupuesto, ¿gastaría menos?
2. Si compráramos coches más pequeños, ¿gastaríamos menos gasolina?
3. Si sus padres vendieran su casa, ¿podrían comprar otra más grande?
4. Si su novio(a) quisiera viajar, ¿usted iría con él (ella)?

Un edificio de estilo colonial en Lima, Perú

C. Espacios en blanco. Complete las frases con sus ideas personales.

1. Si yo no hubiera abierto una cuenta de ahorros, yo _____.
2. Si yo hubiera tenido muchos gastos, mis padres me _____.
3. Si la gasolina no hubiera subido tanto, mis amigos y yo _____.
4. Si mis padres hubieran alquilado una casa en Acapulco, yo _____.

D. Sea un intérprete.

1. Would you have traveled a lot if you had had the money?   2. If your electricity and gas bill had been very high, what would you do?   3. How much gasoline would you have bought if the price hadn't gone up?   4. If your rent had gone up, would you have paid it?   5. Would you have controlled your expenses better if you had had a budget?

DIÁLOGO

María salió de Santiago de Chile y fue a Buenos Aires. Desde allí habla por teléfono con Dolores, que está en Bogotá.

MARÍA: Mira, Dolores, no tengo noticias de Víctor y estoy muy preocupada. **No creo que pueda** estar así más tiempo.

DOLORES: Pero . . . Yo **esperaba que** Víctor **estuviera** en Buenos Aires ahora. **Es imposible que** no **haya llegado.**

MARÍA: ¡Ay! Dolores, ¡ayúdame, por favor! **Te pido que** me **digas** toda la verdad.

DOLORES: ¿Qué **quieres que** te **diga?** Él salió para Buenos Aires hace unos días, pero antes fue a Leticia.

MARÍA: ¿Adónde? ¿Dónde está Leticia? Y, ¿qué diablos tiene que hacer Víctor en Leticia?

DOLORES: Dijo que **era necesario que pensara** un poco.

MARÍA: Mañana mismo salgo para Bogotá, y tú y yo iremos a Leticia. ¿Crees que **sería buena idea que** tú **fueras** conmigo?

DOLORES: Pues . . . no sé. Lo pensaré. **Cuando** tú **llegues** a Bogotá yo ya **habré tomado** una decisión.

CONVERSACIÓN SOBRE EL DIÁLOGO

1. ¿Por qué está preocupada María?   2. ¿Qué esperaba Dolores?   3. ¿Qué le pide María a Dolores?   4. ¿Qué era necesario que hiciera Víctor?   5. ¿Cuándo habrá tomado Dolores una decisión?   6. ¿Cree usted que sería buena idea que Dolores fuera a Leticia con María?   7. ¿Cómo está usted cuando no tiene noticias de su familia?   8. ¿Es necesario que usted piense en sus problemas?

NOTAS CULTURALES

1. In the preceding *Vista* you read about the Mexican-Americans of the Southwest. The word **chicano** is a term used by many to refer to people of Mexican ancestry. Many young Mexican-Americans prefer to be called **chicanos,** while many of their elders prefer the word **mexicano** or **méxico-americano.**

2. One of the long-standing complaints of the Mexican-American community against the U.S. government has to do with the Treaty of Guadalupe Hidalgo, signed in 1848. According to the terms of the treaty, any Mexican living north of the Río Grande could remain a citizen of Mexico or become a citizen of the U.S. within one year. Many stayed and became U.S. citizens, believing that their language and culture would be maintained. Many could not read English, yet tax notices were posted in English. When the taxes were not paid, the land was confiscated and sold. Overnight, many Mexican landowners were forced to become farmhands.

DIALOGUE

María left Santiago, Chile, and went to Buenos Aires. From there she talks on the phone with Dolores, who is in Bogotá.

MARÍA: Look, Dolores, I have no news from Víctor, and I am very worried. I don't think I can go on like this any longer.

DOLORES: But . . . I hoped Víctor would be in Buenos Aires now. It's impossible that he hasn't arrived.

MARÍA: Ah! Dolores, help me, please! I beg you to tell me the whole truth.

DOLORES: What do you want me to tell you? He left for Buenos Aires a few days ago, but he went to Leticia first.

MARÍA: Where? Where is Leticia? And, what the devil does Víctor have to do in Leticia?

DOLORES: He said it was necessary for him to think a little.

MARÍA: I'm going to Bogotá tomorrow, and you and I will go to Leticia. Do you think it would be a good idea if you went with me?

DOLORES: Well . . . I don't know. I'll think about it. I'll have made a decision when you arrive in Bogotá.

99. AGREEMENT OF TENSES WITH SUBJUNCTIVE CLAUSES (I)

You have studied the four basic subjunctive tenses: the present, past, present perfect, and past perfect. The present and present perfect subjunctive tenses follow certain rules of agreement with the indicative and command tenses used in the main clause. The basic agreements of tenses given below will permit you to express all possible combinations of time sequences.

Main Clause		Subjunctive Clause	
Present indicative Future indicative Command	+ **que** +	Present subjunctive Present perfect subjunctive	
Espero (ahora) Esperaré (después) Esperemos (ahora)	+ **que** +	él trabaje (ahora). él trabaje (después). él haya trabajado (antes).	*Simultaneous action* *Future action* *Past action*
I hope (now) I will hope (later on) Let's hope (now)	+ that +	he is working (now). he will work later (on). he has worked (before).	

In the above sentences there are two actions. Action 1 (to hope) is expressed in the present or future indicative or in the command form. Action 2 (to work) is expressed in the present subjunctive when it is simultaneous with or comes after action 1. It is expressed in the present perfect subjunctive when it took place before action 1.

El dependiente **quiere que** yo **pague** al contado ahora.	The salesclerk wants me to pay cash now.
El jefe **espera que** mañana **trabajemos** horas extraordinarias.	The boss expects us to work overtime tomorrow.
Dudo que él **haya pagado** la cuenta ayer.	I doubt that he paid the bill yesterday.
Le **diré que pague** más tarde.	I will tell him to pay later.
Esperemos que hayan pagado ayer.	Let's hope they paid yesterday.

EJERCICIOS

A. Transformación. Cambie los tiempos del subjuntivo según el adverbio *(hoy, mañana, ayer)* usado.

Modelo: ¿Ud. no cree que él trabaje hoy?
  Yo no creo que él trabaje hoy.
  ¿Y mañana?
  Yo no creo que él trabaje mañana.
  ¿Y ayer?
  Yo no creo que él haya trabajado ayer.

1. ¿Sus padres dudan que usted ahorre hoy? ¿Y mañana? ¿Y ayer?
2. ¿Los dependientes esperan que paguemos al contado hoy? ¿Y mañana? ¿Y ayer?
3. ¿Sus amigos no creen que trabaje mucho hoy? ¿Y mañana? ¿Y ayer?
4. ¿Es posible que nosotros aprendamos mucho hoy? ¿Y mañana? ¿Y ayer?
5. ¿El jefe duda que los empleados hagan horas extraordinarias hoy? ¿Y mañana? ¿Y ayer?
6. ¿Será posible que la cuenta del gas suba hoy? ¿Y mañana? ¿Y ayer?
7. Esperemos que no suba la gasolina hoy. ¿Y mañana? ¿Y ayer?

B. Espacios en blanco. Complete los espacios en blanco con sus ideas personales.

1. Es posible que mañana yo _____. 2. Mis amigos no creen que el año pasado yo _____. 3. Yo espero que mañana mis amigos _____. 4. Es dudoso que el mes pasado mis padres _____. 5. Es fabuloso que ayer nosotros _____. 6. Ahora los dependientes quieren que los clientes _____.

C. Sea un intérprete.

1. Does your landlord expect you to pay him tomorrow? 2. Is it possible that you have forgotten to pay the gas bill? 3. Will your parents expect you to save money? 4. Do you doubt that I always pay cash? 5. Do you want me to pay with my credit card today?

100. AGREEMENT OF TENSES WITH SUBJUNCTIVE CLAUSES (II)

When the verb in the main clause is in any past indicative tense or in the conditional, the verb in the subjunctive clause will be in the imperfect or past perfect subjunctive.

Main Clause		Subjunctive Clause
Imperfect indicative		
Preterite indicative		Imperfect subjunctive
Present perfect indicative	+ **que** +	Past perfect subjunctive
Past perfect indicative		
Conditional		

Esperaba (ayer)		
Esperé (ayer)		él trabajara (ayer). Simultaneous action
He esperado (ayer)	+ **que** +	él trabajara (mañana). Future action
Había esperado (ayer)		él hubiera trabajado (antes de ayer). Past action
Esperaría		

(Yesterday) I hoped		he worked (yesterday).
(Yesterday) I had hoped	+ **that** +	he worked (tomorrow).
I would hope		he had worked (the day before yesterday).

In the above sentences there are two actions. Action 1 (to hope) is expressed an indicative past tense or by the conditional. Action 2 (to work) is expressed by the imperfect subjunctive when it is simultaneous with or comes after action 1; it is expressed in the past perfect subjunctive when it takes place before action 1.

Era necesario que yo **ahorrara** más.	It was necessary for me to save more.
Te **dije que pagaras** la cuenta.	I told you to pay the bill.
Siempre **he dudado que** él **quisiera** trabajar todos los días.	I've always doubted that he wanted to work every day.
Nos **habías dicho que fumáramos** menos.	You had told us to smoke less.
Sería increíble que ellas no **pagaran** las cuentas.	It would be unbelievable that they didn't pay the bills.
Él **esperaba que** yo ya **hubiera pagado**.	He hoped that I had paid already.

EJERCICIOS

A. Transformación. Cambie los tiempos del subjuntivo según el adverbio usado.

Modelo: ¿Esperabas que él trabajara ayer?
Sí, esperaba que él trabajara ayer.
¿Y hoy o mañana?
Yo esperaba que él trabajara hoy o mañana.
¿Y antes de ayer?
Yo esperaba que él hubiera trabajado antes de ayer.

1. ¿Era dudoso que él pagara la luz ayer? ¿Y hoy o mañana? ¿Y antes de ayer?
2. ¿Era posible que tú ganaras mucho dinero ayer? ¿Y hoy o mañana? ¿Y antes de ayer?
3. ¿Los dependientes no esperaban que nosotros pagáramos al contado ayer? ¿Y hoy o mañana? ¿Y antes de ayer?
4. ¿La ayudante no creyó que la jefe trabajara mucho ayer? ¿Y hoy o mañana? ¿Y antes de ayer?
5. ¿Has temido que entraran ladrones ayer? ¿Y hoy o mañana? ¿Y antes de ayer?
6. ¿Sería fácil que los empleados estuvieran en huelga ayer? ¿Y hoy o mañana? ¿Y antes de ayer?

B. Espacios en blanco. Complete las frases con sus ideas personales.

1. A mí me gustaría que en mi ciudad _____ .   2. Yo quería que todo el mundo _____ .   3. Los profesores esperaban que nosotros _____ .   4. Yo no quería que mis amigos _____ .   5. Mis amigos no querían que yo _____ .
6. Todos temíamos que la gasolina _____ .

C. Sea un intérprete.

1. Was your wife afraid that you had lost your checkbook?   2. Would your boss permit you to work overtime?   3. Did the doctor expect the patient to improve?
4. Have you asked your parents to give you more money?   5. Did you doubt that I always paid cash?

ACTIVIDADES PERSONALES

A. Entrevista

Preguntas	Oral	Escrito
1. En los años setenta, ¿qué habrías hecho si hubieras estado en control del programa de la energía?	1. Si yo hubiera _____ .	1. Si él/ella hubiera _____ .
2. Al empezar este curso, ¿dudabas que el curso fuera tan interesante?	2. Al empezar este curso, _____ .	2. Al empezar este curso, él/ella _____ .
3. ¿Dónde querrías vivir si tuvieras mucho dinero?	3. Yo querría vivir _____ .	3. Él/Ella querría vivir _____ .
4. Si la gasolina no costara tanto, ¿adónde irías en coche?	4. Si la gasolina _____ .	4. Si la gasolina _____ .
5. Si no hubieras sido tan inteligente, ¿qué habrías hecho al graduarte de la escuela secundaria?	5. Si yo no hubiera _____ .	5. Si él/ella no hubiera _____ .
6. Cuando eras niño(a), ¿qué temían tus padres que te hubiera ocurrido alguna vez?	6. Cuando era niño(a), _____ .	6. Cuando él/ella era niño(a), _____ .

B. Frases incompletas. Termina las frases con una idea u opinión tuya.

1. Una vez, un profesor mío se enfadó como si _____.
2. Quiero aprender el español como si _____.
3. En los años setenta la gente americana usó gasolina como si _____.
4. Yo habría podido recibir buenas notas si _____.
5. Mis padres habrían tenido más dinero si _____.
6. Si yo perdiera mi empleo, yo _____.
7. Mi familia siempre había esperado que yo _____.
8. Yo siempre había esperado que _____.

**SECCIÓN
CULTURAL**

La arquitectura en Hispanoamérica

El mundo hispanoamericano tiene una larga tradición artística con dos orígenes muy diferentes: el arte español y el arte indígena de América antes de la llegada de los españoles.

En América había tres zonas con una civilización adelantada: Yucatán y partes de Centroamérica, con sus ciudades mayas; México, con sus ciudades aztecas y de otras tribus; y Perú, centro de la civilización inca.

adelantado(a): advanced

Las ciudades mayas ya habían sido abandonadas cuando llegaron los españoles. ¿Cómo habrían sido esas ciudades en el siglo XVI, si su población no las hubiera abandonado antes? La jungla no las habría devorado, y sus plazas y templos habrían estado llenos de vida. Pero lo que los españoles encontraron fue la sombra de la civilización maya.

devorar: to devour

sombra: shadow

En México, por el contrario, si los españoles no hubieran llegado allí, la civilización azteca habría seguido progresando. La conquista española, sin embargo, interrumpió este progreso. Las nuevas ciudades mexicanas fueron construidas según modelos españoles, pero muchos elementos de la arquitectura indígena pasaron a la nueva arquitectura colonial.

Los edificios incas, en Perú, no eran tan refinados como los de los mayas o como los de México. Estaban construidos con piedras enormes, como si hubieran sido hechos por una raza de gigantes.

mezclar: to mix

Después de la conquista, es natural que las dos tradiciones, la española y la indígena, se mezclaran. El producto de esa mezcla es la arquitectura colonial hispanoamericana, con sus grandes catedrales y palacios.

caluroso(a): hot

Pero, ¿cómo vivía la gente? ¿Cómo eran las casas? El clima caluroso de muchas partes de América hizo posible que las casas coloniales adoptaran el modelo de las casas del sur de España, donde el clima también es caluroso: un patio central, con columnas y arcos, y con todas las habitaciones alrededor de él.

alrededor: around

campesino: peasant

Al mismo tiempo, en algunas partes de América, como, por ejemplo, en Yucatán, muchos campesinos viven en casitas de tipo maya, iguales a las de sus antepasados de hace dos mil años.

Una casa de una finca de Colombia muestra la influencia española en la arquitectura.

Y al lado de todas estas reliquias del pasado, las grandes ciudades hispanoamericanas tienen ahora sus barrios modernos, con una arquitectura internacional y cosmopolita.

En los Estados Unidos, si los españoles y mexicanos que fundaron las misiones del Sudoeste volvieran aquí, no reconocerían el paisaje que rodea sus pequeñas iglesias. **rodear:** to surround Casi todas las misiones españolas de los Estados Unidos están ahora rodeadas de casas modernas, o de casas de estilo español que intentan conservar la atmósfera de la época colonial.

PREGUNTAS

1. ¿Cuáles son los orígenes de la tradición artística hispanoamericana?
2. ¿Cuántas civilizaciones adelantadas había en América cuando llegaron los españoles?
3. ¿Cómo estaban las ciudades mayas en el siglo XVI?
4. ¿Qué encontraron los españoles en Yucatán?
5. ¿Por qué se interrumpió el progreso de la civilización azteca?
6. ¿Cómo fueron construidas las ciudades coloniales de México?
7. ¿Cómo eran los edificios incas?
8. ¿Qué tradiciones artísticas se mezclaron en la arquitectura colonial?
9. ¿Qué modelo de casa adoptaron los españoles en Hispanoamérica?
10. ¿Cómo es la arquitectura moderna de las grandes ciudades hispanoamericanas?
11. ¿En qué parte de los Estados Unidos hay muchas casas de estilo español?
12. ¿Cómo son las casas de estilo español en los Estados Unidos?

VOCABULARIO ACTIVO

Nombres
la cuenta de la luz:
  light bill
la cuenta del gas:
  gas bill
el gasto: *expense*
las horas extraordinarias:
  overtime
el precio: *price*
el presupuesto: *budget*
el talonario de cheques:
  checkbook

Verbos
ahorrar: *to save*

Expresiones
pagar al contado: *to pay cash*
tomar una decisión: *to make a decision*

COGNADOS
Nombres
la arquitectura
el gas
la gasolina

Verbos
controlar
criticar
preocupar

Adjetivos
preocupado(a)

ARGENTINA Y URUGUAY
Vista Veintitrés

AL PRINCIPIO

The story of Víctor and his sentimental entanglements is coming to an end. While following Víctor's latest escapades, you'll learn:

1. some verbs that take the preposition **a** before a noun or an infinitive (101):

    Enseñan a cocinar.   They teach cooking.
    Me parezco a mi padre.   I look like my father.

2. some verbs that require the prepositions **de, en,** or **con** before a noun, a pronoun, or an infinitive (102):

    Traté de no **pensar en** él.   I tried not to think about him.
    Cuento con tu ayuda.   I'm counting on your help.

3. uses of the neuter pronouns **ello** and **lo** (103):

    Todo **ello** es muy fácil.   All this is very easy.
    ¿**Lo** comprendes?   Do you understand that?

4. the use of **sin** + noun, pronoun, or infinitive (104):

    No puedo vivir **sin ti.**   I cannot live without you.
    Prefiero marcharme **sin comer.**   I prefer to leave without eating.

You'll also learn some vocabulary relating to the preparation and serving of meals, and you'll read about Argentina and Uruguay.

Una estación de tren en Buenos Aires

DIÁLOGO

María fue a Bogotá y habló con Dolores. Dolores, que es muy buena y sincera, le explicó todo: ella está enamorada de Víctor; María también; Víctor no sabe qué hacer . . . y, para complicar las cosas, Enrique, un amigo de Víctor, está enamorado de Dolores.

MARÍA: ¡Dios mío! Lo que **acabas de** decirme es extraordinario.

DOLORES: Yo no quería **enamorarme de** él, te lo juro. Es tu novio. **Traté de** no **pensar en** él, pero no **tardé en** ver que era imposible.

MARÍA: Y Enrique, ¿qué dice?

DOLORES: Dice que no **se resigna a** perderme, que no **se acostumbra a** la idea de verme sufrir, que **sueña conmigo** todas las noches . . .

MARÍA: **Empiezo a** ver una solución para este lío. Mañana vamos todos a Leticia.

DOLORES: ¿Todos? ¿Quiénes son "todos"?

MARÍA: Enrique, tú y yo. **Vamos a** tener una conferencia con ese niño Víctor.

CONVERSACIÓN SOBRE EL DIÁLOGO

1. ¿Por qué Dolores no quería enamorarse de Víctor?   2. ¿Qué trató de hacer Dolores?   3. ¿A qué no se resigna Ángel?   4. ¿Qué empieza a ver María?
5. Si su novio(a) le dijera que se enamoró de otra(o), ¿qué haría Ud.?
6. ¿Sueña Ud. mucho? ¿Con quién o con qué?

NOTAS CULTURALES

Argentina and Uruguay have produced some of the best poets of South America. The Argentinian Alfonsina Storni (1892–1938) experienced the difficulties of being an intelligent and sensitive woman in a world dominated by men, and she expressed her anguish in her poetry. In a poem entitled "Hombre pequeñito" she proclaimed her disdain for mediocre men who consider themselves superior simply for the fact of being men. The Uruguayan Juana de Ibarbourou (1895–1979) wrote of the joys of sensual love, much to the scandal of her contemporaries. Both women had an independent spirit in a society that was not ready for independent women.

DIALOGUE

María went to Bogotá and talked with Dolores. Dolores, who is very good and sincere, explained everything to her: she is in love with Víctor; María is too; Víctor doesn't know what to do . . . and, to make matters worse, Enrique, a friend of Víctor's, is in love with Dolores.

MARÍA: My God! What you have just told me is extraordinary.

DOLORES: I didn't want to fall in love with him, I swear to you. He is your boyfriend. I tried not to think about him, but it didn't take me long to see that it was impossible.

MARÍA: And Enrique, what does he say?

DOLORES: He says that he has not resigned himself to losing me, that he cannot get used to the idea of seeing me suffer, that he dreams of me every night . . .

MARÍA: I'm beginning to see a solution to this mess. We're all going to Leticia tomorrow.

DOLORES: All? Who are "all"?

MARÍA: Enrique, you, and I. We are going to have a talk with that boy Víctor.

VOCABULARIO ESPECIAL

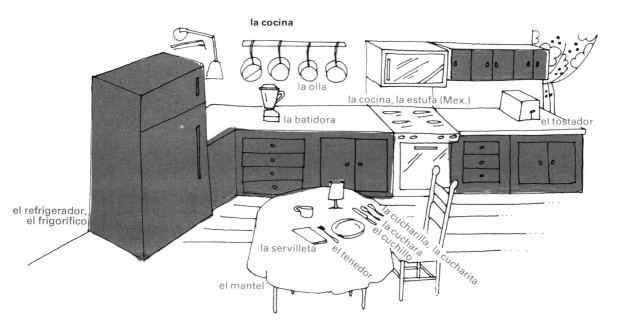

la cocina

la olla

la batidora

la cocina, la estufa (Mex.)

el tostador

el refrigerador, el frigorífico

la servilleta

el tenedor

la cucharilla, la cuchara, la cucharita

el cuchillo

el mantel

CONCEPTOS GRAMATICALES

101. VERBS THAT TAKE THE PREPOSITION *A* BEFORE A NOUN OR AN INFINITIVE

1. As you learned in *Concepto gramatical* 10, the verb **ir** always takes the preposition **a** when followed by an infinitive. This construction expresses a future action or the intention of doing something.

Voy a cocinar.   I'm going to cook.

Ir also takes **a** when followed by a noun, to express direction.

Vamos a la playa.   We're going to the beach.

Other verbs implying movement also take **a** when followed by a noun or an infinitive.

¿**Vienes a** la cocina?	Are you coming to the kitchen?
¿**Vienes a** ayudarme?	Are you coming to help me?
Él **corre a** la puerta.	He runs to the door.
Él **corre a** abrir la puerta.	He runs to open the door.

2. A few reflexive verbs always take **a** when followed by a noun, a pronoun, or an infinitive.

Me parezco a mi padre.	I look like my father.
Me parezco a él.	I look like him.
¿**Te acostumbras a** la cocina española?	Are you getting used to Spanish cooking?
Él **se resigna a** no beber vino.	He resigns himself to not drinking wine.

3. A few verbs take **a** when followed by an infinitive, but do not take **a** when followed by a noun.

Aprendemos español.	We're learning Spanish.
Aprendemos a hablar español.	We're learning to speak Spanish.
Empezamos la cena.	We start dinner.
Empezamos a preparar la cena.	We start fixing dinner.
Enseñan la cocina francesa.	They teach French cooking.
Enseñan a cocinar.	They teach cooking.

4. The verb **ponerse,** "to become" *(Concepto gramatical* 68), has a different meaning when followed by **a** + infinitive. **Ponerse a** + infinitive means to start doing something.

Él se pone nervioso cuando **se pone a**
cocinar.

He gets nervous when he starts
cooking.

5. **Traducir**, "to translate," takes **al** when followed by the name of a language,
and **del . . . al . . .** when expressing translation from one language into
another.

Traduzco libros.   I translate books.
Traduzco **del** inglés **al** español. I translate from English into Spanish.

EJERCICIOS

A. Preguntas. Conteste las preguntas.

1. En clase, ¿aprende Ud. a hablar español o a hablar inglés?
2. ¿A qué hora empieza Ud. a trabajar?
3. En clase, ¿a qué hora nos ponemos a trabajar?
4. Cuando Ud. viaja, ¿se acostumbra a la cocina de otros países?
5. Los estudiantes, ¿se resignan a tener malas notas?
6. En clase, ¿traduce Ud. del inglés al español?

B. Espacios en blanco. Complete las frases con sus propias ideas.

1. Creo que me parezco a _____. 2. Cuando están en este país, muchos
extranjeros no se acostumbran a _____. 3. Creo que yo nunca me resignaría
a _____.

102. VERBS THAT TAKE THE PREPOSITIONS *DE, EN,* OR *CON* BEFORE AN INFINITIVE, A NOUN, OR A PRONOUN

1. A few reflexive verbs always take the preposition **de** when followed by a
noun, a pronoun, or an infinitive.

Me enamoré de él.   I fell in love with him.
Te cansaste de cocinar.   You got tired of cooking.
Se aprovechan de la ocasión. They take advantage of the occasion.

2. Some verbs have a special meaning when followed by **de** + infinitive.

Acabo el trabajo.   I finish the work.
Acabo de comprar una olla.   I have just bought a cooking pan.
Dejé el tabaco en casa.   I left the tobacco at home.
Dejé de fumar.   I stopped smoking.
Tratan bien a su perro.   They treat their dog well.
Tratan de arreglar el refrigerador. They are trying to fix the refrigerator.

3. Some verbs take the preposition **en** when followed by a noun, a pronoun, or
an infinitive.

¿Insistes en comprar un tostador?	Do you insist on buying a toaster?
Pienso en mi familia.	I am thinking of my family.
Pensamos en ti.	We think of you.

4. **Quedar en** + noun and **quedar en** + infinitive have different meanings.

Quedamos en casa.	We stayed at home.
Quedamos en hacer una fiesta.	We agreed to have a party.

5. The verb **tardar,** "to delay, to be long," takes **en** when followed by an infinitive.

Los invitados **tardan en** llegar.[1]	The guests are late in arriving.
No **tardaré en** volver.	I won't be long.

6. A few verbs take the preposition **con** when followed by a noun, a pronoun, or an infinitive.

¿Quieres **casarte conmigo?**	Will you marry me?
Cuento con tu ayuda.	I'm counting on your help.
Sueñan con viajar mucho.	They dream of traveling a lot.

EJERCICIOS

A. Substitución. Conteste las preguntas.

1. ¿Va Ud. a dejar de fumar? ¿Y su padre? ¿Y sus amigos? ¿Y yo?
2. ¿Se enamoró Ud. de su novio? ¿Y la actriz? ¿Y Julieta?
3. ¿Ud. siempre tarda en llegar? ¿Y sus amigos? ¿Y su novio? ¿Y nosotros?

B. Preguntas. Conteste las preguntas.

1. David, ¿se cansa Ud. de cocinar o de bailar? María, ¿qué dijo David?
2. ¿De qué se aprovecha Ud., de las ocasiones o de los amigos?
3. Cuando sus invitados tardan en llegar, ¿los espera o empieza Ud. a cenar?
4. Cuando su coche no funciona, ¿trata Ud. de arreglarlo o lo lleva a un mecánico?
5. Cuando Ud. queda en hacer algo, ¿lo hace pronto o tarda en hacerlo?

C. Espacios en blanco. Complete las frases usando la preposición adecuada con cada verbo.

1. Ahora mucha gente deja _____ fumar.   2. Mi padre insiste _____ trabajar demasiado.   3. Romeo se enamoró _____ Julieta.   4. Mis amigos siempre cuentan _____ mi ayuda.   5. Espero casarme _____ una persona interesante.   6. El refrigerador dejó _____ funcionar ayer.

---

1. *Llegar tarde* or *con retraso* is also a common equivalent of *to be late.*
   ¿*Llego tarde?*   Am I late?
   El avión *llegará con retraso.*   The plane will be late.

La plaza de toros
de la Ciudad de México

DIVERSIONES

Dos aspectos del Carnaval en Panamá

(en la otra página)→
Los jardines de Xochimilco, en la Ciudad
de México
El baile flamenco, una expresión artística
del pueblo español

PARQUE DEPORTIVO
DEL SEGURO SOCIAL
TEMPORADA 1973

TIGRES
BUTACA $12.00

Nº 141258

Corona LA CERVEZA
AL NATURAL

En caso de suspensión por causa de fuerza mayor y antes de que se hayan jugado 4 1/2 entradas, no se devolverá el importe del boleto, siendo bueno éste para el siguiente juego. LA EMPRESA.

a Nº

Plaza MEXICO
14a. CORRIDA
SOM. GRAL.
Precio $ 6.00
Superior
8257

PLAZA MEXICO
14a. CORRIDA
SOMBRA GENERAL
PRECIO $ 6.00
Nº 825

BANCO DE GUATEMALA
GUATEMALA, CENTRO AMERICA
B1640726H

1
UN QUETZAL

PRESIDENTE   GERENTE   JEFE DE LA CONTRALORIA DE CUENTAS

B1640726H

GENERAL JOSE MARIA ORELLANA
PRESIDENTE DE LA REPUBLICA 1921-1926, EN CUYO
GOBIERNO FUE CREADA LA MONEDA QUETZAL

...llas Artes

ballet
folklórico de
méxico
y Telón de Cristal

Fila   CC
PRIMER PISO
Butaca No.   26

$75.00

PALACIO DE BELLAS ARTES

VENEZUELA
en marcha
OBRAS PARA EL DESARROLLO

PEQUEÑA
Y MEDIANA
INDUSTRIA   0,45

Centenario de la muerte de R. de la Sagra
CUBA
Cabrero,
Saltator albicollis (Lesson)
13
CORREOS 1971

24 HORAS. J. ZABLUDOVSKY.   CO
MATINEE DEL 5. PRES
...S INVENCIBLES.
...CARICATURAS.   CO
...S INVENCIBLES.   CO
...LA TELE. PRESENTA
LAS CARICATURAS.   CO
3.30 UNIVER5INCO.   CO
con el Tio Gamboin.
"El raton de 2,000 años"
"El taller del futuro"
Alberto Lozano
4.00 POPEYE.   CO
4.30 TRITON.   CO
5.00 ESCUADRON ARCO IRIS.   CO
5.30 EL REGRESO DE ULTRAMAN.
6.00 TIRO LOCO McGRAW.   CO
6.30 FESTIVAL DE PORKY.   CO
7.00 UNIVERSO 5.   CO
con el Tio Gamboin.
"Una jirafa regresa al hogar"
"Poder de adaptacion"
8.00 DAKTARI.   CO
9.00 BONANZA.   CO
"La carcel de nevada" (B)
10.00 LA PELICULA DE LA SEMANA
"ESPIAR ES MI DESTINO" CO
con Darren McGavin.
Doug McClure, Richard Beseha...

CLUB
DISCOTECA

CLUB
DISCOTECA
MINDANAO
Paseo San Francisco de Sales, 15
Madrid

INVITACION
SEÑORITA

...licite su consumición
...tregue esta invitación.
Es suficiente.
Excepto sábados y festivos

MINDANAO

EXPOSICION V FILATELICA
UPU
INTERAMERICANA
MEXICO
80

1821 - SESQUICENTENARIO DE LA INDEPENDENCIA - 1971

1745   MICAELA BASTIDAS   1781

PERU   1'50

5

D. Sea un intérprete.

1. If you are going to stop smoking, how do you plan to do it?   2. Why do you always complain about everything?   3. Whom do you count on to help you with your problems?   4. When a blender stops working, what do you do?   5. You have just bought a cooking pan. What are you going to cook in it?

DIÁLOGO

El gran momento ha llegado. Los cuatro amigos están juntos en Leticia.

MARÍA: Víctor, vivir es tener problemas y saber enfrentarse con **ellos. ¿Lo** comprendes?

VÍCTOR: Yo no comprendo nada. Tú me quieres, Dolores me quiere, Enrique la quiere, y yo . . . las quiero a las dos . . . y no sé qué hacer.

DOLORES: En este caso, esperar es ser sabio. Todos tendremos que pensar en esto durante algún tiempo.

ENRIQUE: Pero yo no puedo vivir **sin ti,** Dolores. No puedo vivir **sin saber** si debo esperar o no.

MARÍA: Todo ello es muy fácil. Vamos . . .

MARIDO: ¿Por qué apagaste la televisión? ¿Es que no te interesa la historia de estos chicos?

MUJER: Sí, me interesa, pero es muy tarde. Además, está claro cómo va a terminar. Enrique va a casarse con . . .

MARIDO: . . . con María, naturalmente.

MUJER: ¡No, hombre, no! Enrique va a casarse con Dolores, y . . .

CONVERSACIÓN SOBRE EL DIÁLOGO

1. ¿Qué es vivir, según María?   2. ¿Qué tendrán que hacer los cuatro amigos durante algún tiempo?   3. ¿Con quién cree Ud. que va a casarse Dolores, y por qué?   4. ¿Le gustaría a Ud. tener los problemas de Víctor o de Dolores?
5. ¿Cómo terminaría Ud. esta telenovela?

NOTAS CULTURALES   1. Although the verb **amar** means "to love," Spanish
███████████████████   speakers use it very seldom when declaring their
love for others. They prefer to use **querer. Te quiero** is heard far more
frequently than **Te amo,** which may sound corny to many Spanish speakers.

2. Although it is difficult to make generalizations about an area as vast as the
Hispanic world, many clichés still in circulation are no longer true. For example,
in one of the most rapidly changing Hispanic societies, Spain, many young
women may now travel freely alone or with male friends. The idea of the
chaperon, which is very common in some Latin American societies, is as alien
to them as to American women.

DIALOGUE

The great moment has arrived. The four friends are together in Leticia.

MARÍA: Víctor, living is having problems and knowing how to face them. Do you
understand that?
VÍCTOR: I don't understand anything. You love me, Dolores loves me, Enrique loves
her, and I . . . I love you both . . . and I don't know what to do.
DOLORES: In this case, waiting is being wise. We'll all have to think about this for
some time.
ENRIQUE: But I cannot live without you, Dolores. I cannot live without knowing
whether I must wait or not.
MARÍA: All this is very easy. We are going to . . .

HUSBAND: Why did you turn off the television? Aren't you interested in the story
of these young people?
WIFE: Yes, I am interested, but it's very late. Besides, it's clear how it's going to
end. Enrique is going to marry . . .
HUSBAND: . . . María, of course.
WIFE: No! No! Enrique is going to marry Dolores, and . . .

**CONCEPTOS
GRAMATICALES**
███████████████████

103. USES OF *ELLO* AND *LO*

1. As you know, all Spanish nouns are either masculine or feminine, and the
subject pronouns that represent them are **él, ella, ellos,** and **ellas.** The use of the
neuter subject pronoun **ello** is limited to representing abstract ideas or actions,
not objects or persons.

Ello can be a subject of a verb.

Ellos tienen problemas, y **ello** me preocupa.

They have problems, and it worries me.

(**ello** = the fact that they have problems)

Ello can also be the object of a preposition.

Mi ex-novia se casó con otro, y no quiero pensar en **ello**. (**ello** = the fact that she married another)[2]

My former girl friend married another man, and I don't want to think about that.

2. The neuter direct object pronoun **lo** represents an abstract idea or action, but not a concrete object or person. It should not be confused with the masculine direct object pronoun **lo**.

Rompí el vaso. **Lo** siento. (**lo** = the breaking of the glass)

I broke the glass. I am sorry. (I regret it).

3. With **ser, estar,** and **parecer,** the neuter object pronoun **lo** precedes the verb. No pronoun is used in English.

¿Es Ud. cocinero? Sí, **lo soy.**

Are you a cook? Yes, I am.

¿Está lista la cena? Sí, **lo está.**

Is dinner ready? Yes, it is.

Este plato parece bueno. Sí, **lo parece,** y **lo es.**

This dish looks good. Yes, it looks good, and it is.

4. When **todo** is the direct object of a verb, **lo** is used to reinforce the meaning of the sentence.

El ladrón quiere confesar**lo todo.**

The thief wants to confess all.

Hay personas que creen que **lo** saben **todo.**

There are people who think that they know everything.

EJERCICIOS

A. Preguntas. Conteste las preguntas usando el pronombre neutro *lo.*

Modelo: ¿Es Ud. americano(a)?
     Sí, lo soy.

1. ¿Está Ud. cansado(a) de contestar preguntas?
2. La comida que Ud. prepara, ¿parece buena?
3. Los platos que Ud. cocina, ¿son buenos?
4. ¿Es buena la cocina mexicana?
5. ¿Cree Ud. que lo sabe todo?

2. The neuter demonstrative pronoun *eso* often takes the place of *ello.*

  Eso me preocupa.
  No quiero pensar en *eso.*

452

B. Sea un intérprete.

1. I stopped smoking. Do you believe it? 2. You look tired. Are you? 3. When you study, do you want to learn it all? 4. If you don't have a blender, does that worry you?

104. USES OF *SIN*

The preposition **sin,** "without," can be followed by a noun, a pronoun, or an infinitive.

No puedo vivir **sin ti**.	I cannot live without you.
No puedo comer **sin tenedor**.	I cannot eat without a fork.
¡Pusiste la mesa **sin cuchillos!**	You set the table without knives!
Sin cuchara, ¿cómo voy a tomar la sopa?	Without a spoon, how am I going to eat the soup?

Dos gauchos argentinos hablan en el patio de una estancia de la Pampa.

¡Qué restaurante! Las servilletas están **sin planchar.**

What a restaurant! The napkins are not ironed.

¡Y las tazas y las cucharitas están **sin lavar!**

And the cups and spoons are unwashed!

¡El suelo está **sin barrer!**

The floor is unswept!

Prefiero marcharme **sin comer.**

I prefer to leave without eating.

EJERCICIO

Preguntas. Conteste las preguntas.

1. Si Ud. tiene que comer sin tenedor, ¿cómo come?
2. ¿Sin qué es difícil comer?
3. ¿Viene Ud. algún día a clase con la lección sin estudiar?
4. En los restaurantes elegantes, ¿hay mesas sin mantel?
5. ¿Come Ud. en un restaurante sucio, o prefiere marcharse sin comer?
6. ¿Qué es más difícil, comer sin servilleta o sin tenedor?
7. ¿Se puede cortar la carne sin cuchillo?
8. ¿Se puede tomar sopa sin cuchara?
9. Cuando pone Ud. la mesa, ¿la pone sin servilletas y sin cucharitas?

ACTIVIDADES PERSONALES

A. Entrevista

Preguntas	Oral	Escrito
1. ¿A qué hora empiezas a trabajar?	1. Yo _____ .	1. Él/Ella _____ .
2. ¿A qué hora dejas de trabajar?	2. Yo _____ .	2. Él/Ella _____ .
3. ¿De qué te cansas fácilmente?	3. Yo me _____ .	3. Él/Ella se _____ .
4. ¿Qué tratas de hacer en la vida?	4. Yo _____ .	4. Él/Ella _____ .
5. ¿En qué o en quién piensas cuando estás enamorado(a)?	5. Yo _____ .	5. Él/Ella _____ .

B. Una situación. Imagínate que has alquilado un piso o un apartamento. Cuando llegas a él con todas tus cosas, encuentras que el piso está sucio, la cocina no funciona y que en él no hay muchas cosas que son necesarias. Tú llamas por teléfono al dueño y te quejas.

Por ejemplo: Encontré el piso sin limpiar, las habitaciones sin puertas y la cocina sin refrigerador.

O imagínate que vas a un restaurante, y que en la mesa no hay muchas cosas que son necesarias. Llamas al camarero.

Por ejemplo: Yo no puedo comer en una mesa sin platos.

SECCIÓN CULTURAL

Argentina y Uruguay

vecino(a): neighboring
tamaño: size

En el mapa de América del Sur hay dos países vecinos de tamaños muy diferentes. Argentina es un país muy grande. Uruguay es un país chiquito que está entre dos gigantes: Argentina y Brasil. Los dos trataron de ocupar ese pequeño territorio que es ahora el Uruguay, pero los uruguayos no tardaron en declarar su independencia, y ese pequeño país se convirtió en un modelo de democracia para toda Hispanoamérica. "Uruguay es la Suiza de América," decían. Es un país pequeño, culto, tolerante, democrático. Casi sin saber cómo, los uruguayos se encontraron un día sin libertad, pero muchos uruguayos no se resignan a vivir sin ella, y esperan deshacerse de la dictadura que tienen.

Suiza: Switzerland
culto(a): cultured

deshacerse: to get rid of

Argentina es inmensa, y su capital, Buenos Aires, es una de las ciudades más grandes de América. Una gran parte de la población de la Argentina vive en la capital, y el país tiene grandes extensiones de tierra casi sin gente. La Pampa, una llanura muy extensa al sur y al oeste de Buenos Aires, es una de las zonas agrícolas más ricas del mundo, y en ella está la riqueza de la Argentina: el trigo y la ganadería.

llanura: plain

trigo: wheat
ganadería: cattle industry

Pero es en Buenos Aires donde se concentra la vida política y cultural del país. En los últimos años la vida política argentina ha tenido muchos problemas, y los argentinos no dejan de preguntarse por qué. La agricultura del país es muy rica, la población es una de las más cultas de América, la capital es una ciudad magnífica . . . pero la estabilidad política es como las aguas del Río de la Plata; toca un momento las costas de la Argentina, y después se va.

Río de la Plata: Plate River
tocar: to touch

PREGUNTAS

1. ¿Dónde está el Uruguay?
2. ¿Qué países intentaron ocupar el territorio del Uruguay?
3. ¿Por qué fue famoso Uruguay durante muchos años?
4. ¿Qué es la Pampa?
5. ¿Qué se concentra en Buenos Aires?
6. ¿Cómo es la población de la Argentina?
7. Si Ud. pudiera escoger, ¿viviría en un país grande como la Argentina, o en un país pequeño, como el Uruguay?
8. ¿Se resignaría Ud. a vivir sin libertad política?
9. ¿Dónde se concentra la vida cultural de los Estados Unidos?
10. ¿En qué parte de los Estados Unidos es importante la ganadería?

Un eslogan político en una pared de Montevideo, Uruguay

VOCABULARIO ACTIVO

Nombres
la ayuda: *help*
la batidora: *blender*
la cocina: *kitchen, stove, cooking*
la cuchara: *spoon*
la cucharita: *teaspoon*
el cuchillo: *knife*
el (la) invitado(a): *guest*
el mantel: *tablecloth*
la olla: *cooking pot*
el plato: *dish*
la servilleta: *napkin*
la taza: *cup*
el tenedor: *fork*
el tostador: *toaster*
el vaso: *drinking glass*
el vino: *wine*

Verbos
marcharse: *to leave*

Verbos con preposición
acabar de: *to have just*
acostumbrarse a: *to get used to*

aprender a: *to learn to*
aprovecharse de: *to take advantage of*
cansarse de: *to get tired of*
contar(ue) con: *to count on, rely on*
dejar de: *to stop*
empezar a: *to start to*
enfrentarse *con: to confront*
parecerse a: *to look like*
ponerse a: *to start to*
preocuparse de: *to worry about*
quedar en: *to agree on*
resignarse a: *to resign oneself to*
tardar en: *to be long in*
traducir al: *to translate into*
tratar de: *to try to*

Adjetivos
listo(a): *ready*

Expresiones
ser cierto: *to be true*

COGNADOS
Nombres
Argentina
la ocasión
el refrigerador
el tabaco
Uruguay

REPASO SEIS

VISTAS 20, 21, 22, 23

1. RESUMEN DEL DIÁLOGO

Select one dialogue from *Vistas* 20–23 and prepare a brief summary of its main ideas or events. You will present this summary orally in class at some time during the period devoted to *Repaso* 6. As an alternative, dramatize one of the dialogues as if it were a play to be performed in front of the class.

2. THE FUTURE PERFECT (REPASE *CONCEPTO GRAMATICAL* 89.)

Conteste las preguntas.

Modelo: ¿Ya te duchaste?
      No, pero me habré duchado antes de la cena.

1. ¿Disminuyó el desempleo el mes pasado?
2. ¿Se rizaron el pelo las mujeres?
3. ¿Detuvo la policía a los delincuentes juveniles?
4. ¿Ya le escribiste la carta a tu abuelita?
5. ¿Devolvieron Uds. las novelas a la biblioteca?
6. ¿Has aprendido a esquiar?
7. ¿Víctor ha traducido los ejercicios?
8. ¿Víctor y Dolores se casaron?
9. ¿Has dado las maletas al botones?
10. ¿Tu compañero de cuarto ha arreglado el cuarto?
11. ¿Uds. no se afeitaron esta mañana?
12. ¿Cumplieron ellos el servicio militar?

3. SPECIAL USES OF INDIRECT OBJECT PRONOUNS (REPASE *CONCEPTO GRAMATICAL* 90.)

Conteste las preguntas. Siga el modelo.

Modelo: ¿El perrito te comió los zapatos?
        Sí, el perrito me comió los zapatos.
        ¿Y a tu hermano?
        El perrito le comió los zapatos a mi hermano.

1. ¿El peluquero te cortó el pelo? ¿Y a tus amigos?
2. ¿Sus padres le pagan sus estudios a Ud.? ¿Y a sus hermanos?
3. ¿Tu hermano te rompió el secador? ¿Y a tus padres?
4. ¿Un ladrón te robó el coche? ¿Y a nosotros?
5. ¿El peluquero le afeitó la barba a su amigo? ¿Y a mí?

4. THE PAST PERFECT INDICATIVE (REPASE *CONCEPTO GRAMATICAL* 91.)

Conteste las preguntas y dé la información necesaria para completarla.

Modelo: ¿Compraste tu primer coche a los veinte años?
        No, ya lo había comprado a los dieciocho años.

1. ¿Su padre se casó a los cuarenta años?
2. ¿Tú anduviste a los tres años?
3. ¿Sus padres nacieron en 1955?
4. Hoy, ¿tus padres se acostaron al mediodía?
5. Los compañeros de clase, ¿prepararon la lección antes de llegar?
6. Tú y tu novio(a), ¿se enamoraron la semana pasada?
7. ¿Se dieron cuenta Uds. del problema esta mañana?
8. ¿Tú trasnochaste por primera vez a los quince años?
9. ¿Chile ganó su libertad de España en el siglo veinte?

5. SPECIAL USES OF *SE* (REPASE *CONCEPTO GRAMATICAL* 92.)

A. Conteste las preguntas, según el modelo.

Modelo: ¿Olvidaste el cepillo de dientes?
        Sí, a mí se me olvidó el cepillo de dientes.

1. ¿Tu hermano rompió el peine?
2. ¿Tus amigos perdieron el perro?
3. ¿Nosotros olvidamos el dinero?
4. ¿Olvidaste tú el dinero?
5. ¿Perdiste la llave de tu casa?
6. ¿Tus padres perdieron la llave del coche?

B. Conteste las preguntas.

1. ¿Qué se le rompió a Ud. una vez?
2. ¿Cuándo se le perdió el dinero?
3. ¿Cuándo fue la última vez que se le ocurrió una buena idea?
4. ¿Cuándo se les olvidó a unos estudiantes venir a esta clase?
5. Cuando Ud. viaja, ¿qué se le olvida hacer?

6. VERBS THAT TAKE THE SUBJUNCTIVE OR AN INFINITIVE (REPASE *CONCEPTO GRAMATICAL* 93.)

A. Conteste las preguntas con el infinitivo del verbo. Siga el modelo.

Modelo: ¿El profesor prohibe que hables inglés?
        Sí, el profesor me prohibe hablar inglés.

1. ¿Sus padres aconsejan que Uds. estudien más?
2. ¿La universidad permite que los estudiantes fumen en la biblioteca?
3. ¿La profesora deja que Uds. hablen inglés en clase?
4. ¿Mandan los médicos que fumemos menos?
5. ¿Permiten sus padres que Ud. salga de noche?
6. ¿Permiten los padres que los niños salgan de noche?

B. Cambie las frases al subjuntivo o al infinitivo, según el caso.

Modelos: El médico me aconsejó descansar más.
         El médico aconsejó que yo descansara más.

1. Yo permito que los niños jueguen en la calle.
2. Mi jefe no me permite salir antes de las seis.
3. Los padres de Víctor no le permitían tomar fotos.
4. No les dejé matar el perro.
5. El policía les mandó que salieran de allí hoy mismo.
6. Te aconsejo no decir nada a nadie.
7. Mis padres me dejaron alquilar un piso cerca de la universidad.
8. Mi mejor amigo me aconsejó ser abogado.

7. THE SUBJUNCTIVE IN QUESTIONS EXPRESSING DOUBT (REPASE *CONCEPTO GRAMATICAL* 94.)

1. Los plomeros ganan más que los profesores. (¿Es posible que?)
2. Muchos niños mueren en esa parte del mundo. (¿Cómo se explica que?)
3. Dolores acaba de casarse con Ángel. (¿Es posible que?)
4. Aprendemos mucho en esta clase de español. (¿Cómo se explica que?)
5. La policía ha capturado a los delincuentes juveniles. (¿Es posible que?)

B. Conteste las preguntas usando *No creo que.*

1. ¿Los profesores siempre tienen razón?
2. ¿Cree Ud. que es bueno fumar?
3. ¿El presidente resuelve nuestros problemas económicos?
4. ¿Cree Ud. que siempre hace buen tiempo en San Diego?
5. ¿Vienen ellos con nosotros?
6. ¿Van a darnos una receta?

8. USES OF *MISMO* (REPASE *CONCEPTO GRAMATICAL* 95.)

A. Use *el (la, los, las) + mismo (misma, mismos, mismas),* según el modelo.

Modelo: Tu médico es el Dr. Torres. Mi médico es el Dr. Torres.
　　　　　Tenemos el mismo médico.

1. Tienes tu cuenta en el banco que está cerca de la universidad. Tengo mi cuenta en el banco que está cerca de la universidad.
2. Tus gastos son mil dólares. Mis gastos son mil dólares.
3. Trabajé dos horas extraordinarias. Trabajaste dos horas extraordinarias.
4. Mi presupuesto es pequeño. Tu presupuesto es pequeño.
5. Trabajo seis horas. Trabajas seis horas.

B. Conteste las preguntas con *mismo.* Siga el modelo.

Modelo: ¿Hablaste con el presidente?
　　　　　Sí, hablé con el presidente mismo.

1. ¿Te quejaste al jefe?　2. ¿Habló Ud. con la médico?　3. ¿Me esperaste en la puerta?　4. ¿Viste a los muchachos?

9. THE PAST PERFECT SUBJUNCTIVE (REPASE *CONCEPTO GRAMATICAL* 97.)
Conteste las preguntas según el modelo.

Modelo: ¿Temía Ud. que los empleados no trabajaran ayer?
　　　　　Sí, yo temía que los empleados no trabajaran ayer y que no
　　　　　hubieran trabajado antes de ayer.

1. ¿Esperaba Ud. que sus amigos le escribieran ayer?
2. ¿Era dudoso que Ud. pagara las cuentas ayer?
3. ¿Era difícil que el jefe llegara ayer?
4. ¿Dudaba Ud. que su hermano quisiera trabajar ayer?
5. ¿No creía Ud. que los precios bajaran ayer?
6. ¿Se alegraba Ud. de que no hubiera clase ayer?
7. ¿Prefería Ud. que Víctor tomara fotos ayer?
8. ¿Pedía Ud. que el profesor no diera la conferencia ayer?
9. ¿Les recomendó que no comieran en ese restaurante ayer?
10. ¿Dudaba Ud. que yo le devolviera los libros ayer?

10. THE CONDITIONAL PERFECT (REPASE *CONCEPTO GRAMATICAL* 98.)

Conteste las preguntas. Siga el modelo.

Modelo: Si tuvieras dinero, ¿lo ahorrarías?

Sí, si hubiera tenido dinero, lo habría ahorrado.

1. Si tuvieras tiempo, ¿irías al cine?
2. Si compraras un coche pequeño, ¿ahorrarías gasolina?
3. Si quisieras, ¿ganarías más dinero?
4. Si hiciéramos un examen, ¿tendríamos buenas notas?
5. Si trabajáramos horas extraordinarias, ¿ganaríamos más?
6. Si fueras más sabio, ¿estudiarías historia?
7. Si los estudiantes estudiaran más, ¿aprenderían más español?
8. Si tu novio(a) te dejara, ¿buscarías otro(a)?
9. Si un atracador robara a una vieja, ¿la ayudarías?

11. AGREEMENT OF TENSES WITH SUBJUNCTIVE CLAUSES (REPASE *CONCEPTOS GRAMATICALES* 99 y 100.)

A. Conteste las preguntas con una forma del subjuntivo. Siga el modelo.

Modelo: ¿Esperas hoy que yo trabaje hoy?

Sí, espero que trabajes hoy.

¿Y mañana?

Sí, espero que trabajes mañana.

¿Y ayer?

Sí, espero que hayas trabajado ayer.

1. ¿Dudas que el jefe gane mucho hoy? ¿Y mañana? ¿Y ayer?
2. ¿No crees que los empleados estén en huelga hoy? ¿Y mañana? ¿Y ayer?
3. ¿Es posible que los clientes no vengan hoy? ¿Y mañana? ¿Y ayer?
4. ¿Es difícil que los precios suban hoy? ¿Y mañana? ¿Y ayer?
5. ¿Es dudoso que aumenten tus gastos hoy? ¿Y mañana? ¿Y ayer?

B. Conteste las preguntas con la forma apropiada del subjuntivo. Siga el modelo.

Modelo: ¿Esperabas que yo trabajara ayer?

Sí, esperaba que tú trabajaras ayer.

¿Y mañana?

Sí, esperaba que tú trabajaras mañana.

¿Y antes de ayer?

Sí, esperaba que tú hubieras trabajado antes de ayer.

1. ¿Era probable que tus amigos llegaran ayer? ¿Y mañana? ¿Y antes de ayer?
2. ¿Sería difícil que robaran un banco ayer? ¿Y mañana? ¿Y antes de ayer?
3. ¿Esperabas que tu compañero de cuarto pagara la cuenta de la luz ayer? ¿Y mañana? ¿Y antes de ayer?

4. ¿Temías que los precios subieran ayer? ¿Y mañana? ¿Y antes de ayer?
5. ¿Era dudoso que tus padres compraran un coche nuevo ayer? ¿Y mañana? ¿Y antes de ayer?

12. VERBS THAT TAKE THE PREPOSITIONS *A, DE, EN,* OR *CON* BEFORE AN INFINITIVE, A NOUN, OR A PRONOUN (REPASE *CONCEPTOS GRAMATICALES* 101 y 102.)

Complete las frases con la preposición apropiada.

1. En esta clase aprendemos _____ hablar español.
2. Acabo _____ poner los platos en la mesa.
3. Los invitados no tardarán _____ llegar.
4. No me gusta la gente que se aprovecha _____ sus amigos.
5. Mis amigos y yo quedamos _____ cenar temprano mañana.
6. Estoy cansado _____ cocinar todos los días.
7. Este chico se parece _____ su padre.
8. ¿A qué hora empezaremos _____ cenar?
9. ¿Traduces del inglés _____ español?
10. Me acostumbré muy pronto _____ la cocina española.
11. ¿_____ qué estás pensando ahora?

VERB CHARTS

A-type verbs

Infinitive	Present Participle	Past Participle
hablar	hablando	hablado

Indicative Mood

Present Tense	Perfective	Imperfective	Future	Conditional
habl-o	habl-é	habl-aba	hablar-é	hablar-ía
-as	-aste	-abas	-ás	-ías
-a	-ó	-aba	-á	-ía
-amos	-amos	-ábamos	-emos	-íamos
-áis	-asteis	-abais	-éis	-íais
-an	-aron	-aban	-án	-ían

Present Perfect	Past Perfect	Future Perfect	Conditional Perfect
he hablado	había hablado	habré hablado	habría hablado
has ''	habías ''	habrás ''	habrías ''
ha ''	había ''	habrá ''	habría ''
hemos ''	habíamos ''	habremos ''	habríamos ''
habéis ''	habíais ''	habréis ''	habríais ''
han ''	habían ''	habrán ''	habrían ''

Subjunctive Mood

Present	Imperfect (past): two alternate forms	
habl-e	habl-ara	habl-ase
-es	-aras	-ases
-e	-ara	-ase
-emos	-áramos	-ásemos
-éis	-arais	-aseis
-en	-aran	-asen

Present Perfect	Past Perfect: two alternate forms	
haya hablado	hubiera hablado	hubiese hablado
hayas ''	hubieras ''	hubieses ''
haya ''	hubiera ''	hubiese ''
hayamos ''	hubiéramos ''	hubiésemos ''
hayáis ''	hubierais ''	hubieseis ''
hayan ''	hubieran ''	hubiesen ''

Imperative Mood

	Affirmative	Negative
tú:	habla	no hables
Ud.:	hable	no hable
Uds.:	hablen	no hablen

Estoy hablando   - other persons (tú, ella, nosotros, etc.)   ''
Estuve hablando   ''
Estaba hablando   ''
He estado hablando   ''
Había estado hablando   ''
Habré estado hablando   ''
Habría estado hablando   ''
. . . que haya estado hablando   ''
. . . que hubiera estado hablando   ''

E-type verbs

Infinitive	Present Participle	Past Participle
comer	comiendo	comido

Indicative Mood

Present	Perfective	Imperfective	Future	Conditional
com-o	com-í	com-ía	comer-é	comer-ía
-es	-iste	-ías	-ás	-ías
-e	-ió	-ía	-á	-ía
-emos	-imos	-íamos	-emos	-íamos
-éis	-isteis	-íais	-éis	-íais
-en	-ieron	-ían	-án	-ían

Present Perfect		Past Perfect		Future Perfect		Conditional Perfect	
he	comido	había	comido	habré	comido	habría	comido
has	''	habías	''	habrás	''	habrías	''
ha	''	había	''	habrá	''	habría	''
hemos	''	habíamos	''	habremos	''	habríamos	''
habéis	''	habíais	''	habréis	''	habríais	''
han	''	habían	''	habrán	''	habrían	''

Subjunctive Mood

Present	Imperfect (past): two alternate forms	
com-a	com-iera	com-iese
-as	-ieras	-ieses
-a	-iera	-iese
amos	-iéramos	-iésemos
-áis	-ierais	-ieseis
-an	-ieran	-iesen

Present Perfect		Past Perfect: two alternate forms			
haya	comido	hubiera	comido	hubiese	comido
hayas	''	hubieras	''	hubieses	''
haya	''	hubiera	''	hubiese	''
hayamos	''	hubiéramos	''	hubiésemos	''
hayáis	''	hubierais	''	hubieseis	''
hayan	''	hubieran	''	hubiesen	''

Imperative Mood	Affirmative	Negative
tú:	come	no comas
Ud.:	coma	no coma
Uds.:	coman	no coman

Progressive Forms	
Estoy comiendo	- other persons (tú, él, ustedes, etc.)
Estuve comiendo	''
Estaba comiendo	''
He estado comiendo	''
Había estado comiendo	''
Habré estado comiendo	''
Habría estado comiendo	''
. . . que haya estado comiendo	''
. . . que hubiera estado comiendo	''

I-type verbs

Infinitive	Present Participle	Past Participle
decidir	decidiendo	decidido

Indicative Mood

Present	Perfective	Imperfective	Future	Conditional
decid-o	decid-í	decid-ía	decidir-é	decidir-ía
-es	-iste	-ías	-ás	-ías
-e	-ió	-ía	-á	-ía
-imos	-imos	-íamos	-emos	-íamos
-ís	-isteis	-íais	-éis	-íais
-en	-ieron	-ían	-án	-ían

Present Perfect		Past Perfect		Future Perfect		Conditional Perfect	
he	decidido	había	decidido	habré	decidido	habría	decidido
has	''	habías	''	habrás	''	habrías	''
ha	''	había	''	habrá	''	habría	''
hemos	''	habíamos	''	habremos	''	habríamos	''
habéis	''	habíais	''	habréis	''	habríais	''
han	''	habían	''	habrán	''	habrían	''

Subjunctive Mood

Present	Imperfect (past): two alternate forms	
decid-a	decid-iera	decid-iese
-as	-ieras	-ieses
-a	-iera	-iese
-amos	-iéramos	-iésemos
-áis	-ierais	-ieseis
-an	-ieran	-iesen

Present Perfect	Past Perfect: two alternate forms		**Subjunctive Mood**
haya decidido	hubiera decidido	hubiese decidido	
hayas ''	hubieras ''	hubieses ''	
haya ''	hubiera ''	hubiese ''	
hayamos ''	hubiéramos ''	hubiésemos ''	
hayáis ''	hubierais ''	hubieseis ''	
hayan ''	hubieran ''	hubiesen ''	

Affirmative	Negative	**Imperative Mood**
tú: decide	no decidas	
Ud.: decida	no decida	
Uds.: decidan	no decidan	

		Progressive Forms
Estoy decidiendo	-other persons (tú, él, ustedes, etc.)	
Estuve decidiendo	''	
Estaba decidiendo	''	
He estado decidiendo	''	
Había estado decidiendo	''	
Habré estado decidiendo	''	
Habría estado decidiendo	''	
. . . que haya estado decidiendo	''	
. . . que hubiera estado decidiendo	''	

Verbs with irregular forms

Perfective	Past Subjunctive: two ways		Other verbs of this category	**Andar**
anduve	anduviera,	anduviese	tener: tuve. . .	
anduviste	anduvieras	anduvieses	estar: estuve. . .	
anduvo	anduviera,	anduviese		
anduvimos	anduviéramos,	anduviésemos		
anduvisteis	anduvierais,	anduvieseis		
anduvieron	anduvieran	anduviesen		

Perfective	Present Subjunctive	Other verbs of this category	**Buscar**
busqué	busque	sacar: saqué, sacaste. . .	
buscaste	busques	saque, saques. . .	
buscó	busque	indicar: indiqué, indicaste. . .	
buscamos	busquemos	indique, indiques. . .	
buscasteis	busquéis		
buscaron	busquen		

Present	Present Subjunctive	Other verbs of this category	**Conocer**
conozco	conozca	establecer: establezco. . .	
conoces	conozcas	establezca. . .	
conoce	conozca	desaparecer: desaparezco. . .	
conocemos	conozcamos	desaparezca. . .	
conocéis	conozcáis		
conocen	conozcan		

Caer

Present	Perfective	Present Subjunctive
caigo	caí	caiga
caes	caíste	caigas
cae	cayó	caiga
caemos	caímos	caigamos
caéis	caísteis	caigáis
caen	cayeron	caigan

Past Subjunctive: two ways		Present Participle
cayera	cayese	cayendo
cayeras	cayeses	
cayera	cayese	
cayéramos	cayésemos	
cayerais	cayeseis	
cayeran	cayesen	

Conducir

Present	Perfective	Present Subjunctive
conduzco	conduje	conduzca
conduces	condujiste	conduzcas
conduce	condujo	conduzca
conducimos	condujimos	conduzcamos
conducís	condujisteis	conduzcáis
conducen	condujeron	conduzcan

Past Subjunctive: two ways		Other verbs of this category
condujera	condujese	reducir: reduzco. . .
condujeras	condujeses	reduje. . .
condujera	condujese	reduzca. . .
condujéramos	condujésemos	redujera. . .
condujerais	condujeseis	deducir
condujeran	condujesen	

Creer

Perfective	Past Subjunctive: two ways		Present Participle
creí	creyera	creyese	creyendo
creíste	creyeras	creyeses	
creyó	creyera	creyese	
creímos	creyéramos	creyésemos	
creísteis	creyerais	creyeseis	
creyeron	creyeran	creyesen	

Dar

Present	Perfective	Present Subjunctive	Past Subjunctive: two ways	
doy	di	dé	diera	diese
das	diste	des	dieras	dieses
da	dio	dé	diera	diese
damos	dimos	demos	diéramos	diésemos
dais	disteis	deis	dierais	dieseis
dan	dieron	den	dieran	diesen

Present	Perfective	Present Subjunctive	**Decir**
digo	dije	diga	
dices	dijiste	digas	
dice	dijo	diga	
decimos	dijimos	digamos	
decís	dijisteis	digáis	
dicen	dijeron	digan	

Past Subjunctive:	two ways		Past Participle
dijera	dijese		dicho
dijeras	dijeses		
dijera	dijese		*Imperative*
dijéramos	dijésemos		Aff. Neg.
dijerais	dijeseis		tú: Di No digas
dijeran	dijesen		Ud.: Diga No diga
			Uds.: Digan No digan

Present	Present Subjunctive	**Distinguir**
distingo	distinga	
distingues	distingas	
distingue	distinga	
distinguimos	distingamos	
distinguís	distingáis	
distinguen	distingan	

Present	Perfective	Present Subjunctive	Present Participle	**Dormir**
duermo	dormí	duerma	durmiendo	
duermes	dormiste	duermas		
duerme	durmió	duerma		
dormimos	dormimos	dormamos		
dormís	dormisteis	dormáis		
duermen	durmieron	duerman		

Present	Perfective	Present Subjunctive	**Empezar**
empiezo	empecé	empiece	
empiezas	empezaste	empieces	
empieza	empezó	empiece	
empezamos	empezamos	empecemos	
empezáis	empezasteis	empecéis	
empiezan	empezaron	empiecen	

Present	Perfective	Present Subjunctive	Past Participle	**Hacer**
hago	hice	haga	hecho	
haces	hiciste	hagas		
hace	hizo	haga	*Imperative*	
hacemos	hicimos	hagamos	Aff. Neg.	
hacéis	hicisteis	hagáis	tú: Haz No hagas	
hacen	hicieron	hagan	Ud.: Haga No haga	
			Uds.: Hagan No hagan	

Ir

Present	Perfective	Imperfective	Present Subjunctive
voy	fui	iba	vaya
vas	fuiste	ibas	vayas
va	fue	iba	vaya
vamos	fuimos	íbamos	vayamos
vais	fuisteis	ibais	vayáis
van	fueron	iban	vayan

Past Subjunctive: two ways

Present Participle

fuera	fuese
fueras	fueses
fuera	fuese
fuéramos	fuésemos
fuerais	fueseis
fueran	fuesen

yendo

Imperative

	Aff.	Neg.
tú:	Vé	No vayas
Ud.:	Vaya	No vaya
Uds.:	Vayan	No vayan

Leer

Perfective	Present Participle
leí	leyendo
leíste	
leyó	
leímos	
leísteis	
leyeron	

Pagar

Perfective	Present Subjunctive
pagué	pague
pagaste	pagues
pagó	pague
pagamos	paguemos
pagasteis	paguéis
pagaron	paguen

Pedir

Present	Perfective
pido	pedí
pides	pediste
pide	pidió
pedimos	pedimos
pedís	pedisteis
piden	pidieron

Perder

Present	Present Subjunctive
pierdo	pierda
pierdes	pierdas
pierde	pierda
perdemos	perdamos
perdéis	perdáis
pierden	pierdan

Present	Perfective	Present Subjunctive	Future	**Poder**
puedo	pude	pueda	podré	
puedes	pudiste	puedas	podrás	
puede	pudo	pueda	podrá	
podemos	pudimos	podamos	podremos	
podéis	pudisteis	podáis	podréis	
pueden	pudieron	puedan	podrán	

Past Subjunctive:	two ways	Present Participle	**Poner**
pudiera	pudiese	pudiendo	
pudieras	pudieses		
pudiera	pudiese		
pudiéramos	pudiésemos		
pudierais	pudieseis		
pudieran	pudiesen		

Present	Perfective	Future	Present Subjunctive
pongo	puse	pondré	ponga
pones	pusiste	pondrás	pongas
pone	puso	pondrá	ponga
ponemos	pusimos	pondremos	pongamos
ponéis	pusisteis	pondréis	pongáis
ponen	pusieron	pondrán	pongan

Past Subjunctive:	two ways	Past Participle		
pusiera	pusiese	puesto		
pusieras	pusieses	*Imperative*		
pusiera	pusiese	Aff.	Neg.	
pusiéramos	pusiésemos	tú: Pon	No pongas	
pusierais	pusieseis	Ud.: Ponga	No ponga	
pusieran	pusiesen	Uds.: Pongan	No pongan	

Present	Perfective			**Reír**
río	reí			
ríes	reíste			
ríe	rió			
reímos	reímos			
reís	reísteis			
ríen	rieron			

Present	Perfective	Present Subjunctive	Present Participle	**Oír**
oigo	oí	oiga	oyendo	
oyes	oíste	oigas		
oye	oyó	oiga		
oímos	oímos	oigamos		
oís	oísteis	oigáis		
oyen	oyeron	oigan		

Saber

Present	Perfective	Future	Present Subjunctive
sé	supe	sabré	sepa
sabes	supiste	sabrás	sepas
sabe	supo	sabrá	sepa
sabemos	supimos	sabremos	sepamos
sabéis	supisteis	sabréis	sepáis
saben	supieron	sabrán	sepan

Past Subjunctive: two ways

supiera	supiese
supieras	supieses
supiera	supiese
supiéramos	supiésemos
supierais	supieseis
supieran	supiesen

Sentar

Present	Present Subjunctive
siento	siento
sientas	sientes
sienta	siente
sentamos	sentemos
sentáis	sentéis
sientan	sienten

Sentir

Present	Perfective	Present Subjunctive
siento	sentí	sienta
sientes	sentiste	sientas
siente	sintió	sienta
sentimos	sentimos	sintamos
sentís	sentisteis	sintáis
sienten	sintieron	sientan

Past Subjunctive: two ways   *Present Participle*

sintiera	sintiese	sintiendo
sintieras	sintieses	
sintiera	sintiese	
sintiéramos	sintiésemos	
sintierais	sintieseis	
sintieran	sintiesen	

Present	Perfective	Imperfective	Present Subjunctive	**Ser**
soy	fui	era	sea	
eres	fuiste	eras	seas	
es	fue	era	sea	
somos	fuimos	éramos	seamos	
sois	fuisteis	erais	seáis	
son	fueron	eran	sean	

Past Subjunctive

Imperative

			Aff.	Neg.
fuera	fuese		tú: Sé	No seas
fueras	fueses		Ud.: Sea	No sea
fuera	fuese		Uds.: Sean	No sean
fuéramos	fuésemos			
fuerais	fueseis			
fueran	fuesen			

Present	Perfective	Future	Conditional	**Tener**
tengo	tuve	tendré	tendría	
tienes	tuviste	tendrás	tendrías	
tiene	tuvo	tendrá	tendría	
tenemos	tuvimos	tendremos	tendríamos	
tenéis	tuvisteis	tendréis	tendríais	
tienen	tuvieron	tendrán	tendrían	

Present Subjunctive

Past Subjunctive: *two ways*

tenga		tuviera	tuviese
tengas		tuvieras	tuvieses
tenga		tuviera	tuviese
tengamos		tuviéramos	tuviésemos
tengáis		tuvierais	tuvieseis
tengan		tuvieran	tuviesen

Imperative

	Aff.	Neg.
tú:	Ten	No tengas
Ud.:	Tenga	No tenga
Uds.:	Tengan	No tengan

Traer

Present	Perfective	Present Subjunctive
traigo	traje	traiga
traes	trajiste	traigas
trae	trajo	traiga
traemos	trajimos	traigamos
traéis	trajisteis	traigáis
traen	trajeron	traigan

Past Subjunctive: two ways   *Present Participle*

trajera	trajese	trayendo
trajeras	trajeses	
trajera	trajese	
trajéramos	trajésemos	
trajerais	trajeseis	
trajeran	trajesen	

Venir

Present	Perfective	Future	Present Subjunctive
vengo	vine	vendré	venga
vienes	viniste	vendrás	vengas
viene	vino	vendrá	venga
venimos	vinimos	vendremos	vengamos
venís	vinisteis	vendréis	vengáis
vienen	vinieron	vendrán	vengan

Past Subjunctive: two ways   *Present Participle*

viniera	viniese	viniendo
vinieras	vinieses	
viniera	viniese	
viniéramos	viniésemos	
vinierais	vinieseis	
vinieran	viniesen	

Imperative

	Aff.	Neg.
tú:	Ven	No vengas
Ud.:	Venga	No venga
Uds.:	Vengan	No vengan

Present	Present Subjunctive	Past Participle
vuelvo	vuelva	vuelto
vuelves	vuelvas	
vuelve	vuelva	
volvemos	volvamos	
volvéis	volváis	
vuelven	vuelvan	

Rules to form the present subjunctive of any verb except the following six verbs: *dar, estar, haber, ir, saber, ser*

A-type verbs:
Take the first-person singular present tense form of the indicative mood.
Drop the *o* ending and add *e*.

Ejemplos:

hablar: habl-o → habl- → hable

andar: and-o → and- → ande

tirar: tir-o → tir- → tire

E-type and *I*-type verbs:
Take the first-person singular present tense form of the indicative mood.
Drop the *o* ending and add *a*.

Ejemplos:

poner: pong-o → pong- → ponga

poder: pued-o → pued- → pueda

oír: oig-o → oig- → oiga

hacer: hag-o → hag- → haga

tener: teng-o → teng- → tenga

Exceptions:

dar: dé, des, dé, demos, deis, den

estar: esté, estés, esté, estemos, estéis, estén

haber: haya, hayas, haya, hayamos, hayáis, hayan

ir: vaya, vayas, vaya, vayamos, vayáis, vayan

saber: sepa, sepas, sepa, sepamos, sepáis, sepan

ser: sea, seas, sea, seamos, seáis, sean

Rule to form the past subjunctive of any verb.

Take the third-person plural perfective tense form of the indicative mood.
Drop the *on* ending and add *a* to create the basic form.

Ejemplos:

hablar: hablaron → hablar- → hablara

planear: planearon → planear- → planeara

volar: volaron → volar- → volara

comer: comieron → comier- → comiera

vivir: vivieron → vivier- → viviera

traer: trajeron → trajer- → trajera

VOCABULARIO ESPAÑOL-INGLÉS

The **Vocabulario español-inglés** includes most of the active words and expressions used in *Vistas hispánicas* and many of the passive terms (unless they are clearly recognizable cognates). The number of the *vista* where the word or expression first appears follows each entry; a number in italics indicates that the word is passive. The abbreviation VP refers to the *Vista Preliminar.* A few words are followed by two numbers. The first number, in italics, indicates the *vista* where the word first appears as passive vocabulary; the second number indicates the *vista* in which the word is introduced actively.

The gender of each noun follows the entry *(m or f),* and adjectives are shown with their masculine and feminine forms, where appropriate.

a to, at *VP,* 1
  a veces sometimes 19
abandonado(a) abandoned *16*
abandonar to abandon *12*
abogado (a) *m, f* lawyer 14
abrazar to hug, to embrace 8
abrazarse to embrace each other 8
abrelatas *m* can opener 15
abrigo *m* overcoat, shelter 7
abril *m* April 5
abrir to open *VP,* 2
absurdo(a) absurd *14*
abuelo(a) *m, f* grandfather (mother) 15
aburrir to bore 10
  aburrirse to be bored 10
acá here 12
acabar to finish, to end 21

acabar de + *inf* to have just 21
academia *f* academy 6
accidente *m* accident 19
acción *f* action *21*
aceite *m* oil 15
acento *m* accent 5
aceptar to accept *1,* 15
acertar(ie) to be (do) right *8*
acompañar to accompany *15*
aconsejar to advise 13
acordarse(ue) de to remember 8
acostarse(ue) to go to bed 8
acostumbrarse a to accustom oneself to 23
actitud *f* attitude 2
actividad *f* activity *1, 3*
actor *m* actor 18
actriz *f* actress 10

actual present *9*
actualidad *f* present *14*
acuerdo *m* agreement 8
  de acuerdo in agreement 8
adaptación *f* adaptation *9*
adelantado(a) advanced, forward *22*
además *adv* besides *4*
adiós good-bye VP
administración *f* administration *1*
administrador(a) *m, f* administrator *15,* 18
administrativo(a) administrative *14*
admirar to admire 21
admitir to admit 10
adolescente *m, f* adolescent *10*
¿adónde? to where? 2

artístico(a) artistic 10
ascensor *m* elevator 13
aseo *m* cleanliness 20
asesinato *m* murder,
  assassination 19
asesino(a) *m, f* murderer 19
así thus 2
  así, así so-so VP
asiento *m* seat 9
asistencia *f* attendance,
  presence, assistance 17
asociado(a) associated 14
aspecto *m* aspect 3
aspiración *f* aspiration 21
aspiradora *f* vacuum
  cleaner 14
aspirina *f* aspirin 17
asunto *m* matter, affair,
  business 7, 10
atención *f* attention 9
  prestar atención to pay
  attention 12
atracador(a) *m, f* mugger 11
atraco *m* holdup 19
atractivo(a) attractive 6, 7
aumentar to increase 19
aumentativo(a)
  augmentative 19
aun even, though 6
aunque even though 6, 16
ausente absent VP
autobús *m* bus 2
autónomo(a) autonomous 1
autor(a) *m, f* author 12
aventura *f* adventure 2, 4
aventurero(a) *m, f*
  adventurer 13
avión *m* airplane 2
ayer yesterday 7
ayuda *f* help 23
ayudante *m, f* helper,
  assistant 21
ayudar to help 8
azafata *f* airline hostess 9
azteca Aztec 3
azul blue 7

B
bailar to dance 6
bajar to go down, to lower 4
bajo(a) low, short 11
bala *f* bullet 21
Balcanes *m pl* Balkan
  States 12
balón *m* ball 5
banco *m* bank, bench 11
bañarse to bathe 8
bañera *f* bathtub 14
baño *m* bath 15
bar *m* bar 5
barato(a) inexpensive,
  cheap 2
barba *f* beard 20
barbacoa *f* barbecue 2
barco de vela sailboat 16
barrer to sweep 14
barrera *f* barrier 16
barrio *m* neighborhood,
  city zone 12
bastante enough VP
basura *f* trash, garbage 14
batalla *f* battle 20
batallón *m* battalion 20
batidora *f* blender, mixer 23
beber to drink 2
béisbol *m* baseball 5
Belice *m* Belize 4
belleza *f* beauty 20
  salón de belleza *m* beauty
  salon 20
biblioteca *f* library 3
bicicleta *f* bicycle 6
bien well VP
bienvenido welcome 13
bigote *m* moustache 20
bilingüe bilingual 21
bilingüismo *m*
  bilingualism 17
billete *m* ticket 2
  billete de ida y vuelta *m*
  round-trip ticket 2
biología *f* biology VP
biológico(a) biological 15

bistec *m.* beefsteak 9
blanco(a) white 3, 7
blusa *f* blouse 7
boca *f* mouth 8
boda *f* wedding 15
bola *f* (crystal) ball 16
  bola de nieve *f*
  snowball 16
bolígrafo *m* ball-point
  pen 3
bolsa *f* purse, bag 5
bomba *f* bomb 9
bonito(a) pretty,
  beautiful 4, 9
bosque *m* forest 18
botones *m* bellhop 13
boxeo *m* boxing 9
Brasil *m* Brazil 20
bravo(a) brave, wild 21
brazo *m* arm 8
broma *m* joke 8
  en broma in jest,
  jokingly 3
bronco(a) wild, rough 21
bueno(a) good 1
  buenas tardes good
  afternoon VP
  buenos días good day VP
burlarse de to make
  fun of 17
bulevar *m* boulevard 13
buscar to look for, to search
  for 4
búsqueda *f* search, quest 13

C
cabeza *f* head 6
  dolor de cabeza *m*
  headache 17
cabina de mando *f* cockpit 9
cada each, every 6
caer to fall 4
  caerse to fall down 20
café *m* coffee, café 1

cafetería *f* cafeteria 3
calcetín *m* sock 7
calendario *m* calendar 3
calibre *m* caliber *18*
calidad *f* quality *7*
caliente hot *21*
calma *f* calm, quiet *9*
calmante *m* sedative 17
calor *m* heat 8
   hace calor it's hot 16
   tener calor to be hot 8
caluroso(a) hot *22*
calle *f* street 5
cama *f* bed 5
cámara *f* camera 4
camarero(a) *m, f* waiter,
   waitress 21
cambiar to change *2,* 11
cambio *m* change 7
caminar to walk 7
camisa *f* shirt 7
campo *m* country,
   countryside 15
   campo de fútbol *m* soccer
   field *5*
canal *m* canal *4*
canción *f* song 11
candidato(a) *m, f*
   candidate *14*
canoa *f* canoe *2*
cansado(a) tired 3
cansarse to become tired 23
cantidad *f* quantity *3*
caña de azúcar *f* sugar
   cane
capital *f* capital *1, 2*
capitán *m* captain 6
cara *f* face 8
característica *f*
   characteristic *6*
¡caramba! gosh! *9*
cárcel *f* jail 19
Caribe *m* Caribbean *4, 9*
cariño *m* endearment *15*
carne *f* meat 9

caro(a) expensive 2
carpintero(a) *m, f*
   carpenter 18
carrera *f* career 15
carro *m* car, automobile *18*
carta *f* playing card 6; letter,
   mail 8
casa *f* house 1
casado(a) con married
   to *10*
casarse to get married 11
casi almost *12*
caso *m* case (a case study) 6
   en caso de que in case
   that, if 16
castellano(a) Castilian,
   Spanish *12*
catalán(a) *m, f* person from
   Cataluña, Spain *10*
catarro *m* cold 17
catedral *f* cathedral *22*
católico(a) Catholic *VP*
catorce fourteen 1
causa *f* cause *19*
causar to cause *5*
cazar to hunt 6
cebolla *f* onion 9
celebrar to celebrate 5
celoso(a) jealous 1
celta *m, f* Celt; *adj* Celtic *10*
cena *f* dinner, supper 5
cenar to dine 1
centavo *m* cent 5
centígrado centigrade *16*
central central *22*
centro *m* center,
   downtown 3
Centroamérica *f* Central
   America 4
centroamericano(a) Central
   American *4*
cepillarse to brush (one's
   teeth or hair) 8
cepillo de dientes *m*
   toothbrush 20

cerca de near *5,* 12
cero zero 1
cerveza *f* beer 2
cerrar(ie) to close *VP,* 5
cerrado(a) closed *6*
cielo *m* sky *10, 18*
cien(to) one hundred 3
ciencia *f* science 15
   ciencias políticas *f pl*
   political science *VP*
ciertamente certainly,
   truly *5*
cierto(a) certain, true 7
cinco five 1
cincuenta fifty 3
cine *m* movie theater 2
cinematográfico(a)
   cinematographic *10*
cínico(a) cynical 13
cinta (magnetofónica) *f*
   (recording) tape 3
cinturón *m* belt 7
circulación *f* traffic,
   circulation 13
ciudad *f* city 1
clandestinamente
   secretly *13*
claro(a) light in color 7
claro certainly *4*
clase *f* class *VP*
clásico(a) classical *9*
clasismo *m* class
   structure *19*
cliente *m, f* client,
   customer 21
clima *m* climate 16
climatológico(a)
   meteorological *18*
cobrar to cash (a check) 11
cocina *f* kitchen, stove 23
cocinar to cook 5
cocinero(a) *m, f* cook, chef 9
coche *m* car, auto 1
coger to take, to catch 8
cola *f* tail, line *18*

colombiano(a) Colombian 1
colonia f colony, housing complex 9
colonial colonial 3, 7
color m color 7
columna f column 22
combinación f combination 2
comentar to comment 13
comenzar(ie) to begin 12
comer to eat 1, 2
comercio m commerce 13
cometer to commit 19
comida f food, dinner, meal 5
como as, like, how 2, 17
¿cómo? how? VP, 3
cómodo(a) comfortable 5
compañero(a) m, f companion 4
compañero(a) de cuarto m, f roommate 14
compañía f company 15
  compañía de teatro f theatrical troupe 18
competir(i) to compete 5
completamente completely 3
complicado(a) complicated 4
complicar to complicate 23
cómplice m, f accomplice 5
comprar to buy 2
comprender to understand 2
común: en común in common 10
comunidad f community 12
comunista m, f communist 9
con with 1
  con tal (de) que provided that 16
concentrar to concentrate 23

concepto m concept 1
concierto m concert 3
condición f condition 8
conducir to drive, to conduct 6
conferencia f lecture, conference 3
confesarse(ie) to confess 21
confesor(a) m, f confessor 16
confianza f confidence 18
  tener confianza to trust 18
conflicto m conflict 4
congelarse to freeze 16
congreso m congress, convention 12
conmigo with me 2
conocer to know, to be acquainted with 6
conquista f conquest 15
conquistador(a) m, f conqueror 13
conseguir(i) to get 15
consecuencia f consequence 19
conserje m, f caretaker, concierge 14
conservar to conserve, to preserve 14
considerar to consider 2
consigo with him(her, you) 21
constante constant 18
consulta f consultation, visit to doctor's office 17
consultar to consult 14
contacto m contact 11
contado: pagar al contado to pay cash 22
contaminación f pollution, contamination 15
contar(ue) to count, to tell 8
contento(a) happy, content 1, 3

contestar to answer 1
contigo with you 2
continente m continent 2
continuar to continue 6
contrabandista m, f smuggler 5
contrabando m contraband 5
contratar to contract, to make a contract 11
contrato m contract 14, 15
controlar to control 11, 22
conveniente: es conveniente it is advisable, desirable 7
conversación f conversation 1
convertido(a) converted 12
convertirse(ie) to convert, to change 9, 14
coquetear to flirt 2
corazón m heart 8
cortar to cut 12
corto(a) short 7
correo m mail 13
  oficina de correos f post office 13
correr to run 8
corriente: cuenta corriente f checking account 11
cosa f thing 5
  la mar de cosas a lot of things 19
cosecha f harvesting
cosmopolita cosmopolitan 22
costa f coast 4
costar(ue) to cost 5
costeño(a) coastal
costumbre f custom 1, 2
  de costumbre customarily 10
crear to create 11
crecer to grow 17

crédito *m* credit 11
    tarjeta de crédito *f* credit card 11
creer to believe 2
crimen *m* crime 19
criminal *m f* criminal 19
crisis *f* crisis 14
cristianismo *m* Christianity 12
cristiano(a) Christian 12
criticar to criticize 22
cronológico(a) chronological 16
cruel cruel 11
cuaderno *m* workbook 3
el cuadro painting, picture
cual *m, f* the one which (that) 18
¿cuál?, ¿cuáles? what?, which? 2
cualidad *f* quality, trait 15
cuando when 1, 2
¿cuándo? when? 2
¿cuánto(a)? how much?; *pl* how many? 3
¡cuánto(a)! how much! 15
cuarenta forty 3
cuartel de policía *m* police station 19
cuarto(a) fourth 6, 8
cuarto *m* quarter (telling time) 3
cuarto de baño *m* bathroom 15
cuatro four 1
cuatrocientos(as) four hundred 5
cubano(a) Cuban 6
cubrir to cover 13
cuchara *f* spoon 23
cucharita *f* teaspoon 23
cuchillo *m* knife 23
cuello *m* neck 8

cuenta *f* account, bill 11
    cuenta corriente *f* checking account 11
    cuenta de ahorros *f* savings account 11
cuerpo *m* body 8
cuestión *f* issue, matter 1, 18
cuidado *m* care 8
    tener cuidado to be careful 8
culto(a) educated, mannered 18
cultura *f* culture 3
cultural cultural 1
cumpleaños *m* birthday 5
cumplir to comply, to fulfill 18
cuñado(a) *m, f* brother (sister)-in-law 15
curar to cure 17
    curarse to get cured, to cure oneself 17
curiosidad *f* curiosity 12
curioso(a) curious 7
curso *m* course 1

Ch

champú *m* shampoo 15
chaqueta *f* jacket 7
cheque *m* check 11
chicano(a) Chicano 22
chico(a) *m, f* kid, boy (girl) 7
¡chist! shhh! 4
chutar to shoot (in soccer) 5

D

damas *f pl* checkers 6
dar to give 5
    dar un paseo to take a stroll 16
    dar una vuelta to take a walk 13

    darse cuenta de to realize 8
de of, from 1
    de vez en cuando from time to time 10
debajo de below, underneath 9
deber *m* duty
deber ought, should, to owe (a debt) 2
débil weak 18
década *f* decade 18
decidir to decide 2
décimo(a) tenth 8
decir to say, to tell 4
    es decir that is to say 11
decisión *f* decision 22
declarar to declare 11
decorar to decorate 11
dedo *m* finger 8
defecto *m* defect 4
definir to define 6
dejar to let, to allow, to leave (behind) 6
    dejar caer to drop 20
del contraction of **de** + **el** 2
delante de in front of, before *VP,* 19
delicado(a) delicate 15
delincuencia juvenil *f* juvenile delinquency 19
delincuente *m, f* delinquent 19
delito *m* crime 19
demás *m pl* the rest, all the others 6
demasiado(a) too much, too many 9
demasiado too much 9
democracia *f* democracy 18
democrático(a) democratic 18
dentista *m, f* dentist 17
dentro de inside, within 11, 13

depender de to depend on *13*

dependiente *m, f* clerk, salesperson *7, 18*

deporte *m* sport *5*

depositar to deposit *11*

derecha *f* right *13*

   a mano derecha on the right-hand side *13*

derecho *m* law *1*

derecho straight ahead *13*

derribar to tear down *21*

desagradable unpleasant *3*

desaparecer to disappear *9, 19*

desaparición *f* disappearance *2, 19*

desarrollado(a) developed *17*

desarrollar to develop *15*

desarrollo *m* development *17*

desastre *m* disaster *2*

desayuno *m* breakfast *5*

descansar to rest *6*

descendiente *m, f* descendant *10*

descubrir to discover *6*

descuento *m* discount *13*

desde since *2, 11*

desear to desire, to want, to wish *15*

desembarcar to disembark *15*

desempleo *m* unemployment *19*

deshacerse de to get rid of *23*

desierto *m* desert *3, 16*

despacho *m* private office *6*

despedida *f* farewell *VP*

despertarse(ie) to wake up *8*

después afterward *2, 5*

   después de after *2, 6*

   después de que after *16*

destino *m* destiny *2*

destruir to destroy *12*

detener to stop, to arrest, to detain *13*

detenido(a) detained, arrested *5*

detrás de behind *19*

devolver(ue) to return (something) *5*

devorar to devour *22*

día *m* day *VP, 1*

   por el día by day, during the day *3*

   de día by day *3*

diario(a) daily

dialecto *m* dialect *4*

diálogo *m* dialogue *VP*

diciembre *m* December *5*

dictador *m* dictator *9*

dictadura *f* dictatorship *17*

diecinueve nineteen *1*

dieciocho eighteen *1*

dieciséis sixteen *1*

diecisiete seventeen *1*

diente *m* tooth *8*

   cepillo de dientes *m* toothbrush *20*

diez ten *1*

diferente different *1*

diferir(ie) to differ *9*

difícil difficult *1*

dignidad *f* dignity *4*

dilema *m* dilemma *17*

dinero *m* money *3*

   dinero en efectivo *m* cash *18*

dirección *f* direction, address *5*

director(a) *m, f* director *10*

discoteca *f* discotheque *19*

discreto(a) discreet, prudent *13*

discriminación *f* discrimination *15*

discusión *f* discussion, argument *5*

disminuir to diminish, to decrease *19*

disputa *f* dispute *4*

diminutivo(a) diminutive *19*

distancia *f* distance *7*

diversidad *f* diversity *6*

divertirse(ie) to have a good time *12*

dividido(a) divided *12*

doblar to turn (a corner) *13*

doce twelve *1*

docilidad *f* meekness, gentleness *7*

documento *m* document *13*

dólar *m* dollar *5*

doler(ue) to hurt *6*

dolor *m* pain *17*

   dolor de cabeza *m* headache *17*

   dolor de estómago *m* stomachache *17*

   dolor de muelas *m* toothache *17*

dominado(a) dominated *13*

domingo *m* Sunday *3*

dominio *m* dominion *11*

dominó *m* dominoes *6*

donde where *4*

¿dónde? where? *2*

dorado(a) golden *13*

dorar to gild *21*

dormir(ue) to sleep *5*

   saco de dormir *m* sleeping bag *2*

dos two *VP, 1*

doscientos(as) two hundred *5*

droga *f* drug *13, 19*

drogadicto(a) *m, f* drug addict *19*

ducha *f* shower *15*

ducharse to take a shower *8*

dudar to doubt *15*

dudoso(a) doubtful, dubious 21
dueño(a) *m, f* owner 5
dulce sweet 7
durante during 9, 13
durar to last *8*
duro(a) hard 5

E
e (variant of **y**) and 12
economía *f* economy 1
económico(a) economic *14*
echar to throw, to pour 13
edad *f* age *11*
edificio *m* building 1, 7
educación física *f* physical education VP
ejemplar *m* copy (of book) 13
ejemplo *m* example *11*
ejercicio *m* exercise 2
el the *m* VP
él he, him VP
electricista *m, f* electrician 18
elefante *m, f* elephant 12
elegante elegant 19
elegantemente elegantly 19
elemento *m* element 2
eliminar to eliminate *19*
ella she, her VP
ellas they, them VP
ello it 23
ellos they, them VP
embargo: sin embargo nevertheless *11*
embotellamiento *m* traffic jam 13
emergencia: sala de emergencia *f* emergency room 17
emoción *f* emotion 11
empezar(ie) to begin 5
empleado(a) *m, f* employee 21

empleo *m* employment 10
en in, on VP
enamorado(a) in love 1
enamorarse de to fall in love with 8
encender(ie) to light 12
encontrar(ue) to find 5
enchufar to plug in 15
energía *f* energy *22*
enero *m* January 5
enfermarse to get sick 8
enfermedad *f* illness 17
enfermero(a) *m, f* nurse 17
enfermo(a) sick 14
enfrentar(se) a (con) to confront, to face 23
enfrente de facing, opposite 19
engañar to deceive 7
enriquecer to enrich 6
ensalada *f* salad 9
enseñar to teach 5
entender(ie) to understand 5
entonces then *4*, 12
entrar (en) to enter 1
entre between, among *4*, 19
entresemana *f* weekdays 3
enviar to send 13
envolver(ue) to wrap 12
época *f* era, time *2*
equipo *m* team *5*
equivocarse to be mistaken 8
error *m* error, mistake 8
escalar to climb 7
escapar to escape *9*
escena *f* scene 11
escocés (escocesa) Scottish 10
escoger to choose 11
escondido(a) hidden *16*
escribir to write *VP*, 2
escritorio *m* desk 3
escuchar to listen (to) *VP*, 4

escuela *f* school 5
ese, esa; esos, esas that; those 5
esfuerzo *m* effort *9*
esmeralda *f* emerald *5*
eso that
  por eso for that reason *8*
espacio *m* space *14*
espalda *f* back 6
España *f* Spain 2
español(a) Spanish VP
especial special *14*
especialidad *f* specialty 3
espera: sala de espera *f* waiting room 4
esperar to wait for, to hope 3
esposo(a) *m, f* husband, wife 15
esquiar to ski 6
esquina *f* street corner 10
esta(s) this, these *VP*, 5
establecer to establish *12*
estacionar to park 13
estadio *m* stadium 6
Estados Unidos *m pl* United States 1, 3
estar to be 1
estatua *f* statue
estancia *f* ranch
este, estos this, these 5
este *m* east *15*
estirado(a) stuck-up 20
estoico(a) stoic *7*
estómago *m* stomach 6
estrecho(a) narrow *4*
estrella *f* star 18
estructura *f* structure *9*
estudiante *m, f* student VP
estudiantil: unión estudiantil *f* student union 3
estudiar to study 1
estudio *m* study 6

Europa f Europe 6
europeo(a) European 3
evitar to avoid 13
exactamente exactly 19
examen exam VP, 4
excelente excellent 2
excesivo(a) excessive 1
exigente demanding 10
existir to exist 6
éxito m success 3
    tener éxito to be
    successful 8
expansión f expansion 14
experiencia f
    experience 9, 18
experimentar to
    experiment 13
experto(a) expert 7
explicación f
    explanation 1, 19
explicar to explain 1, 4
    ¿cómo se explica? how
    do you explain? 21
explorar to explore 13
explotar to exploit 11
exportación f
    exportation 13
exportar to export 3
expresar to express 7
expresión f expression 5
expulsado(a) expelled 12
extenderse(ie) to extend 11
extranjero(a) m, f
    foreigner 13
extraño(a) strange 19
extraordinario(a)
    extraordinary 1
extremadamente
    extremely 9
extremo m extreme 10
exuberante exuberant 4

F
fabuloso(a) fabulous 21
fácil easy 1

facilidad f facility 7
falda f skirt 7
falso(a) false 1, 7
falta: hacer falta to need, to
    be lacking 6
familia f family 10
familiar familiar, relating to
    the family 7
famoso(a) famous 3
fao m foul (in soccer) 5
farmacia f pharmacy 10
fascinado(a) fascinated 13
fascinante fascinating 1
fascinar to fascinate 6
favor m favor 6
    por favor please 4, 9
favorito(a) favorite 5
febrero m February 5
fecha f date 5
federal federal 1
felicidad f happiness 11
femenino(a) feminine 7
feroz ferocious 7
festival m festival 21
ficha f record 7
fiebre f fever 17
fiel faithful 7
fiesta f party 3
filosofía f philosophy 9
filosófico(a)
    philosophical 15
fin de semana m weekend 3
final m; end; adj final 1
la finca ranch; ranch
    house 11
físico: educación física f
    physical education VP
fondos m pl funds 11
forma f form 12
formación f formation 2
formar to form 9
formulario m form;
    report 13
foto (fotografía) f
    photo(graph) 1

fotografiar to take pictures 7
fotográfico(a)
    photographic 9
fotógrafo(a) m, f
    photographer 1
frágil fragile 7
francamente frankly 2, 13
francés (francesa) French 2;
    m French language
frase f sentence, phrase 6
frecuencia: con frecuencia
    frequently 10
frecuente frequent 11
frecuentemente
    frequently 21
fresco(a) cool 16
    hace fresco it's cool 16
frío(a) cold 3, 16
frío m cold
    hace frío it's cold 16
    tener frío to be cold 8
frustración f frustration 5
fuente f fountain 11
fuerte strong 9
fuerte m fort 13
fumar to smoke 6
funcionar to function 15
fundar to found 7
furioso(a) furious 3
fútbol m soccer 5
futuro m future 3

G
gafas oscuras f pl
    sunglasses 16
galeón m galleon 11
galleta f cookie 9
ganas: tener ganas de to
    feel like 8
ganadería f cattle
    industry 23
ganar to earn, to win 6
garaje m garage 13

garantizar to guarantee *13*
gas *m* gas 22
gasolina *f* gasoline 22
gastar to spend 13
gasto *m* expense 22
general: en general in
  general *1, 2*
general *m* general *19*
generalización *f*
  generalization *16*
generalmente generally 8
genético(a) genetic 7
gente *f* people *12, 19*
gira *f* tour *17*
glorieta *f* traffic circle 13
gobierno *m* government 5
gol *m* goal *(in soccer)* 5
golf *m* golf 5
golpe militar *m* military
  coup *18*
grabadora *f* tape recorder 3
gracias thank you VP
grado *m* degree *17*
graduar(se) to graduate *13*
gran great *6, 7*
granada *f* pomegranate *21*
grande big *2, 3*
granizar to hail 16
granizo *m* hail 16
grave serious, grave 17
Grecia *f* Greece *12*
griego(a) Greek 12
grifo *m* faucet 14
gripe *f* flu *17*
gris gray 7
grupo *m* group 11
guapo(a) good-looking 1
guatemalteco(a)
  Guatemalan *4*
guerra *f* war *2*
  Segunda Guerra Mundial
  f World War II *12*
guerrillero(a) guerilla
  fighter *9*
guitarra *f* guitar 11

gustar to be pleasing, to
  like 6
gusto: con mucho gusto
  with pleasure *5*

H

haber to have *(aux. verb)* 13
habitación *f* room *5*
habitante *m, f* inhabitant *2*
hablar to talk, to speak 1
hacer to do, to make 4
  hacerse to become 14
hacia toward 9
hambre: tener hambre to
  be hungry 8
hasta until *VP*
  hasta que until 16
hay there is (are) 3
  hay que it is necessary 3
hecho *m* fact 17
heladería *f* ice-cream
  parlor 10
helado *m* ice cream 10
hemisferio *m*
  hemisphere *11*
hermana *f* sister 15
hermano *m* brother 15
  hermanos *m pl* brothers
  (and sisters) 9
hermoso(a) pretty 9
heterogéneo(a)
  heterogeneous *12*
hielo *m* ice 17
hiena *f* hyena *12*
hierro *m* iron *17*
hija *f* daughter 15
hijo *m* son *7,* 15
  hijos *m pl* sons (and
  daughters) 15
hispánico(a) Hispanic *1,* 5
Hispanoamérica *f* Hispanic
  America *11*
hispanoamericano(a)
  Hispanic American *11*

historia *f* history, story 3
hola hello VP
Holanda *f* Holland *12*
holandés *m* Dutch *14*
hombre *m* man 1
homenaje *m* homage *13*
hombro *m* shoulder 8
homogéneo(a)
  homogeneous *6*
honrado(a) honest *21*
hora *f* hour, time 1
  horas extraordinarias
  overtime 22
hospital *m* hospital 17
hotel *m* hotel 1
hoy today VP
huelga *f* strike 21
  estar en huelga to be on
  strike 21
huevo *m* egg 9
húmedo(a) humid 16
humor *m* humor 8
humorista *m, f* humorist *3*
hundir(se) to sink *11*
huracán *m* hurricane 16

I

ibérico(a) Iberian *2*
ibero(a) Iberian *2*
ida: billete de ida y vuelta
  m round-trip ticket 2
idea *f* idea 4
idioma *m* language *10, 12*
iglesia *f* church 10
ignorancia *f* ignorance 9
igual equal 17
ilusión *f* illusion 15
imaginación *f* imagination 8
imaginar(se) to imagine 8
imaginario(a) imaginary *2*
impedir(i) to prevent *13*
imperio *m* empire *2*
impermeable *m* raincoat 7

imponer to impose *14*
importancia *f* importance *12*, 18
importante important *1, 7*
importar to matter 6
imposible impossible *2, 7*
improbable improbable *7*
impuesto *m* tax 11
inaceptable unacceptable 9
incendiario(a) *m, f* arsonist 19
incendio provocado *m* arson 19
incomodado(a) upset 15
incorregible incorrigible *3*
increíble incredible 19
independencia *f* independence *1*
independiente independent 1
indígena indigenous *11*
indio(a) *m, f; adj* Indian *2, 12*
indiscreto(a) indiscreet 13
indispensable indispensable 14
industrialización *f* industrialization 8
industrializar to industrialize 8
industrioso(a) industrious *12*
infantil infantile *3*
inferior lower *16*
infiel unfaithful *7*
influencia *f* influence *2*
informar to inform 7
ingeniero(a) *m, f* engineer 18
inglés (inglesa) English; *m* English (language) 1
inmenso(a) immense *3*
inmigrante *m, f* immigrant 8

inocente innocent *8*
inofensivo(a) inoffensive *5*
insinuar to insinuate *22*
insistir en to insist on 15
instantáneo(a) instant *13*
instrucción *f* instruction 11
instrumento *m* instrument *10*
insulto *m* insult *4*
intelectual intellectual *7*
inteligencia *f* intelligence *9*
inteligente intelligent 1
intentar to try to *13, 19*
interés *m* interest *8*
interesante interesting 1
interesar to interest 6
internacional international *5*
introducir to introduce 9
invertir(ie) to invest *18*
investigación *f* investigation *7*
invierno *m* winter *7*
invisible invisible *17*
invitación *f* invitation 6
invitado(a) *m, f* guest *23*
invitar to invite *11*
inyección *f* injection *17*
ir to go 2
irse to go away 9
irlandés(esa) Irish *10*
irresistible irresistible 2
irritante irritating *2*
isla *f* island 9
Italia *f* Italy *8*
izquierda *f* left 13

J
jabón *m* soap 15
jamás never 8
jamón *m* ham 9
Japón *m* Japan *3*
jardín *m* garden
jefe (jefa) *m, f* boss 11
jerez *m* sherry

joven *m, f; adj* young person, young *3*, 9
judío(a) *m, f* Jew *12*
juego *m* game 6
jueves *m* Thursday 3
jugador(a) *m, f* player *5*
jugar(ue) to play 5
julio *m* July 5
jungla *f* jungle *3, 16*
junio *m* June 5
junto(a) together *4*
jurar to swear 11
justicia *f* justice 19
juvenil juvenile 19
juventud *f* youth *14*

K
kilo *m* kilo 9
kiosco *m* newsstand 13

L
la the *(f)* VP; her, you, it 4
labio *m* lip 8
laboratorio *m* laboratory 3
ladino *m* language of the Sephardic Jews 12
lado: al lado de next to 9
ladrón (ladrona) *m, f* thief 19
lago *m* lake *8*
lágrima *f* tear *21*
lamentar to lament *19*
lancha rápida *f* speedboat *13*
lápiz *m* pencil VP
largo(a) long 7
las the *(f, pl.)* 1; them, you 4
lástima *f* pity 19
lata *f* can *17*
latín (latina) Latin *2*
lavadora *f* washing machine 15
lavar(se) to wash 8
le him, you 4; to (for) him (her, you, it) 5

lección *f* lesson 1
leche *f* milk 9
leer to read 2
lejos de far from 19
lengua *f* language, tongue 1
lento(a) slow 2
león *m* lion 7
les to (for) them (you) 5
levantar(se) to raise, to get up 8
liberación *f* liberation 7
liberado(a) liberated 1
liberal *m, f* liberal *1*
libertad *f* liberty 13
libro *m* book VP
ligero(a) light (weight) 2
limitar to limit *14*
límite *m* limit *14*
limpiar to clean 12
limpio(a) clean 8
lingüístico(a) linguistic 2
lío *m* mess, jam 6
lista *f* list 15
    pasar lista to take roll *VP*
listo(a) ready *3*
literatura *f* literature *11*, 21
lo it, him, you, 4
    lo que what 18
loco(a) crazy 8
los the *VP,* 1; them, you 4
lucha *f* fight *21*
luego later VP
lugar *m* place 6
luna *f* moon 18
lunes *m* Monday 3
luz *f* light 12

LL

llamar(se) to call (be called) *6,* 8
    ¿cómo se llama Ud.? what's your name? *VP*
llanura *f* plain *20*
llave *f* key 5

llegada *f* arrival 2
llegar to arrive 1
    llegar a ser to become 14
llenar to fill (out) 13
lleno(a) de filled, full of *7*
llevar to carry, to wear 4
llorón (llorona) person who cries a lot *7*
llover(ue) to rain 16
lluvia *f* rain 16

M

machismo *m* machismo 7
madre *f* mother *12,* 15
    Madre Naturaleza *f* Mother Nature *8*
madrugada *f* dawn *21*
maestro(a) *m, f* teacher 4
magnetofónico: cinta magnetofónica recording tape 3
magnífico(a) magnificent 2
mal badly 15
maleta *f* suitcase 2
malo(a) bad, sick 1
mamá mama 11
mandar to send, to command 5
mandato *m* order *12*
manipular to manipulate *5*
mano *f* hand *1,* 13
    a mano derecha right-hand side 13
mantel *m* tablecloth 23
mañana tomorrow VP; *f* morning 3
mapa *m* map *1*
máquina *f* machine *6,* 18
maquinilla de afeitar *f* razor 15
mar *m or f* sea *9,* 11
    la mar de cosas a lot of things 19
    la mar de trabajo a ton of work 7

marcar to dial 12
marchar(se) to go off, to leave *20,* 23
marido *m* husband 15
marítimo(a) maritime *13*
marrón brown 7
martes *m* Tuesday 3
marzo *m* March 5
más more 1
    más . . . que (de) more than 9
masoquista *m, f* masochist *7*
matar to kill 19
matemáticas *f pl.* mathematics 9
material material *9*
materias *f pl* subjects VP
matrimonial pertaining to marriage 15
maya Mayan *1*
mayo *m* May 5
mayor older 9
mayoría *f* majority *9*
me me 4; to (for) me 5
mecánico *m, f* mechanic 18
medio(a) half 3
medianoche *f* midnight 3
medicina *f* medicine *1,* 17
médico(a) *m, f* doctor *16,* 17
mediodía *m* noon 3
mediterráneo(a) Mediterranean *12*
mejor better 7
mejorar to improve, to better *14,* 19
melón *m* melon 9
menor younger 9
menos less *1,* 3
    a menos que unless 16
    menos . . . que less than 9
mentira *f* lie 11
mentiroso(a) *adj* lying 7

menudo: a menudo often 10
mercado *m* market 9
mes *m* month *3, 5*
mesa *f* table 6
mestizo(a) person with Spanish and Indian blood *3*
meterse en to get involved in 8
mexicano(a) *m, f; adj* Mexican
mezclado(a) mixed *6*
mezclar(se) to mix *11*
mezquita *f* mosque
mi, mis my 4
mí: a (para)mí to (for) me 5
miedo: tener miedo to be afraid 8
mientras while 10
miércoles *m* Wednesday 3
mil *m* thousand 5
militar military *5*
milla *f* mile 7
millón *m* million 5
minoría *f* minority *11*
minuto *m* minute *3*
mío(a) mine 10
mirar to look (at) *2, 11*
mismo(a) same *7, 17*
misterioso(a) mysterious *16*
mito *m* myth *7*
mochila *f* backpack 2
moderno(a) modern *1*
modificar to modify *13*
mojar(se) to get wet *16*
molestar to bother *6*
molestia *f* bother *6*
molino *m* mill
momento: en un momento in a moment 4
montaña *f* mountain *3, 7*
monte *m* small mountain *16*

monumento *m* monument *3*, 10
mostrar(ue) to show
motivo *m* motive 5
movimiento *m* movement 7
muchacha *f* girl 3
muchacho *m* boy
 muchachos *m pl* boys and girls
mucho *adv.* much
 muchos(as) many *1, 2*
muela: dolor de muela toothache 17
muerte: pena de muerte *f* death penalty 19
muerto(a) dead 1
mujer *f* woman 1; wife 15
mulato(a) mulatto *6*
mundo *m* world *2, 5*
muralista *m, f* murallist *11*
muralla *f* wall *13*
músculo *m* muscle 8
museo *m* museum *3, 10*
música *f* music 4
musical musical *10*
musulmán *m* Muslim *12*
muy very VP

N

nacer to be born 8
nacional national *2*
nacionalidad *f* nationality *10*
nada nothing *6, 8*
nadar to swim 6
nadie no one 8
naranja *f* orange 9
nariz *f* nose 8
natural natural 7
naturaleza *f* nature *4*
naturalmente naturally *13*
Navidad *f* Christmas 5
neblina *f* haze 16

necesario(a) necessary 3
necesitar to need **1**
negocio *m* business 10
negro(a) black *6, 7*
nervioso(a) nervous VP
nevar(ie) to snow 16
ni...ni neither...nor 8
niebla *f* fog 16
nieta *f* granddaughter 15
nieto *m* grandson 15
 nietos *m pl.* grandchildren
nieve *f* snow 16
 bola de nieve *f* snowball 16
ningún, ninguno(a) none, not any 8
 ninguna parte nowhere *19*
niña *f* child 8
niño *m* child *5, 8*
 niños *m pl* children 15
nivel *m* level *12*
no no 1
noche *f* night 3
 de noche at night 3
nombre *m* name VP
normal normal *7*
noroeste *m* northwest *10*
norte *m* north *10*
norteamericano(a) North American 1
nos us 4; to (for) us 5
nosotros(as) we
nota *f* grade, note *1, 4*
noticia *f* news 5
novecientos(as) ninety 5
novela *f* novel 21
novelista *m, f* novelist 8
noveno(a) ninth 8
noventa ninety 3
novia *f* fiancée, girl friend 1
noviembre *m* November 5
novio *m* boyfriend, fiancé 1
nube *f* cloud 16

nublado: estar nublado to be cloudy 16

nuera f daughter-in-law 15

nuestro(a) our 4; ours 10

nueve nine 1

nuevo(a) new 4

número m number 1

numeroso(a) numerous 2

nunca never 7, 8

O

o or 1

o . . . o either . . . or 8

obedecer to obey 6

obediente obedient 7

obrero(a) m, f worker 21

obsceno(a) obscene 19

ocasión f occasion 23

occidental western 11

océano m ocean 13

octavo(a) eighth 8

octubre m October 5

ocupado(a) busy 14

ocupar to occupy 14

ocurrir to occur 16, 20

ochenta eighty 3

ocho eight 1

ochocientos(as) eight hundred 5

oficial official 6

oficina f office 10

  la oficina de correos f post office 13

oír to hear 4

ojalá I wish 14

ojo m eye 8

olvidar to forget 5

olla f cooking pot 23

once eleven 1

operación f operation 17

operar to operate 17

opinar to believe, to have an opinion 14

opinión f opinion 7

oral oral 1

orden f order 12

oreja f ear 8

organizar to organize 11

orgulloso(a) proud 14

origen m origin 2

original original 17

oro m gold 13

os to (for) you 5

oscuro(a) dark 7

  gafas oscuras f pl sunglasses 16

otoño m autumn 7

otro(a) other, another 1, 5

oyente m, f auditor 3

P

paciente m, f patient 17

padre m father 13

  padres m pl parents VP

Padrenuestro m Lord's Prayer 10

pagar to pay 5

país m country 1, 7

paisaje m landscape 18

palabra f word VP

palabrota f swear word 13

pan m bread 9

  pan tostado m toast 9

panameño(a) from Panama 4

pantalón m trousers 7

paño de lágrimas m a shoulder to cry on 16

papa f potato 9

papá m papa 11

papel m paper VP

paquete m parcel 9

para for, in order to 10

  para que so that 16

parada f (bus) stop 10

paraguas m umbrella 16

parecer to seem 6

  parecerse a to look like 23

parientes m pl relatives 15

parque m park 5, 10

  parque zoológico m zoo 12

parte f part 2

  en todas partes everywhere 4

  ninguna parte nowhere 19

participar to participate, to take part in 1

partido m (political) party 19

partir: a partir de after 19

pasado(a) past, last 7

pasajero(a) m, f passenger 4

pasaporte m passport 2

pasar to pass, to happen 1, 3

paseo: dar un paseo to take a walk 16

pasión f passion 13

pasta de dientes f toothpaste 15

pastilla f pill 17

patillas f pl sideburns 20

patio m patio 5

pedestal m pedestal 12

pedir(i) to ask (for) 5

  pedir prestado to borrow 11

peinar(se) to comb 8

peine m comb 20

película f film 6

peligroso(a) dangerous 13

pelo m hair 8

pelota f ball

peluca f wig 20

peluquería f barbershop, beauty shop 20

peluquero(a) m, f hairstylist 20

pena de muerte f death penalty 19

península *f* peninsula *2*
pensador(a) *m, f* thinker *12*
pensar(ie) to think 5
peor worse 9
pequeño(a) small, little 3
perder(ie) to lose 5
pérdida *f* loss *20*
perdonar to pardon *2*
periódico *m* newspaper 5
periodista *m, f* reporter 6
permitir to permit 15
pero but VP
persona *f* person 5
personal personal 7
personalidad *f* personality 3
pertenecer to belong *17*
perrito *m* puppy 20
perro *m* dog 1
pesado(a) heavy, boring 2
pesar to weigh *9*
pesca submarina *f* spear
  fishing 6
pescado *m* fish 9
pescar to fish 6
peso *m* weight, peso 10
petróleo *m* petroleum, oil *3*
piano *m* piano 11
pie *m* foot 8
  estar de pie to be
    standing 8
piedra *f* stone 9
pierna *f* leg 8
piloto(a) *m, f* pilot 9
pinar *m* pine grove *21*
pintar to paint 18
la pintura painting
pirámide *f* pyramid 1
piraña *f* piranha *21*
pirata *m* pirate *13*
piropo *m* compliment 12
piscina *f* swimming pool 6
piso *m* apartment, floor 5
pistola *f* pistol *11*
pizarra *f* chalkboard VP
plan *m* plan 4

planchar to iron 14
planeta *m* planet *18*
plástico *m* plastic 3
plata *f* silver, coin *20*
plato *m* dish, plate 14
playa *f* beach 3
plaza *f* plaza, square *3*
pleito *m* lawsuit 18
plomero(a) *m, f* plumber 18
pluricultural multicultural
  10
plurilingüe multilingual *10*
población *f* population *3*
pobre poor 7
pobreza *f* poverty *17*
poco little VP
  poco a poco little by little
  2, 19
poder(ue) can, may, to be
  able 5
poema *m* poem *18*
poesía *f* poetry *18*
poeta, poetisa *m, f* poet *17*
poetastro de calibre *m* bad
  poet *18*
policía *f* police 5
  cuartel de policía *m*
    police station *19*
política *f* politics 5
político(a) *m, f*
  politician 13
polvo de oro *m* gold dust
  13
pollo *m* chicken 9
pomposo(a) pompous 17
poner to put, set 4
  ponerse to become 8
  ponerse a + *inf.* to start
  23
popular popular *5, 7*
popularidad *f* popularity *9*
por for 2
  por el día during the day
  3
  por eso for that reason *8*

por favor please *4, 9*
por fin finally 15
por la noche at night 3
por la tarde in the
  afternoon 3
porque because 1
¿por qué? why? 3
portero *m* goalie 5
posibilidad *f* possibility *8*
posible possible *1, 7*
postal: tarjeta postal *f*
  postcard 5
postizo(a) false *20*
postre *m* dessert 9
práctica *f* practice *7*
practicar to practice 1
precio *m* price 22
precioso(a) beautiful 7
precipitado(a) hurried *15*
precisamente precisely *6*
preciso necessary 14
predominantemente mostly
  17
predominar to predominate
  4
preferencia *f* preference *15*
preferir(ie) to prefer 5
pregunta *f* question 1
  hacer preguntas to ask
    questions *5*
preguntar to ask (inquire) 1
  preguntarse to wonder 13
preocupado(a) worried 22
preocupar to worry *14, 22*
  preocuparse de to worry
    about 23
preparar to prepare 4
presencia *f* presence *4*
presente here (present in
  class) VP
presente *m* present *8*
presidencia *f* presidency *14*
presidente *m, f* president 8
presión sanguínea *f* blood
  pressure *17*

representar to represent *3*
república *f* republic *1*
resignarse a to resign oneself to 23
resistente resistant 17
resistir to resist *12*
resolver(ue) to solve 14
respetar to respect *21*
responsabilidad *f* responsibility 15
respuesta *f* answer *19*
restaurante *m* restaurant 1
restaurar to restore *19*
resto *m* rest, remainder 11
resultado *m* result *2, 8*
retraso *m* delay *8*
reunir(se) to get together 13
revista *f* magazine 13
revolución *f* revolution *9*
rey *m* king *10*
ría *f* bay *11*
rico(a) rich *6, 21*
ridículo(a) ridiculous *2*
rincón *m* corner *21*
río *m* river *16*
riqueza *f* wealth *11*
ritmo *m* rate, rhythm *17*
rizar to curl 20
robar to steal *13, 19*
robo *m* theft 19
rodear to surround *12*
rojo(a) red 7
romano(a) Roman *2*
romántico(a) romantic 13
romper to break *17*
ropa *f* clothes 7
rosa *f* rose 7
roto(a) broken 17
ruina *f* ruin 7

S
sábado *m* Saturday 3
saber to know 2
sabido(a) well-known 9

sabio(a) wise 21
sabroso(a) tasty 9
sacacorchos *m* corkscrew 15
sacar to take out 2, to withdraw 11, to take (photos) 2
saco *m* coat 7
  saco de dormir *m* sleeping bag 2
sádico(a) sadistic 7
sala *f* room 3
  sala de clase classroom 3
  sala de espera waiting room 4
  sala de emergencia emergency room 17
salado(a) salty *21*
salida *f* departure, exit 3
salir to go out 4
salón de belleza *m* beauty salon 20
salón de clase *m* classroom VP
salud *f* health 17
saludar to greet 4
saludo *m* greeting VP
sandalia *f* sandal 7
sandwich *m* sandwich 2
sano(a) healthy 17
secador *m* dryer 20
sección *f* section *1*
seco(a) dry 16
secretario(a) *m, f* secretary 13
secreto *m* secret 20
secuestrar to hijack 9
secundario(a) secondary *22*
sed: tener sed to be thirsty 8
seductor seductive *7*
sefardí Sephardic *12*
seguida: en seguida at once 17

seguir(i) to follow 11
según according to *9*
segundo(a) second 8
seguro(a) sure, secure 4
seis six 1
seiscientos(as) six hundred 5
selva *f* jungle *20*
semana *f* week 3
semestre *m* semester VP
semilla *f* seed *13*
sentado(a) seated 1
sentarse(ie) to sit 8
sentimental *m, f* sentimentalist 13
sentir(ie) to feel, to regret 5
señor *m* Mr., sir, gentleman VP
señora *f* madam, Mrs., woman 2
señorita *f* Miss, young woman VP
septiembre *m* September 5
séptimo(a) seventh 8
ser to be 1
seriedad *f* seriousness *9*
serio(a) serious 2
servicio de altavoces *m* intercom *9*
servilleta *f* napkin 23
servir(i) to serve 5
sesenta sixty 3
setecientos(as) seven hundred 5
setenta seventy 3
sexto(a) sixth 8
sexual sexual 7
si if 5
sí yes VP
siempre always 3
  siempre que whenever 16
siete seven 1
siglo *m* century *11*
significar to mean *8, 16*
siguiente following

silla *f* chair 5
símbolo *m* symbol *10,* 11
similar similar *2*
simpático(a) pleasant, nice 1
sin without *2, 3*
sincero(a) sincere *23*
sino, sino que but *13,* 15
síntoma *m* symptom 17
siquiatra *m, f* psychiatrist *16*
sistema *m* system *1*
situación *f* situation 9
situado(a) located *6*
sobre on, about *5*
sobrino(a) *m, f* nephew, niece 15
social social *7*
sociedad *f* society *3,* 19
socioeconómico(a) socioeconomic *11*
sociólogo *m* sociologist *7*
sociológico(a) sociological
sol *m* sun 16
   hace sol it's sunny 16
solar solar *21*
soler(ue) + *inf.* to do something often 19
solicitar to apply 21
sólo only *10*
solución *f* solution 21
solucionar to solve 20
sonar(ue) to ring (a bell) 11
sombra *f* shadow *22*
sonrisa *f* smile *21*
soñar(ue) (con) to dream (about) *5*
sopa *f* soup 9
sospechar to suspect 17
su, sus his, her, your, their 4
suave soft 19
subdesarrollado(a) underdeveloped *17*

subir to go up 7
suceder to happen *17*
sucio(a) dirty 8
Sudamérica *f* South America 15
suegro(a) *m, f* father-(mother)-in-law 15
sueldo *m* salary 11
suelo *m* floor 14
sueño *m* dream 5
   tener sueño to be sleepy 8
suerte: tener suerte to be lucky 8
suéter *m* sweater 7
suficiente enough, sufficient 11
sufrir to suffer *16,* 17
Suiza *f* Switzerland *17*
sumamente extremely 9
sumiso(a) submissive *7*
superficial superficial *7*
superioridad *f* superiority *5*
superpuesto(a) superimposed *16*
sur *m* south *13*
   América del Sur South America *13*
suspender to cancel (a performance) 18
suspiro *m* sigh 17
suyo(a) his, hers, yours 10

T
tabaco *m* tobacco 23
tal: ¿qué tal está? how are things? VP
tal vez perhaps 14
talento *m* talent 9
talonario de cheques *m* checkbook 22
también also VP
tampoco neither 8

tan . . . como as . . . as *5,* 9
tan pronto como as soon as 16
tanto(a,os,as) . . . como as much (many) . . . as 9
tardar en to be late in 23
tarde late 3; *f* afternoon 3
   buenas tardes good afternoon VP
tarea *f* homework VP
tarjeta de crédito *f* credit card 11
tarjeta postal *f* postcard 5
taxi *m* taxi 10
taza *f* cup 23
te you 4; to (for) you 5
teatro *m* theater *15,* 18
   compañía de teatro *f* theatrical troupe 18
teléfono *m* telephone 4
telenovela *f* television soap opera 20
televisión *f* television 1
temer to fear 15
temperatura *f* temperature 16
temprano early 3
tenedor *m* fork 23
tener to have 4
   tener que to have to 4
tenis *m* tennis 5
tensión *f* tension *11*
tercero(a) third 7
terminal de autobuses *f* bus depot 10
terminar to finish *1,* 4
termómetro *m* thermometer *17*
terraza de café *f* sidewalk café 10
terrible terrible *5*
territorio *m* territory *4*
terrorista *m, f* terrorist 9

tesoro *m* treasure 11
ti: a (para) ti to (for) you 5
tiempo *m* time 3; weather 16
tienda *f* shop 10
tierra *f* land 12
tifón *m* typhoon 16
tímido(a) shy 2
tintorería *f* dry cleaner 10
tío(a) *m, f* uncle, aunt 15
tipo *m* guy 8
tirar to throw 16
tiza *f* chalk VP
tocar to touch, to play *5,* 11
tocino *m* bacon 9
todavía yet, still *6*
todo(a) all *VP,* 2
  en todas partes everywhere 4
tomar to take *VP,* to drink, to eat 1
  tomarle el pelo to pull one's leg 13
  tomar el sol to sunbathe
  tomar una decisión to make a decision 22
tomate *m* tomato *2*
tontería *f* silly thing 10
tonto(a) silly 13
toque *m* touch *9*
tormenta *f* storm 16
toro *m* bull
tostado(a) toasted 9
tostador *m* toaster 23
trabajar to work 1
trabajo *m* work 3
tradición *f* tradition 7
traducir to translate 6
traer to bring 4
traficante en (de) drogas *m, f* drug dealer 19
tráfico de drogas *m* drug traffic 19

trágico(a) tragic *16*
traje *m* suit 7
  traje de baño *m* bathing suit 7
tranquilidad *f* tranquility *19*
trasnochar to stay up late 15
tratado *m* treaty *4*
tratar to treat, to try 23
trece thirteen 1
treinta thirty 1
tren *m* train 2
tres three 1
trescientos(as) three hundred 5
tribu *f* tribe *2*
trigo *m* wheat *23*
triste sad *15*
tronar(ue) to thunder 16
trono *m* throne *19*
tropical tropical *3, 16*
trópico *m* tropics 9
trueno *m* thunder 16
tu, tus your 4
tú you VP
turco Turkish 12
turismo *m* tourism 10
tutearse to be on a first name basis 12
tuyo(a) yours 10

U
u (variant of **o**) or 12
último(a) last 9
un, una a, an *VP,* 1
único(a) unique, only *5*
unidad *f* unity *11*
unificar to unify *12*
unión estudiantil *f* student union 3
universidad *f* university 1
un(a) a, an 1

uno(a) one 1
unos(as) some
usar to use 11
uso *m* use *14*
usted(es) you VP

V
vacaciones *f pl* vacation 3
  estar de vacaciones to be on vacation 8
valle *m* valley *21*
variado(a) varied *10*
varios(as) several *2, 9*
vasco(a) *m, f* Basque *10*
vascuence Basque *10*
vaso *m* glass 23
vecino(a) neighbor, neighboring *20*
veinte twenty 1
vela: barco de vela *m* sailboat 16
vender to sell 2
vendedor(a) *m, f* seller
venezolano(a) Venezuelan *8*
venir to come 4
venta *f* sale *19*
ventana *f* window VP
ver to see 2
verano *m* summer 7
verdad *f* truth 2
verde green 7
verdura *f* vegetables 9
vestido *m* dress 7
vestirse(i) to get dressed 8
vez *f (pl* **veces***)* time 9
  a veces sometimes 19
  de vez en cuando from time to time 10
  en vez de instead of 6
  otra vez again 19
vía *f* way, path *10*

viajar to travel 2
viaje *m* trip 8
   estar de viaje to be on a trip 8
viajero(a) *m, f* traveler 4
victoria *f* victory *5*
vida *f* life 7
viejo(a) old *3,* 9
viento *m* wind 16
   hace viento it's windy 16
viernes *m* Friday 3
vinagre *m* vinegar 15
vino *m* wine 23
violencia *f* violence
visitar to visit 1

vista *f* vista, view *1*
vistazo *m* look, glance *3*
vivir to live *1,* 2
volar(ue) to fly *9*
volcán *m* volcano *4*
volver(ue) to come back 5
   volverse(ue) to become 8
vos you 4
vosotros(as) you VP
voto *m* vote *14*
voz *f* voice VP
vuelo *m* flight 2
vuelta: billete de ida y vuelta *m* round-trip ticket 2

vuelta: dar una vuelta to take a walk 13
vuestro(a) your 4; yours 10

Y
y and VP
ya already *14,* 20
ya no no longer
yerno *m* son-in-law 15
yo I VP

Z
zapatería *f* shoe store 10
zapato *m* shoe 4
zona *f* zone *12*

ENGLISH-SPANISH VOCABULARY

The English-Spanish Vocabulary includes some words and expressions that
will assist you in completing the *Sea un intérprete* exercises.

A

actor el actor
actress la actriz
adventure la aventura
advisable conveniente
advise aconsejar
after después de
airport el aeropuerto
all todo(a)(s)
already ya
although aunque
American americano(a),
   norteamericano(a)
and y, e
answer contestar
any algún, alguna; ningún,
   ninguna
anyone alguien, nadie
anything algo, nada
architect el (la) arquitecto(a)
arrest detener
arrival la llegada
arrive llegar
ask (a question) preguntar,
   hacer una pregunta
ask (for something)
   pedir(i)
as soon as tan pronto como
at en
auditor el (la) oyente
aunt la tía

B

back la espalda
backpack la mochila
bacon el tocino
bag la bolsa
ball-point pen el bolígrafo
barber el peluquero
bathroom el baño
be estar, ser
beach la playa
beard la barba
become ponerse + *adj,*
   hacerse, llegar a ser
before antes, antes de (que)
begin comenzar(ie),
   empezar(ie)
believe creer
better mejor
bicycle la bicicleta
big grande
blackboard la pizarra
blender la batidora
blouse la blusa
blue azul
body el cuerpo
bomb la bomba
book el libro
boring pesado(a)
boss el (la) jefe (jefa)
bother molestar
breakfast el desayuno

bring traer
brother el hermano
budget el presupuesto
building el edificio
burglar el ladrón (la
   ladrona)
bus el autobús
   bus terminal la terminal
business el negocio
buy comprar

C

cafeteria la cafetería
camera la cámara
captain el capitán
car el coche, el carro
carpenter el (la)
   carpintero(a)
cash cobrar; el dinero en
   efectivo
certain: to be certain ser
   cierto(a)
chair la silla
cheap barato(a)
check el cheque, la cuenta
checkbook el talonario de
   cheques
cheer up animar(se)
chess el ajedrez
child el (la) niño(a)

church la iglesia
city la ciudad
class la clase
classroom la sala de clase
clean limpio(a)
climb subir, escalar
close cerrar(ie)
clothes la ropa
coat el saco
coffee el café
cold frío(a)
company la compañía
complain (about) quejarse
   (de)
conceited presumido(a)
concept concepto
concert el concierto
confidence la confianza
contraband el contrabando
control controlar
cook cocinar; el (la)
   cocinero(a)
corner (of the street) la
   esquina
cost costar(ue)
count on contar(ue) con
course el curso
cousin el (la) primo(a)
credit el crédito
criticize criticar
cut cortar

D

dance bailar
day; by day el día; de día
dead muerto(a)
death penalty la pena de
   muerte
deposit depositar
desk el escritorio
difficult difícil
dine cenar
dinner la cena
dirty sucio(a)

do hacer
doctor el (la) médico(a)
dog el perro
dollar el dólar
door la puerta
doubt dudar
downtown el centro
dream about soñar con
dress vestir(se)
drink beber, tomar
drive conducir, manejar

E

each cada
earn ganar
easy fácil
eat comer
either...or o...o; tampoco
electricity bill la cuenta de
   la luz
electronic electrónico(a)
elegantly elegantemente
emerald la esmeralda
employee el (la)
   empleado(a)
employment el empleo
engineer el (la) ingeniero(a)
English el inglés, la inglesa
enter entrar (en)
every cada
exam el examen
exercise el ejercicio
expect esperar
expense el gasto
explain explicar
eye el ojo

F

fall in love enamorarse (de)
family la familia
fascinating fascinante
fast rápido(a)
father el padre

father-in-law el suegro
faucet el grifo
fewer menos
fiancé(e) el (la) novio(a)
find encontrar(ue)
   find out saber (in
   preterite)
finish terminar
fix reparar
flight attendant la azafata
fog la niebla
follow seguir(i)
forbid prohibir
forget olvidar
former antiguo(a)
food la comida
foot el pie
freedom la libertad
friend el (la) amigo(a)
friendship la amistad
from de
front: in front of delante de

G

game el juego
gas bill la cuenta del gas
gasoline la gasolina
get in subir a
get out bajar de
gift el regalo
give dar
go, go away ir, irse
go in entrar en
good bueno(a)
grade la nota
grammatical gramatical
grandfather el abuelo
grandmother la abuela
green verde

H

hair el pelo
   hair dryer el secador

handsome guapo(a)
happen ocurrir, pasar
happy feliz
have tener
   have fun divertirse(ie)
   have just acabar de + *inf.*
hear oír
heart: by heart de memoria
heavy pesado(a)
here aquí
history la historia
home: at home en casa
hope esperar
hotel el hotel
hour la hora
house la casa
how many? ¿cuántos(as)?
how much ¿cuánto(a)?
hungry: to be hungry tener
   hambre
hurt doler(ue)

I
idea la idea
imagination la imaginación
important importante
improve mejorar(se)
in en
increase aumentar
insane; to become insane
   loco(a); volverse loco(a)
insist (on) insistir (en)
intelligent inteligente
interest interesar
interesting interesante
invest invertir(ie)
iron (clothes) planchar
island la isla

J
jealous celoso(a)
job el trabajo

K
keep on seguir + *present
   participle*
key la llave
kill matar
kitchen la cocina
know saber; conocer

L
lady (young) señorita
landlord el dueño
language la lengua; el
   idioma
last (past) pasado(a)
later luego; más tarde
lawyer el (la) abogado(a)
learn aprender
leave salir
less menos
lesson la lección
let (allow) dejar
letter la carta
library la biblioteca
lie la mentira
light la luz
like gustar; como
listen (to) escuchar
live vivir
loan prestar; el préstamo
long largo(a)
lose perder(ie)
lot: a lot mucho(a)
love amar; el amor; **to be
   in love** estar
   enamorado(a)
lucky (to be) tener suerte

M
magazine la revista
major la especialidad
make hacer
man el hombre
many muchos(as)

marry casarse
matter importar
meat la carne
met conocer *(in preterite)*
Mexican mexicano(a)
milk la leche
mine (el) mío, (la) mía
mistake el error
moment el momento
money el dinero
moon la luna
more más
morning: this morning esta
   mañana
moustache el bigote
movies el cine
movie theater el cine
mugger el (la) atracador(a)
murder el asesinato
music la música
must deber

N
near cerca (de)
necessary (to be) ser
   necesario
need necesitar
nephew el sobrino
new nuevo(a)
news la noticia
newspaper el periódico
nice simpático(a); amable
niece la sobrina
night: at night de noche
notes (class) los apuntes
novelist el (la) novelista
now ahora

O
office la oficina
often a menudo
OK bien
older mayor

open abrir
or o, u
order (command) mandar
ought to (should) deber
overcoat el abrigo
overtime las horas extraordinarias
owner el (la) dueño(a)

P

page la página
parents los padres
parents-in-law los suegros
park el parque
party la fiesta
pass pasar; aprobar(ue)
passenger el (la) pasajero(a)
patient el (la) paciente
pay pagar
   pay attention prestar atención
permit permitir
philosophy la filosofía
phone telefonear; el teléfono
pity la lástima
plan pensar(ie) en; el plan
plane el avión
pleasant agradable
plumber el (la) plomero(a)
poem el poema
policeman el policía
poor pobre
postcard la tarjeta postal
practice practicar
prefer preferir(ie)
pretty bonito(a)
price el precio
problem el problema
produce producir
profession la profesión
professor el (la) profesor(a)
proud orgulloso(a)
provided that con tal (de) que

punctual puntual
puppy el perrito
put poner

Q

question la pregunta
quickly rápidamente

R

radio el (la) radio
rather bastante
read leer
receive recibir
refuse no querer *(in preterite)*
remember recordar(ue)
rent alquilar; el alquiler
restaurant el restaurante
return volver(ue); devolver(ue)
rice el arroz
rich rico(a)
ring sonar
round-trip ticket el billete de ida y vuelta
ruin arruinar

S

sad triste
sailboat el barco de vela
salary el sueldo
same el (la) mismo(a)
Saturday el sábado
save ahorrar
savings account la cuenta de ahorros
school la escuela
seated sentado(a)
second segundo(a)
see ver
seem parecer
sell vender

send enviar, mandar
serve servir(i)
sharp en punto
shave afeitar(se)
shirt la camisa
shoe el zapato
   shoe store la zapatería
short bajo(a)
show enseñar
shy tímido(a)
sick: get sick enfermarse
sit down sentarse(ie)
sleep dormir(ue)
small pequeño(a)
smoke fumar
so (that) para que + *subj.*
sock el calcetín
someone alguien
song la canción
soup la sopa
Spanish el español
speak hablar
sport coat el saco de sport
start empezar(ie), comenzar(ie)
steal robar
stop (doing) dejar de + *inf*
street la calle
strike la huelga
strong fuerte
student el (la) estudiante
studies los estudios
study estudiar
subjunctive el subjuntivo
suit (lawsuit) el pleito
Sunday el domingo
sweater el suéter
swim nadar

T

take tomar
tall alto(a)
tape recorder la grabadora

tapes las cintas magnetofónicas
tax el impuesto
taxi el taxi
teach enseñar
teacher el (la) maestro(a), el (la) profesor(a)
tell decir
tennis el tenis
that ese, esa; aquel, aquella
the el, la, los, las
their su(s)
theirs el suyo, la suya
there (over there) allí
there is, there are hay
these estas, estos
thick grueso(a)
thief el ladrón (la ladrona)
think (about) pensar(ie) (en)
this este, esta
those esos(as); aquellos(as)
ticket el billete
time; on time la hora; a tiempo
tired cansado(a)
today hoy
tomorrow mañana
ton of work la mar de trabajo
tonight esta noche
train el tren
translate traducir

travel viajar
trip el viaje
truth la verdad
try probar(ue)
turn off apagar

U
umbrella el paraguas
understand comprender, entender(ie)
university la universidad
unless a menos que
until hasta, hasta que

V
vegetables: green vegetables la verdura
verb el verbo

W
wait esperar
  wait in line hacer cola
walk (go for) dar un paseo
want querer(ie)
washing machine la lavadora
water el agua
watch mirar
wear llevar

week la semana
weekend el fin de semana
well bien
wet (get) mojar(se)
what? ¿qué? ¿cuál(es)?, ¿cómo?
when; when? cuando; ¿cuándo?
where; where? donde; ¿dónde?
which one(s)? ¿cuál(es)?
white blanco(a)
who? ¿quién(es)?
whom? ¿(a) quién(es)?
why? ¿por qué?
winter el invierno
with con
without sin
woman la mujer
word la palabra
work (to function) trabajar (funcionar)
write escribir

Y
year el año
yesterday ayer
younger menor
your su, sus; tu, tus
yours el suyo, la suya; el tuyo, la tuya

INDEX